8° R 8247

Paris
1887

Brochard, Victor

Les Sceptiques grecs

LES
SCEPTIQUES GRECS.

IMPRIMÉ

EN VERTU DE LA DÉCISION PRÉSIDENTIELLE DU 15 DÉCEMBRE 1886

APPROUVANT

L'AVIS DU COMITÉ DES IMPRESSIONS GRATUITES.

LES
SCEPTIQUES GRECS,

PAR

VICTOR BROCHARD,

MAÎTRE DE CONFÉRENCES SUPPLÉANT À L'ÉCOLE NORMALE SUPÉRIEURE.

OUVRAGE COURONNÉ

PAR L'ACADÉMIE DES SCIENCES MORALES ET POLITIQUES.

(PRIX VICTOR COUSIN.)

PARIS.

IMPRIMERIE NATIONALE.

M DCCC LXXXVII.

Cet ouvrage a été présenté sous forme de mémoire à l'Académie des sciences morales et politiques, qui lui a décerné en 1884 le prix Victor Cousin. Depuis cette époque, il a été, dans la partie historique, considérablement remanié et augmenté. On s'est efforcé de tenir compte, dans la plus large mesure, des observations et des critiques exprimées par M. Ravaisson dans le beau rapport qu'il a adressé à l'Académie (*Séances et travaux de l'Académie des sciences morales et politiques*, 1885; reproduit à la suite du *Rapport sur la Philosophie en France au xix° siècle*, Paris, Hachette, 1885). — Les conclusions, notablement remaniées dans la forme, sont demeurées à peu près les mêmes.

Septembre 1887.

LES SCEPTIQUES GRECS.

INTRODUCTION.
LES ANTÉCÉDENTS DU SCEPTICISME.

CHAPITRE PREMIER.
LA PHILOSOPHIE ANTÉSOCRATIQUE.

S'il fallait en croire certains sceptiques, on ne saurait remonter trop haut pour retrouver les origines du scepticisme : elles se confondraient avec celles mêmes de la pensée humaine. « Quelques sceptiques, dit Diogène Laërce [1], considèrent Homère comme le précurseur de leur secte, parce que, plus que personne, il exprime sur les mêmes sujets des idées différentes, sans jamais rien définir ni affirmer expressément. » Il suffisait aussi qu'on trouvât chez les sept sages des maximes telles que celles-ci : *Rien de trop*; ou *Promesse, cause de ruine*, pour qu'on les rangeât parmi les ancêtres du scepticisme. Mais il est à peine besoin de remarquer que de telles assertions, inspirées par le désir, si fréquent chez les Grecs, de justifier tout ce qu'on avance par une citation d'Homère, reposent sur une équivoque. La mobilité d'esprit et l'inconsistance des pensées sont autre chose que le doute; la prudence et la réserve dans les choses d'ordre pratique, la crainte des engagements téméraires, telle que l'expérience de la vie suffit à l'inspirer, ne sont pas encore le doute théorique, tel que la réflexion seule peut le faire naître.

[1] IX, 71.

Enfin le doute lui-même n'est pas le scepticisme. C'est du doute seulement qu'on pourrait dire qu'il est à peu près contemporain de la pensée humaine; car, pour un esprit qui réfléchit, la découverte de la première erreur suffit à inspirer une certaine défiance de soi; et combien de temps a-t-il fallu à des esprits un peu attentifs pour s'apercevoir qu'ils s'étaient plus d'une fois trompés ?

L'usage de la langue autorise peut-être à employer le mot *scepticisme* pour désigner l'état d'un esprit non seulement qui doute, mais qui doute de propos délibéré, pour des raisons générales scientifiquement déterminées. Encore n'est-ce pas là sa signification véritable et définitive; car, à ce compte, quel philosophe ne serait un sceptique ? La philosophie, en tant qu'elle se distingue du sens commun et s'élève au-dessus de lui, conteste toujours quelques-unes de ses manières de voir, récuse quelques-unes de ses raisons de croire; en un sens, il y a du scepticisme en toute philosophie. Le vrai sceptique n'est pas celui qui doute de propos délibéré et qui réfléchit sur son doute; ce n'est pas même celui qui ne croit à rien et affirme que rien n'est vrai, autre signification du mot qui a donné lieu à bien des équivoques : c'est celui qui de propos délibéré et pour des raisons générales doute de tout, excepté des phénomènes, et s'en tient au doute.

Mais de ces trois formes de scepticisme, on admettra sans peine que la première précède naturellement les deux autres et y conduit. Cette sorte de scepticisme, fort improprement nommée, qui consiste à douter sciemment de plusieurs choses, est l'antécédent naturel de ce scepticisme qui nie toute vérité. Et le scepticisme qui nie toute vérité, en vertu de la disposition de l'esprit humain à aller toujours d'un extrême à l'autre, comme un pendule qui ne trouve pas du premier coup son point d'équilibre, précède aussi ce scepticisme qui ne sait pas si quelque chose est vrai et n'affirme rien au delà des apparences.

Les deux premières formes du scepticisme peuvent donc être considérées comme les germes du véritable scepticisme. Dans l'histoire, elles apparaissent longtemps avant que le scepticisme soit définitivement constitué. Quelle que fût la naïve confiance que la pensée humaine avait en elle-même, il était impossible que dès ses premiers pas elle n'aperçût pas quelques-uns des obstacles auxquels elle se heurtait, et n'apprît pas de bonne heure à se défier d'elle-même. Aussi voyons-nous des traces de scepticisme dès les premiers temps de la philosophie; il y en a chez les philosophes antésocratiques, surtout chez les sophistes, même chez les socratiques.

I. Peut-être, si nous possédions sur les premiers philosophes de la Grèce des renseignements plus complets, trouverions-nous chez eux des réflexions sur les limites et les difficultés de la science, analogues à celles que nous rencontrons chez leurs successeurs, et qui s'offrent si naturellement à l'esprit de tous ceux qui poursuivent la vérité. Toutefois, tandis que les éléates, Héraclite, Empédocle, Démocrite et Anaxagore sont expressément désignés par plusieurs sceptiques comme les précurseurs de leur doctrine, nous ne voyons rien de pareil à propos des anciens ioniens et des pythagoriciens. A cette époque, comme l'a montré Ed. Zeller [1], l'esprit humain s'applique directement à l'étude du réel, sans soupçonner l'activité subjective qui participe à la formation de ses idées; le sujet et l'objet ne font qu'un; l'intelligence ne doute pas un moment de sa puissance et de sa véracité.

Il en est déjà tout autrement à l'époque des éléates : il semble même qu'on voie apparaître un scepticisme expressément formulé chez le fondateur de cette école, Xénophane de Colophon. « Il n'y a jamais eu, dit-il [2], il n'y aura jamais un homme

---

[1] *La philosophie des Grecs*, trad. E. Boutroux, t. I, p. 134.
[2] Mullach, *Fragm. phil. graec.*, t. I, p. 103, fr. 14 :

Καὶ τὸ μὲν οὖν σαφὲς οὔτις ἀνὴρ γένετ' οὐδέ τις ἔσται
εἰδώς, ἀμφὶ θεῶν τε καὶ ἄσσα λέγω περὶ πάντων·
εἰ γὰρ καὶ τὰ μάλιστα τύχοι τετελεσμένον εἰπών,
αὐτὸς ὅμως οὐκ οἶδε· δόκος δ' ἐπὶ πᾶσι τέτυκται.

qui connaisse avec certitude tout ce que je dis des dieux et de l'univers. Quand même il rencontrerait la vérité sur ces sujets, il ne serait pas sûr de la posséder : l'opinion règne en toutes choses. » Ailleurs[1] il semble se contenter de la vraisemblance.

Aussi, chez les anciens, était-il parfois regardé comme un sceptique. Suivant Sotion[2], il aurait le premier déclaré que tout est incompréhensible; il est vrai qu'en rapportant ce témoignage, Diogène ajoute que Sotion s'est trompé. Timon de Phlionte, dans le second livre des *Silles*, où il imagine un dialogue entre Xénophane et lui-même, met dans la bouche du vieux philosophe les invectives qu'il adresse à tous les dogmatistes. Ce choix doit avoir une raison. Avoir injurié les poètes, comme l'avait fait Xénophane, n'était peut-être pas un motif suffisant pour lui prêter des injures contre les philosophes : il est plus probable qu'il y eut une certaine conformité entre les idées de Xénophane et celles du sceptique Timon[3].

Il semble impossible de contester qu'il y ait eu chez Xénophane un commencement de scepticisme. Toutefois les témoignages les plus dignes de foi, comme ceux d'Aristote, ne lui attribuent que des opinions dogmatiques; et parmi les sceptiques, il en est, comme Timon[4], qui lui reprochent d'avoir exprimé des affirmations positives. D'autres, comme Sextus[5] Empiricus, tout en reconnaissant ses affinités avec le scepticisme, refusent de le compter parmi les sceptiques. Xénophane a été

---

[1] Mullach, *Fragm. phil. graec.*, p. 103, fr. 15 :

Ταῦτα δεδοξάσθαι μὲν ἐοικότα τοῖς ἐτύμοισι.

[2] Diog., IX, 20. Cf. Stob., *Ecl.*, II, 14; Hippolyt., *Refut.*, I, 14 (Édit. Duncker et Schneidewin, Gotting. Dietrich, 1859).

[3] Divers témoignages attribuent même à Xénophane des *Silles* analogues à ceux que composa plus tard Timon. (Voir sur ce point Wachsmuth, *De Timone Phliasio*, p. 29 et seq. Leipzig, 1859.) Mais c'est sans doute une erreur. Dans les divers passages des *Silles* de Timon, fort connus dans l'antiquité, et fréquemment cités, c'est Xénophane qui est censé parler : des lecteurs inattentifs auront cru que les paroles qu'on lui attribue étaient réellement de lui. Voir Cousin, *Fragm. de philos.*, t. I, p. 11; 5ᵉ édit. Paris, Didier, 1865. Karsten, *Phil. graec. rel.*, p. 25.

[4] Mullach, *op. cit.*, p. 86, v. 29.

[5] P. H., I, 224.

tenté par le doute; il n'est pas resté dans le doute[1]. Suivant quelques auteurs[2], il aurait récusé explicitement le témoignage des sens, et déclaré que la raison seule peut connaître la vérité. Mais il semble plus probable que cette opposition entre les sens et la raison a été aperçue par ses successeurs, Parménide et Zénon d'Élée; ils paraissent être les premiers qui l'aient expressément affirmée.

Parménide et Zénon d'Élée peuvent être comptés parmi les philosophes les plus dogmatistes qui furent jamais; l'introduction du poème de Parménide que nous a conservée Sextus Empiricus[3] en fait foi. Pourtant ils exercèrent sur les destinées du scepticisme une influence plus grande peut-être que n'importe lequel des philosophes antésocratiques. Avec eux apparaît cette opposition du sensible et de l'intelligible qui devait plus tard tenir une si grande place dans les argumentations sceptiques. La connaissance sensible est déclarée insuffisante et trompeuse. La raison démontre que l'être est un, immobile, éternel; les sens nous font voir partout la multiplicité, le changement, la naissance et la mort; ils ne méritent donc aucune créance. On sait d'ailleurs comment Parménide opposait la vérité (τὰ πρὸς ἀλήθειαν) à l'apparence (τὰ πρὸς δόξαν): les sceptiques retiendront cette distinction, pour s'en tenir, il est vrai, à l'inverse de Parménide, à la seule apparence. Quant à Zénon, tous ses efforts tendaient à montrer que dans les apparences sensibles il n'y a que contradiction et absurdité.

Mais c'est surtout par l'invention de la dialectique que les éléates fournirent au scepticisme ses armes les plus redoutables. Bien que leur philosophie fût avant tout, comme l'a montré Zeller, une philosophie de la nature, la méthode qu'ils employèrent pouvait servir à de tout autres fins. Les premiers, prenant la notion de l'être dans un sens absolu, et appliquant avec une rigueur implacable le principe de contradiction, ils dé-

---

[1] Cf. Karsten, op. cit., p. 184; Zeller, op. cit., t. II, p. 39.
[2] Aristocl. ap. Euseb. Præp. ev., XIV, 17, 1; 16, 12.
[3] M., VII, 111.

montrèrent que l'être exclut la multiplicité et le changement. En suivant la même méthode, il était facile d'établir après eux qu'il n'exclut pas moins l'unité et l'immobilité : ces conséquences furent de bonne heure aperçues, comme on peut le voir par le *Parménide* de Platon, qui en signale et essaye d'en conjurer le danger. La dialectique d'Énésidème ne procédera pas autrement. Seules les notions auxquelles s'applique la méthode seront changées : on raisonnera sur la cause et les signes au lieu de raisonner sur l'être. Et après Ænésidème, c'est à toutes les notions possibles que s'appliqueront les procédés éléatiques, avec la même facilité et la même rigueur apparente.

Au surplus, entre les deux écoles il y a des liens de filiation historique. Sans parler de Gorgias, qui procède directement de l'éléatisme[1], l'école mégarique et l'école d'Érétrie se rattachent étroitement à celle d'Élée : de la dialectique est née l'éristique, et de l'éristique au scepticisme, il n'y a qu'un pas. Pyrrhon subit l'influence de ces idées; car il fut disciple de Bryson, qui avait probablement lui-même écouté les leçons d'Euclide de Mégare[2]. Enfin Timon, qui injurie tous les philosophes, n'a de louanges que pour Xénophane, Parménide et Zénon[3].

Ainsi, par un étrange renversement, les philosophes les plus hardis et les plus résolus dans leurs affirmations ouvrirent la voie à ceux qui devaient déclarer toute affirmation impossible ou illégitime. Cette influence cesse d'ailleurs de paraître extraordinaire, si on songe que l'éléatisme commençait par déclarer que le monde, tel que nous le voyons, n'est qu'une apparence. Nous montrerons dans le cours de cette étude que les sceptiques, surtout à partir d'Ænésidème, s'inspirent directement de la méthode de Parménide et de Zénon : les vrais ancêtres du scepticisme, ce sont les éléates.

Rien de plus opposé à la doctrine des éléates que celle d'Héraclite. Les uns disent : « L'être est, le non-être n'est pas »;

---

[1] Zeller, *op. cit.*, t. II, p. 500.
[2] Voir ci-dessous, p. 52.
[3] Voir ci-dessous, p. 86.

l'autre soutient que l'être n'est pas, que le non-être est. Pourtant, sur la valeur de la connaissance sensible et sur les difficultés de la science, ils arrivent à la même conclusion : « Les yeux et les oreilles, dit Héraclite, sont de mauvais témoins pour ceux qui ont des âmes barbares [1]. » L'un des premiers, sinon le premier, Héraclite a montré que la sensation suppose un double facteur, le mouvement de l'objet et celui du sujet [2]. Parménide récusait le témoignage des sens, parce qu'ils nous montrent la multiplicité et le changement; Héraclite, parce qu'ils nous représentent les choses comme ayant de l'unité et de la durée.

L'apparition de l'école d'Élée marque dans l'histoire de la philosophie grecque et même de la philosophie en général une date capitale. Parménide et Zénon eurent la gloire d'introduire des idées qui, une fois proposées, devaient s'imposer, et que tous les philosophes ultérieurs, d'un commun accord, acceptèrent. C'est désormais un axiome pour la pensée grecque que l'être en lui-même est éternel, immobile, soustrait à la génération et à la mort, ou, comme on l'a tant répété depuis, que rien ne naît de rien, et que rien ne peut périr. Les efforts des philosophes qui vinrent après eux tendirent uniquement à expliquer comment cette unité et cette persistance de l'être peut se concilier avec la diversité et le changement qu'il est impossible de contester sérieusement. On sait comment Empédocle, par sa théorie des quatre éléments, Leucippe et Démocrite, par celle des atomes, Anaxagore par celle des homéoméries, tous par la conception mécaniste, qui explique la diversité des êtres par la juxtaposition temporaire de principes immuables, essayèrent de résoudre le problème et de concilier Parménide et Héraclite.

Une conséquence nécessaire de ces vues sur l'être, toujours antérieures, chez les philosophes de ce temps, à toute théorie de

---

[1] Mullach, *Fragm.*, 23, p. 317. Cf. Arist., *Mét.*, I, 6; Sextus, *M.*, VII, 126, 131.

[2] Zeller, *op. cit.*, p. 174, note 3.

la connaissance, était que les sens ne nous font pas connaître la vérité. Ces principes immuables, qu'on les appelle éléments, atomes ou homœoméries, ne sauraient tomber sous les sens : la raison seule les découvre; les sens sont donc trompeurs. Aussi tous les nouveaux ioniens sont-ils d'accord sur ce point avec Parménide et Héraclite : « Refuse, dit Empédocle [1], toute créance aux sens : que la pensée seule te fasse connaître la réalité. » — « Chacun [2] se flatte de connaître l'univers : mais ni les yeux, ni les oreilles, ni l'intelligence d'un homme ne peuvent le comprendre. Tu n'en sauras jamais que ce qu'en peut saisir l'intelligence d'un mortel. » Comme Parménide, Démocrite [3] oppose la vérité à l'opinion, et déclare que ce qui apparaît aux sens n'existe pas réellement. Ce qui existe, ce sont uniquement les atomes; le chaud et le froid, le doux et l'amer, la couleur n'ont pas de réalité. « La vérité, dit-il [4] encore, est profondément cachée », et il insiste tellement sur ce point, que souvent on l'a pris pour un sceptique.

Anaxagore [5] à son tour déclare que nos sens sont trop faibles pour connaître la vérité. « Si vous prenez deux couleurs, dit-il encore [6], et que vous les mélangiez, l'œil ne peut distinguer les changements qui se font peu à peu : pourtant ils existent dans la réalité. C'est la raison seule qui juge de la vérité [7]. » A ces vues se rattache le sophisme que les sceptiques devaient si souvent répéter : « La neige est noire, car elle est formée avec de l'eau, et l'eau est noire [8]. »

Sans aucun doute, c'est à cause de ces assertions que plus tard les académiciens se crurent autorisés à invoquer le nom de

---

[1] Mullach, p. 2, v. 57.
[2] Ibid., v. 41-44. Cf. Cic., Ac., II, v, 14 : «Empedocles interdum mihi furere videtur : abstrusa esse omnia, nihil nos sentire, nihil cernere, nihil omnino, quale sit, posse reperire.»
[3] Sext., M., VII, 135. Cf. Mullach, I, p. 357.
[4] Diog., IX, 72; Cic., Ac., II, x, 32. Cf. Arist., Métaph., III, 5, 1009.
[5] Sext., M., VII, 90.
[6] Sext., ibid., 90.
[7] Ibid., 91.
[8] Sext., P., I, 33; Cic., Ac., II, xxx, 72-xxxi, 100.

ces philosophes et à les compter parmi leurs devanciers. Mais il y a là une exagération évidente : s'ils se défient des sens, ils ont tous une confiance absolue dans la raison. Même il ne vient à l'esprit d'aucun d'eux de considérer les sensations comme des états purement subjectifs : elles n'expriment pas fidèlement la réalité, mais il y a toujours dans la réalité quelque chose, un mouvement, une combinaison d'éléments qui les explique. Tous pourraient répéter la maxime de Parménide : « On ne pense pas ce qui n'est pas. »

Démocrite surtout a été souvent considéré comme un sceptique ou comme un sophiste [1]. Le fait est qu'on trouve chez lui nombre de formules sceptiques. Nous ne parlons pas de la maxime οὐ μᾶλλον, parce qu'il ressort très clairement d'un texte de Sextus [2] qu'il lui donnait un tout autre sens que celui de Pyrrhon. Mais il contestait la vérité de tout ce que les sens nous font connaître. Dans l'ouvrage intitulé κρατυντήρια [3], quoiqu'il eût promis de montrer que les sens méritent confiance, il les condamnait. « Nous ne connaissons pas la réalité, disait-il, mais seulement ce qui s'offre à nous suivant la manière dont notre corps est affecté, suivant la nature de ce qui entre dans nos organes et en sort. » Et il avait répété [4] maintes fois que nous ne comprenons jamais la vraie nature des choses.

Toutefois ces formules s'accordent fort mal avec tout ce que nous savons du reste de sa philosophie. L'atomisme n'est rien s'il n'est une explication dogmatique de l'univers. Ainsi le comprirent les épicuriens, qui furent en opposition ouverte avec les sceptiques : ainsi le comprit Démocrite lui-même.

Nous avons heureusement un document [5] qui permet d'ex-

[1] C'est l'accusation que Ritter en particulier (*Hist. de la philos. anc.*, t. I, p. 473 et seq., trad. Tissot) dirige contre Démocrite. Zeller (*op. cit.*, p. 357 et seq.) lui a victorieusement répondu.
[2] *P.*, I, 213.
[3] Sext., *M.*, VII, 136.
[4] *Ibid.*
[5] C'est le texte de Sextus (*M.*, VII, 138), dont l'authenticité ne saurait être douteuse. Sextus cite l'ouvrage de Démocrite (ἐν τοῖς κανόσι) auquel il emprunte sa citation (κατὰ λέξιν) : γνώμης δύο εἰσὶν ἰδέαι, ἡ μὲν γνησίη, ἡ δὲ σκοτίη...

pliquer la contradiction apparente entre les formules de Démocrite et sa doctrine. Quand il est sceptique, c'est uniquement à l'égard des données sensibles [1]. Mais il y a, suivant lui, un autre mode de connaissance bien plus certain : c'est la raison, ou plutôt le raisonnement. A vrai dire, il ne paraît pas avoir cru que la raison à elle seule suffît à atteindre la vérité ; il s'est plutôt séparé sur ce point des éléates [2]. Mais en s'appliquant aux données sensibles, le raisonnement nous permet de connaître les réalités nécessaires pour les expliquer. Telle est la connaissance légitime (γνησίη), qu'il oppose à la connaissance obscure des sens (σκοτίη). C'est à peu près ce que Descartes dira plus tard. Ainsi, tout en conservant les formules citées ci-dessus, Démocrite peut dire, au moment même où il les emploie [3], que ce qui existe réellement (ἐτεῇ), ce sont les atomes et le vide.

Finalement, Démocrite n'est point sceptique dans le sens plein et entier du mot ; il ne l'est que partiellement. S'il a plu par la suite aux nouveaux académiciens de voir en lui un précurseur, Sextus Empiricus, bien mieux avisé, après avoir marqué les analogies, a soin [4] de signaler les différences qui séparent Démocrite des pyrrhoniens. « Il ne suffit pas, dit-il [5] très justement, pour être sceptique, de parler quelquefois comme un sceptique ; on cesse de l'être dès qu'on prononce une affirmation dogmatique. »

Mais s'il n'y a point, à proprement parler, de sceptiques

---

[1] Il est vrai qu'Aristote (*De Gen. et Corr.*, I, 2) attribue à Démocrite cette opinion, soutenue plus tard par Épicure, que le phénomène sensible est vrai en lui-même. Mais Zeller (*op. cit.*, p. 337) a bien montré qu'Aristote ne donne en ces passages que le résultat de ses propres déductions.

[2] Lorsque Démocrite (Sext., *M.*, VIII, 327) déclare la démonstration impossible, il s'agit vraisemblablement de la démonstration abstraite, telle que l'entendaient les éléates. Au surplus, même dans cette négation, comme le remarque Sextus, Démocrite diffère des sceptiques, qui doutent seulement de la possibilité de la démonstration.

[3] Sext., *M.*, VII, 135.

[4] *P.*, I, 213.

[5] *P.*, I, 223.

avant les sophistes, il faut reconnaître qu'en fait, toutes les écoles s'acheminent vers le scepticisme; historiquement, elles y ont toutes abouti. Des éléates procédera Gorgias; d'Héraclite, Protagoras et Cratyle[1], qui en arrivera à ne plus oser prononcer un jugement. Nous reviendrons bientôt sur les principaux sophistes. Démocrite aussi eut des successeurs sceptiques : tel fut Métrodore de Chio[2], soit qu'il ait été directement son disciple, soit qu'il ait reçu ses leçons par l'intermédiaire de Nessus. Non content d'attaquer la perception sensible, Métrodore déclare que nous ne savons rien, pas même si nous savons quelque chose ou rien[3].

Après Métrodore de Chio vient Anaxarque d'Abdère. Nous avons malheureusement trop peu de renseignements sur ce personnage étrange, compagnon d'Alexandre, également prompt à flatter son maître et à lui dire de désagréables vérités, livré à toutes les voluptés, et capable, sa mort l'a prouvé, de supporter les plus cruels tourments avec un prodigieux courage[4]. Mais nous savons de lui qu'il fut de l'école de Démocrite, disciple de Métrodore ou de son disciple Diogène, et qu'il fut ouvertement sceptique[5]; il comparait les choses aux représentations qu'on voit sur un théâtre, ou aux images qui hantent le sommeil et la folie[6]. Or cet Anaxarque fut le compagnon et l'ami de Pyrrhon, dont il loue et admire l'*adiaphorie*[7]. Ici encore, il y a un lien de filiation historique entre l'école de Démocrite et l'école sceptique.

Logiquement, le passage du dogmatisme mécaniste et maté-

---

[1] Voir Zeller, *op. cit.*, p. 197.
[2] *Ibid.*, p. 375.
[3] Aristoc. ap. Euseb., *Praep. evang.*, XIV, xix, 5 : Οὐδεὶς ἡμῶν οὐδὲν οἶδεν, οὐδ' αὐτὸ τοῦτο πότερον οἴδαμεν ἢ οὐκ οἴδαμεν. Cf. Cic., *Ac.*, II, xxiii, 73; Diog., IX, 58; Sext., *M.*, VII, 88.
[4] Diog., IX, 59; Plut., *Virt. mor.*, 10; Clém., *Strom.*, IV, 496; Valer. Max., III, 3; Plin., *Hist. nat.*, VIII, xxiii, 87.
[5] Sext., *M.*, VII, 87.
[6] *Ibid.*
[7] Diog., IX, 63.

rialiste au scepticisme s'explique sans peine. Tout occupés de leurs recherches physiques, les premiers philosophes ont bientôt reconnu l'insuffisance de l'expérience sensible; mais leur confiance naïve dans la raison n'a pas été ébranlée. Cependant la diversité des résultats auxquels ils sont arrivés devait mettre leurs successeurs en défiance; et des esprits déliés ne devaient pas tarder à comprendre que l'on peut diriger contre la raison elle-même des arguments analogues à ceux qui ont ruiné la confiance d'abord accordée aux données des sens. Les premiers philosophes se sont arrêtés à mi-chemin; les sophistes iront plus avant.

II. Nous n'avons pas à faire ici l'histoire de la sophistique, ni à chercher les causes qui en favorisèrent l'apparition à Athènes; notre tâche est uniquement de marquer les rapports qui existent entre les sophistes et les sceptiques de l'école pyrrhonienne, et comment les premiers frayèrent la voie aux seconds.

Les faux savants qu'on désigne sous le nom de sophistes furent très nombreux: les seuls dont nous ayons à nous occuper sont Protagoras et Gorgias. Les autres, en effet, tout en parlant et en agissant comme s'il n'y avait point de vérité, ne paraissent guère s'être attachés à déterminer les raisons théoriques de leur doute. Leur scepticisme est surtout pratique; ils songent à l'exploiter, bien plutôt qu'à l'expliquer. Tous les sophistes, mais surtout ceux de la seconde période, furent avant tout des professeurs de rhétorique, de politique, de n'importe quelle autre science, ou plutôt de n'importe quel art; ils auraient cru perdre leur temps et leur peine s'ils s'étaient attardés à démontrer que rien n'est certain. Cette assertion est de bonne heure prise par eux comme un axiome qu'on ne discute plus. Ils ne s'arrêtent pas aux principes: ils courent aux applications. Si la dialectique a une si grande importance à leurs yeux, c'est uniquement à cause des services qu'elle peut rendre à la tribune ou au tribunal: si les disciples se pressent autour d'eux, c'est qu'ils espèrent, grâce à leurs leçons, devenir des avocats subtils et retors, capables d'éblouir leurs auditeurs, de perdre leurs adversaires et de gagner les plus mauvaises causes. Embarrasser un interlocuteur, lui jeter à la tête des raisons, bonnes ou mauvaises, qui l'étourdissent, et lui ferment la bouche au moment où il devrait parler, le déconcerter par l'imprévu des ripostes ou par l'étrangeté des questions, abuser contre lui d'un mot malheureux, et le tourner en ridicule par tous les moyens : voilà toute leur ambition. Aussi la dialectique des sophistes n'est-elle qu'une routine, qu'on n'enseigne pas par principes, mais dont on fait apprendre par cœur les sophismes les plus usuels ; c'est à peu près, suivant l'ingénieuse comparaison d'Aristote [1], comme si quelqu'un promettait d'enseigner le moyen de n'avoir pas mal aux pieds, puis n'enseignait ni à faire des chaussures, ni même à s'en procurer de bonnes, mais se contentait d'en donner une grande quantité de toutes formes ; c'est un secours utile, ce n'est pas un art.

Cette thèse générale qu'il faut douter de tout, quoiqu'elle détruise toute philosophie, est encore trop philosophique pour eux, et fort au-dessus de leur portée. Si peu d'estime qu'on veuille avoir pour les pyrrhoniens, ils sont incomparablement supérieurs à la plupart des sophistes ; les sceptiques sont des philosophes ; les sophistes sont des charlatans. Ce serait faire trop d'honneur aux arguties d'un Euthydème ou d'un Dionysodore que de leur supposer une parenté quelconque avec les arguments d'un Carnéade ou d'un Énésidème.

Ces caractères sont, à différents degrés, ceux de tous les sophistes ; en vain Grote [2] a essayé de les défendre : son plaidoyer n'est qu'ingénieux et sa cause est perdue [3]. Toutefois il serait très injuste de confondre les fondateurs de la sophistique avec les bateleurs que Platon nous présente dans l'*Euthydème*. Protagoras et Gorgias sont, il est vrai, les fondateurs de

---

[1] *Sophist. Elench.*, xxxiv, 183.
[2] *Hist. de la Grèce*, trad. Sadous, t. XII, p. 178 et seq. Paris, Lacroix, 1860.
[3] Voir Zeller, op. cit., t. II, p. 525, 1.

l'éristique : elle procède d'eux en droite ligne [1]; mais dans cette voie, ils surent s'arrêter à temps : ils ont encore un sérieux de pensée, une tenue de conduite, un souci de logique qui les mettent fort au-dessus de leurs indignes successeurs. Chez Platon, qui n'est pas suspect, Socrate ne parle jamais d'eux sans égards : il lui arrive même d'envoyer des disciples à Protagoras. Seuls parmi les sophistes, ils sont encore des philosophes.

On sait que, par des voies différentes et à l'aide de formules en apparence opposées, Protagoras et Gorgias arrivent à une conclusion identique : « L'homme, dit Protagoras, est la mesure de toutes choses », car les sensations seules lui font connaître ce qui est; or la sensation, résultant, comme l'avait déjà montré Héraclite, de la rencontre du mouvement de l'objet avec celui du sens, est essentiellement relative : elle ne nous fait pas connaître les choses telles qu'elles sont, mais telles qu'elles nous apparaissent, et la manière dont elles nous apparaissent dépend elle-même de la manière dont nous sommes affectés ou disposés. Protagoras, la chose vaut la peine d'être remarquée, se place toujours à un point de vue objectif : la raison de ce que nous pensons est hors de nous. Ce qui existe dans la réalité [2] est dans un perpétuel mouvement : parmi ces mouvements incessants, les uns, rencontrant les sens, provoquent une sensation; les autres n'en provoquent pas; mais au même instant, diverses personnes peuvent percevoir, à propos d'un même objet, diverses sensations : le même objet peut apparaître comme un homme, ou comme un mur, ou comme une galère [3]. « A l'état normal, on perçoit les choses qui doivent apparaître à l'état normal; dans le cas contraire, on perçoit d'autres choses [4]. » De là, la différence des sensations suivant l'âge, le sommeil, la veille, la folie. Dès lors, comment faire une distinction entre les sensa-

---

[1] Voir Zeller, op. cit., p. 515.
[2] Ce que Sextus (P., I, 218) appelle d'un mot inconnu sans doute à Protagoras, ὕλη.
[3] Arist., Mét. III, 4.
[4] Sext., P., I, 218.

tions, déclarer les unes vraies, les autres fausses ? Elles sont toutes également vraies, étant toutes naturelles, ayant toutes leurs causes hors de nous. Donc tout est vrai.

Gorgias s'exprime tout autrement. « Rien n'est vrai », dit-il. Il prouve que l'être n'est pas; que, s'il était, on ne pourrait le connaître; que, si on le connaissait, on n'en pourrait rien dire. Mais, dire que rien n'est vrai, c'est évidemment la même chose que dire : tout est vrai.

Dans ces deux argumentations, on peut dire que se trouvent en germe toutes les thèses que le pyrrhonisme développera plus tard. La théorie de Protagoras lui avait été suggérée par le système d'Héraclite; mais, pour la justifier, il avait recours aux erreurs des sens, aux contradictions des opinions humaines : Ænésidème ne fera pas autre chose lorsqu'il énumérera ses dix tropes, et tous les sceptiques procèdent de même.

C'est la méthode de l'école d'Élée qu'applique Gorgias : il retourne la dialectique de Parménide et de Zénon contre leurs propres thèses. Ici encore son exemple sera imité. Entre la critique de l'idée de l'être, telle que l'a entreprise le sophiste, et la critique de la notion de cause, telle que la fera Ænésidème, la parenté est évidente. Les habitudes et la direction d'esprit des nouveaux sceptiques sont tellement semblables à celles de Gorgias, que quand Sextus [1] résume une partie du traité *De la Nature ou du Non-Être*, il ajoute de lui-même et presque sans s'en apercevoir des arguments et des éclaircissements qui se fondent très bien avec le reste de l'exposition et font corps avec elle : ce n'est que par un effort d'attention et en comparant le texte avec celui du *De Melisso*, faussement attribué à Aristote, qu'on peut les distinguer [2].

Si on descendait dans le détail, bien d'autres analogies se présenteraient. Déjà Protagoras attaque l'astronomie [3]: il écrit sur les mathématiques, probablement pour en contester la cer-

[1] M., VII, 65-87.
[2] Voir Zeller, *op. cit.*, p. 502, note 3.
[3] Arist., *Met.*, II, 2, 998.

titude scientifique[1] : les sceptiques se donneront plus tard la même tâche, en l'élargissant et en l'étendant à toutes les sciences (ἐγκύκλια μαθήματα). De même, par une conséquence directe de sa célèbre maxime, Protagoras déclare que sur tout sujet, on peut opposer deux assertions contraires[2] : c'est la première forme de cette *isosthénie* des sceptiques, qui, opposant sur chaque question deux thèses contraires qui se font équilibre, se déclarent dans l'impossibilité de prononcer. Les nouveaux académiciens s'exerceront aussi à plaider partout le pour et le contre. S'il y a du scepticisme dans l'éristique des sophistes, on verra plus loin qu'il y a bien aussi de l'éristique dans le scepticisme.

Dans les questions de morale, Protagoras et Gorgias demeurent encore attachés aux anciennes traditions. D'autres sophistes, à l'exemple d'Hippias, opposent le droit naturel au droit écrit, fondé uniquement sur la coutume : c'est la thèse que reprendront plus tard Pyrrhon et Carnéade. Et ils préparent encore la voie à Carnéade, lorsque, pour attaquer la religion populaire, ils insistent sur la diversité des religions, et avec Prodicus, expliquent que les premiers hommes ont divinisé tout ce qui leur était utile.

Toutefois, à côté des analogies, il y a des différences essentielles : la sophistique ressemble au scepticisme comme l'ébauche à l'œuvre achevée, comme la figure de l'enfant à celle de l'homme fait. D'abord, comme l'indique Sextus Empiricus[3], qui a pris soin de noter quelques-unes de ces différences, la sophistique est conduite à une conclusion dogmatique que récuse le pyrrhonisme; celui-ci ne dit pas que tout est vrai ni que rien n'est vrai : il dit qu'il n'en sait rien. Au fond, il n'y a peut-être pas grande différence : au moins la position prise par le scepticisme est plus facile à défendre et plus habilement choisie. De plus, c'est sur une base dogmatique que reposent

---

[1] Diog., IX, 55. Cf. Zeller, *op. cit.*, p. 507.
[2] Diog., IX, 51.
[3] P., I, 216 et seq.

les négations de Protagoras : il déclare qu'en dehors de nous, tout est toujours en mouvement et qu'à la diversité des mouvements correspond la diversité des sensations : deux points sur lesquels Sextus ne peut s'entendre avec lui. La sophistique n'est pas encore enfermée tout entière dans la conscience : le règne du pur subjectivisme n'est pas encore arrivé.

Outre ces différences, indiquées par Sextus, on peut en signaler d'autres, non moins importantes. D'abord les arguments des sophistes sont présentés sans ordre et sans aucun souci de méthode. On verra au contraire avec quel art accompli les nouveaux académiciens savent disposer les diverses parties d'une argumentation. Carnéade en particulier, quoique nous ne le connaissions que par des fragments mutilés, a laissé des modèles de discussion, où tous les arguments sont savamment groupés, s'enchaînent aisément, se fortifient l'un l'autre, et font pénétrer peu à peu dans l'esprit une clarté qui l'enchante, alors même qu'elle ne le convainc pas. De même, et peut-être sous l'influence de Carnéade, Ænésidème classe méthodiquement sous le nom de *tropes* les arguments sceptiques; et chez Sextus Empiricus, le souci de l'ordre et de la méthode est poussé si loin qu'il devient fatigant et importun.

Mais c'est moins encore par la méthode que par la force des arguments et la finesse des analyses que les sceptiques l'emportent sur les sophistes. A vrai dire, Protagoras et Gorgias ne font qu'effleurer le scepticisme. Ils en aperçoivent les arguments principaux, mais ne songent pas à les approfondir. Rien de comparable chez eux aux délicates analyses par lesquelles Carnéade, devançant la psychologie moderne, montre le rôle de l'association des idées, et fait voir que l'accord de nos représentations est la meilleure garantie de leur probabilité. Il y a loin aussi des indications de Protagoras aux tropes d'Ænésidème, plus loin encore de la critique de l'idée de l'être par Gorgias à la critique de l'idée de cause par Ænésidème. Le choix même de cette notion, si importante dans les sciences, les exemples invoqués, les objections prévues, attestent une profondeur, une précision, même un esprit scientifique dont les sophistes n'eurent pas même l'idée.

Enfin le but que se proposent les uns et les autres, l'esprit dont ils sont animés, sont tout autres; et c'est de là que dérivent toutes les différences que nous venons d'indiquer. Les sophistes sont surtout préoccupés des conséquences et des applications qu'on peut tirer du scepticisme; leur esprit est tout entier tourné vers la pratique. Ils sont, avant tout, des professeurs de rhétorique ou de politique; la théorie n'a d'intérêt pour eux que si elle conduit à un art, et quand ils se sont, pour ainsi dire, mis en règle avec elle, ils ont hâte d'arriver aux applications. Ils ne font que traverser le scepticisme. Ils renoncent à poursuivre la vérité plutôt qu'ils ne désespèrent de la trouver; ils y renoncent sans chagrin, et pleins de confiance en eux-mêmes, ils se jettent avec ardeur dans la vie publique; là ils ne doutent de rien. Le doute n'est pour eux qu'un moyen. Il est une fin pour Pyrrhon. Les sophistes sont des habiles; Pyrrhon sera un philosophe. C'est par dégoût de la vie active, par fatigue de la dispute, dont il aura reconnu la stérilité, par esprit de renoncement qu'il arrivera au doute. Ni lui ni Timon, une fois que ce dernier sera devenu son disciple, ne tireront aucun profit de leur enseignement; ni l'un ni l'autre ne brigueront les fonctions politiques: ils vivront comme des sages, dans le repos et le silence.

Cette opposition se marque clairement dans l'attitude que les uns et les autres prennent à l'égard des croyances populaires. Déjà Protagoras, malgré sa réserve habituelle, exprime des doutes sur l'existence des dieux; Prodicus fait plus que d'en douter : il l'explique par une illusion. Leurs successeurs ont encore moins de ménagements; ils ne s'occupent que de renverser les idées reçues : en religion comme en morale et en politique, ils sont des révolutionnaires. Les pyrrhoniens seront des conservateurs. Leur constante préoccupation sera de ne pas toucher aux croyances populaires et, comme ils diront, de ne pas bouleverser la vie; Pyrrhon sera grand prêtre. Ils affecteront à l'égard de la religion et des traditions un respect si grand qu'on a de la peine à ne pas le trouver un peu suspect. Leur conclusion sera qu'il faut vivre comme tout le monde, puisque la science n'est bonne à rien et même n'existe pas. C'est bien à tort qu'on regarde souvent le pyrrhonisme comme un défi jeté au sens commun. Nous montrerons au contraire qu'il n'est pas autre chose que la philosophie du sens commun. Au surplus, les sceptiques ne s'occupent pas volontiers des questions pratiques; ils n'en parlent qu'à leur corps défendant, et n'en disent que ce qu'il est impossible de n'en pas dire. Ils se sentent mal à l'aise sur ce terrain, et aiment à s'en détourner; car c'est là qu'on les attaque toujours, et ils sentent bien que c'est leur point faible. Aussi se rejettent-ils volontiers dans la discussion théorique: c'est là qu'ils triomphent. Ce qui chez les sophistes était en somme l'accessoire devient pour eux l'essentiel.

C'est donc seulement par les grandes lignes que ces deux écoles se ressemblent. Presque tout restait à faire après les sophistes. Le pyrrhonisme reprend l'esquisse commencée par les sophistes, et l'achève. C'est d'ailleurs ainsi que procède généralement l'esprit grec. Les artistes font toujours la même statue, et se contentent d'y modifier quelques détails, d'y ajouter quelques traits. Les poëtes dramatiques reprennent souvent les mêmes sujets, et imitent leurs devanciers sans les copier. Les philosophes recommencent des περὶ φύσεως et ne se font pas scrupule d'encadrer les pensées de leurs prédécesseurs au milieu des leurs. Tous procèdent par additions successives, améliorant peu à peu l'œuvre commune, jusqu'à ce qu'ils l'aient portée au plus haut point de perfection. C'est à peu près ainsi que travaille la nature; et c'est la prétention avouée du génie grec de se conformer en toutes choses à la nature.

CHAPITRE II.

SOCRATE ET LES SOCRATIQUES.

I. Socrate a été l'adversaire acharné des sophistes; longtemps on a cru qu'il n'y avait rien de commun entre eux et lui et qu'il était leur opposé en toutes choses. Certains historiens modernes ont changé tout cela: Hegel[1] trouve que Socrate ressemble aux sophistes; Grote[2] estime que les principaux sophistes ressemblent à Socrate; en fin de compte, Socrate ne serait que le plus illustre des sophistes. Socrate, dit Hegel, n'est pas sorti de terre tout à coup comme un champignon; il est en parfaite continuité avec son temps. Comme les sophistes, il renonce à expliquer le monde; il se place au point de vue subjectif. — Si, dit Grote, dans le milieu de la guerre du Péloponèse, on eût demandé à un Athénien quelconque : Quels sont les principaux sophistes de votre cité ? il eût certainement nommé Socrate parmi les premiers.

Sans entrer ici dans une discussion qui nous écarterait trop de notre sujet, nous devons signaler ce qu'il y a d'exagéré dans ces opinions. S'il y a quelques analogies entre les sophistes et leur illustre contemporain, les différences sont bien plus nombreuses et plus importantes[3]. Assimiler Socrate même à Protagoras et à Gorgias, c'est à la fois lui faire une injure imméritée et commettre une grave erreur historique. Quels que soient les

---

[1] *Geschichte der Philos.*, t. II, p. 42 (*Werke*, t. XIV; Berlin, Duncker, 1833).
[2] *Histoire de la Grèce*, trad. Sadous, t. XII, p. 173 *et seq.* (Paris, Lacroix, 1866).
[3] C'est ce que Zeller (*Philos. der Griechen*, t. II, p. 158, 3ᵉ Aufl., Leipzig, 1875) montre avec beaucoup de force et de précision.

moyens qu'il emploie et les détours où se complaît sa pensée, Socrate n'a qu'un but[1] : trouver une vérité absolue, universelle, qui s'impose à tout esprit et dont la conscience individuelle ne soit pas la mesure. Sa doctrine a été fort bien nommée la philosophie des concepts, et il l'a nettement définie en disant que la science est la connaissance du général. Quelles que soient ses hésitations et ses réserves, il est des points sur lesquels il n'a jamais varié. Où voit-on qu'il ait douté de la vertu, de la différence du juste et de l'injuste, de l'obligation de faire le bien? Jamais moraliste n'a montré une conviction plus profonde, une ardeur plus sincère et plus communicative à prêcher la vertu. Si on peut lui reprocher quelque chose, c'est d'avoir eu trop de confiance dans la science, d'avoir cru qu'il suffit de connaître le bien pour le faire, d'avoir identifié la vertu avec la certitude absolue qui s'empare de l'esprit lorsqu'il est parvenu à reconnaître la véritable nature du bien. Et si la pensée de Socrate avait quelque chose de commun avec le scepticisme, comment comprendre que ses plus illustres disciples, Platon et Aristote, s'inspirant de son esprit et continuant son œuvre, soient arrivés à construire les systèmes les plus dogmatiques qui furent jamais?

Non seulement Socrate a eu foi dans la science, mais il a découvert une méthode excellente. Cet examen qu'il recommande à chacun de faire sur soi-même et qu'il savait si bien pratiquer sur autrui, cette analyse des notions, cette épreuve par l'ironie et la dialectique à laquelle il soumettait ses disciples, était vraiment un procédé scientifique. Ce n'est pas la méthode expérimentale, puisque l'Ἔλεγχος ne s'applique pas à des objets extérieurs et conserve toujours un caractère dialectique et subjectif; mais c'est quelque chose d'analogue et qui procède du même esprit. Grote, qui sait malgré tout lui rendre justice, le compare, sous ce rapport, à Bacon. « L'*Elenchos*, tel que Socrate

---

[1] Voir, sur le vrai sens de la philosophie de Socrate, la belle étude de M. Em. Boutroux, *Socrate, fondateur de la science morale* (Séances et travaux de l'Acad. des sc. morales et politiques, 1883).

l'appliquait, dit encore avec raison l'historien anglais[1], était animé de l'esprit le plus vrai de la science positive et formait un précurseur indispensable qui aidait à y parvenir. » — « Socrate, ajoute-t-il, était le contraire d'un sceptique : personne ne regarda jamais la vie d'un œil plus positif et plus pratique; personne ne tendit jamais à son but avec une perception plus claire de la route qu'il parcourait; personne ne combina jamais comme lui l'enthousiasme du missionnaire avec la finesse, l'originalité, l'esprit de ressources inventif et la compréhension généralisatrice du philosophe. »

Toutefois, si Socrate est le contraire d'un sceptique, il faut reconnaître qu'il y a dans son dogmatisme des parties de scepticisme. Lorsqu'il répudie la science de la nature et déclare que de tels sujets dépassent l'entendement humain[2], que la divinité les dérobe à nos yeux, il parle comme les sophistes et comme les sceptiques de tous les temps. Il est vrai qu'il donne une définition de la science, et en cela il diffère des sophistes et des sceptiques; mais, il ne faut pas s'y tromper, la science dont il parle est uniquement la science morale[3] : les concepts qui en sont l'objet sont uniquement des concepts moraux. Qu'est-ce que le bien? le juste et l'injuste? la piété? Voilà les questions qu'il examine le plus souvent dans les *Mémorables* de Xénophon; et certainement Xénophon nous représente Socrate plus fidèlement que Platon. Comme les sophistes, la pratique l'intéresse bien plus que la théorie : toute son ambition, comme la leur,

---

[1] *Op. cit.*, p. 341.
[2] Xénophon, *Memor.*, I, 1, 11; — IV, vii, 6. — Aristote, *Met.*, I, 6.
[3] Nous croyons que M. Fouillée, dans son livre d'ailleurs si remarquable, *La Philosophie de Socrate* (ch. ii et iii; Paris, G. Baillière, 1874), a exagéré le caractère métaphysique de la philosophie de Socrate. Le texte si connu du *Phédon* 96, A, sur lequel repose surtout son interprétation, marque nettement la différence du point de vue de Socrate, disposé à expliquer le monde par l'homme, avec celui des philosophes antérieurs, disposés à expliquer l'homme par le monde; mais il n'implique pas un système de métaphysique. La seule *science* dont Socrate s'occupe et dont il reconnaisse la légitimité est la morale. Cf. Em. Boutroux, *op. cit.* Il resterait d'ailleurs à savoir si dans ce passage Platon exprime, non sa propre pensée, mais celle de son maître, et c'est fort douteux.

est de former des hommes utiles, de bons citoyens ; il ne diffère d'eux que par l'idée qu'il se fait du but à atteindre et des moyens les plus propres à y parvenir. Nous ne voulons pas, avec A. Lange, l'accuser d'avoir arrêté les progrès de l'esprit humain et de l'avoir égaré « pour des milliers d'années dans le dédale de l'idéalisme platonicien [1] ». Mais il est certain qu'il professait pour ce que nous appelons aujourd'hui la science positive un dédain excessif. Lorsqu'il recommande d'étudier l'arithmétique et la géométrie seulement dans la mesure où elles sont pratiquement utiles [2], il tient exactement le même langage que tiendra plus tard Sextus Empiricus : c'est vraiment une sorte de scepticisme.

Par la méthode qu'il emploie, Socrate se distingue encore des philosophes qui l'avaient précédé et se rapproche des sophistes. Dès l'instant où il se confinait dans l'analyse des concepts, la dialectique était la seule méthode qui lui convînt. Or il fallait une grande attention pour s'apercevoir que les mêmes moyens peuvent être employés en vue de buts tout différents. Ajoutons que, soit par un défaut inhérent à l'esprit grec, soit par les nécessités que lui imposait une lutte quotidienne avec des esprits exercés et redoutables, la dialectique de Socrate est souvent subtile et paraît captieuse. Encore aujourd'hui, en lisant certains dialogues de Platon, ne nous arrive-t-il pas de nous demander quel est le sophiste ? Il n'est pas surprenant que des contemporains, comme Aristophane, s'y soient trompés. Sur ce point encore, Socrate devait avoir des imitateurs : les philosophes de la nouvelle académie s'autorisent de son nom et le revendiquent pour un des leurs [3].

Enfin, même dans les questions où il avait les convictions les plus arrêtées, dans les questions morales, les nécessités de la discussion et le caractère de sa méthode forçaient Socrate à prendre

---

[1] *Histoire du matérialisme*, trad. Pommerol, t. I, p. 50. Paris, Reinwald. 1877.
[2] Xénophon, *Mem.*, IV, vii, 2.
[3] Cic., *Ac.*, I, iv. 16-xii, 45.

une attitude sceptique. Dans toutes les discussions, son premier mot était qu'il ne savait rien ; son premier soin était de montrer, soit à des adversaires présomptueux, soit à des disciples inexpérimentés, qu'ils ignoraient tout ; et il ajoutait qu'il n'avait rien à leur apprendre [1]. De là cette formule si connue : « Ce que je sais le mieux, c'est que je ne sais rien [2]. » Ou encore : « Seule la Divinité possède la sagesse ; la science humaine n'a que peu de valeur, et même n'en a aucune [3]. » La seule supériorité qu'il osât s'attribuer sur les autres était de ne pas croire qu'il savait alors qu'il ignorait [4]. A force de faire de l'ignorance et du doute un éloge immodéré, il a fini par être pris au mot : on s'est trompé sur son ironie, et, sans le savoir ou sans le vouloir, ce dogmatiste a favorisé de son nom et de ses exemples les entreprises ultérieures du scepticisme.

II. Parmi les successeurs de Socrate, ceux qu'on appelle les *petits socratiques* ne furent qu'à demi fidèles à leur maître ; du moins, s'ils se souvinrent de son enseignement, ils ne le conservèrent pas sans alliage, et l'on voit reparaître dans leurs doctrines l'influence des philosophes antérieurs et des sophistes : celle de l'éléatisme et de Gorgias, chez les mégariques et les cyniques [5] ; celle d'Héraclite et de Protagoras, chez les cyrénaïques. De là dans ces doctrines des germes de scepticisme qui ne tardèrent pas à se développer.

Euclide est certainement un philosophe dogmatique. Avec ses maîtres éléates, il répète que les sens nous trompent, mais il a une confiance absolue dans la raison : il croit à l'unité de

---

[1] Plat., *Théét.*, 150, C ; *Meno*, 80 A ; Arist., *Soph. elench.*, xxxiv, 183.
[2] Cic., *Ac.*, II, xxiii, 74 ; I, iv, 16.
[3] Plat. *Apol. Socr.*, 21, B, et seq.
[4] *Ibid.*
[5] Antisthène avait été le disciple de Gorgias (Diog., VI, 1 ; Ath., V, 220) ; quant à Euclide, nous ne savons comment il fut initié aux doctrines de l'école d'Élée ; mais il n'est pas douteux qu'il les ait connues. Cicéron (*Ac.*, II, xlii, 129) ne fait aucune distinction entre l'école d'Élée et celle de Mégare, appelée plus tard l'école d'Élis, et enfin école d'Érétrie lorsque Ménédème se fut établi dans cette dernière ville. Cf. Aristocl. ap. Eus., *Præp. ev.*, XIV, xvii, 1.

l'Être[1] immatériel et éternel, qu'il appelle aussi le Bien ou la Raison; il admet la théorie des idées. Mais, comme les éléates aussi, les exigences de la cause qu'il défendait le poussèrent vers la dialectique. Ce n'était pas chose aisée de défendre directement et de faire accepter la théorie suivant laquelle l'Être véritable est un, immatériel et immuable ; il était plus facile de prendre à partie ceux qui s'en tiennent aux apparences sensibles et de leur montrer que leur croyance mène à d'inévitables contradictions. La même raison qui avait fait apparaître la méthode indirecte de Zénon d'Élée après celle de Parménide devait cette fois encore susciter l'éristique après la dialectique, Eubulide après Euclide.

Eubulide reprend ou invente[2] les célèbres sophismes du *Voilé*, du *Menteur*, du *Tas* ou du *Chauve*, du *Cornu*; nous sommes en pleine sophistique: Euthydème et Dionysodore ne parlaient pas autrement.

Ces sophistes ne méritent pas qu'on s'occupe d'eux, mais nous devons faire une exception pour Diodore Cronus, vigoureux dialecticien, au témoignage de Cicéron[3], et qui a exercé une certaine influence sur l'école sceptique. Sextus le cite souvent, pour se moquer, il est vrai, de lui et de sa dialectique ; il l'appelle même un sophiste[4]. Néanmoins il lui arrive de reprendre pour son propre compte[5] les arguments contre la possibilité du mouvement, que Diodore avait lui-même empruntés à Zénon d'Élée.

Stilpon réunit les doctrines mégariques et celles de l'école cynique[6]. Il soutient, comme l'avait déjà fait Antisthène[7], l'im-

---

[1] Voir Mallet, *Histoire de l'école de Mégare et des écoles d'Élis et d'Érétrie*. Paris, 1845.

[2] Prantl (*Geschichte der Logik*, Bd. I, 2, p. 33. Leipzig, Hirzel, 1855) attribue à ces sophismes une origine mégarique. Zeller (*op. cit.*, II, p. 232, 3, 3ᵉ Aufl.) est plutôt porté à penser que déjà les sophistes s'en étaient servis. — Prantl expose en détail tous ces curieux raisonnements.

[3] *De Fato*, vi, 12.

[4] *P.*, II, 245; *M.*, X, 85, 99.

[5] *P.*, III, 71.

[6] Zeller, *op. cit.*, II, p. 234, et seq.

[7] Voy. ci-dessous p. 26.

possibilité d'unir deux termes dans un jugement, de dire par exemple : Le cheval court [1], parce que être cheval et courir sont deux choses très différentes. Il dirige aussi, comme plusieurs cyniques, contre la religion populaire des attaques qui font déjà prévoir Carnéade [2]. Le philosophe mégarique Alexinus [3] combat de même la théorie de Zénon de Citium sur l'âme du monde par un argument que Carnéade s'est plus tard approprié.

Pyrrhon, né à Élis, qu'il ait été le disciple de Bryson, fils de Stilpon ou d'un autre Bryson, fut certainement initié de bonne heure à cette dialectique ou à cette éristique ; et Stilpon fut le maître de Timon. Il y a donc un lien historique entre l'école de Mégare et le pyrrhonisme. Mais c'est surtout plus tard que se manifestèrent les analogies entre les deux écoles. Les trois écoles issues de Socrate devaient, en se transformant, donner naissance aux trois grandes écoles post-aristotéliciennes : les cyniques sont les précurseurs des stoïciens ; les cyrénaïques, des épicuriens ; les mégariques, des sceptiques.

Avec Antisthène et les cyniques, nous voyons apparaître une disposition toute nouvelle à subordonner la science à la morale. Même une théorie d'Antisthène, manifestement inspirée par les souvenirs de l'enseignement de Gorgias, conduisait directement à la destruction de toute science. On ne peut, suivant lui, unir dans un jugement un sujet et un attribut ; car le concept de l'un diffère du concept de l'autre, et de deux choses dont les concepts différent, on ne saurait dire que l'une *est* l'autre. C'est toujours cette rigoureuse application du principe de contradiction dont nous avons déjà signalé l'abus chez Parménide. Par exemple, dire : *l'homme est bon* [4], c'est dire que l'homme est autre chose que lui-même. En d'autres termes, toute définition est impos-

---

[1] Plut., *Adv. Colot.*, 22, 1 ; 23.

[2] Diog., II, 116.

[3] Voici ce raisonnement, d'après Sextus (*M.*, IX, 108) : Le poète vaut mieux que celui qui n'est pas poète, le grammairien, que celui qui n'est pas grammairien, et de même pour tout le reste. Il n'y a rien de meilleur que le monde : donc le monde est poète et grammairien.

[4] Platon, *Soph.* 251, B ; Arist., *Met.*, IV, 29.

sible. On a dit tout ce qu'on peut savoir quand on a désigné une chose, quand on l'a nommée ; ce qui existe réellement, ce sont les êtres individuels : les concepts ne sont que des manières de penser et ne correspondent à rien de réel. Je vois les hommes, disait Antisthène[1] ; je ne vois pas l'humanité. Ce nominalisme est exactement le contraire de la doctrine de Socrate et de Platon.

Cette sorte d'atomisme logique amenait Antisthène à des propositions inquiétantes, comme celle-ci qui rappelle les formules sophistiques : il est impossible que deux personnes se contredisent[2].

Toutefois Antisthène n'est pas sceptique. Il a écrit un livre sur la distinction de l'opinion et de la science[3] ; il juge encore la science nécessaire pour préparer la morale. La formule que nous venons de citer n'a pas pour lui une signification sceptique. Si deux personnes ne peuvent se contredire, c'est que dans sa théorie nominaliste, chaque être devant être désigné par un nom individuel, il n'y a pas deux manières de désigner une même chose. Si l'on ne s'entend pas, c'est que, croyant parler d'un même objet, en réalité on parle d'un autre. Si on parlait du même, on s'entendrait ; on ne peut se contredire, parce qu'on ne dit rien. Aristote avait donc raison de conclure aussi de cette proposition qu'elle déclare toute erreur impossible. Mais, outre que cette théorie, qu'elle le veuille ou non, est une entière renonciation à la science, on conviendra que de telles subtilités confinent à la sophistique ; dans l'*Euthydème* de Platon, le sophiste Dionysodore tient exactement le même langage. Antisthène n'en a pas conclu directement que la science est impossible ; mais ses successeurs iront plus loin : toutes les sciences (ἐγκύκλια μαθήματα) seront pour eux[4], ainsi que pour les sceptiques, comme si elles n'étaient pas.

Aristippe et les cyrénaïques sont d'accord avec les cyniques

[1] Simplic., *In categ. Schol. Arist.*, 54, B.
[2] Arist. *Met.*, IV, 29 : μὴ εἶναι ἀντιλέγειν.
[3] Diog., VI, 17.
[4] Diog., VI, 103, 73 ; Stob., *Floril.*, 33, 14.

pour diminuer le rôle de la science; mais leurs raisons sont différentes. Nous avons, disent-ils, des sensations : mais nous ne savons rien des choses qui les produisent. Le doux et l'amer, le froid et le chaud, le blanc et le noir sont des états de notre conscience (πάθη): mais nous ne pouvons dire ni que le miel est doux, et l'herbe tendre, amère; ni que la glace est froide et le vin généreux ni que l'air de la nuit est obscur [1]. Comme dans une ville assiégée, nous sommes isolés des choses extérieures : nous ne connaissons que nous-mêmes. Nous ne pouvons même pas dire que nous soyons tous affectés de la même manière, dans les mêmes circonstances; car, si deux hommes disent qu'ils voient du blanc ou du noir, qui peut leur assurer qu'ils éprouvent des sensations identiques? Chacun d'eux ne connaît que la sienne. Il y a d'ailleurs de grandes différences entre les hommes et les animaux : il en est qui n'aiment pas le miel; d'autres se nourrissent d'herbe tendre; parfois la glace brûle et le vin refroidit; le soleil aveugle et il est des êtres qui voient clair pendant la nuit. Si nous voulons éviter l'erreur, il ne faut parler que de nos états de conscience. Ne disons pas que les choses existent, mais qu'elles paraissent [2]. Et c'est parce que notre science se réduit à connaître ce qui se passe en nous que le plaisir est le seul bien.

En s'exprimant ainsi, les cyrénaïques reviennent au point de vue purement subjectif de Protagoras; ou plutôt, ils le dépassent. En effet, Protagoras, nous l'avons vu, expliquait le caractère relatif de la sensation par le dogme héraclitéen du flux perpétuel des choses; il objectivait nos sensations en affirmant que tout ce qui est représenté existe réellement, que tout est vrai. Les cyrénaïques s'affranchissent de toute affirmation métaphysique; ils s'en tiennent au pur phénoménisme; par là ils sont encore plus près du scepticisme.

---

[1] Plut., *Adv. Colot.*, 24. Cf. Cic., *Ac.*, II, xlvi, 142; vii, 20; Sext., *M.*, VII, 191; *P.*, I, 215; Diog., II, 92.
[2] Plut., *ibid.*: Τὸ φαίνεται τιθέμενοι, τὸ δ᾽ ἐστί μὴ προσαποφαινόμενοι περὶ τῶν ἐκτός.

Ils en sont si près, que Sextus s'est cru obligé de marquer les différences qui séparent les deux doctrines [1]. Les cyrénaïques, dit-il, affirment que les objets extérieurs ne peuvent être perçus : le sceptique n'en sait rien. La différence, on le voit, se réduit à peu de chose.

Mais les cyrénaïques se bornaient à indiquer cette théorie sans y insister beaucoup. Elle n'est pour eux qu'un moyen de justifier leur doctrine capitale, celle qui prétend que le plaisir est le seul bien : ce n'est pas encore le véritable scepticisme.

III. Il serait ridicule de chercher des traces de scepticisme chez Platon et Aristote. Quelle affinité peut-il y avoir entre les sceptiques et ces grands philosophes qui, dans toutes leurs œuvres, parlent avec une si fière confiance, des choses en soi, de l'être en tant qu'être, du bien, absolu et immuable ? Jamais il ne leur est venu à l'esprit qu'on pût vivre dans le doute et s'en contenter; et on les aurait bien surpris si l'on eût exprimé devant eux les formules du pyrrhonisme. La seule forme du scepticisme qu'ils aient connue est celle, non qui doute de tout, mais qui nie tout, c'est-à-dire un dogmatisme retourné. On sait de quelle manière ils l'ont traitée. Il suffit de rappeler ici la vigoureuse réfutation de Protagoras dans le *Théétète*, celle de la théorie du plaisir dans le *Philèbe*; le *Gorgias* et le *Sophiste* achèvent de nous montrer avec la dernière clarté ce que Platon pensait des sophistes, et quel cas il faisait de leurs arguties. Quant à Aristote, s'il a pris la peine, dans sa *Réfutation des sophismes*, de résoudre quelques-unes des difficultés soulevées par eux, c'est tout au plus si dans les revues générales des philosophes antérieurs par lesquelles il aime à commencer ses grands ouvrages, il daigne mentionner quelquefois les thèses des plus célèbres sophistes. Il se contente de formuler nettement, d'établir magistralement le principe de contradiction; il ne fait pas à Protagoras et à Gorgias l'honneur de les discuter comme un Parménide ou un Pythagore.

[1] P., I. 215.

Comment donc se fait-il que toute une branche de l'école sceptique, la nouvelle académie, n'ait cessé de se donner comme la gardienne fidèle des traditions platoniciennes ? Et elle a trouvé créance dans l'antiquité ; car Cicéron a l'air de prendre au sérieux cette prétention, et Sextus Empiricus disserte doctement sur la question de savoir si Platon est dogmatiste ou sceptique [1]. C'est une erreur, incontestablement ; mais des hommes qui n'étaient ni privés d'intelligence ni de mauvaise foi n'ont pu se tromper sans qu'il y ait au moins une apparence qui explique leur méprise. Qu'y a-t-il donc dans la philosophie de Platon qui puisse servir de prétexte à une interprétation sceptique ?

Nous avons déjà indiqué les raisons qui obligèrent Socrate, entouré d'adversaires si habiles, à n'avancer qu'avec prudence, à ne rien affirmer qu'avec ménagements, et en faisant toutes sortes de réserves. Platon prend naturellement, surtout quand il fait parler Socrate, les mêmes précautions. De là dans ses dialogues nombre de passages où il semble hésiter, où il se sert de formules dubitatives : « affirmer, dit-il [2] après avoir exposé le mythe du *Phédon*, que les choses sont telles que je les ai décrites ne conviendrait pas à un homme sensé. » — « Dans ses ouvrages, dit à son tour Cicéron [3], Platon n'affirme rien : il discute le pour et le contre, hésite sur toutes les questions, ne dit rien de certain. » Mais, visiblement, Cicéron exagère. Dans le passage que nous venons de citer, Platon fait les réserves que tout homme raisonnable doit faire et peut faire sans rien concéder au scepticisme. Est-ce douter de la vérité que de dire : Dieu seul peut la connaître tout entière [4] ; ou encore : pendant sa vie mortelle l'âme ne peut en avoir la pure intuition [5], et enfin qu'elle ne peut être entrevue qu'à de rares moments et

---

[1] *P.*, I, 349.
[2] *Phæd.*, 114, D.
[3] *Ac.*, I, xii, 46. Cf. II, xxiii, 74.
[4] *Parm.*, 134, C.
[5] *Phæd.*, 66, B.

avec beaucoup de peine[1]? Si c'est là du scepticisme, tous les philosophes sont sceptiques. Mais il n'en fallait pas davantage à des hommes passionnés, qui cherchaient partout des autorités et voulaient des ancêtres à tout prix. Ils abusaient du droit qu'ils s'attribuaient de se contenter en toutes choses des apparences.

Toutefois une si faible raison et un si misérable prétexte[2] ne suffisent pas à nous faire comprendre que la nouvelle académie ait pu se donner pour l'héritière légitime de Platon; il faut qu'il y ait entre elle et lui un lien réel de parenté. C'est d'ailleurs une parenté fort illégitime.

Dans une intention toute dogmatique, afin d'exercer l'esprit, de l'habituer à se mouvoir avec aisance dans la région abstraite des idées, Platon avait recommandé ces discussions dialectiques qui, d'une idée donnée, ou, comme il disait, d'une hypothèse, déduisent toutes les conséquences, positives ou négatives, qui y sont contenues, cherchent celles qui s'accordent avec elle ou la contredisent, l'examinent en un mot sous toutes ses faces; nous avons un exemple remarquable de cette méthode dans le *Parménide*[3]. De là l'habitude qui s'était perpétuée dans l'école d'examiner sur chaque sujet toutes les alternatives possibles, et de peser tour à tour le pour et le contre. Avec le temps, on oublia le but, pour ne conserver que le moyen; l'esprit passa, et la lettre resta. Des intelligences moins élevées que celle de Platon purent croire de bonne foi qu'elles appliquaient sa méthode, alors qu'elles n'en avaient conservé que la forme extérieure et le procédé technique, et qu'à vrai dire, elles faisaient tout le contraire. C'est une décadence progressive, analogue à celle que Platon lui-même a si finement décrite, lorsqu'il montre, dans le 8° livre de la *République*, comment de la forme la plus parfaite

[1] *Rép.*, VI, 506, E; VII, 517, B; *Phæd.*, 248, A.
[2] Ce serait abuser des mots que de prétendre trouver chez Platon quelque chose de la manière des sceptiques, parce qu'il a dit (*Rép.*, V, 479, C): οὔτ' εἶναι οὔτε μὴ εἶναι οὔτε ἀμφότερα οὔτε οὐδέτερον.
[3] 135, C. Cf. *Phæd.*, 101, D; *Menon*, 86, E.

de gouvernement naissent peu à peu, par des dégradations presque insensibles, les formes inférieures.

IV. Si Aristote a été compris parmi les maîtres dont les sceptiques de la nouvelle académie revendiquaient les noms, quoiqu'ils le nomment moins souvent et insistent moins pour faire de lui un des leurs, c'est que lui aussi attachait une grande importance à la dialectique. Dans la théorie de l'induction, le grand philosophe avait rencontré le problème qui préoccupe tous les modernes; comment passer de quelques cas observés à la loi qui régit tous les cas semblables? comment, sans faire une énumération complète, manifestement impossible, affirmer de tous les êtres d'un même genre ce qu'on n'a constaté que pour quelques-uns? C'est par la dialectique qu'il avait essayé de combler l'intervalle. Étant donnés les cas observés, les croyances généralement adoptées, les proverbes, surtout les opinions des hommes les plus instruits, il faut, avant de formuler une loi générale, soumettre ces faits à la critique, examiner dialectiquement ce qu'on peut dire pour et contre, passer en revue les difficultés et essayer de les résoudre[1]. De là des expressions analogues[2] à celles que les sceptiques devaient plus tard employer; il faut douter avant de savoir : c'est le doute méthodique de Descartes. Rien de plus raisonnable et de plus conforme au véritable esprit dogmatique, quelques réserves qu'on puisse faire d'ailleurs sur cette manière de comprendre l'induction. Mais, ici encore, il y avait une apparence de scepticisme; cette apparence suffisait à des esprits peu exigeants.

En résumé, si on prend le mot *scepticisme* dans son sens précis et historique, il n'y a pas eu de scepticisme avant Pyrrhon; le

---

[1] *Top.*, I. 1; *Ethic. Nic.*, I, 8. Voyez, sur toute cette théorie, Zeller, *op. cit.*, t. III, p. 243, 3ᵉ Auflage.

[2] *Mét.*, III. 1 : Ἔτι δὲ τοῖς εὐπορῆσαι βουλομένοις προὔργου τὸ διαπορῆσαι καλῶς· ἡ γὰρ ὕστερον εὐπορία λύσις τῶν πρότερον ἀπορουμένων ἐστί... Cf. *Ethic. Nic.*, VII, 1.

pyrrhonisme est vraiment une théorie originale, une vue nouvelle introduite dans la philosophie. On voit bien poindre chez les philosophes antérieurs quelques-uns des arguments dont les sceptiques se serviront; on y découvre les linéaments de leur doctrine. Mais, outre que ces arguments n'y sont qu'à l'état d'ébauche, ils ne sont pas encore groupés sous une idée commune, et systématisés en vue d'une même conclusion. La sophistique elle-même est fort éloignée du véritable scepticisme. Mais des raisons analogues à celles qui avaient donné naissance à la sophistique, la diversité des systèmes, leurs lacunes ou leurs contradictions intimes, et aussi, si on tient compte des circonstances extérieures, la mort d'Alexandre, et le trouble que la chute de son empire apporte dans le monde grec, vont favoriser l'éclosion du pyrrhonisme.

LIVRE PREMIER.

L'ANCIEN SCEPTICISME.

CHAPITRE PREMIER.

DIVISION DE L'HISTOIRE DU SCEPTICISME.

Les historiens divisent d'ordinaire l'histoire du scepticisme en deux parties : ils distinguent l'ancien scepticisme et le nouveau; entre les deux se place naturellement la nouvelle Académie. Parmi les anciens sceptiques, Pyrrhon et Timon sont les seuls sur lesquels nous ayons des renseignements précis; le nouveau scepticisme commence avec Ænésidème; Agrippa et Sextus Empiricus en sont les principaux représentants.

Cette division a un grand défaut; elle est en désaccord avec celle qu'indiquent les sceptiques eux-mêmes. Un texte de Sextus distingue bien les anciens et les nouveaux sceptiques; mais Ænésidème est rangé parmi les anciens. « Les anciens sceptiques, dit Sextus[1], nous ont transmis dix tropes qui concluent à la suspension du jugement. » Or, dans un autre passage, les dix tropes sont formellement attribués à Ænésidème[2]. Haas[3],

---

[1] P., I, 36 : Παραδίδονται συνήθως παρὰ τοῖς ἀρχαιοτέροις σκεπτικοῖς τρόποι, δι' ὧν ἡ ἐποχὴ συνάγεσθαι δοκεῖ, δέκα τὸν ἀριθμόν... Ibid., 164 : Οἱ δὲ νεώτεροι σκεπτικοὶ παραδιδόασι τρόπους τῆς ἐποχῆς πέντε τούσδε. Cf. I, 177. M., VII, 345 : καθάπερ ἐδείξαμεν τοὺς παρὰ τῷ Αἰνησιδήμῳ τρόπους ἐπιόντες.

[2] La question de savoir si ces dix tropes doivent être réellement attribués à Ænésidème sera discutée plus loin, p. 57.

[3] De Philos. scepticor. successionibus, diss. inaug. Würceburgi. Stuber, 1875. P. 28.

qui a le premier signalé cette difficulté, fait remarquer en outre que partout où Sextus cite Ænésidème, il le met en compagnie de Pyrrhon et de Timon[1]. Diogène[2] et Aristoclès[3] nomment aussi Ænésidème en même temps que les deux fondateurs du scepticisme. Il faut donc faire commencer le nouveau scepticisme, non avec Ænésidème, mais avec l'auteur des cinq tropes, que nous savons être Agrippa.

Cependant, en faveur de la division ordinairement adoptée, on peut invoquer d'assez bonnes raisons. D'abord, d'après un témoignage formel, celui d'Aristoclès[4], Ænésidème renouvela le scepticisme qui avait, pendant un temps assez long, subi une éclipse. En outre, si on considère le contenu même des doctrines, il est impossible de ne pas reconnaître une grande différence entre Ænésidème et ses devanciers. Chez Pyrrhon et Timon on trouve peut-être déjà (c'est un point controversé) les dix tropes; ils ne paraissent pourtant pas les avoir classés et énumérés méthodiquement. Mais surtout, nous ne rencontrons chez eux rien de pareil à la critique de l'idée de cause et de la démonstration qu'a entreprise Ænésidème. Il y a là, si nous ne nous trompons, un élément tout à fait nouveau, d'une importance capitale, et qui a exercé une grande influence sur le développement ultérieur du scepticisme. Les successeurs d'Ænésidème, y compris Sextus, reproduisent les raisons d'Ænésidème; et, alors même qu'ils apportent de nouveaux arguments, il est aisé de voir qu'ils lui empruntent sa méthode, et appliquent les mêmes procédés de discussion à d'autres notions qu'Ænésidème n'avait peut-être pas songé à discuter. Haas[5] nous semble très injuste à l'égard d'Ænésidème quand il lui refuse toute originalité, déclare que c'est un philosophe médiocre et sans génie, qu'il n'a pas eu de disciples et n'a pas fait époque dans l'histoire

---

[1] P., I, 180, 210, 222; III, 138; M., VII, 345, 349, etc.
[2] Diog., IX, 102.
[3] Ap. Euseb., Præp. ev., XIV, xviii, 16.
[4] Ap. Eus., Præp. ev., XIV, xviii, 29... Αἰνεσίδημός τις ἐναγχος ἤρξατο τοῦ ὕθλου τούτου.
[5] Op. cit., p. 43.

du scepticisme. La manière dont les derniers sceptiques parlent de lui, le fait qu'ils le mettent sur le même rang que Pyrrhon et Timon attestent qu'ils ne voyaient pas en lui un homme ordinaire. Mais surtout l'étude de ses arguments si vigoureux et si profonds, d'un esprit scientifique si rare dans l'antiquité, nous montre en lui un philosophe de premier ordre.

Nous trouvons bien plus d'analogies entre Ænésidème et les derniers sceptiques qu'entre le même philosophe et les premiers. S'il fallait à tout prix conserver la distinction entre les anciens et les nouveaux sceptiques, en dépit du témoignage de Sextus et des arguments rappelés ci-dessus, nous n'hésiterions pas à nous rallier à l'opinion commune qui voit dans Ænésidème le premier des nouveaux sceptiques.

Mais est-il nécessaire de conserver cette division ? Elle n'a pas grande valeur historique, et n'est indiquée que deux fois en passant par Sextus, qui ne semble pas y attacher lui-même beaucoup d'importance. S'il compte Ænésidème parmi les anciens sceptiques, comme nous croyons qu'il faut l'accorder à Haas, c'est sans doute pour une raison chronologique, ou parce qu'il a été frappé des différences, d'ailleurs très réelles, qui distinguent sa propre doctrine de celle d'Ænésidème. Mais a-t-il tenu un compte suffisant de la différence qui sépare Ænésidème de Pyrrhon et de Timon ? A la distance où il se trouvait de ces philosophes, il n'était pas bien facile à Sextus de la mesurer exactement ; peut-être ne s'en préoccupa-t-il guère. Enfin Pyrrhon n'avait rien écrit ; il est probable que Sextus ne connaissait les anciens sceptiques que par les écrits mêmes d'Ænésidème : il ne devait donc pas faire de distinction entre eux.

Pour toutes ces raisons, nous croyons qu'on peut sans inconvénient abandonner l'ancienne division entre les anciens et les nouveaux sceptiques, et s'en tenir à une distinction nouvelle, fondée sur les caractères intrinsèques des doctrines. Cette division comprendrait trois périodes, correspondant à trois aspects bien tranchés de la doctrine sceptique.

La première est celle de Pyrrhon et de Timon. Elle a pour

caractère distinctif le dédain de la dialectique : on se préoccupe avant tout d'échapper aux subtilités des sophistes. Nous verrons plus loin que Pyrrhon et Timon, obsédés de ces discussions sans fin, ont pris le parti de ne plus répondre à personne. De là les formules : Je ne sais rien, Je ne définis rien. Toute leur ambition se borne à trouver un moyen de vivre heureux et tranquilles. La morale ou, si ce mot est trop précis pour désigner une philosophie qui n'admet pas de distinction naturelle entre le bien et le mal, la vie pratique, est l'essentiel à leurs yeux. En cela, ils sont bien encore des socratiques; mais Socrate fondait la morale sur la science; ils ont essayé de la fonder sur la négation de la science, ou plutôt en dehors de la science. On pourrait désigner cette période sous le nom de *scepticisme moral*, ou, si ce nom est équivoque, de *scepticisme pratique*.

La deuxième période, séparée de la première, quoi qu'en dise Haas, par un assez long intervalle, comprend Ænésidème et ses successeurs immédiats. Elle présente un caractère tout opposé à celui de la précédente : le scepticisme devient surtout dialectique. Pyrrhon et Timon avaient déjà opposé les sens et la raison; mais ils insistaient surtout sur les contradictions des opinions et du témoignage des sens. Ænésidème conserve ces arguments; il classe les dix tropes, mais il s'attache principalement à montrer dialectiquement l'impuissance de la raison. Il reprend, en la renouvelant, la méthode des éléates et se propose de mettre partout la raison en contradiction avec elle-même. On peut désigner cette période sous le nom de *scepticisme dialectique*.

La troisième période présente encore un caractère tout nouveau et auquel il ne nous semble pas que les historiens aient toujours attaché une importance suffisante. L'école sceptique, continuant de mettre à profit les travaux de ses devanciers, récuse le témoignage des sens, se sert de la dialectique, et même en abuse, pour montrer l'impuissance de la raison. Mais, au fond, elle méprise la dialectique [1]; c'est par habitude, par une sorte de

---

[1] Voir notamment le très curieux chapitre sur les sophismes, où Sextus (*P.*, II, 236) oppose la méthode des dialecticiens à celle des médecins.

dilettantisme, pour se donner le plaisir de montrer à ses adversaires qu'elle sait manier leurs armes et les tourner contre eux, qu'elle hasarde tant de raisonnements subtils; mais elle sait ce qu'il faut penser de la dialectique : elle n'est pas dupe. Le caractère propre des sceptiques de cette époque, c'est qu'ils sont en même temps des médecins empiriques; ils connaissent ou plutôt ils entrevoient la méthode d'observation; ils se sont aperçus qu'en constatant des séries de phénomènes, on peut en prévoir empiriquement le retour : c'est cette méthode qu'ils veulent substituer à la dialectique. Ce n'est pas la science si on veut, c'est un art ou une routine, mais qui est, à leurs yeux, fort préférable à la vaine science dont on s'est contenté jusque-là : c'est une sorte de positivisme. Comme les premiers sceptiques, les philosophes dédaignent, quoiqu'ils s'en servent, le raisonnement pur et la dialectique; mais ce n'est plus seulement la vertu personnelle, la force du caractère, l'indifférence du sage qu'ils veulent substituer à la science, c'est l'expérience et l'observation. C'est la période du *scepticisme empirique*.

Outre ces trois périodes, il faut faire une place à la nouvelle Académie. La question, déjà si discutée par les anciens, de savoir si la doctrine de la nouvelle Académie est la même que celle des sceptiques sera examinée quand les doctrines auront été exposées. Les analogies extérieures sont suffisantes pour qu'il soit impossible de faire l'histoire du scepticisme sans parler de la nouvelle Académie. Elle se place naturellement, par l'ordre des dates, entre la première et la seconde période du scepticisme.

Nous diviserons donc la présente étude en quatre livres, et nous examinerons successivement : le scepticisme pratique (Pyrrhon et Timon), le probabilisme (nouvelle Académie), le scepticisme dialectique (Énésidème et Agrippa) et le scepticisme empirique (Sextus Empiricus).

CHAPITRE II.

LES ORIGINES DE L'ANCIEN SCEPTICISME.

De toutes les écoles philosophiques de l'antiquité, l'école pyrrhonienne est certainement celle dont les doctrines nous sont le mieux connues. Plus favorisé que ses rivaux, le stoïcisme et l'épicurisme, c'est par un livre authentique, œuvre d'un de ses principaux représentants, Sextus Empiricus, que le pyrrhonisme est arrivé jusqu'à nous, et ce livre n'est pas un abrégé ou un manuel, comme les κυρίαι δόξαι d'Épicure. Platon lui-même et Aristote n'ont pas eu cette heureuse fortune de laisser après eux un exposé clair, systématique et complet de leur doctrine. Mais, s'il n'y a aucun doute sur ce qu'ont pensé les philosophes qui doutaient de tout, il n'en est pas de même de leurs personnes et de leurs biographies. Ni sur Pyrrhon, ni sur Ænésidème, ni sur Sextus Empiricus, nous n'avons des renseignements suffisants. Tous ces philosophes se sont en quelque sorte effacés derrière leur œuvre : l'oubli profond où ils sont tombés est comme la rançon de la renommée qui s'est attachée à leur doctrine. C'est à peine si la physionomie de l'un d'entre eux, de celui qui a donné son nom à la secte, peut être à peu près retrouvée. Mais les origines, l'histoire intime de sa pensée nous échappent presque entièrement : on ne peut les atteindre que par conjecture. Il faut pourtant essayer, dans la mesure où nous le pouvons, d'indiquer les causes de l'apparition du scepticisme et les liens qui le rattachent aux doctrines antérieures.

I. Parmi les causes qui provoquèrent l'apparition du scepticisme, il faut certainement signaler au premier rang la diversité et l'opposition des systèmes auxquels s'étaient arrêtés les philosophes antérieurs. Il est nécessaire ici de se défendre d'une sorte d'illusion d'optique. Nous nous figurons volontiers que, parmi tant de systèmes, ceux de Platon et d'Aristote, si différents par certains détails, si semblables au fond, étaient les seuls avec lesquels il fallût compter. A la distance où nous sommes, nous voyons ces grands systèmes s'élever au-dessus des autres, à peu près comme à mesure qu'on s'éloigne d'une chaîne de montagnes, on voit se détacher plus nettement l'imposante majesté des plus hauts sommets. Il n'en était pas ainsi au temps où ils prirent naissance : ils paraissaient tous à peu près au même niveau. Quand les plus anciens historiens, Sotion et Hippobotus, essayent de les classer, ils nomment ensemble, dans un pêle-mêle et avec un sans-façon qui nous offensent, le mégarisme, le cyrénaïsme, le platonisme, le péripatétisme, le cynisme. Diogène Laërce, dans son grand ouvrage, consacre bien un livre entier à Platon, mais il ne fait pas à Aristote le même honneur. Cicéron lui-même énumère une foule de systèmes : ceux de Démocrite, d'Empédocle, de Platon, d'Aristote, sans avoir l'air de faire entre eux une bien profonde différence. La diversité et l'opposition des systèmes étaient donc, au temps de Pyrrhon, bien plus frappantes que nous ne sommes à présent tentés de le supposer, et on comprend que des esprits d'ailleurs éclairés et ouverts, tiraillés en tous sens, assourdis, comme le dira Timon, par les cris discordants des écoles qui se disputent les adeptes, aient cherché le repos dans l'abstention et le doute.

A côté de ces causes d'ordre intellectuel, il faut sans aucun doute faire une place aux influences extérieures et politiques. L'époque où apparut le scepticisme ancien est celle qui suivit la mort d'Alexandre. Les hommes qui vivaient alors avaient été témoins des événements les plus extraordinaires et les plus propres à bouleverser toutes leurs idées. Ceux d'entre eux surtout qui avaient, comme Pyrrhon, accompagné Alexandre n'avaient pu passer à travers tant de peuples divers sans s'étonner de la diversité des mœurs, des religions, des institutions. On l'a remarqué souvent, il n'y a rien de tel que le contact des peuples étrangers pour inspirer aux âmes les mieux trempées des doutes sur leurs croyances, même les plus invétérées. C'est ainsi que notre Descartes, pour avoir roulé à travers le monde, « se délivra de beaucoup d'erreurs qui peuvent offusquer notre lumière naturelle et nous rendre moins capables d'entendre raison [1] ». Les voyages sont une école de scepticisme.

Mais surtout c'étaient les conquêtes d'Alexandre qui donnaient une ample matière aux réflexions des philosophes. L'empire du grand roi, qui, en dépit de toutes ses faiblesses, étonnait encore les Grecs par sa puissance et sa richesse, s'était écroulé en quelques mois sous les coups d'un jeune conquérant. Chose plus extraordinaire encore pour des esprits grecs, ce jeune conquérant avait voulu se faire adorer, et il y avait réussi. On sait quelle résistance les Grecs, les philosophes surtout (sauf Anaxarque), opposèrent à Alexandre quand il lui prit fantaisie de se déclarer fils de Jupiter. Il en coûta la vie à Callisthènes. Les survivants durent se résigner et garder pour eux leurs réflexions. Mais ils avaient vu comment on fait un dieu.

Ce fut bien autre chose encore quand les successeurs d'Alexandre se disputèrent le monde. Toutes les idées les plus chères à des esprits grecs reçurent des événements les plus cruels démentis. Jamais peuple n'avait été jusque-là plus profondément attaché à la liberté : Platon, l'aristocrate, Aristote, l'ami d'Alexandre, ne parlent de la tyrannie qu'avec dédain ou ironie; tous les Grecs, d'un commun accord, la regardent comme le plus abject gouvernement. C'est la tyrannie pourtant qui triomphe partout. Après une tentative malheureuse d'Athènes pour reconquérir la liberté, la lourde main d'Antipater retombe sur la ville : la guerre lamiaque a mis fin aux dernières espérances; il faut décidément obéir à un Polysperchon, à un Cassandre, à un Démétrius Poliorcète.

[1] Méth., 1.

LES ORIGINES DE L'ANCIEN SCEPTICISME.

On avait déjà vu bien des fois succomber la justice et le bon droit, mais il était réservé à ce temps de voir le plus insolent triomphe de la force brutale. Démosthènes et Hypéride sont morts; Léosthènes a succombé; Phocion boit la ciguë. Mais, après Démétrius de Phalère, Démétrius Poliorcète s'installe triomphalement dans Athènes, souille le temple de Minerve de débauches sans nom et introduit ouvertement en Grèce la dépravation orientale. Toute la Grèce est en proie à une horde de soldats avides et sans scrupules; partout la trahison, la fraude, l'assassinat, des cruautés honteuses, inconnues jusque-là dans l'Occident. Et ce n'est pas seulement la Grèce, c'est l'univers entier, livré aux lieutenants d'Alexandre, qui donne ce lamentable spectacle.

Si encore on avait pu laisser passer la tourmente et attendre des temps meilleurs! Mais l'espérance même est interdite. L'avenir est aussi sombre que le présent. Le peuple d'Athènes est si profondément corrompu qu'il n'y a plus rien à attendre de lui : l'arbre est pourri à sa racine. C'est ce temps, en effet, où les Athéniens se déshonorèrent par d'indignes flatteries à Démétrius Poliorcète; ils changent la loi, chose inouïe, pour lui permettre de s'initier avant l'âge aux mystères d'Éleusis; ils chantent en son honneur l'Ityphallus et le mettent au-dessus des dieux : « Ce que commande Démétrius est saint à l'égard des dieux, juste à l'égard des hommes[1]. » On élève des temples à ses maîtresses et à ses favoris. Les choses en viennent à ce point que Démétrius lui-même déclare qu'il n'y a plus à Athènes une seule âme noble et généreuse[2], et on voit des philosophes tels que Xénocrate[3] refuser le droit de cité dans Athènes.

Les philosophes même ne sont pas exempts de reproche. Outre que la philosophie est devenue trop souvent une sorte d'amusement accessible même aux courtisanes[4], on a vu des philo-

---

[1] Plut., Démétr., 4.
[2] Athén., VI, 62, 63, p. 253; Plut. Démétr., 26.
[3] Plut., Phoc., 29.
[4] Athén., XIII, p. 583; VII, p. 279.

sophes devenir des tyrans [1] et se signaler par leurs cruautés. Théophraste est l'ami de Démétrius de Phalère, et Ariston [2] se fait le flatteur d'Antigone Gonatas.

Quoi d'étonnant si, en présence d'un tel spectacle, quelques-uns se sont laissés aller à désespérer de la vertu et de la vérité, à déclarer que la justice n'est qu'une convention? Il fallait une vertu plus qu'humaine pour résister à de telles commotions. Cette vertu, ce sera l'éternel honneur du stoïcisme d'en avoir donné l'exemple au monde. Mais on ne saurait être surpris si d'autres, moins énergiques et moins fiers, se sont découragés, ont renoncé à la lutte, et dit, comme le fera plus tard Brutus, que la vertu n'est qu'un nom.

On se représente habituellement les sceptiques comme ayant contribué à produire, par leurs subtilités et leurs négations, cet affaiblissement de la philosophie et des mœurs publiques. Ils seraient, à en croire beaucoup d'historiens, les auteurs des malheurs de leurs temps. Ils en sont plutôt les victimes. Au moment où le scepticisme paraît, Athènes n'a plus une vertu à perdre. Il ne s'agit plus alors, comme au temps de la sophistique, de saper sourdement les anciennes croyances : elles sont en ruine. Le sceptique, nous le montrerons plus loin, n'est pas à cette époque, un railleur, qui ne songe qu'à détruire, à s'enrichir ou à étonner ses contemporains : c'est un désabusé, qui ne sait plus où se prendre. Il est plus voisin du stoïcisme que de l'épicurisme : aussi voyons-nous que Cicéron nomme toujours Pyrrhon avec les stoïciens. Comme les stoïciens en effet, il s'isole d'un monde dont il ne peut plus rien attendre : il ne compte que sur lui-même : il renonce à toute espérance, comme à toute ambition. Se replier sur soi-même, afin de donner au malheur le moins de prise possible, vivre simplement et modestement, comme les humbles, sans prétention d'aucune sorte, laisser aller le monde, et prendre son parti de maux qu'il

---

[1] Athén., V, p. 215; XI, p. 508.
[2] Athén., VI, p. 251, d'après Timon.

n'est au pouvoir de personne d'empêcher, voilà l'idéal du sceptique. Philosophie égoïste et bornée, sans doute ! Il y avait mieux à faire même en ces temps troublés. Mais à tout prendre il faut convenir que comparés à leurs contemporains, les pyrrhoniens doivent encore être rangés parmi les meilleurs. Il y a dans leur attitude une certaine dignité, et une véritable force. Ils ont manqué de vertu : du moins ils n'ont pas eu de vices. Ils sont à peu près comme ce personnage moderne à qui l'on demandait ce qu'il avait fait pendant la Terreur et qui répondait : « J'ai vécu. »

Cette résignation et ce renoncement qui sont les caractères distinctifs du scepticisme primitif, Pyrrhon en avait trouvé les exemples sur les rives de l'Indus : c'est encore un point par où l'expédition d'Alexandre a exercé sur les destinées du scepticisme une influence que nous croyons capitale. Il nous est expressément attesté que Pyrrhon a connu les gymnosophistes, ces ascètes qui vivaient étrangers au monde, indifférents à la souffrance et à la mort. Nul doute qu'il n'ait été vivement frappé d'un spectacle si étrange; et il s'en souvint, lorsque revenu dans sa patrie, il vit à quels misérables résultats avaient abouti tant d'efforts tentés par les philosophes, tant de victoires remportées par le plus glorieux des conquérants. La dialectique lui avait peut-être appris le néant de la science telle qu'elle existait de son temps : il apprit des gymnosophistes le néant de la vie, et crut, avec un autre sage de l'Orient, que tout est vanité.

II. Ces influences extérieures suffisent-elles à expliquer l'apparition de Pyrrhon, ou faut-il chercher un lien plus étroit entre sa doctrine et les philosophies antérieures ? A première vue, on peut être tenté de croire qu'il y a une parenté intime entre la sophistique et le scepticisme; que, malgré les efforts de Socrate et de Platon, la sophistique n'a jamais entièrement disparu, qu'elle n'a pas cessé de vivre, reléguée au deuxième plan; qu'en un mot, Pyrrhon est le véritable continuateur de Gorgias et de Protagoras. Mais nous avons déjà indiqué [1] les différences profondes qui séparent les sophistes et les pyrrhoniens : c'est par une véritable injustice de l'histoire qu'on a trop longtemps poursuivi des mêmes railleries et des mêmes invectives ces deux sectes philosophiques. Pyrrhon, on le verra plus loin, était l'ennemi déclaré des sophistes, et tout ce que nous savons de son caractère et de sa vie confirme sur ce point ce témoignage formel de celui qui l'a le mieux connu, son disciple Timon.

Les sophistes aimaient les honneurs et l'argent : ils menaient une existence brillante, et on peut dire, au moins de quelques-uns d'entre eux, que leur scepticisme mettait leur conscience à l'aise, et les allégeait d'un certain nombre de scrupules. Pyrrhon au contraire est resté pauvre : il n'a point tiré parti de son doute : sa vie est simple, austère, irréprochable : elle a tout le sérieux et la gravité qui ont toujours manqué aux sophistes.

En outre, la sophistique est avant tout une doctrine d'action. Si elle déclare la science impossible, elle cultive avec une confiance souvent excessive toutes les sciences, ou plutôt tous les arts : elle appartient à la jeunesse du génie grec. Pyrrhon est par-dessus tout indifférent ou apathique ; il ne prend intérêt à rien ; il se laisse vivre. C'est une doctrine de vieillard.

Enfin les sophistes sont une race essentiellement disputeuse : ils excellent tous dans la dialectique. Pyrrhon renonce à toutes les discussions, qu'il trouve également vaines. Si on peut dire qu'il y a du scepticisme dans la sophistique, il n'y a rien de sophistique dans le scepticisme, du moins dans celui de Pyrrhon : c'est ce qu'on verra plus clairement dans la suite de cette étude.

A défaut de la sophistique, est-ce à une autre école qu'il faut rattacher le pyrrhonisme ?

Logiquement, on peut trouver un lien entre lui et toutes les écoles antérieures : c'est en effet une chose digne de remarque,

---

[1] Voir ci-dessus, p. 16.

que presque toutes, par des chemins différents, aboutissent au scepticisme : l'éléatisme, sans parler de Gorgias, par Eubulide, Diodore et les éristiques; l'héraclitéisme, par Cratyle et Protagoras; le cyrénaïsme, dès le temps d'Aristippe; le cynisme, du vivant d'Antisthènes; le platonisme lui-même, par la nouvelle Académie.

Historiquement, il y a un double lien de filiation directe entre Pyrrhon, et, d'une part, l'école de Mégare, d'autre part l'école de Démocrite. Né à Élis, Pyrrhon a certainement connu la dialectique de l'école d'Élis-Érétrie, qui continuait celle de Mégare. On compte parmi ses maîtres Bryson, qui fut peut-être disciple d'Euclide. Toutefois, si cette école a pu exercer quelque influence sur les origines du pyrrhonisme, nous ne croyons pas qu'il en dérive directement [1]. Sans parler des difficultés que présente la question de savoir quel a été ce Bryson [2], maître de Pyrrhon, on verra plus tard que Pyrrhon a été l'ennemi des sophistes, plutôt que leur imitateur : Timon a souvent des mots durs pour les mégariques. Sa doctrine a été une réaction contre les abus du raisonnement : et s'il s'est servi de la dialectique, c'est probablement pour combattre les dialecticiens.

Entre le pyrrhonisme et la philosophie de Démocrite, les liens sont beaucoup plus étroits [3]. Il est certain que Pyrrhon avait lu Démocrite, et qu'il garda toujours pour ce philosophe un goût très vif. Timon ne parle de Démocrite qu'avec éloges. En outre, Pyrrhon fut l'ami et le compagnon d'Anaxarque, qu'on range quelquefois parmi les sceptiques [4], et Anaxarque

---

[1] On trouve il est vrai, chez Timon, le successeur de Pyrrhon, quelques idées qui semblent provenir d'une source mégarique. Voir ci-dessous, p. 88.

[2] Voir ci-dessous, p. 52.

[3] Toutes les raisons qu'on peut donner pour rattacher Pyrrhon à Démocrite ont été présentées avec beaucoup de force par Hirzel (*Unters. zu Cicero's philosoph. Schriften*, Theil III, p. 3, Leipzig, Hirzel, 1883). Toutefois il nous semble que Hirzel tient trop peu de compte de l'originalité de Pyrrhon. Pyrrhon a subi à un haut degré l'influence de Démocrite, nous l'accordons, mais nous nous refusons à voir en lui un simple disciple.

[4] Pseud. Gal., *Hist. phil.*, t. III, p. 234, édit. Kuhn. Cf. Sextus, *M.*, VII, 48,

était lui-même le disciple de ce Métrodore de Chio, disciple de Démocrite, et qui disait[1] : « Nous ne pouvons rien savoir, pas même si nous savons quelque chose ou rien. » Enfin, Diogène Laërce, qui probablement reproduit l'opinion de l'alexandrin Sotion[2], range Pyrrhon parmi les philosophes de l'école italique, et le place à la suite d'Anaxarque, de Protagoras, de Démocrite, qu'il rattache lui-même à l'école d'Élée.

On peut être d'autant plus tenté de faire dériver le pyrrhonisme de Démocrite, que Démocrite lui-même a souvent employé des formules sceptiques. Mais nous avons vu plus haut[3] ce qu'il faut penser du prétendu scepticisme de Démocrite. Il est possible que Pyrrhon ait été particulièrement frappé des arguments par lesquels Démocrite récusait le témoignage des sens : mais comme des idées analogues se retrouvaient chez bien d'autres philosophes, il n'y a point là de raison suffisante pour affirmer un lien de parenté plus étroit entre le pyrrhonisme et l'école de Démocrite. Tous les philosophes de cette école ont pu exprimer des doutes, comme Métrodore, avoir des boutades sceptiques : on n'est pas pour cela en droit de les ranger ni parmi les sceptiques, ni parmi les ancêtres du scepticisme. Autrement, il faudrait en faire autant pour Socrate, qui a dit à peu près les mêmes choses.

Quant au témoignage de Sotion, la classification étrange dont cet historien s'est contenté ôte toute autorité à ses paroles : nous n'avons pas à en tenir compte.

Enfin les relations de Pyrrhon avec Anaxarque n'impliquent nullement que le second ait partagé les idées du premier. Entre l'austère Pyrrhon, et celui qui fut un des plus vils flatteurs d'Alexandre, il y a des différences de caractère assez notables

---

[1] Aristoc. ap. Euseb., *Præp. Ev.*, XIV, xix, 8. Cf. Sext., *M.*, VII, 88; Diog., IX, 58. Cic., *Ac.*, II, xxiii, 73.

[2] Sur les sources auxquelles a puisé Diogène, voir : Nietzsche, *De Diog. Laert. fontibus*. Rhein. Mus. 1868; Bahnsch, *Quæstionum de Diog. Laert. fontibus initia*, Gambinæ, 1868, diss. inaug.; Roeper, *Philologus*, t. III, p. 22, 1848; Victor Egger, *De fontibus Diogenis Laertii*, Bordeaux, Gounouilhou, 1881.

[3] Voir p. 9.

pour qu'on soit autorisé à penser qu'il n'y avait pas entre eux une communion d'idées fort intime.

Il est un point pourtant par où Démocrite et Pyrrhon se touchent de plus près : c'est la morale. Nous voyons en effet que pour Démocrite, le bien suprême est la bonne humeur (εὐθυμία), l'absence de crainte (ἀθαμβία), la tranquillité, l'ataraxie [1]. Pyrrhon dira à peu près la même chose. Il est possible que les livres de Démocrite qu'il lisait le plus volontiers fussent des traités comme le Περὶ εὐθυμίης [2] ou le Περὶ τύχης [3]. Toutefois, il ne paraît pas que Démocrite ait érigé l'*adiaphorie* et l'*apathie* [4] en système, et on ne trouve chez Pyrrhon rien d'analogue à la théorie de Démocrite sur le plaisir et la douleur considérés comme criterium de l'utile et du nuisible [5]. Enfin, s'il y a des ressemblances entre les deux philosophes, il faut rappeler que l'éthique de Démocrite se relie assez mal au reste de son système [6].

On pourrait aussi trouver d'assez frappantes analogies entre Pyrrhon et Socrate. Il est certain que les pyrrhoniens se donnaient eux-mêmes pour des socratiques [7]. Et nous verrons que Pyrrhon, comme Socrate, s'est proposé avant tout de trouver le secret du bonheur. Comme lui, il renonce à la science théorique pour tourner toutes ses préoccupations du côté de la vie pratique. Comme lui aussi, il prêche d'exemple, et fait plus d'impression sur ses disciples par sa conduite que par ses discours. Mais ici encore les différences l'emportent de beaucoup sur les ressemblances. Socrate croit toujours à la science, et s'il lui assigne pour but la recherche du souverain bien, s'il la confond

---

[1] Cic. *Fin.*, V, xxix, 87 ; Diog., IX, 45 ; Stob., *Ecl.*, II, 76.
[2] Diog., IX, 46 ; Sén., *Tr. an.*, 2, 3.
[3] Mullach, *Fragm. philos. Graec.*, I, p. 341.
[4] Nous montrerons plus loin que c'est bien l'*apathie* et non pas, comme le veut Hirzel, l'*ataraxie* qu'enseigna Pyrrhon.
[5] Stob., *Flor.*, III, 34.
[6] Voir Zeller, *La philos. des Grecs*, t. I, trad. Boutroux, p. 349.
[7] Cic., *De orat.*, III, 17 : « Fuerunt etiam alia genera philosophorum qui se omnes fere Socraticos dicebant, Eretriorum, Herilliorum, Megaricorum, Pyrrhoneorum. »

avec la morale, du moins il ne désespère pas d'atteindre une vérité universelle et absolue. Socrate est plein d'ardeur et de confiance; Pyrrhon est un désabusé, et c'est en fin de compte dans une sorte de routine, fondée sur la coutume et la tradition, qu'il trouve le bonheur. Pyrrhon a eu peut-être des vertus personnelles qui permettent de le comparer à Socrate; mais entre la force d'âme telle que la conçoit Socrate, et l'indifférence pyrrhonienne, il y a un large intervalle : entre la piété du maître de Platon, et celle du grand prêtre d'Élis, il y a toute la distance qui sépare une foi éclairée et vaillante d'un empirisme vulgaire.

En résumé, la philosophie de Pyrrhon ne dérive véritablement d'aucune philosophie antérieure : c'est une doctrine originale. L'éducation de Pyrrhon, ses voyages, surtout ses relations, en Asie, avec les gymnosophistes, l'avaient préparé à se désintéresser de toutes choses. Le spectacle des discordes des philosophes et les événements politiques dont il fut le témoin achevèrent de le détacher de toute croyance. Il a pu se rencontrer alors sur quelques points avec ses prédécesseurs; c'est une simple coïncidence. Sa doctrine est un premier commencement : elle apporte une idée nouvelle, une nouvelle manière de résoudre les problèmes philosophiques.

CHAPITRE III.

PYRRHON.

Les sceptiques anciens reconnaissaient expressément Pyrrhon pour leur maître, et leur doctrine a conservé chez les modernes le nom de *pyrrhonisme*. Il semble que les écrivains sceptiques se soient fait un devoir ou une habitude d'inscrire son nom en tête de leurs ouvrages. Ænésidème intitule un de ses ouvrages Πυρρώνειοι λόγοι, et, quatre siècles après la mort de Pyrrhon, Sextus Empiricus donne encore à un de ses livres le nom d'*Hypotyposes pyrrhoniennes*.

Cependant Pyrrhon est un des philosophes les plus mal connus de l'antiquité. Nous avons sur lui peu de renseignements, et encore ces renseignements ne s'accordent pas très bien entre eux. Il y a, à vrai dire, deux Pyrrhon : celui de la tradition sceptique représentée par Aristoclès, Sextus Empiricus et Diogène; celui de la tradition académique conservée par Cicéron. Après avoir résumé les principaux faits de sa biographie, nous examinerons ces deux traditions et nous essaierons, en les conciliant, de déterminer le véritable caractère de Pyrrhon et la portée de sa doctrine.

I. Pyrrhon, fils de Pleistarque [1] ou, suivant Pausanias [2], de Pistocrate, naquit à Élis [3] vers 365 av. J.-C. Il était pauvre et

---

[1] Diog., IX, 61. Suidas, Πύρρων.
[2] IV, 94, 4.
[3] Pour fixer la date de Pyrrhon, voici les documents dont nous disposons : 1° un article de Suidas (Πύρρων), où il est dit qu'il vécut sous Philippe de Macédoine, dans la 111° olympiade (336-332), ce qui ne nous apprend rien de précis (peut-être faut-il lire chez Suidas : κατὰ τὴν ρι' ὀλυμπ., au lieu de ριά [Bernhardy]. Cf. Haas, *De sceptic. philos. succession.*, Wurtzbourg, 1875, p. 5, 5); — 2° un

commença par cultiver sans grand succès la peinture; on conservait encore dans sa ville natale, au temps de Pausanias, des lampadophores assez médiocrement exécutés qui étaient son œuvre. Ses maîtres en philosophie furent Bryson [1], disciple de Socrate, ou, ainsi qu'il semble plus probable, d'Euclide de Mégare, puis Anaxarque [2], qu'il suivit partout dans la cam-

texte de Diogène, IX, 62, où il est dit qu'il vécut quatre-vingt-dix ans; — 3° les témoignages de Diogène, qui nous montrent en lui un compagnon d'Alexandre. Comme il avait, avant de partir pour l'Asie, suivi les leçons de deux maîtres et cultivé la peinture, il est permis de conjecturer qu'il était âgé de plus de trente ans au moment de l'expédition d'Alexandre (334). De là les dates de 365-275 sur lesquelles la plupart des historiens, Ed. Zeller, Haas, Maccoll (*The Greek sceptics*, London and Cambridge, Macmillan, 1869), M. Waddington (*Pyrrhon et le pyrrhonisme*, séances de l'Acad. des sciences mor. et polit., 1876, p. 85, 406, 646), sont d'accord.

[1] Quel est ce Bryson dont Pyrrhon suivit les leçons? C'est un point qu'il importe d'éclaircir, car il faut savoir s'il y a un lien entre le pyrrhonisme et l'école de Mégare. Diogène l'appelle fils de Stilpon; c'est manifestement une erreur, car Stilpon enseigna beaucoup plus tard et eut pour disciple Timon. (Voir Zeller, *Die Philos. der Griechen*, B⁴ II, p. 213, 3° Aufl., 1875.) On pourrait avec Roper (*Philol.*, III, 462), corriger le texte de Diogène et lire Βρύσ. ἢ Στίλπ. au lieu de Βρύσ. τοῦ Στίλπ. Mais il est bien peu probable que Pyrrhon ait entendu Stilpon. Deux hypothèses sont possibles : ou Pyrrhon n'était pas disciple de Bryson, ou Bryson n'était pas fils de Stilpon. Zeller (B⁴ IV, p. 481, 3° Aufl., 1880) penche pour la première, nous inclinons vers la seconde. Pyrrhon a eu certainement pour maître un Bryson, Diogène l'atteste et Suidas le répète à deux reprises. Mais il résulte du texte de Suidas (Σωκράτης) que le Bryson dont il s'agit était non le fils de Stilpon, mais un disciple de Socrate ou, suivant d'autres, d'Euclide de Mégare. Σωκράτης... φιλοσόφους εἰργάσατο... Βρύσωνα Ἡρακλεώτην ὃς τὴν ἐριστικὴν διαλεκτικὴν εἰσήγαγε μετὰ Εὐκλείδου... τινὲς δὲ Βρύσωνα οὐ Σωκράτους ἀλλ' Εὐκλείδου ἀκροατὴν γράφουσι· τούτου δὲ καὶ Πύρρων ἠκροάσατο. Ailleurs (Πύρρων), Suidas regarde Bryson comme disciple de Clinomaque, autre philosophe de l'école Mégarique. C'est peut-être le même Bryson que nomme Sextus (*M.*, VII, 13), dont Aristote dit qu'il avait trouvé la quadrature du cercle et qu'il appelle un sophiste (*Rhet.*, III, 2, 13; *De anim. histor.*, VI, 5; IX, 11; *De sophism. elenc.*, XI, 26). Cf. Zeller, II, 836.

[2] Diog., IX, 61, 67; Aristocles, ap. Euseb., *Præp. evang.*, XIV, XVIII, 27. Outre Bryson et Anaxarque, on compte quelquefois Ménédème parmi les maîtres de Pyrrhon (Waddington, *loc. cit.*). Mais il résulte d'un texte de Diogène (II, 141) que Ménédème vivait encore au temps de la bataille de Lysimachie (+78 av. J.-C.), et il mourut à soixante-quatorze ans; il était donc plus jeune que Pyrrhon d'environ treize ans. (Cf. Suidas, Ἄρατος.) Il est vrai qu'on lit dans Suidas (Σωκράτης) : ... Φαίδωνα Ἠλεῖον καὶ τοῦτον ἰδίαν συστήσαντα σχολὴν τὴν Ἠλειακὴν ἀπ' αὐτοῦ κληθεῖσαν, ὕστερον δὲ αὐτὴν Ἐρετρικὴ ἐκλήθη. Μενεδήμου εἰς Ἐρέτριαν διδάξαντος·

pagne d'Asie. Vraisemblablement le premier lui enseigna la dialectique subtile qui fut tant en honneur dans l'école de Mégare et qui aboutissait naturellement à une sorte de scepticisme sophistique. L'autre l'initia à la doctrine de Démocrite, pour laquelle il conserva toujours un goût très vif et qui paraît avoir exercé sur sa pensée une grande influence [1].

En compagnie d'Anaxarque, Pyrrhon suivit Alexandre en Asie. Il composa une pièce de vers dédiée au conquérant et qui lui valut un présent de 10,000 pièces d'or [2]. Il connut les gymnosophistes, les mages indiens, et probablement ce Calanus [3] qui accompagna quelque temps Alexandre et donna aux Grecs étonnés le spectacle d'une mort volontaire si fièrement et si courageusement supportée. On peut croire que ces événements firent sur l'esprit de Pyrrhon une profonde impression et déterminèrent au moins en partie le cours que ses idées devaient prendre plus tard.

Après la mort d'Alexandre, Pyrrhon revint dans sa patrie; il y mena une vie simple et régulière, entouré de l'estime et de la considération de ses concitoyens, qui le nommèrent grand prêtre et, après sa mort, lui élevèrent une statue qu'on voyait encore au temps de Pausanias [4]. Il mourut vers 275.

Sauf la poésie dédiée à Alexandre, Pyrrhon n'a rien écrit; sa doctrine n'a été connue des anciens que par le témoignage de ses disciples, et particulièrement de Timon.

ἐκ τούτου δὲ τοῦ διδασκάλου ὁ Πύρρων γέγονεν. On pourrait à la rigueur rapporter ἐκ τούτου διδασκάλου à Phédon; mais ce passage unique ne semble pas suffisant pour compter ni Phédon ni Ménédème parmi les maîtres de Pyrrhon.

[1] Diog., IX, 67. — Hirzel (*Untersuch. zu Cicero's philos. Schriften*, Bd III, p. 3 et seq., Leipzig, Hirzel, 1883) insiste avec raison sur cette influence de Démocrite sur Pyrrhon. Il est certain que Timon (Diog., IX, 40) parle de Démocrite avec des égards qu'il n'a pas pour les autres philosophes, pas même pour ceux de Mégare. Toutefois, on verra par la suite de ce travail que, suivant nous, l'influence de Démocrite, si grande qu'elle soit, n'a pas été la plus décisive. — Il n'y a pas lieu d'insister sur l'emploi par Démocrite de l'expression οὐ μᾶλλον; Sextus montre (P., I, 213) qu'il l'entendait tout autrement que Pyrrhon.

[2] Diog., IX, 61. — Sextus, M., I, 282. — Plut., *De Alex. fortit.*, I, 10.

[3] Plut., *Vit. Alex.*, 69.

[4] Diog., IX, 65. — Paus., VI, 24, 4.

Diogène, auquel nous empruntons la plus grande partie du résumé qui va suivre, ne fait aucune distinction entre Pyrrhon et Timon. Suivant sa coutume, c'est la doctrine générale des pyrrhoniens qu'il expose sous le nom de Pyrrhon, sans distinguer ce qui appartient au maître de ce que les disciples ont pu y ajouter. Il en est de même d'Aristoclès dans le fragment que nous a conservé Eusèbe [1].

II. Aristoclès [2] résumait en ces termes la doctrine de Pyrrhon : « Pyrrhon d'Élis n'a laissé aucun écrit, mais son disciple Timon dit que celui qui veut être heureux doit considérer ces trois points : d'abord, que sont les choses en elles-mêmes? puis, dans quelles dispositions devons-nous être à leur égard? enfin, que résultera-t-il pour nous de ces dispositions? Les choses sont toutes sans différences entre elles, également incertaines et indiscernables. Aussi nos sensations ni nos jugements ne nous apprennent-ils pas le vrai ni le faux. Par suite nous ne devons nous fier ni aux sens, ni à la raison, mais demeurer sans opinion, sans incliner ni d'un côté ni de l'autre, impassibles. Quelle que soit la chose dont il s'agisse, nous dirons qu'il ne faut pas plus l'affirmer que la nier, ou bien qu'il faut l'affirmer et la nier à la fois, ou bien qu'il ne faut ni l'affirmer ni la nier. Si nous sommes dans ces dispositions, dit Timon, nous atteindrons d'abord l'*aphasie*, puis l'*ataraxie*. » Douter de tout et être indifférent à tout, voilà tout le scepticisme, au temps de Pyrrhon comme plus tard. *Époque*, ou suspension du jugement, et *adiaphorie*, ou indifférence complète, voilà les deux mots que toute l'école répétera; voilà ce qui tient lieu de science et de morale. Examinons d'un peu plus près ces deux points.

Pyrrhon n'a pas inventé le doute, car nous avons vu, bien avant lui, Anaxarque et plusieurs mégariques tenir la science pour impossible ou incertaine. Mais Pyrrhon paraît être le premier qui ait recommandé de s'en tenir au doute sans aucun

[1] *Præpar. Evang.*, XIV, xviii, 4.
[2] *Ibid.*

mélange d'affirmation, au doute systématique, s'il est permis d'unir ces deux mots. C'est lui qui, au témoignage d'Ascanius[1], trouva la formule sceptique : suspendre son jugement. Aristote n'emploie nulle part le mot ἐποχή.

La raison qu'il donnait, c'est que toujours des raisons de force égale peuvent être invoquées pour et contre chaque opinion (ἀντιλογία, ἰσοσθένεια)[2]. Le mieux est donc de ne pas prendre de parti, d'avouer qu'on ne sait pas (ἀκαταληψία)[3] ; de ne pencher d'aucun côté (ἀρρεψία) ; de ne rien dire (ἀφασία) ; de rester en suspens (ἐπέχειν τὴν συγκατάθεσιν). De là aussi diverses formules[4] qui ont la même signification : *je ne définis rien* (οὐδὲν ὁρίζω) ; *rien n'est intelligible* (καταληπτόν) ; *ni oui ni non* (οὐδὲν μᾶλλον). Mais ces formules sont encore trop affirmatives ; il faut entendre qu'en disant qu'il n'affirme rien, le sceptique n'affirme même pas cela. Les mots[5] « *pas plus* ceci que cela » n'ont, dans son langage, ni un sens affirmatif et marquant l'égalité, comme quand on dit : le pirate n'est *pas plus* méchant que le menteur ; ni un sens comparatif, comme quand on dit : le miel n'est *pas plus* doux que le raisin ; mais un sens négatif, comme quand on dit : il n'y a *pas plus* de Scylla que de chimère. Quelques-uns même[6] ont remplacé la formule οὐδὲν μᾶλλον par l'interrogation τί μᾶλλον. En d'autres termes, dans toutes ces formules, l'affirmation n'est qu'apparente ; elle se détruit elle-même, comme le feu s'évanouit avec le bois qu'il a consumé, comme un purgatif, après avoir débarrassé l'estomac, disparaît sans laisser de trace[7].

Le sceptique revient avec insistance sur ce point ; toutes les expressions dont il se sert n'ont de dogmatique que l'apparence. Elles désignent non une chose réelle, mais un simple état de la

---

[1] Diog., IX, 61. Τὸ τῆς ἀκαταληψίας καὶ ἐποχῆς εἶδος εἰσαγαγών.
[2] Diog., IX, 63, 103. — Cf. Sextus, P., I, 190.
[3] Sextus, ibid., 200.
[4] Diog., IX, 74. — Sext., P., I, 197.
[5] Diog., IX, 75.
[6] Sext., P., I, 189.
[7] Diog., 74. — Aristocl., loc. cit. — Sext., P., I, 206 ; M., VIII, 480.

personne qui parle, une simple manière d'être [1] qui n'implique en aucune manière une réalité extérieure à cette personne et indépendante d'elle : c'est un simple phénomène, comme nous dirions aujourd'hui, purement subjectif.

Les disciples de Pyrrhon se donnaient le nom de *zététiques* [2], parce qu'ils cherchent toujours la vérité; de *sceptiques*, parce qu'ils examinent toujours sans jamais trouver; d'*éphectiques*, parce qu'ils suspendent toujours leur jugement; d'*aporétiques*, parce qu'ils sont toujours incertains, n'ayant pas trouvé la vérité.

Il importe de remarquer que le doute sceptique ne porte pas sur les apparences ou phénomènes ($\varphi\alpha\iota\nu\acute{o}\mu\varepsilon\nu\alpha$) qui sont évidents, mais uniquement sur les choses obscures ou cachées ($\check{\alpha}\delta\eta\lambda\alpha$). Aucun sceptique ne doute de sa propre pensée[3], et le sceptique [4] avoue qu'il fait jour, qu'il vit, qu'il voit clair. Il ne conteste pas que tel objet lui paraisse blanc, que le miel lui paraisse doux. Mais l'objet est-il blanc? le miel est-il doux? Voilà ce qu'il ne sait pas. Il ignore tout ce qui n'apparaît pas aux sens; il ne nie pas la vision; mais il ne sait pas comment elle s'accomplit. Il sent que le feu brûle, mais il ignore s'il est dans sa nature de brûler.

Un homme est en mouvement ou il meurt; le sceptique l'accorde. Comment cela se fait-il? Il ne sait. Si l'on dit qu'un tableau présente des reliefs, on exprime l'apparence; si on dit qu'il n'a pas de relief, on ne se tient plus à l'apparence, on exprime autre chose. Il ne faut donc pas dire que le sceptique doute de tout en général; il ne doute pas des phénomènes, mais

---

[1] Sext., P., I, 197 : Τοῦτό φησιν «ἐγὼ οὕτω πέπονθα νῦν, ὡς μηδὲν τῶν ὑπὸ τὴν ζήτησιν τήνδε πεπτωκότων τιθέναι δογματικῶς ἢ ἀναιρεῖν». Ταῦτα δέ φησι λέγων τὸ ἑαυτῷ φαινόμενον περὶ τῶν προκειμένων οὐκ ἀπαγγελτικῶς μετὰ πεποιθήσεως ἀποφαινόμενος, ἀλλ' ὃ πάσχει διηγούμενος.

[2] Diog., IX, 70. — Sext., P., I, 7.

[3] Diog., IX, 77 : Ζητεῖν ἔλεγον οὐχ ἅπερ νοοῦσιν, ὅ τι γὰρ νοεῖται δῆλον, ἀλλ' ὧν ταῖς αἰσθήσεσι μετίσχουσιν. — Ibid., 104 : Καὶ γὰρ τὸ φαινόμενον τιθέμεθα, οὐχ ὡς καὶ τοιοῦτον ὄν. — Ibid., 106.

[4] Diog., 103.

seulement des réalités en tant que distinctes des apparences. Si on retient bien ce point, il sera facile de répondre à tous les sophismes dirigés contre le scepticisme [1].

Nul doute, on le voit, que Pyrrhon n'ait fait une distinction entre le phénomène et la chose, ou, comme nous disons, entre le subjectif et l'objectif. De là ce vers de Timon [2] : *L'apparence est reine partout où elle se présente.* « Pyrrhon, dit Ænésidème [3], n'affirmait rien dogmatiquement, à cause de l'équivalence des raisons contraires; il suivait les apparences (τοῖς φαινομένοις). »

Faut-il attribuer à Pyrrhon les dix tropes (τρόποι) ou raisons de douter (appelées encore τόποι ou λόγοι) qui tenaient dans les argumentations sceptiques une si grande place? Il est probable que Pyrrhon, en même temps qu'il opposait les raisons contraires et d'égale force, a signalé quelques-unes des contradictions des sens. M. Waddington [4] a ingénieusement détaché des résumés de Diogène et de Sextus un trait qui semble bien lui appartenir, et qui est comme un souvenir de ses voyages : Démophon, maître d'hôtel d'Alexandre, avait chaud à l'ombre et froid au soleil [5]. Mais la question est de savoir si ces dix tropes, sous la forme et dans l'ordre où ils nous sont parvenus, étaient déjà des arguments familiers à Pyrrhon. Nous ne le croyons pas. Les dix tropes sont formellement attribués à Ænésidème par Diogène [6], par Aristoclès [7] par Sextus [8] ; aucun texte ne permet de les mettre au compte de Pyrrhon. Accordons, si l'on veut, qu'Ænésidème n'a fait que mettre en ordre des arguments connus avant lui, et s'est borné à leur donner une forme plus précise; mais il semble impossible d'aller plus loin [9].

---

[1] Sext., P., I, 208.
[2] Diog., IX, 105.
[3] Ibid., 106.
[4] Op. cit.
[5] Sext., P., I, 81; Diog., 80.
[6] 87.
[7] Ap. Euseb., Præp. ev., XIV, xviii, 11.
[8] M., VII, 345.

La mention dans le catalogue de Plutarque par Lamprias (Fabric. Biblioth.

Quel fut l'enseignement moral de Pyrrhon? Sur ce point encore nous avons peu de documents. « Il soutenait, dit Diogène[1], que rien n'est honnête ni honteux, juste ni injuste, et de même pour tout le reste; que rien n'existe réellement et en vérité, mais qu'en toutes choses les hommes se gouvernent d'après la loi et la coutume; car une chose n'est pas plutôt ceci que cela. »

En dehors de cette formule toute négative, nous savons seulement que Pyrrhon considérait l'aphasie et l'ataraxie, et, suivant une expression qui paraît lui avoir été plus familière, l'*adiaphorie* et l'*apathie*[2] comme le dernier terme auquel doivent tendre tous nos efforts. N'avoir d'opinion ni sur le bien, ni sur le mal, voilà le moyen d'éviter toutes les causes de trouble. La plupart du temps, les hommes se rendent malheureux par leur faute[3]; ils souffrent parce qu'ils sont privés de ce qu'ils croient être un bien, ou que, le possédant, ils craignent de le perdre, ou parce qu'ils endurent ce qu'ils croient être un mal. Supprimez toute croyance de ce genre, et tous les maux disparaissent. Le doute est le vrai bien.

Pyrrhon paraît ici avoir professé une doctrine que les sceptiques ultérieurs, et même son disciple immédiat, Timon, trouvèrent excessive, et qu'ils adoucirent. L'idéal de Pyrrhon, c'est l'indifférence absolue, la complète apathie; quoi qu'il arrive, le

---

Gr., t. V, p. 163) d'un livre : Περὶ τῶν Πύρρωνος δέκα τρόπων ne saurait être un argument sérieux. En supposant même le catalogue authentique, à l'époque de Plutarque, on ne fait guère de distinction entre Pyrrhon et les pyrrhoniens.

[1] 61. Cf. Sext., M., XI, 140.

[2] Est-ce l'*ataraxie* ou l'*apathie* qui fut, suivant Pyrrhon, le but suprême de la vie ? Hirzel (op. cit., p. 15) se prononce pour la première hypothèse. Mais nous savons par Diogène (108) que certains sceptiques regardaient l'apathie comme le dernier mot de la sagesse. Que telle ait été l'opinion de Pyrrhon, c'est ce que montrent avec la dernière évidence les textes de Cicéron qu'on lira plus loin; l'explication que donne Hirzel de l'emploi de ce mot par Cicéron semble bien arbitraire. Il n'est pas vrai non plus, comme le croit Hirzel, que les textes de Timon contredisent cette interprétation; Timon, en effet, loue son maître d'avoir échappé aux maux qui naissent ἐκ παθέων δόξης τε... (Mullach, 125). Il semble donc que c'est seulement plus tard que les sceptiques substituèrent à l'*apathie* la *métriopathie*. (Cf. Ritter et Preller, *Hist. phil.*, p. 341, 6ᵉ édit.)

[3] Diog., 108, sq. Cf. Aristocl. ap. Euseb., *Præp. ev.*, XIV, xviii, 18.

sage, celui du moins qui est arrivé, chose difficile, à dépouiller l'homme, ne se laisse pas émouvoir. C'est une doctrine analogue à celle d'Aristote et des stoïciens. Au contraire nous voyons[1] que Timon et Énésidème se contentent de l'ataraxie; et bientôt une distinction s'introduit. Dans les maux qui dépendent de l'opinion[2] (ἐν τοῖς δοξαστοῖς), il faut être imperturbable; dans ceux qu'on ne peut éviter (ἐν τοῖς κατηναγκασμένοις), il faut par un effort de volonté, et par le doute, diminuer la souffrance, sans qu'on puisse réussir à la faire disparaître (μετριοπάθεια).

Pratiquement, le sage doit vivre comme tout le monde, se conformant aux lois, aux coutumes, à la religion de son pays[3]. S'en tenir au sens commun, et faire comme les autres, voilà la règle qu'après Pyrrhon tous les sceptiques ont adoptée. C'est par une étrange ironie de la destinée que leur doctrine a été si souvent combattue et raillée au nom du sens commun ; une de leurs principales préoccupations était au contraire de ne pas heurter le sens commun. « Nous ne sortons pas de la coutume, » disait déjà Timon[4]. Peut-être n'avaient-ils pas tout à fait tort; le sens commun fait-il autre chose que de s'en tenir aux apparences ?

Tel fut l'enseignement de Pyrrhon d'après la tradition sceptique. Il faut maintenant nous tourner d'un autre côté.

III. Si nous ne connaissions Pyrrhon que par les passages assez nombreux où Cicéron parle de lui, nous ne soupçonnerions jamais qu'il ait été un sceptique. Pas une fois Cicéron ne fait allusion au doute pyrrhonien. Bien plus, c'est expressément à Arcésilas[5] qu'il attribue la doctrine d'après laquelle le sage ne

---

[1] Diog., 107.
[2] Sext., P., I, 30; III, 235. Le rapprochement de ces deux textes, où les mots ἀπαθής et ἀταραξία sont substitués l'un à l'autre en deux phrases identiques, montre qu'il n'y a pas entre l'apathie et l'ataraxie autant de différence que le croit Hirzel (l. c.)
[3] Diog., 108.
[4] Ibid., 105.
[5] Ac., II. xxiv. 77 : « Nemo superiorum non modo expresserat, sed ne dixerat

doit avoir aucune opinion; et quand il parle de l'ἐποχή, c'est encore à propos d'Arcésilas. Pourtant, l'occasion de parler du scepticisme pyrrhonien ne lui a pas manqué. Il y a dans les *Académiques* deux passages⁽¹⁾ où, pour les besoins de sa cause, il énumère avec complaisance tous les philosophes qui ont révoqué en doute la certitude de nos connaissances; on est surpris de trouver sur cette liste les noms de Parménide, d'Anaxagore, de Socrate même et de Platon; on est encore plus surpris de n'y pas lire celui de Pyrrhon.

Pour Cicéron, Pyrrhon n'est qu'un moraliste très dogmatique⁽²⁾, très sévère, le plus sévère même de toute l'antiquité. Il croit à la vertu⁽³⁾, au souverain bien qui est l'honnêteté⁽⁴⁾; il n'admet même pas ces accommodements auxquels se prêtaient les stoïciens; les choses indifférentes, telles que la santé et la richesse, qui, sans être des biens, se rapprochent des biens d'après Zénon (προηγμένα), sont absolument sans valeur aux yeux de Pyrrhon⁽⁵⁾. Cicéron le nomme presque toujours en compagnie du sévère stoïcien Ariston⁽⁶⁾, et il dit qu'il pousse plus loin que Zénon lui-même la rigidité stoïcienne⁽⁷⁾.

---

quidem posse hominem nihil opinari; nec solum posse, sed ita necesse esse sapienti.» Cf. xvii, 59 et *Ac.*, I, xii, 45 : «Cum in eadem re paria contrariis in partibus momenta rationum invenirentur, facilius ab utraque parte assensio retineretur.» — Cf. Euseb., *loc. cit.*, XIV, iv, 15.

⁽¹⁾ I, xii, 44; II, xxiii, 72, *seq.*

⁽²⁾ Un historien ancien, Numénius (Diog., IX, 68) le regardait aussi comme un dogmatique.

⁽³⁾ *Fin.*, IV, xvi, 43 : «Pyrrho scilicet, qui virtute constituta, nihil omnino quod appetendum sit relinquat.»

⁽⁴⁾ *Ibid.*, III, iv, 12 : «Eis (Pyrrhoni et Aristoni) istud honestum, non summum modo, sed etiam, ut tu vis, solum bonum videri.»

⁽⁵⁾ *Ac.*, II, xlii, 130 : «Huic (Aristoni) summum bonum est in his rebus neutram in partem moveri, quae ἀδιαφορία ab ipso dicitur. Pyrrho autem ea ne sentire quidem sapientem; quae ἀπάθεια nominatur.»

⁽⁶⁾ *Ac.*, II, xlii, 130. *Fin.*, IV, xvi, 43; IV, xviii, 49; III, iii, 11; V, viii, 23; II, xi, 35; II, xiii, 43. *Tusc.*, V, xxx, 85. *Off.*, I, ii, 6.

⁽⁷⁾ *Fin.*, IV, xvi, 43 : «Mihi videntur omnes quidem illi errasse qui finem bonorum esse dixerunt honeste vivere, sed alius alio magis. Pyrrho scilicet maxime... deinde Aristo... Stoïci autem quod finem bonorum in una virtute ponunt, similes sunt illorum, quod autem principium officii quaerunt, melius quam Pyrrho.»

Ces textes, auxquels les historiens, sauf M. Waddington [1] et Lewes [2], ne nous semblent pas avoir apporté une attention suffisante, sont difficiles à concilier avec la tradition que nous rapportions tout à l'heure. Ils ont sur les renseignements de Diogène un grand avantage : c'est qu'ils sont d'une époque beaucoup plus voisine de Pyrrhon, et où il était moins facile de prêter à ce philosophe les idées de ses successeurs.

On peut dire, il est vrai, que Cicéron ne connaît les philosophes anciens que par l'intermédiaire des nouveaux académiciens ; et ces derniers n'ont-ils pas pu, soit par ignorance, soit par esprit de rivalité, laisser de côté toute une partie de l'œuvre de Pyrrhon ? Mais alors, semble-t-il, ils n'auraient pas dû parler non plus de ses théories morales. On ne voit pas bien non plus pourquoi ces philosophes, que le souci de paraître originaux n'empêchait pas de chercher des patrons et des modèles chez tous les philosophes anciens, auraient négligé de se prévaloir de l'autorité d'un homme aussi célèbre et aussi recommandable que l'a été Pyrrhon. S'ils n'ont pas plus parlé de lui, c'est très vraisemblablement qu'ils n'avaient rien de plus à en dire.

On peut essayer pourtant de concilier les deux traditions. Elles sont d'accord sur un point : toutes deux attribuent à Pyrrhon la doctrine morale de l'indifférence (ἀδιαφορία) et même de l'apathie (ἀπάθεια) qui marque, d'après Cicéron, un degré de plus ; le sage, suivant Pyrrhon, ne doit pas éprouver même un désir, même un penchant, si faible qu'il soit ; il n'est pas seulement indifférent, il est insensible. Le désaccord porte sur deux points : suivant la tradition la plus récente, Pyrrhon est surtout un sceptique ; la suspension du jugement paraît être l'essentiel, l'indifférence l'accessoire. Cicéron ne parle que de l'indifférence. En outre, dans la tradition sceptique, Pyrrhon, loin d'employer ces expressions : la vertu, l'honnêteté, le souverain bien, déclare que dans la nature, il n'y a ni vertu, ni honnêteté. Examinons attentivement ces deux points, en commençant par le second.

[1] *Loc. cit.*
[2] *History of Philosophy*, I, 337.

La même contradiction que nous remarquons entre la tradition académique et la tradition sceptique se retrouve dans les textes les plus anciens et les plus authentiques que nous ayons, ceux de Timon. D'une part, en effet, nous voyons que d'après Pyrrhon et Timon [1] le bien et le mal sont choses de convention, fondées uniquement sur la coutume; les lois ont été instituées au hasard [2]; il n'y a point de justice selon la nature.

Mais d'autre part, chez le même Timon, Pyrrhon nous apparaît sous un aspect tout nouveau. S'adressant à son maître, le disciple s'écrie [3] : « Voici, ô Pyrrhon, ce que je voudrais savoir. Comment, n'étant qu'un homme, mènes-tu une vie si facile et si paisible? Comment peux-tu guider les hommes, semblable au Dieu qui promène tout autour de la terre et découvre à nos yeux le disque enflammé de sa sphère? » Puis, dans un autre passage [4], qui semble bien être la réponse de Pyrrhon à cette question, nous lisons : « Je te dirai ce qui me paraît être la

---

[1] Sext., M., XI, 140 : Οὔτε ἀγαθόν τι ἐστὶ φύσει, οὔτε κακόν,
ἀλλὰ πρὸς ἀνθρώπων ταῦτα νόμῳ κέκριται,
κατὰ τὸν Τίμωνα. Nous lisons avec Hirzel (p. 56) νόμῳ au lieu de νόῳ (Bekker).

[2] Timon (Mullach, 125) : . . . εἰκαῖης νομοθήκης.

[3] Diog., IX, 65.
Τοῦτό μοι, ὦ Πύρρων, ἱμείρεται ἦτορ ἀκοῦσαι
πῶς ποτ' ἀνὴρ ἔτ' ἄγεις ῥῇστα μεθ' ἡσυχίης
μοῦνος δ' ἀνθρώποισι θεοῦ τρόπον ἡγεμονεύεις
ὡς περὶ πᾶσαν ἐλῶν γαῖαν ἀναστρέφεται
δεικνὺς εὐτόρνου σφαίρας πυρικαύτορα κύκλον.

Les trois derniers vers sont cités par Sextus (M., I, 305); nous citons le troisième d'après lui; il ne semble pas douteux, malgré une légère différence dans le troisième vers, que ce passage soit la suite de celui qu'a cité Diogène.

[4] Sextus, M., XI, 20.
ἦ γὰρ ἐγὼν ἐρέω ὥς μοι καταφαίνεται εἶναι
μῦθον ἀληθείης ὀρθὸν ἔχων κανόνα,
ὡς ἡ τοῦ θείου τε φύσις καὶ τἀγαθοῦ ἔχει,
ἐξ ὧν ἰσότατος γίνεται ἀνδρὶ βίος.

Avec Natorp, Forsch. z. Gesch. d. Erkenntnissproblems im Altert. Berlin, 1884 (p. 292), nous lisons ἔχει au lieu de αἰεί. L'interprétation proposée par Hirzel (p. 28) pour le vers ὡς ἡ τοῦ θείου... semble une vaine subtilité.

vérité, ayant une parole de vérité pour règle infaillible ; je te dirai quelle est la nature du divin et du bien, d'où vient pour l'homme la vie la plus égale. »

Ainsi, voilà le fondateur du scepticisme comparé par le disciple qui l'a le mieux connu, au soleil qui éclaire les hommes. Il a une parole de vérité, une règle sûre ; il connaît la nature du divin et du bien. Nous ne sommes pas très loin du *summum bonum* dont Cicéron nous parlait tout à l'heure.

La contradiction est trop forte pour n'avoir pas sauté aux yeux des sceptiques anciens. Sextus a une façon bien plaisante d'expliquer la comparaison de Pyrrhon avec le soleil. « Si, dit-il, un grammairien veut expliquer le vers de Timon, il dira qu'il a pour but de faire honneur à Pyrrhon. Un autre s'avisera qu'il renferme une contradiction, car le soleil éclaire, tandis que le sceptique obscurcit tout. Mais le vrai philosophe, ajoute le bon Sextus, comprendra que si Pyrrhon ressemble au soleil, c'est que le soleil éblouit ceux qui le regardent trop attentivement. De même le sceptique ôte à ceux qui l'écoutent la vue claire des choses, et les met hors d'état de rien comprendre[1]. » On nous dispensera d'insister sur cette explication manifestement inventée après coup. Ailleurs[2] il explique que le mot *est* n'est pas pris par Timon dans un sens positif, mais dans un sens sceptique, désignant seulement ce qui apparaît, non la véritable réalité. Mais ici encore on est en droit de suspecter l'interprétation de Sextus. Il est bien vrai que Pyrrhon annonce qu'il dira ce qui lui paraît être la vérité (ὥς μοι καταφαίνεται εἶναι). Mais s'il ne s'agit que d'apparences ou de phénomènes, comment comprendre les expressions μῦθον ἀληθείης et ὀρθὸν κανόνα? Comment comprendre surtout que Pyrrhon se flatte de connaître la nature du divin et du bien? que peut être le divin au sens phénoméniste ?

Entre ces assertions contradictoires, il n'y a pas d'autre conciliation possible que celle-ci : entre la théorie et la pratique, la

---

[1] M., I, 305.
[2] M., XI, 20.

spéculation et la morale, Pyrrhon et Timon font une distinction très nette. Ils rejettent toutes les théories, ils ne s'embarrassent d'aucune doctrine. Mais ils ont la certitude, toute pratique et toute morale, d'avoir trouvé la meilleure manière de vivre, de posséder le divin et le bien. Peut-être Cicéron a-t-il un peu forcé le sens de leurs expressions en rapprochant les théories de Pyrrhon de celles des stoïciens, les plus dogmatistes des philosophes; mais Pyrrhon a dû dire quelque chose d'analogue : il sait où est le bien [1].

Toutefois, cette certitude pratique, et l'emploi d'expressions aussi ingénument dogmatiques que celles que nous venons de citer, ne sont possibles qu'à une condition [2] : c'est que le scepticisme n'ait pas encore eu chez Pyrrhon et Timon la forme arrêtée et systématique qu'il a prise chez leurs successeurs. Qu'il y ait contradiction entre les formules de Timon et la stricte doctrine de l'ἐποχή, c'est ce qui est évident et ce dont témoigne l'embarras des sceptiques ultérieurs et de Sextus pour les expliquer. D'autre part, Pyrrhon et Timon ne semblent pas voir la contradiction, et il est impossible qu'elle ait échappé à de tels esprits, si elle existait. S'ils ne l'ont pas vue, c'est qu'elle n'existait pas. Et si elle n'existait pas, c'est que les sceptiques n'avaient pas encore pris cette attitude de dialecticiens insaisissables et rompus à toutes les finesses qui les distingua dans la suite. Ils se soucient peu de la dialectique, ils rejettent toutes les théories dogmatiques parce qu'elles leur paraissent insuffisantes ou ridicules. Ils se contentent de chercher une bonne règle de conduite [3]. Ils croient

---

[1] Cf. Diog., 64, où, d'après Antigone de Caryste, un des plus anciens historiens, Pyrrhon déclare qu'il veut devenir un homme de bien, χρηστός.

[2] Hirzel (p. 46, seq.) et Natorp (292) sont arrivés à une conclusion analogue. Le point qui nous sépare, c'est qu'ils prêtent déjà à Pyrrhon et à Timon une théorie savante, une distinction précise entre le point de vue phénoméniste et le dogmatisme, telle qu'elle apparaîtra chez leurs successeurs. Nous croyons qu'ils ont exagéré. Selon nous, Pyrrhon et Timon ne *concilient* pas leur théorie morale avec leur scepticisme, parce que leur scepticisme n'est encore qu'à l'état d'ébauche, parce qu'ils n'y attachent qu'une médiocre importance. Ils sont sceptiques et indifférents, mais moins sceptiques qu'indifférents.

[3] Ainsi Timon (Sext., M., VII, 10) reproche à Platon d'avoir fait de Socrate

l'avoir trouvée: ils le disent, et si en le disant ils sont au fond en contradiction avec eux-mêmes et redeviennent dogmatistes sans le vouloir, peu leur importe. Aussi bien leur dogmatisme, si dogmatisme il y a, ne relevant d'aucun principe abstrait, sera toujours différent du dogmatisme qu'ils ont combattu.

La même conclusion va s'imposer à nous, plus clairement encore, si nous considérons l'autre différence que nous avons signalée entre la tradition sceptique et la tradition académique. Il nous paraît certain que les sceptiques ont exagéré le scepticisme de Pyrrhon, et, en lui prêtant leurs propres idées, ont modifié les siennes. Non que nous refusions de voir en lui un sceptique, le fondateur même du scepticisme. Il a suspendu son jugement en toute question; il a dit qu'en toute occasion on peut invoquer des raisons équivalentes pour et contre chaque thèse; un texte précis nous l'affirme, et nous n'avons aucune raison d'en contester l'exactitude. Mais est-il allé plus loin ? s'est-il attaché à formuler le scepticisme en termes précis, comme l'ont fait ses successeurs ? Est-il comme eux un logicien et un disputeur, ou est-il surtout un moraliste ? Le scepticisme, tel que nous le connaissons, est une doctrine savamment élaborée, toujours prête à la riposte et qui cherche querelle à tout le monde. Il a une certaine affinité, au moins apparente, avec la sophistique. Pyrrhon lui-même a souvent été présenté comme une sorte de sophiste, par exemple dans la légende [1] qui nous le montre si incertain de l'existence des choses sensibles qu'il s'en va se heurter contre les arbres et les rochers, et que ses amis sont obligés de l'accompagner pour veiller sur lui. Le père du pyrrhonisme a-t-il été un logicien subtil, ou comme Socrate, qui doutait aussi de beaucoup de choses, et des mêmes, est-il plutôt un moraliste ?

Tout d'abord, ce serait une question de savoir quel était pour lui le vrai sens des formules οὐδὲν μᾶλλον et ἐπέχω. Avaient-elles une signification morale ou logique ? Voulait-il dire je ne *préfère*

---

un savant, au lieu de ne voir en lui qu'un homme qui montre comment il faut vivre.

[1] Diog., IX, 62.

pas ceci plutôt que cela, ou je n'*affirme* pas plutôt ceci que cela ? je m'abstiens *de choisir ou d'affirmer* ? Il est malaisé, ou plutôt impossible pour nous de décider : ici le point de vue logique et le point de vue moral se touchent de si près qu'ils se confondent. Accordons néanmoins, puisque aussi bien c'est la tradition la plus accréditée, que ces formules doivent être entendues au sens logique.

Mais voici que des renseignements, malheureusement insuffisants et incomplets, mais d'une authenticité incontestable, nous sont fournis par les vers de Timon, et permettent de résoudre la question. Timon nous représente Pyrrhon comme évitant les discussions, et échappant aux subtilités des sophistes[1]. Ce qu'il loue en lui, c'est sa modestie, c'est la vie tranquille[2] qu'il a menée, et qui le rend égal aux dieux; c'est la sérénité de son âme, et le soin avec lequel il a évité les vains fantômes de la prétendue science. Le même caractère se retrouve d'ailleurs chez les successeurs immédiats de Pyrrhon. Ce qu'on voit reparaître le plus souvent dans les fragments mutilés de Timon, c'est l'horreur des discussions vaines et interminables où se complaisaient les philosophes; il leur reproche sans cesse leurs criailleries et leurs disputes, surtout leur morgue et leurs prétentions; il mesure en quelque sorte la valeur des hommes à leur absence de morgue et Xénophane, qu'il loue cependant, n'en est qu'à demi exempt[3] (ὑπάτυφος). Ainsi encore Philon d'Athènes, disciple de Pyrrhon, vit loin des disputes d'écoles, et ne se soucie pas d'y acquérir de la réputation[4]. Euryloque, autre disciple de Pyrrhon,

---

[1] Mullach, vers 127 et suiv., t. I, p. 95 :

Ὦ γέρον, ὦ Πύρρων, πῶς ἢ πόθεν ἔκδυσιν εὗρες
λατρείης δοξῶν τε κενοφροσύνης τε σοφιστῶν;

[2] *Ibid.*, vers 147 :

. . . . ῥῆστα μεθ' ἡσυχίης
αἰεὶ ἀφροντίστως καὶ ἀκινήτως κατὰ ταῦτα
μὴ προσέχ' ἰνδάλμοις ἡδυλόγου σοφίης.

Nous adoptons pour ce dernier vers la correction de Bergk. (Voir Wachsmuth, *De Timone Phliasio*, Leipzig, 1859, p. 11.)

[3] Mullach, vers 29. Pyrrhon au contraire (vers 122) est appelé ἄτυφος.

[4] *Ibid.*, vers 80.

était aussi un ennemi acharné des sophistes [1]. Si Timon se montre très dur pour Arcésilas, dont les idées, au témoignage de Sextus, se rapprochent beaucoup des siennes, c'est sans doute parce qu'il use et abuse de la dialectique.

Dès lors, la doctrine de Pyrrhon nous apparaît sous un jour nouveau. Ce n'est pas par excès, par raffinement de dialectique, en renchérissant en quelque sorte sur ses contemporains, qu'il est arrivé au scepticisme; sa doctrine est plutôt une réaction contre la dialectique. Sans doute, il renonce à la science, et il est sceptique : mais le scepticisme n'est pas l'essentiel à ses yeux, et il ne s'y arrête guère : il aurait peut-être été surpris autant que fâché d'y voir attacher son nom. Las des discussions éternelles où se plaisent ses contemporains, Pyrrhon prend le parti de répondre à toutes les questions : je ne sais rien. C'est une fin de non-recevoir qu'il oppose à la vaine science de son temps; c'est un moyen qu'il imagine pour ne pas se laisser enlacer dans les rets de l'éristique. Son scepticisme procède de son indifférence, plutôt que son indifférence de son scepticisme. Son esprit s'éloigne de la logique pour se tourner tout entier vers les choses morales, il ne songe qu'à vivre heureux et tranquille. « Faire du doute, dit très bien M. Waddington, un instrument de sagesse et de modération, de fermeté et de bonheur, telle est la conception originale de Pyrrhon, l'idée mère de son système [2]. »

On comprend dès lors qu'au temps de Cicéron, la seule chose qui eût attiré l'attention fût sa manière de comprendre la vie. Sa vie, bien plutôt que ses théories, ses actes bien plutôt que ses paroles, sont l'enseignement qu'il a laissé à ses disciples : aussi l'un d'eux [3] dira-t-il qu'il faut imiter sa manière d'être, tout en gardant ses opinions à soi. Plus tard, on dira encore [4]

---

[1] Diog., IX, 69 : ἦν πολεμιώτατος τοῖς σοφισταῖς ὡς καὶ Τίμων φησίν.

[2] Op. cit., p. 224. M. Renouvier avait déjà très bien dit (Manuel de philos. ancienne, t. II, p. 310, Paris, Paulin, 1844) : « Pyrrhon était un Socrate tranquille et résigné. Il détruisait la sophistique, et ne tendait pas à la remplacer. »

[3] Nausiphanes, ap. Diog., IX, 64 : ἔφασκε γίνεσθαι δεῖν τῆς μὲν διαθέσεως τῆς Πυρρωνείου, τῶν δὲ λόγων τῶν ἑαυτοῦ.

[4] Diog., 70 : λέγοιτο δ'ἄν τις πυρρώνειος ὁμότροπος.

que c'est par les mœurs qu'il faut lui ressembler pour être vraiment pyrrhonien.

Comme Pyrrhon avait laissé de grands exemples, comme il était vénéré presque à l'égal d'un Socrate [1] par tous ceux qui l'avaient connu, les sceptiques trouvèrent bon plus tard, une fois leur doctrine complètement élaborée, d'invoquer son nom, et de se mettre en quelque sorte sous son patronage. C'était une bonne riposte à l'objection qu'on leur jetait toujours à la tête de supprimer la vertu et de rendre la vie impossible. Ils étaient dans leur droit, car Pyrrhon n'affirmait rien, pas même qu'il ne savait rien; mais peu à peu ils en vinrent, sans s'en rendre compte peut-être, à lui attribuer des théories un peu différentes de ce qu'il avait pensé. On interpréta en un sens logique ce qui d'abord n'avait peut-être qu'une signification morale. Bref, Pyrrhon fut une sorte de saint, sous l'invocation duquel le scepticisme se plaça. Mais le père du pyrrhonisme paraît avoir été fort peu pyrrhonien. C'est plus tard que la formule du scepticisme fut : que sais-je? Le dernier mot du pyrrhonisme primitif était : tout m'est égal.

IV. Il résulte des considérations précédentes que, si l'on veut se faire une idée exacte de ce qu'a été Pyrrhon, c'est sa biographie qu'il faut étudier, c'est au portrait que les anciens nous ont laissé de lui qu'il faut accorder toute son attention. Dans les renseignements que nous a transmis Diogène [2], il y a peut-être

---

[1] Lewes, dans le portrait qu'il trace de Pyrrhon (*History of philosophy*, I, 237) insiste sur cette ressemblance de Pyrrhon avec Socrate.

[2] La plupart de ces détails sont empruntés par Diogène à Antigone de Caryste, qui vivait au temps de Pyrrhon (Aristoc. ap. Euseb., *Præp. evang.*, XIV, xviii, 26) et avait écrit une *Vie de Pyrrhon* (Diog., 62) et une *Vie de Timon* (ibid., 111). Hirzel remarque avec raison (p. 17) qu'Énésidème a contredit les renseignements d'Antigone et combattu la légende qui représente Pyrrhon comme ne croyant pas à la réalité des objets extérieurs. En raison de cette opposition, Hirzel est disposé à récuser le témoignage d'Antigone. Mais il ne paraît pas avoir songé que peut-être Énésidème a eu intérêt à nous représenter Pyrrhon un peu autrement qu'il n'était, afin de pouvoir invoquer son autorité, ou qu'il a pu de très bonne foi lui prêter ses propres idées et, comme on dit, le tirer à lui. Nous

plus d'un trait dont il faut se défier, plus d'un détail trop légèrement accueilli. Mais tous ces faits, même s'ils ne sont pas absolument authentiques, nous montrent au moins quelle idée les anciens se faisaient de Pyrrhon, et parmi eux, vu l'ancienneté de la source à laquelle Diogène a puisé, ceux qui avaient pu recueillir les traditions les plus immédiates, et peut-être même connaître le philosophe. Si l'on peut s'en rapporter à ces documents, Pyrrhon est un personnage fort remarquable. Dans cette longue galerie d'hommes étonnants, bizarres ou sublimes, que nous fait parcourir l'histoire de la philosophie, il est à coup sûr un des plus originaux.

Il vécut pieusement (εὐσεβῶς) avec sa sœur Philista, qui était sage-femme. A l'occasion, il vendait lui-même au marché la volaille et les cochons de lait; indifférent à tout, il ne dédaignait pas de nettoyer les ustensiles de ménage et de laver la truie. Son égalité d'âme était inaltérable, et il pratiquait avec sérénité l'indifférence qu'il enseignait. S'il arrivait qu'on le quittât pendant qu'il parlait, il n'en continuait pas moins son discours, sans que son visage exprimât le moindre mécontentement. Souvent il se mettait en voyage sans prévenir personne, il allait au hasard et prenait pour compagnons ceux qui lui plaisaient. Il aimait à vivre seul, cherchait les endroits déserts,

---

croyons, pour notre part, qu'il faut voir précisément dans les témoignages d'Énésidème le commencement de cette tradition sceptique qui a modifié la vraie physionomie de Pyrrhon.

Il est vrai que Hirzel invoque un autre argument qui serait décisif s'il était fondé : c'est que le récit d'Antigone de Caryste est en contradiction avec les textes de Timon. Mais il nous a été impossible de voir cette contradiction. On verra, par le chapitre suivant, qu'il y a de grandes analogies entre le caractère de Pyrrhon et celui de Timon : le maître et le disciple paraissent avoir eu le même goût pour la vie solitaire et paisible (Cf. Diog., 112, et la correction de Wilamovitz). Notamment, nous ne voyons pas que Timon, dans les vers cités par Diogène (69), fasse un reproche à Philon, comme le dit Hirzel, de fuir la société des hommes; il n'y a dans ces vers aucune trace de reproche.

Il n'y a donc pas de raison sérieuse pour révoquer en doute l'autorité d'Antigone. Il reste vrai que son témoignage est, après celui de Timon, le plus ancien, et nous croyons, avec Wilamovitz-Möllendorf (*Philos. Untersuch.*, IV, 34; Berlin, Weismann, 1881), qu'il a une haute valeur historique.

et on ne le voyait que rarement parmi les siens. Son unique préoccupation était de s'exercer à la pratique de la vertu. Un jour, on le surprit à parler seul, et comme on lui en demandait la raison, il répondit : « Je médite sur les moyens de devenir homme de bien. » Une autre fois [1], il était sur un vaisseau battu par la tempête; tous les passagers étaient en proie à la plus vive épouvante. Seul, Pyrrhon ne perdit pas un instant son sang-froid et, montrant un pourceau à qui on venait de donner de l'orge et qui mangeait fort paisiblement : « Voilà, dit-il, le calme que doivent donner la raison et la philosophie à ceux qui ne veulent pas se laisser troubler par les événements. » Deux fois seulement son indifférence se trouva en défaut : la première, c'est quand, poursuivi par un chien, il se réfugia sur un arbre [2], et comme on le raillait, il répondit qu'il était difficile de dépouiller tout à fait l'humanité et qu'on devait faire effort pour se mettre d'accord avec les choses par la raison, si on ne pouvait le faire par ses actions. Une autre fois, il s'était fâché contre sa sœur Philista, et comme on lui reprochait cette inconséquence : « Ce n'est pas d'une femme, répondit-il, que dépend la preuve de mon indifférence. » En revanche, il supporta des opérations chirurgicales avec une impassibilité et une indifférence qui ne se démentirent pas un moment. Il poussait même si loin l'indifférence qu'un jour, son ami Anaxarque étant tombé dans un marais, il poursuivit son chemin sans lui venir en aide, et comme on lui en faisait un reproche, Anaxarque lui-même loua son impassibilité. On peut ne pas approuver l'idéal de perfection que les deux philosophes s'étaient mis en tête; il faut convenir du moins que Pyrrhon prenait fort au sérieux ses préceptes de conduite. La légende qui court sur son compte n'est pas authentique, et Diogène nous dit qu'elle avait provoqué les dénégations d'Énésidème. Si elle l'était et si elle a un fond de vérité, il faudrait l'expliquer tout autrement qu'on ne fait d'ordinaire. Ce n'est pas par scepticisme, c'est par indifférence que

---

[1] Diog., 68. Cf. Plut., De prof. in virt., 11.
[2] Diog., loc. cit. Aristocl. ap. Euseb., loc. cit., xviii, 26.

Pyrrhon serait allé non pas sans doute donner contre les rochers et les murs, mais commettre des imprudences qui inquiétaient ses amis. Il ne tenait pas à la vie. C'est de lui que Cicéron [1] a dit qu'il ne faisait aucune différence entre la plus parfaite santé et la plus douloureuse maladie. C'est lui encore qui, au témoignage d'Épictète [2], disait qu'il n'y a point de différence entre vivre et mourir.

Sa philosophie, on le voit, est celle de la résignation, ou plutôt du renoncement absolu. C'est ainsi, nous dit-on [3] encore, qu'il avait toujours à la bouche ces vers d'Homère : « Les hommes sont semblables aux feuilles des arbres; » et ceux-ci : « Mais, toi, meurs à ton tour. Pourquoi gémir ainsi? Patrocle est mort, et il valait bien mieux que toi. »

Cet homme extraordinaire inspira à tous ceux qui le virent de près une admiration sans bornes. Ses concitoyens, nous l'avons dit, lui conférèrent les fonctions de grand prêtre et lui élevèrent une statue après sa mort. Il leur avait donné de la philosophie une si haute idée qu'en son honneur ils exemptèrent les philosophes de tout impôt. Son disciple Nausiphanès [4], le même peut-être qui fut le maître d'Épicure, avait été séduit par ses discours, et on raconte qu'Épicure l'interrogeait souvent sur le compte de Pyrrhon, dont il admirait la vie et le caractère. Comment croire qu'il eût exercé un tel ascendant sur Nausiphanès, esprit indépendant, et sur Épicure, si peu soucieux de la logique, si sa principale préoccupation avait été de mettre des arguments en forme? Il parlait de morale plutôt que de science, et sa vertu donnait à ses discours une autorité que n'ont jamais eue les raisonnements sceptiques.

Mais ce qui plus que tout le reste témoigne en faveur de Pyrrhon, c'est l'admiration qu'il inspira à Timon. Timon n'avait

---

[1] Fin., II, xiii, 43 : « ... Ut inter optime valere et gravissime aegrotare nihil prorsus dicerent interesse. »
[2] Stob., Serm., 121, 28 : Πύρρων ἔλεγε μηδὲν διαφέρειν ζῆν ἢ τεθνάναι.
[3] Diog., 67.
[4] Diog., 69, 64.

pas l'admiration facile. Il est l'inventeur des *Silles* et persifla avec une malice impitoyable un grand nombre de philosophes, entre autres Platon; seul, Pyrrhon trouva grâce devant lui. Quand Timon parle de son maître, c'est sur le ton de l'enthousiasme[1] : « Noble vieillard, s'écrie-t-il, Pyrrhon, comment et par quel chemin as-tu su échapper à l'esclavage des doctrines et des futiles enseignements des sophistes ? Comment as-tu brisé les liens de l'erreur et de la croyance servile ? Tu ne t'épuises pas à scruter la nature de l'air qui enveloppe la Grèce ni la nature et la fin de toutes choses. » Et ailleurs[2] : « Je l'ai vu simple et sans morgue, affranchi de ces inquiétudes avouées ou secrètes, dont la vaine multitude des hommes se laisse accabler en tous lieux par l'opinion et par les lois instituées au hasard. » « Pyrrhon, je désire ardemment apprendre de toi comment, étant encore sur la terre, tu mènes une vie si heureuse et tranquille, comment, seul parmi les mortels, tu jouis de la félicité des Dieux. »

Ces vers font naturellement penser à ceux où Lucrèce exprime si éloquemment son admiration pour Épicure : c'est le même sentiment, la même effusion de disciple enthousiaste. Mais encore faut-il remarquer que Lucrèce n'est pas un railleur de profession : il y a loin du grave et sévère Romain au Grec spirituel et mordant, à l'esprit délié et subtil, prompt à saisir tous les ridicules et à démasquer toutes les affectations. En outre, Lucrèce n'avait pas connu personnellement Épicure ; Timon a vécu plusieurs années dans l'intimité de Pyrrhon. Quelle solide vertu il fallait avoir pour résister à une pareille épreuve, et quel plus précieux témoignage pourrait-on invoquer en l'honneur de Pyrrhon que le respect qu'il sut inspirer à l'ancien saltimbanque !

Il nous est bien difficile, avec nos habitudes d'esprit modernes, de nous représenter ce personnage où tout semble contradictoire et incohérent. Il nous est donné comme sceptique, et il l'est en effet; pourtant ce sceptique est plus que stoïcien. Il ne

[1] Diog., 65.
[2] Euseb., Praep. ev., loc. cit.

se borne pas à dire : «Tout m'est égal», il met sa théorie en pratique. On a vu bien des hommes, dans l'histoire de la philosophie et des religions, pratiquer le détachement des biens du monde et le renoncement absolu ; mais les uns étaient soutenus par l'espoir d'une récompense future ; ils attendaient le prix de leur vertu, et les joies qu'ils entrevoyaient réconfortaient leur courage et les assuraient contre eux-mêmes. Les autres, à défaut d'une telle espérance, avaient au moins un dogme, un idéal, auquel ils faisaient le sacrifice de leurs désirs et de leur personne ; le sentiment de leur perfection était au moins une compensation à tant de sacrifices. Tous avaient pour point d'appui une foi solide. Seul, Pyrrhon n'attend rien, n'espère rien, ne croit à rien ; pourtant il vit comme ceux qui croient et espèrent. Il n'est soutenu par rien et il se tient debout. Il n'est ni découragé ni résigné, car non seulement il ne se plaint pas, mais croit n'avoir aucun sujet de plainte. Ce n'est ni un pessimiste ni un égoïste ; il s'estime heureux et veut partager avec autrui le secret du bonheur qu'il croit avoir trouvé. Il n'y a pas d'autre terme pour désigner cet état d'âme, unique peut-être dans l'histoire, que celui-là même dont il s'est servi : c'est un indifférent. Je ne veux certes pas dire qu'il ait raison ni qu'il soit un modèle à imiter ; comment contester au moins qu'il y ait là un étonnant exemple de ce que peut la volonté humaine ? Quelques réserves qu'on puisse faire, il a peu d'hommes qui donnent une plus haute idée de l'humanité. En un sens, Pyrrhon dépasse Marc-Aurèle et Spinoza. Et il n'y avait plus qu'un pas à faire pour dire, comme quelques-uns de ses disciples l'ont dit[1], que la douceur est le dernier mot du scepticisme.

Il n'y a pas à s'y tromper, il faut reconnaître là l'influence de l'Orient. L'esprit grec n'était pas fait pour de telles audaces : elles ne furent plus renouvelées après Pyrrhon. Les cyniques avaient bien pu faire abnégation de tous les intérêts humains, mépriser le plaisir, exalter la douleur, s'isoler du monde, mais

---

[1] Diog., 108 : Τινὲς καὶ τὴν ἀπάθειαν, ἄλλοι δὲ τὴν πραότητα τέλος εἰπεῖν φασι τοὺς σκεπτικούς.

c'était en prenant à l'égard des autres un ton d'arrogance et de défi, et dans cette vertu d'ostentation et de parade, l'orgueil, la vanité et l'égoïsme trouvaient leur compte. Plus sérieux et plus sincères peut-être, les stoïciens, ou du moins les plus illustres d'entre eux, renoncent à cette vaine affectation et se préoccupent moins d'étonner les autres que de se mettre discrètement et honnêtement, dans leur for intérieur, d'accord avec la raison. Mais, sans compter qu'ils admettent encore quelques adoucissements, il y a en eux je ne sais quoi d'apprêté et de tendu : ils se raidissent avec un merveilleux courage, mais on sent l'effort. Chez Pyrrhon, le renoncement semble devenir aisé, presque naturel : il ne fait aucun effort pour se singulariser, et s'il a dû lutter contre lui-même (car on nous assure qu'il était d'abord d'un naturel vif et emporté), sa victoire semble définitive. Il vit comme tout le monde, sans dédaigner les plus humbles travaux; il a renoncé à toutes les prétentions, même à celle de la science, surtout à celle-là. Il ne se donne pas pour un sage supérieur aux autres hommes et ne croit pas l'être; il n'a pas même l'orgueil de sa vertu. Il fait plus que de respecter les croyances populaires, il s'y conforme, fait des sacrifices aux dieux et accepte les fonctions de grand prêtre; il ne paraît pas les avoir remplies plus mal qu'un autre.

C'est l'exemple des gymnosophistes et des mages de l'Inde qui l'a amené à ce point : c'est dans l'Inde qu'il s'est assuré que la vie humaine est peu de chose et qu'il est possible de le prouver. Les leçons de Bryson et d'Anaxarque avaient préparé le terrain : l'un, en lui enseignant la dialectique, lui en avait montré le néant; l'autre lui avait appris que toutes les opinions sont relatives, et que l'esprit humain n'est pas fait pour la vérité absolue. Les gymnosophistes firent le reste, et lui apprirent, mieux que par des arguments et des disputes, la vanité des choses humaines.

Ce n'est point là une conjecture. Diogène[1] nous dit que s'il

---

[1] IX, 63.

cherchait la solitude, et s'il travaillait à devenir homme de bien, c'est qu'il n'avait jamais oublié les paroles de l'Indien qui avait reproché à Anaxarque d'être incapable d'enseigner aux autres la vertu, et de fréquenter trop assidûment le palais des rois.

Pourtant il faut se garder de diminuer l'originalité de Pyrrhon, et de le réduire au rang d'un simple imitateur de la sagesse orientale : il est plus et mieux qu'un gymnosophiste indien. Nous connaissons mal les pensées de ces sages de l'Orient et nous ne savons pas par quelles raisons ils justifiaient leur renoncement. Mais si, comme il est permis de le présumer, c'est surtout des préceptes du Bouddha qu'ils s'inspiraient, on voit la distance qui les sépare du Grec savant et subtil, expert à tous les jeux de la dialectique, informé de toutes les sciences connues de son temps. Ce n'est pas uniquement sous l'influence de la tradition, de l'éducation et de l'exemple, que le contemporain d'Aristote est arrivé au même état d'âme. Ce n'est qu'après avoir fait en quelque sorte le tour des doctrines philosophiques, comme il avait fait le tour du monde, qu'il s'est reposé dans l'indifférence et l'apathie, non parce qu'il ignorait les sciences humaines, mais parce qu'il les connaissait trop. Il joint la sagesse grecque à l'indifférence orientale, et la résignation revêt chez lui un caractère de grandeur et de gravité qu'elle ne pouvait avoir chez ceux qui furent ses modèles.

En résumé, l'enseignement de Pyrrhon fut tout autre que ne le disent la plupart des historiens. Où ils n'ont vu qu'un sceptique et un sophiste, il faut voir un sévère moraliste, dont on peut à coup sûr contester les idées, mais qu'on ne peut s'empêcher d'admirer. Le scepticisme n'est pas pour lui une fin : c'est un moyen ; il le traverse sans s'y arrêter. Des deux mots qui résument tout le scepticisme, *époque* et *adiaphorie*, c'est le dernier qui est le plus important à ses yeux. Ses successeurs renversèrent l'ordre et firent du doute l'essentiel, de l'indifférence, ou plutôt de l'ataraxie, l'accessoire. En gardant la lettre de sa doctrine, ils en altérèrent l'esprit. Pyrrhon eût souri peut-être et montré quelque compassion, s'il eût vu Sextus Empiricus se donner tant de peine pour rassembler en deux indigestes et interminables ouvrages tous les arguments sceptiques. Il arrivait à ses fins bien plus simplement. Il fut avant tout un désabusé : il fut un ascète grec.

CHAPITRE IV.

TIMON DE PHLIONTE.

___

Pyrrhon eut plusieurs disciples. Timon est le plus célèbre de tous : les autres étaient Euryloque, Philon d'Athènes, Hécatée d'Abdère, Nausiphanes de Téos. Diogène[1] cite en outre parmi ses familiers (συνήθεις) Numénius. Mais, en supposant que Numénius eût été un pyrrhonien, comme il est nommé avec Ænésidème, il est impossible de savoir si ce philosophe était un contemporain de Pyrrhon, ou s'il n'a vécu que longtemps après lui [2].

S'il est permis de hasarder une conjecture au sujet de ces obscurs philosophes, il nous semble qu'ils étaient moins les disciples, au sens précis du mot, que les admirateurs de Pyrrhon, ses familiers ou ses imitateurs. Si en effet Pyrrhon, ainsi que nous avons essayé de l'établir, n'avait que fort peu de doctrine, comment aurait-il fait école ? On comprend, au contraire, que quelques-uns de ses contemporains, vivement frappés de sa manière de comprendre la vie, l'aient pris pour modèle, et aient essayé de continuer, non son enseignement, mais ses exemples.

Cette interprétation est confirmée expressément, pour deux

___

[1] IX, 102. Sur ce passage, voir ci-dessous p. 89.
[2] Suidas (Θεόδωρος) cite encore parmi ceux qui ont entendu Pyrrhon, Théodore l'athée. Il n'y a là rien d'impossible, et on a pu même (Tennemann, *Histoire de la philosophie*, t. I, trad. Cousin) attribuer à Théodore les formules très voisines du pyrrhonisme, employées par les cyrénaïques. Cic., *Ac.*, II, xxvi, 142 : «Præter permotiones intimas nihil putant esse judicii.» Cf. Plut., *Adv. Colot.*, 24, 2; Sext., *M.*, VII, 191.) Il semble toutefois plus probable que ces formules étaient plus anciennes et remontaient à Aristippe lui-même. Voir Zeller, *op. cit.*, t. II, p. 302, 3ᵉ Aufl., et ci-dessus p. 28.

au moins des philosophes qui nous sont donnés comme ses disciples. Philon d'Athènes, ainsi que l'attestent authentiquement deux vers de Timon, n'était d'aucune école (ἀπόσχολος) : il vivait dans la plus complète indépendance, loin de toutes les disputes, et philosophait pour son propre compte. « Fuyant les hommes, dit Timon, étranger à toute école, ne conversant qu'avec lui-même, Philon ne se soucie ni de la gloire ni des disciples [1]. »

De même, Nausiphanes témoignait à l'égard de son maître, en même temps qu'une grande admiration, une grande indépendance. Il disait qu'il fallait imiter la manière de vivre de Pyrrhon (γίνεσθαι τῆς διαθέσεως τῆς Πυρρωνείου), mais s'en rapporter à soi-même pour les idées (τῶν λόγων τῶν ἑαυτοῦ). Cette distinction de Nausiphanes, entre la διάθεσις et les λόγοι, est très significative, et marque bien le véritable caractère de l'ancien pyrrhonisme. Au surplus, Nausiphanes n'a pu écouter bien longtemps les leçons de Pyrrhon; car il a été lui-même le maître d'Épicure; or Épicure a ouvert son école vers 310 av. J.-C. et il ne paraît pas [2] que Pyrrhon ait pu être de retour à Élis avant 322. Ajoutons que Nausiphanes appartenait plutôt à l'école de Démocrite qu'à celle de Pyrrhon : Cicéron l'appelle *Démocritéen* [3].

Euryloque ne nous est connu que par une anecdote. Il lui arriva, raconte Diogène, de s'irriter tellement contre son cuisinier, qu'il saisit une broche chargée de viandes, et le poursuivit ainsi jusque sur la place publique. Le fait que ce seul trait est arrivé jusqu'à nous, n'est-il pas un indice que pour tous ces philosophes, la grande affaire était moins de raisonner que de vivre impassibles et indifférents, et que la malice de leurs contemporains, curieux de voir s'ils tiendraient leur gageure, enregistrait soigneusement tous les traits d'inconséquence qui pouvaient leur échapper? Euryloque lui aussi avait peu de goût

---

[1] Diog., IX, 69; Mullach, *Frag. Philos. Graecor.*, t. I, p. 91, vers 80.
[2] Zeller, op. cit., t. IV, p. 485, note 1.
[3] *De Nat. De.*, I, xxvi, 73.

pour la dispute; ainsi Diogène [1] raconte que pour se soustraire aux questions qu'on lui adressait, il jeta son manteau et traversa l'Alphée à la nage. Il était, dit encore Diogène, l'ennemi déclaré des sophistes.

Sur Hécatée d'Abdère nous avons quelques renseignements plus précis. Il vécut auprès de Ptolémée Lagi et l'accompagna dans son expédition en Syrie [2]. Josèphe [3] l'appelle φιλόσοφος ἅμα καὶ περὶ τὰς πράξεις ἱκανώτατος : d'où on peut conclure qu'à ses yeux la pratique et l'action avaient bien plus de prix que la théorie. Hécatée avait composé un livre sur la philosophie des Égyptiens, puis des ouvrages étrangers à la philosophie [4], entre autres un livre sur les Juifs et Abraham [5]. C'est un trait qui lui est commun avec Timon. Ces philosophes, après avoir demandé à la philosophie tout ce qu'elle pouvait leur donner, c'est-à-dire une règle de conduite, s'adonnaient à d'autres travaux.

I. Le véritable successeur de Pyrrhon, le confident de ses pensées et l'héritier de sa doctrine fut Timon [6].

Il naquit [7] à Phlionte vers 325 av. J.-C. et mourut à

---

[1] Diog., IX, 69.
[2] Ce philosophe ne doit pas être confondu (il l'a été) avec Hécatée de Milet l'historien. Voir Pauly, *Real. Encyclop. der Alterthumswissenschaft*, Stuttgart, Metzler, 1839.
[3] *Contr. Apion.*, 1, 22.
[4] Plut., *De Iside et Osiride*, 9; Diog. I, 10.
[5] Josèphe, *loc. cit.* Cf. *Antiq. Jud.*, I, VII, 2.
[6] Sext., *M.*, I, 53 : ὁ προφήτης τῶν Πύρρωνος λόγων Τίμων.
[7] Pour fixer la date de Timon, voici les renseignements dont nous disposons : 1° il fut disciple de Stilpon, Diog., IX, 109; 2° il vécut quatre-vingt-dix ans, *ibid.*, 112; 3° il survécut à Arcésilas, car il composa un *Banquet funèbre* d'Arcésilas, *ibid.*, 115; 4° enfin il fut l'ami de Lacydes, successeur d'Arcésilas, avec lequel Athénée (X, 438) rapporte qu'il lui arriva de s'enivrer. (Cf. Élien, *Var Hist.*, II, 41.) Or, Stilpon ne paraît pas avoir vécu au delà des premières années du III° siècle (Zeller, *op. cit.*, t. II, 211, 1). On peut croire que Timon, qui avait été danseur avant d'être philosophe, était âgé d'environ vingt-cinq ans lorsqu'il arriva à Mégare, ce qui place la date de sa naissance vers 325. La date de sa mort serait alors 235, ce qui concorde bien avec les autres renseignements : Arcésilas mourut vers 241 (Zeller, t. IV, p. 491, 3), et dans l'intervalle qui sépare cette date de l'an 235, Timon eut tout le temps nécessaire pour changer d'opinion sur le compte d'Arcé-

Athènes vers 235. Il exerça d'abord le métier de danseur; puis il y renonça et alla à Mégare, où il entendit Stilpon. Revenu ensuite dans sa patrie, il s'y maria; puis il alla trouver Pyrrhon à Élis; à cette époque Timon était déjà célèbre. La pauvreté le força à partir; il se rendit à Chalcédoine, où il s'enrichit en enseignant, et accrut encore sa réputation. Enfin, il s'établit à Athènes, et sauf un court séjour à Thèbes, il y demeura jusqu'à sa mort [1].

Malgré sa vive admiration pour Pyrrhon, Timon ne l'avait pas pris pour modèle en toutes choses. On a vu qu'il ne se résigna pas comme lui à la pauvreté; il n'eut rien non plus de cette gravité et de cette dignité, qui conquirent à Pyrrhon la vénération et la confiance de ses concitoyens. Il fut à certaines heures fort peu philosophe; divers témoignages nous apprennent qu'il aimait à boire, et s'il faut en croire Athénée [2], il n'avait pas perdu cette mauvaise habitude, même à la fin de sa vie, à l'époque où il connut Lacydes, le successeur d'Arcésilas. Cependant, on cite de lui quelques traits de caractère, par où il se rapproche de son maître. Il aimait comme lui la solitude et les jardins, et faisait preuve, du moins à l'égard de ses propres ouvrages, d'une assez grande indifférence.

C'est surtout par son esprit vif et mordant, par sa méchanceté que Timon est resté célèbre. Il exerçait sa verve railleuse

---

silas qu'il avait d'abord fort maltraité, et qu'il loua ensuite dans le Περίδειπνον, puis pour devenir l'ami de Lacydes, que sans doute il n'avait pu connaître du vivant d'Arcésilas. On voit donc que c'est à tort que Ritter et Preller (*Hist. phil. Græc. et Rom.*, 357, 6ᵉ Aufl.) et Wachsmuth (*De Timone Phliasio*, p. 5, Leipzig, 1859) déclarent que Timon n'a pu être disciple de Stilpon : il n'y a pas de difficulté chronologique à admettre le témoignage de Diogène sur ce point.

[1] Quelques historiens ont cru pouvoir conclure d'un passage de Diogène (109 : Ξάνθον ἰατρικὴν ἐδίδαξε) que Timon était aussi médecin : et ils sont partis de là pour dire que dès cette époque, le scepticisme avait avec la médecine d'étroites affinités. Mais il est bien peu vraisemblable que Timon, danseur, poète et philosophe, ait encore eu le temps d'être médecin. Le passage de Diogène signifie simplement qu'il fit apprendre la médecine à son fils.

[2] X, p. 438, etc.; Élien, *Var. Hist.*, lib. II, 41. Diogène l'appelle aussi φιλοπότης, 110; mais Wachsmuth (*op. cit.*, p. 8) dit avec raison que ce passage doit être corrigé, et qu'il faut lire φιλοποιητής.

sur tous les sujets, et aux dépens de tout le monde; il n'épargnait pas sa propre personne; comme il était borgne [1], il s'appelait lui-même le Cyclope, et plaisantait volontiers sur son infirmité. Mais ce sont surtout les philosophes qui furent en butte à ses sarcasmes; il paraît s'être acharné particulièrement sur Arcésilas si doux pourtant, et si aimable, dont les opinions présentaient avec les siennes plus d'une ressemblance. Un jour qu'Arcésilas [2] traversait la place des Cercopes, il lui cria : « Que viens-tu faire au milieu de nous autres, qui sommes des hommes libres? » Une autre fois, comme Arcésilas lui demandait pourquoi il était revenu de Thèbes : « Pour vous voir en face, répondit-il, et rire de vous [3]. » Il est vrai que plus tard il se réconcilia avec lui, et fit même son éloge dans l'ouvrage intitulé : *Banquet funèbre d'Arcésilas*.

Timon avait composé un grand nombre d'ouvrages; des poëmes épiques, des tragédies, des satires, trente-deux drames comiques, puis des livres en prose qui n'avaient pas moins de 20,000 lignes [4]. Parmi ces derniers se trouvaient le Περὶ αἰσθήσεων [5], le Πύθων [6], probablement un dialogue entre lui et Pyrrhon, qu'il avait rencontré au moment où il partait pour Delphes: et peut-être un livre Πρὸς τοὺς φυσικοὺς [7] et Ἀρκεσιλάου [8] περιδεῖπνον. Ajoutons enfin les *Iambes* [9], les *Images* (Ἰνδαλμοί) [10] et les *Silles*; ces deux derniers ouvrages sont les seuls dont il

[1] Diog., IX, 112, 114.
[2] *Ibid.*, 114.
[3] Ces textes de Diogène où se manifeste la mauvaise humeur de Timon contre Arcésilas sont confirmés par plusieurs vers des *Silles*, où le fondateur de la nouvelle Académie est fort malmené. Voir entre autres frag. XVIII, XIX, édit. Wachsmuth.
[4] Diog., IX, 111.
[5] *Ibid.*, 105.
[6] *Ibid.*, 64; Aristoc. ap. Euseb., *Præp. evang.*, XIV, VIII, 14.
[7] Sext., *M.*, III, 2. — On s'est parfois demandé si cet ouvrage n'était pas simplement une partie des *Silles* (Tennemann, *Gesch. Philos.*, II, p. 177; Paul., *De Sillis*, p. 25).
[8] Diog., IX, 115.
[9] *Ibid.*, 110.
[10] Sextus, *M.*, XI, 20. Diog. IX, 105, 65.

nous soit parvenu quelques fragments, cinq ou six vers des *Images*[1], et environ cent cinquante des *Silles*.

Les *Silles* sont de beaucoup l'œuvre la plus importante de Timon : c'est de là que lui est venu le nom de *sillographe*, et il faut que ces poésies aient été souvent lues dans l'antiquité, car elles sont fréquemment citées par Diogène, Sextus, Athénée, à qui nous devons les fragments conservés. C'était un poème satirique en vers hexamètres, dont chacun paraît avoir été une parodie d'un vers d'Homère[2]. Tout ce que nous savons de certain sur la composition de ce poème, c'est qu'il comprenait trois livres : le premier était une exposition continue (αὐτοδιήγητον ἔχει τὴν ἑρμηνείαν)[3] ; le second et le troisième avaient la forme de dialogue : Xénophane de Colophon, répondant aux questions de Timon, passait en revue, dans le second livre, les anciens philosophes, dans le troisième les philosophes modernes. Tous trois traitaient le même sujet, et étaient consacrés à injurier et à couvrir de ridicule tous les philosophes.

Wachsmuth[4], d'une manière très ingénieuse, a essayé de reconstituer l'ensemble de l'œuvre. Le premier livre serait une descente aux enfers, une νεκυία, imitée de celle d'Homère : Démocrite, Pythagore, Parménide, Zénon d'Élée, Mélissus, Platon, Zénon de Citium, Aristote auraient tour à tour été distingués par Timon dans la foule des ombres, et chacun aurait été caractérisé par quelque réflexion, généralement désobligeante. Pythagore n'est qu'un charlatan impudent et ignare ; Héraclite, un déclamateur criard qui injurie tout le monde ; Platon, un hâbleur qui n'est pas dupe des mensonges qu'il invente ; Xénophon un pauvre écrivain ; Aristote un vaniteux insup-

---

[1] Les fragments de Timon sont réunis dans Mullach, *Fragm. Philos. Græcor.*, t. I, p. 89. Ce qui nous est resté des *Silles* a été publié avec grand soin par Wachsmuth, *De Timone Phliasio*. Leipzig, 1859.

[2] Wachsmuth a eu soin de citer, en regard des vers des *Silles*, ceux de l'*Iliade* ou de l'*Odyssée* dont ils sont la parodie.

[3] Diog., IX, 111. Cf. Aristoc., *loc. cit.* 28 : πάντας τοὺς πώποτε φιλοσοφήσαντας βεβλασφήμηκε.

[4] *Op. cit.*, p. 17 et seq.

portable; Phédon et Euclide, des esprits futiles, qui ont introduit à Mégare la rage de la dispute; les académiciens, des bavards sans esprit [1].

Tous ces philosophes se livraient à une grande discussion, une *logomachie* assourdissante, analogue aux combats racontés par Homère et dont la foule des ombres applaudissait ou sifflait les principaux épisodes. On voyait surtout la lutte de Zénon de Citium contre Arcésilas : « J'ai vu [2], dans une fastueuse obscurité, une vieille Phénicienne, goulue et avide de tout : elle portait un tout petit filet [3] qui laissait échapper tout ce qu'il contenait; et elle avait un peu moins d'esprit qu'une guitare. » Puis Arcésilas, le combat fini, « ayant ainsi parlé [4], se glissa au milieu de la foule. On se pressa autour de lui, comme des moineaux autour d'un hibou : et on s'extasiait en montrant le sot personnage. Tu plais à la multitude : c'est bien peu de chose, malheureux! Pourquoi t'enorgueillir comme un sot? »

Enfin, paraissait Pyrrhon [5] « auquel nul mortel n'est capable de résister ». Il reprochait à tous ces disputeurs leur fureur et l'inanité de leurs discours, et finalement rétablissait la paix. Ici se plaçait l'éloge de Pyrrhon que nous avons cité plus haut.

Dans le second livre on voyait arriver Xénophane. Timon lui demandait pourquoi il n'avait pas pris part au combat précédent : il répondait en témoignant son mépris pour tous les philosophes, et il expliquait comment il avait cherché la sagesse, sans pourtant parvenir à l'atteindre, honneur qui était réservé à Pyrrhon.

Enfin le troisième livre disait leur fait aux philosophes les plus récents, contemporains de Timon. Épicure n'y était pas mieux traité que Cléanthe et les stoïciens : les philosophes d'Alexandrie n'étaient pas plus épargnés que ceux de l'Académie.

---

[1] Mullach, *loc. cit.*
[2] Mull., v. 88.
[3] Allusion aux subtilités captieuses des stoïciens.
[4] Mull., v. 76.
[5] Vers 126. Οὐκ ἂν δὴ Πύρρωνι γ᾽ ἐρίσσειεν βροτὸς ἄλλος.

Si plausible qu'elle soit, cette reconstitution ne repose, de l'aveu de son auteur, que sur une conjecture : ce qui est certain, c'est que Timon parlait des philosophes sur le ton le plus méprisant et le plus injurieux. On voit par là combien il est loin de Pyrrhon. Son maître dédaignait les philosophes parce qu'ils se contredisent : Timon les outrage.

Il y a quelque analogie entre ses procédés et ceux des cyniques. Antisthène et Diogène estimaient aussi que la science est inutile [1]; ils critiquaient les ἐγκύκλια μαθήματα [2], et criblaient de leurs épigrammes les dogmatistes. Eux aussi se plaisaient aux parodies [3]. Sans doute, Timon est avant tout un sceptique : mais ce qu'on vient de voir montre qu'il y a aussi quelque chose de la manière grossière et insultante des cyniques chez l'ancien saltimbanque.

Il nous reste aussi quelques fragments (treize vers) du livre de Timon intitulé : *les Images* (Ἰνδαλμοί) [4]. Vraisemblablement le passage conservé par Diogène était le commencement du poème : Timon demandait à son maître Pyrrhon le secret de cette sagesse qui l'élevait au-dessus de tous les autres hommes, et permettait à ses disciples enthousiastes de le comparer au soleil. Pyrrhon répondait ensuite à cette question : et nous avons aussi le commencement de sa réponse [5]. Il nous paraît évident (au-

[1] Diog., VI, 103.
[2] Diog., VI, 104.
[3] Wachsmuth, *op. cit.*, p. 36.
[4] Diog., IX, 65 :

Τοῦτό μοι, ὦ Πύρρων, ἱμείρεται ἦτορ ἀκοῦσαι
πῶς ποτ' ἀνὴρ ἔτ' ἄγεις πάντα μεθ' ἡσυχίης
μοῦνος δ' ἀνθρώποισι Θεοῦ τρόπον ἡγεμονεύεις
ὅς περὶ πᾶσαν ἐλῶν γαῖαν ἀναστρέφεται
δεικνὺς εὐτόρνου σφαίρης πυρικαύτορα κύκλον.

Les deux derniers vers sont cités par Sextus. M., I, 305 : ils sont évidemment la suite des premiers.

[5] Sext., M., XI, 20.

ἦ γὰρ ἐγὼν ἐρέω ὥς μοι καταφαίνεται εἶναι,
μῦθον ἀληθείης ὀρθὸν ἔχων κανόνα,
ὡς ἡ τοῦ θείου τε φύσις καὶ τἀγαθοῦ αἰεὶ
ἐξ ὧν ἰσότατος γίνεται ἀνδρὶ βίος.

tant qu'on peut parler d'évidence avec des documents si insuffisants) que les Ἰνδαλμοί étaient un vrai traité de morale à tendances assez dogmatiques [1]. Ils renfermaient, si nous nous sommes fait de l'œuvre de Pyrrhon une juste idée, la partie essentielle de l'enseignement sceptique primitif. Les *Silles* étaient une œuvre de polémique et de destruction ; les *Images*, une œuvre de construction ; on y enseignait le moyen d'être heureux, c'est-à-dire de trouver le bonheur dans l'ataraxie et l'indifférence.

Suivant Hirzel [2], il faudrait entendre par Ἰνδαλμοί les images ou plutôt les phénomènes, les représentations sur lesquelles nous devons nous régler dans la vie pratique. Timon [3] paraît avoir déjà été préoccupé de l'objection qui devait être tant de fois répétée dans la suite : le doute rend toute action impossible. — Il ne faut pas, répondait Timon, demeurer inerte ; il faut agir. Pour agir, il faut un criterium, un criterium pratique. Ce criterium, qui n'est autre chose que l'ataraxie, permettra de distinguer parmi nos représentations (Ἰνδαλμοί) celles qu'il faut suivre et celles qu'il faut écarter. De là, une suite de préceptes, dont nous avons peut-être un échantillon dans un vers cité par Athénée [4], et qui auraient été le contenu du livre de Timon, analogue par ce côté aux traités des stoïciens, ou plutôt au Περὶ εὐθυμίης de Démocrite.

Mais cette conjecture de Hirzel nous semble fort peu vraisemblable : les raisons dont il l'appuie sont bien subtiles. Comment croire que Timon, s'il avait voulu parler seulement des images vraies ou utiles, eût intitulé son livre Ἰνδαλμοί sans aucune qualification? Il est plus probable, comme l'a conjecturé Wachsmuth [5], que le mot Ἰνδαλμοί est pris ici en mauvaise

---

[1] Voy. ci-dessus, p. 6a.
[2] *Op. cit.*, p. 51, 60.
[3] Sext., M., VII, 29.
[4] VIII, 337, A. : Παγκάλως δὲ καὶ ὁ Τίμων ἔφη·
  πάντων μὲν πρώτιστα κακῶν ἐπιθυμίη ἐστίν.
[5] *Op. cit.*, p. 11.

part ; il s'agit des images ou apparences trompeuses que la fausse sagesse des philosophes, suivant Timon, offre à l'esprit humain, et qui sont le principal obstacle à la vie heureuse. C'est en ce sens que le mot est employé dans un vers de Timon, emprunté aux Ἰνδαλμοί [1]. L'endroit même où Sextus place ce vers, au début de son chapitre contre les moralistes, semble indiquer que ce vers était devenu dans l'École une maxime courante, qui dominait toute la morale et résumait nettement la pensée sceptique sur les questions de cet ordre.

II. — Laissons maintenant de côté les conjectures, et essayons, à l'aide des divers fragments qui nous ont été conservés, de recueillir quelques indications précises sur les sentiments et les idées de leur auteur. Ses opinions ne diffèrent guère de celles de Pyrrhon, puisque c'est par lui qu'on connaît Pyrrhon. Il y a pourtant quelques points à éclaircir.

Parmi les anciens philosophes, les seuls qui aient trouvé grâce devant Timon sont les éléates, Démocrite et Protagoras. Nous avons vu que Xénophane est le principal personnage des *Silles* : c'est lui qui passe en revue toutes les doctrines ; c'est sous son nom que Timon distribue l'éloge et surtout le blâme. Il parle avec admiration de Parménide [2] : « Le grand et illustre Parménide a montré que les idées sont de vaines apparences. » Il loue l'éloquence de Zénon, et Mélissus n'est pas oublié. Pourtant, en même temps qu'il leur adresse des éloges, Timon fait des réserves : c'est que ces philosophes n'étaient pas assez sceptiques à son gré : ils ont approché de la perfection ; ils ne l'ont pas atteinte : « Mélissus était supérieur à beaucoup de préjugés, non pas à tous [3]. » Quant à Xénophane, Timon le représente se

---

[1] Sext., M., XI, 1 :
Μὴ προσέχ' ἰνδαλμοῖς ἡδυλόγου σοφίης.
Avec la correction de Bergk. (Comm. crit. Spec., I, p. 4.)
[2] Mullach, 20-21, 23-26.
[3] Mullach, 23 :
. . . . ἠδὲ Μέλισσον
πολλῶν φαντασμῶν ἐπάνω παύρων γε μὲν ἥσσω.

désolant d'avoir été trop longtemps égaré et d'être arrivé à la vieillesse, sans avoir atteint la vraie sagesse : « Car de quelque côté que se tournât mon esprit, je voyais que toutes choses se réduisaient à un seul et même être[1]. » Mais c'est là une assertion trop précise : et si Timon lui sait gré d'avoir combattu les fables d'Homère, il ne le trouve pas encore tout à fait exempt de la morgue dogmatique (ὑπάτυφος).

Démocrite est un des premiers écrivains qu'il ait lus[2], et il admire fort sa sagacité[3] et son aversion pour les discours équivoques et vides. Il parle aussi en termes favorables de Protagoras[4], et il raconte comment, après avoir écrit son livre sur les dieux, il dut prendre la fuite pour ne pas subir le sort de Socrate.

Il serait intéressant de trouver dans les fragments des indications sur les formules dont se servaient Pyrrhon ou Timon, et sur le degré d'élaboration dialectique que le scepticisme avait atteint de leur temps. Malheureusement les quelques vers détachés qui nous sont parvenus ne jettent pas grande lumière sur ces points. Partout Timon s'attache uniquement à la partie négative du scepticisme; il raille les philosophes ou ceux qui les écoutent; il nous présente par exemple un jeune homme qui se lamente d'avoir perdu son temps et son argent à suivre les leçons des philosophes, et se trouve réduit à la misère, sans avoir rien gagné du côté de l'esprit[5]. Les termes tels que ἐποχή, οὐδὲν μᾶλλον, si usités dans la suite, n'y paraissent pas

---

[1] Mullach, 32-37.

[2] Ibid., 15.

[3] Au lieu de
Οἷον Δημόκριτόν τε περίφρονα, ποιμένα μύθων,
ἀμφίνοον λέσχηνα μετὰ πρώτοισιν ἀνέγνων
(Mullach, 15-16), Nietzsche propose de lire :
οἷον Δημόκριτόν τε περίφρονα, πίμους μύθων
ἀμφιλόγων λεσχῶν τε, μετὰ πρώτοισιν ἀνέγνων.
(Gratulationschrift des Pædag. zu Basel. Basel. 1870. p. 21-22).

[4] Mullach, 45-53.

[5] Ibid.. 97. 104.

une seule fois. On pourrait lire ces fragments sans se douter qu'on a affaire à un sceptique. Il est clair toutefois que de là on ne peut rien conclure.

Si, à défaut du texte même de Timon, manifestement trop incomplet, nous consultons les divers renseignements indirects qui sont arrivés jusqu'à nous, plusieurs indices nous portent à croire qu'il avait déjà donné à son scepticisme la forme savante et dialectique que lui conservèrent les sceptiques ultérieurs.

Nous savons, en effet, par Sextus qu'il avait écrit : Πρὸς τοὺς φυσικούς. On pourrait croire, il est vrai, qu'il a traité les physiciens comme il avait traité les philosophes, en raillant et en injuriant plutôt qu'en discutant. Mais deux allusions faites par le même Sextus donnent à penser que Timon avait engagé une discussion en règle contre le dogmatisme des physiciens. Il disait [1], en effet, que, dans les débats avec les physiciens, la première question est de savoir si ces derniers prennent pour point de départ une hypothèse. L'hypothèse, en langage sceptique, c'est ce que nous appelons une proposition évidente ou un axiome : c'est une proposition qu'on ne démontre pas. Refuser d'admettre aucune hypothèse, et c'est vraisemblablement ce que faisait Timon, c'était donc rendre toute démonstration impossible. Si telle était vraiment sa façon d'argumenter, ce serait déjà un des cinq tropes d'Agrippa.

Dans un autre passage, Timon, selon Sextus [2], démontrait que le temps n'est pas indivisible, car dans ce qui est indivisible il est impossible de distinguer des parties; par suite, dans un temps indivisible on ne pourrait distinguer ni commencement ni fin. Voilà un raisonnement analogue à ceux que firent plus tard les sceptiques sur toutes les questions de physique; le fait que

---

[1] Sextus, M., III, 2.
[2] M., VI, 66. Cf. X, 197. Dans ces deux passages, la seule chose qui soit attribuée à Timon, c'est que le temps ne peut être indivisible. Qu'il ne puisse pas non plus être divisible, c'est ce que soutient Sextus et ce que réclame la thèse sceptique. Mais cette assertion n'est pas formellement attribuée à Timon. Il se peut que Timon ait affirmé l'indivisibilité du présent à propos d'une autre question; on n'a pas le droit de lui prêter toute l'argumentation de Sextus.

Timon a écrit contre les physiciens permet de conjecturer que sur plus d'un point il avait argumenté de la sorte.

En outre, Diogène nous donne aussi quelques renseignements positifs. Il nous apprend [1] que Timon combattait ceux qui veulent confirmer le témoignage des sens par celui de la raison : « Le francolin et le corlieu se rencontrèrent, » disait Timon [2] dans un vers qui était peut-être le commencement d'une fable. Ces noms d'oiseaux sont employés ici, ainsi que l'a remarqué Ménage, comme synonymes de fripons. C'est à ces fripons que le sceptique assimilait les sens et la raison.

Enfin, Diogène [3] nous assure que, dans le *Python*, Timon interprétait la formule οὐδὲν μᾶλλον dans le sens où tous les sceptiques l'ont entendue depuis.

D'un autre côté cependant, si la critique des thèses dogmatiques avait eu chez Timon un grand développement et une véritable importance, si son scepticisme avait déjà pris la forme dialectique, comment croire que Sextus ne l'eût pas cité plus souvent et avec plus de précision et en lui faisant de plus larges emprunts? Quand on le voit insister avec complaisance sur les arguments d'un Diodore Cronus, comment supposer qu'il n'eût pas saisi avec empressement l'occasion de reproduire les critiques

---

[1] IX, 114.

[2] La supposition admise par Wilamovitz (*Philol. Unters.*, IV, 32), suivant laquelle Timon aurait joué sur le mot νουμηνιος et désigné en même temps que le corlieu le philosophe Numénius, autre disciple de Pyrrhon, le même qui est cité par Diogène (IX, 102), semble bien invraisemblable. Il faudrait admettre que ce Numénius, disciple infidèle de Pyrrhon, était devenu un dogmatiste; c'est pour ce motif que seul, d'après Diogène (68), il aurait dit que Pyrrhon avait dogmatisé. Il est plus probable, comme le montre Hirzel (*op. cit.*, p. 44), que le Numénius de Diogène est le néopythagoricien dont Eusèbe nous a conservé des fragments. De plus, si le Numénius nommé plus loin avec Timon lui-même et Ænésidème était un sceptique, on ne voit pas pourquoi Timon l'aurait attaqué. Il se peut aussi, comme le conjecture Hirzel, que l'énumération assez bizarre de Timon, Ænésidème, Numénius, Nausiphanes, appelés συνήθεις de Pyrrhon, quoiqu'ils ne soient pas tous du même temps, soit une interpolation. Enfin, comme l'indique Natorp (*op. cit.*, p. 291), συνήθεις ne se rapporte peut-être qu'à Timon et Ænésidème; il n'y aurait alors aucune difficulté à considérer Numénius comme étranger à l'école sceptique, aussi bien que Nausiphanes.

[3] Diog., IX, 76.

déjà formulées par un des plus anciens représentants de sa propre doctrine?

En outre, comment concilier les subtilités inévitables dans ce genre d'argumentation avec l'horreur pour la dispute dont Timon fait preuve à chaque instant dans les fragments les plus authentiques? Celui qui parle si ironiquement des mégariques [1] et de leur goût pour les discussions sans fin, celui qui a si cruellement malmené Arcésilas et les académiciens, a-t-il pu leur emprunter leurs procédés et imiter des façons d'agir qu'il ne se lassait pas de blâmer?

Timon a pu relever des contradictions chez ses adversaires, signaler les difficultés que présentaient quelques-unes des conceptions admises par les physiciens : il a opposé les sens à la raison [2]. Mais tout cela n'indique pas qu'il ait été un sceptique dialecticien, comme le seront Arcésilas et Ænésidème. Le scepticisme nous paraît plutôt avoir été chez lui, comme chez Pyrrhon, une réaction contre les prétentions de l'ancienne philosophie, un renoncement à toute philosophie savante et à l'appareil dialectique dont elle s'entoure. Comme son maître, c'est la pratique, la manière de vivre qu'il avait surtout en vue. Pyrrhon avait dédaigné la dialectique, Timon s'en est moqué [3].

Timon eut-il des disciples? Ménodote [4] dit non et soutient qu'après lui le scepticisme disparut jusqu'au jour où Ptolémée de Cyrène le fit revivre. Hippobotus et Sotion disent, au contraire, que Timon eut pour auditeurs Dioscoride de Chypre, Nicolochus de Rhodes, Euphranor de Séleucie et Praylus de Troade. Que ces disciples aient existé ou non, ils n'ont rien ajouté à l'héritage de leurs maîtres. Tout ce que nous en savons,

---

[1] Diog., II, 107.

[2] Natorp, toujours disposé à retrouver chez les plus anciens philosophes les doctrines les plus récentes, ne manque pas d'attribuer à Timon le scepticisme savamment élaboré qu'on trouve chez ses successeurs (*op. cit.*, p. 286), mais les raisons qu'il donne ne paraissent pas décisives.

[3] Sur les opinions de Timon en morale, voir ci-dessus, p. 62.

[4] Diog., IX, 115.

c'est que Pmylus de Troade fit preuve d'un rare courage en se laissant mettre en croix par ses concitoyens, quoiqu'il fût innocent, sans daigner leur adresser une parole. C'est un remarquable trait d'indifférence, si toutefois il est authentique.

Les vrais continuateurs de Pyrrhon et de Timon furent les nouveaux académiciens.

LIVRE II.

LA NOUVELLE ACADÉMIE.

CHAPITRE PREMIER.

LES ORIGINES DE LA NOUVELLE ACADÉMIE.

Les doctrines de la nouvelle Académie présentent tant de ressemblance avec celles que la tradition la plus accréditée attribue à Pyrrhon, qu'on est naturellement tenté de considérer l'école d'Arcésilas comme une simple continuation de celle de Pyrrhon. Aussi voyons-nous que déjà, chez les anciens, plusieurs auteurs inclinaient vers cette opinion; il est vrai que d'autres la combattaient. « C'est, dit Aulu-Gelle [1], une question ancienne fort controversée parmi les écrivains grecs que celle de savoir s'il y a une différence entre la nouvelle Académie et le pyrrhonisme. »

Nous ne nous proposons pas de rechercher à présent si, à aller au fond des choses, le probabilisme de la nouvelle Académie ne se confond pas avec le scepticisme. Pour examiner utilement cette question, il faut d'abord connaître les doctrines de la nouvelle Académie; la comparaison avec le scepticisme trouvera naturellement sa place à la fin du présent ouvrage.

Mais, en dehors de la question des rapports logiques des deux doctrines, il y en a une autre dont il convient de parler dès maintenant. Historiquement, la nouvelle Académie se rattache-t-elle, par un lien de filiation qu'on puisse retrouver, au pyrrhonisme? A-t-elle, au contraire, une origine distincte et

---

[1] *Noct. att.*, XI, 5.

indépendante? L'accord, s'il existe, et dans la mesure où il existe, provient-il d'une influence directe exercée par Pyrrhon, ou résulte-t-il d'une simple rencontre?

Arcésilas a connu et fréquenté Pyrrhon, Numénius[1] le dit en propres termes, et il ne paraît guère possible qu'un philosophe aussi célèbre n'ait exercé sur lui aucune influence. En fait, nous savons que sur deux points au moins l'accord était complet entre Pyrrhon et Arcésilas : l'un et l'autre soutenaient qu'il faut suspendre son jugement ; l'un et l'autre justifiaient l'ἐποχή par cette raison qu'en toute question les arguments pour et contre sont d'égale valeur[2]. Sextus dit qu'Arcésilas est presque pyrrhonien[3]. Timon, Mnaséas, Philomélus l'appelaient aussi un sceptique[4]. Aussi un historien moderne, Haas[5], a-t-il pu considérer la nouvelle Académie comme la continuatrice du pyrrhonisme. Par une sorte de pacte conclu entre les deux écoles, les nouveaux académiciens auraient été chargés expressément de propager l'enseignement sceptique.

Mais contre cette opinion s'élève un fait indéniable : la violente hostilité de Timon contre Arcésilas. Il n'est point de philosophe que l'impitoyable railleur ait plus malmené. Il est vrai, et c'est un point sur lequel Haas ne manque pas d'insister, qu'il paraît s'être réconcilié avec lui sur le tard ; il fit après sa mort son éloge funèbre. Mais on conviendra que ce n'est point là un argument suffisant pour admettre que les deux écoles se soient fondues en une seule.

Il est vrai qu'Arcésilas est quelquefois appelé un sceptique ; mais il semble bien que ce soient ses ennemis qui lui donnent ce nom, et que leur intention soit de lui contester toute originalité. Il n'est pas probable que Timon, qui l'attaque si souvent, ait songé à le revendiquer pour un des siens. S'il l'appelle sceptique,

---

[1] Euseb., *Præp. evang.*, XIV, v, 12. Cf. vi, 4. Diogène dit seulement (IV, 33) : Τὸν Πύρρωνα κατά τινας ἐζηλώκει.
[2] Cic. *Ac.*, I, xii, 46-II, xxiv, 77.
[3] Sext., *P.*, I, 234.
[4] Euseb., *loc. cit.*, vi, 5.
[5] *De philos. sceptic. successionibus*, p. 21 (Wirceburgi, Stuber, 1875).

c'est pour lui être désagréable. Telle est aussi la signification du vers d'Ariston [1] : « Platon par devant, Pyrrhon par derrière, Diodore pour le reste. » Nous ne pouvons guère comprendre autrement que comme une critique déguisée exprimant la même pensée que le vers d'Ariston, deux passages assez obscurs de Timon [2] : « Portant sous sa poitrine le plomb de Ménédème, il (Arcésilas) courra vers Pyrrhon aux fortes chairs ou vers Diodore », et : « Je nagerai vers Pyrrhon ou vers le tortueux Diodore. » Nous savons [3] enfin qu'Épicure lui reprochait souvent de ne faire que répéter ce que d'autres avaient dit.

Il n'est pas douteux qu'Arcésilas lui-même ait répudié cette parenté avec le pyrrhonisme. Nous en avons pour preuve décisive ce fait que Cicéron, si bien instruit de toutes les traditions de la nouvelle Académie, ne fait nulle part allusion à une telle filiation. C'est expressément à Arcésilas qu'il attribue l'invention de l'ἐποχή [4]. C'est à l'école platonicienne que constamment il la rattache. D'autres témoignages viennent corroborer cette assertion : Arcésilas est avant tout disciple de Polémon et de Crantor et il se flatte toujours de continuer la tradition académique [5].

Non seulement on nous donne Arcésilas, et on nous dit qu'il se donnait lui-même pour un académicien, mais on nous dit pourquoi il prétendait continuer Socrate et Platon. C'est d'abord parce qu'il avait conservé ou plutôt repris l'habitude, fort répandue dans l'école de Platon et même dans celle d'Aristote [6], de discuter alternativement le pour et le contre de chaque question [7]; c'est aussi parce que Platon aimait à se servir de formules dubitatives [8]. Nous n'avons aucune raison de

---

[1] Euseb., *loc. cit.*, v, 13; Sext., *P.*, I, 234; Diog., IV, 33.
[2] Diog., *ibid.*
[3] Plut., *Adv. Col.*, 26.
[4] *Ac.*, II, xxiv, 77. Diogène, qui n'en est pas à compter ses contradictions, dit à peu près la même chose (IV, 28) : Πρῶτος ἐπισχὼν τὰς ἀποφάσεις διὰ τὰς ἐναντιότητας τῶν λογῶν.
[5] Plut., *Adv. Col.*, 26.
[6] Cic., *Fin.*, V, iv, 10.
[7] Cic., *Fin.*, II, i, 2.
[8] Cic., *De orat.*, III, xviii, 67; *De nat. deor.*, I, v, 11.

contester ces deux points, et il ne paraît pas possible de nier que la philosophie d'Arcésilas, par ses origines, se rattache à celle de Platon bien plutôt qu'à celle de Pyrrhon [1].

Si les considérations que nous avons présentées dans le livre précédent sur le caractère du pyrrhonisme primitif sont exactes, peut-être faudrait-il se ranger à l'avis de Cicéron et dire sinon qu'Arcésilas a le premier donné à la doctrine de la suspension du jugement sa formule précise, du moins que, le premier, il l'a justifiée dialectiquement. Pyrrhon pratiquait le scepticisme plutôt qu'il n'argumentait en sa faveur : il avait horreur des discussions subtiles. Arcésilas, au contraire, y excellait et s'y complaisait. C'est peut-être pour ce motif que Timon l'a si vivement combattu; c'est à propos de son goût pour les disputes qu'il le raille le plus durement, et probablement il était moins sensible à l'analogie des doctrines qu'à la différence dans la manière de les défendre.

Sur deux points surtout, Arcésilas diffère de son célèbre contemporain. Pyrrhon et les premiers sceptiques, comme le prouvent les dix tropes dont ils se servaient, insistaient surtout sur les contradictions des données sensibles, des mœurs, des croyances; ils procédaient en empiristes. Arcésilas et ceux de la nouvelle Académie s'élèvent surtout contre la prétention stoïcienne de trouver dans les données sensibles la marque infaillible de la vérité; ils procèdent en dialecticiens. Ce ne sont plus les

---

[1] Hirzel (*op. cit.*, p. 36), qui soutient la même thèse que nous indiquons ici, nous paraît exagérer quand il rattache Arcésilas à Socrate plutôt qu'à Platon. Le fait que quelques nouveaux académiciens ont dû combattre Platon, comme le fit Carnéade en parlant contre la justice (Cic., *Rep.*, III, 12), ne saurait servir de preuve, puisque, sur cette question de la justice, Socrate était d'accord avec Platon. Si, dans les textes de Cicéron, le nom de Socrate est plus souvent joint à celui d'Arcésilas que celui de Platon, cela tient à ce que Socrate était l'inventeur de la méthode d'interrogation pratiquée aussi par Platon, et à ce que les formules dubitatives de Socrate étaient plus nettes que celles de Platon. Qu'Arcésilas n'ait pas fait, sous ce rapport, de différence essentielle entre Socrate et Platon, c'est ce que prouve le passage de Cicéron (*De orat.*, III, xviii, 67) : « Arcésilas... ex variis Platonis libris sermonibusque Socraticis hoc maxime arripuit, nihil esse certi... » (Cf. *Ac.*, I, xii, 46.) Arcésilas se rattachait à Socrate, mais par Platon.

croyances populaires qu'ils opposent à elles-mêmes; c'est une doctrine systématique qu'ils veulent ruiner. Et ils attaquent la connaissance sensible de telle manière, qu'on a pu se demander s'ils n'avaient pas une pensée de derrière la tête, si à cette connaissance imparfaite ils ne voulaient pas substituer une certitude plus haute, et d'une autre nature [1].

En outre, les pyrrhoniens se bornent à dire que la vérité n'est pas encore trouvée; ils ne disent pas qu'elle soit inaccessible; ils ne désespèrent pas de la voir découvrir un jour; même ils la cherchent; ils sont *zététiques*. Arcésilas croit que la vérité non seulement n'est pas trouvée, mais qu'elle ne peut l'être; et la raison qu'il en donne, est qu'il n'y a pas de représentation vraie qui soit telle qu'on n'en puisse trouver une fausse absolument semblable [2]. Les pyrrhoniens se bornent à constater un fait : la nouvelle Académie tranche une question de principe.

Tout cela n'empêche pas que Pyrrhon ait pu exercer une certaine influence sur l'esprit d'Arcésilas, qu'il l'ait par exemple confirmé dans ses tendances sceptiques. Mais certainement Arcésilas est arrivé au scepticisme par un autre chemin que Pyrrhon. Les germes de scepticisme contenus dans la doctrine de Démocrite ont, en se développant, donné naissance au pyrrhonisme. Les germes de scepticisme contenus dans la philosophie de Socrate et de Platon ont, en se développant, produit la nouvelle Académie. Si Pyrrhon n'eût pas existé, la nouvelle Académie aurait été à peu près ce qu'elle a été. Ainsi l'école cyrénaïque est arrivée d'elle-même, et sans qu'on puisse soupçonner une influence pyrrhonienne, à des formules très voisines du scepticisme.

C'est une question de savoir si à l'influence socratique et platonicienne il ne faudrait pas joindre celle des mégariques. Le vers d'Ariston cité ci-dessus autorise à répondre affirmati-

[1] Voir ci-dessous p. 115.
[2] Sext., M., VII, 154.

vement[1]. Mais nous savons trop peu de choses d'Arcésilas pour démêler les traces de cette influence [2]. D'ailleurs, l'école mégarique procède du même esprit que le platonisme. L'important était de montrer qu'entre ces deux tendances qui sollicitent à cette époque l'esprit grec, et peut-être en tout temps l'esprit humain, l'une vers l'observation, l'expérience et les faits, l'autre vers l'analyse psychologique, la dialectique et l'éloquence (ou, comme nous dirions à présent, l'une scientifique, l'autre littéraires), c'est à la première que se rattache le pyrrhonisme, à la seconde la nouvelle Académie.

[1] Il faut ajouter que dans deux autres passages, assez obscurs pour nous, rapportés par Diogène (IV, 33), Timon cite Diodore, à côté de Pyrrhon et de Ménédème, comme un des philosophes dont Arcésilas s'est inspiré.

[2] Hirzel croit pouvoir attribuer à Arcésilas les arguments appelés ἐγκεκαλυμμένος λόγος et σωρίτης (Sextus, M., VII, 410, 415) et cette conjecture est assez vraisemblable. Toutefois, rien dans le texte de Sextus n'indique que ces arguments appartiennent en propre à Arcésilas. Il semble même que l'argument du sorite n'a pu être invoqué qu'après Chrysippe.

CHAPITRE II.

ARCÉSILAS.

Les anciens distinguaient parfois jusqu'à cinq académies [1] : celle de Platon, celle d'Arcésilas, celle de Carnéade et de Clitomaque, celle de Philon et de Charmide, celle d'Antiochus. Une tradition plus autorisée [2], à laquelle nous nous conformerons, n'en distingue que deux : l'Ancienne et la Nouvelle, celle de Platon, et celle d'Arcésilas.

L'ancienne Académie n'ajouta rien d'essentiel à la doctrine de Platon [3]; elle se borna à la développer et à la commenter. Speusippe et Xénocrate [4], reprenant une division de la philosophie en trois parties, déjà indiquée par Platon, s'attachèrent à exposer méthodiquement la pensée du maître, en s'aidant à la fois de ses livres et des souvenirs de son enseignement; Xénocrate pencha davantage vers les mathématiques et introduisit nombre d'éléments pythagoriciens dans le platonisme; Polémon, Cratès, Crantor, négligeant un peu la métaphysique, se préoccupèrent surtout de la morale. Mais le caractère commun à tous ces philosophes fut qu'ils s'efforcèrent de faire du platonisme un corps de doctrine, de l'approprier à l'enseignement [5].

---

[1] Sextus, P., I, 220. Cf. Numénius, ap. Euseb., Præp. evang., XIV, iv, 16.
[2] Cic. De Orat., III, xviii, 67; Ac., I, xii, 46; De Fin., V, iii, 7; Varro, ap. Augustin. De civ. Dei, XIX, 1, 3.
[3] Diog., IV, 1; Cic., Ac., I, iv, 34.
[4] Sext., M., VII, 16.
[5] Cic. Ac., I, iv, 17 : "Sed utrique (Aristoteles et Xenocrates), Platonis ubertate completi, certam quamdam disciplinæ formulam composuerunt, et eam quidem plenam ac refertam : illam autem Socraticam dubitationem de omnibus rebus, et nulla affirmatione adhibita, consuetudinem disserendi reliquerunt. Ita facta est, quod Socrates minime probabat, ars quædam philosophiæ, et rerum ordo, et descriptio disciplinæ."

On ne cherchait plus, car la vérité était trouvée; elle était dans la parole du maître; on ne discutait plus; on commentait.

La nouvelle Académie changea tout cela. Elle déclara qu'il fallait se remettre à chercher la vérité, car il n'était pas sûr qu'elle fût trouvée; elle ajouta même qu'on ne la trouverait jamais. Par suite, elle remit en honneur la méthode dialectique, un peu oubliée depuis Socrate. Elle proclame, comme Socrate, qu'elle ne sait rien, elle ajoute que cela même, elle ne le sait pas. Au dogmatisme elle substitua une libre critique; c'est en cela qu'elle fut *nouvelle*. L'auteur incontesté de cette révolution dans l'Académie fut Arcésilas.

I. Arcésilas naquit à Pitane, en Éolide, vers 315 av. J.-C. [1]. Venu à Athènes avec l'intention d'étudier la rhétorique, il prit goût à la philosophie, et devint le disciple d'abord de Théophraste [2], puis de Crantor [3], avec qui il se lia d'une étroite amitié, et qui plus tard lui légua sa fortune [4]. Dès sa jeunesse, il donnait de belles espérances, et Théophraste ne le vit quitter son école qu'avec les plus vifs regrets [5]. Après la mort de Crantor, il entendit Polémon [6] et Cratès [7], et telle fut l'impression qu'il reçut de leur enseignement, qu'il les appelait des Dieux, des débris de l'âge d'or [8]. Il est probable qu'il connut aussi Pyrrhon, Diodore le mégarique et Ménédème [9]. Comme tous les académiciens de son temps, il avait appris les mathématiques,

---

[1] Diogène nous apprend (IV, 61) que Lacydes lui succéda dans la quatrième année de la cent trente-quatrième olympiade (240 av. J.-C.); et d'autre part (IV, 44), qu'il mourut à l'âge de soixante-quinze ans. Diogène se trompe probablement lorsqu'il dit, d'après Apollodore, qu'il florissait dans la cent vingtième olympiade (296 av. J.-C.), car Arcésilas n'aurait eu alors que dix-neuf ans.

[2] Diog., IV, 29.

[3] Ibid. Cf. Numen. ap. Euseb. loc. cit., v, 12.

[4] Diog., IV, 25.

[5] Diog., IV, 30.

[6] Sext. P., I, 220; Cic., De Orat., III, xviii, 67; Fin., V, xxxi, 94; Ac., I, ix, 34. Augustin., Ad Diosc. epist., 16; Euseb., loc. cit., v, 11.

[7] Diog., IV, 32.

[8] Diog., IV, 22.

[9] Diog., IV, 33; Euseb., loc. cit.; Sext., P., I, 234.

d'abord avec Autolycus[1], dans son pays, puis à Athènes, avec Hipponicus[2]. Il avait lu Platon[3], et professa toujours pour lui la plus vive admiration. La supériorité d'Arcésilas était tellement reconnue, même par ses condisciples, qu'après la mort de Cratès, Socratidès[4] s'effaça devant lui, et lui laissa la direction de l'école; il mourut, âgé de 75 ans, vers 240 av. J.-C.

Sa vie ne fut marquée d'aucun événement important. Il resta systématiquement à l'écart des affaires publiques, et tandis que la plupart de ses contemporains illustres couraient au-devant d'Antigone avec un servile empressement, il se tint toujours sur la réserve. Aussi, envoyé plus tard en ambassade auprès d'Antigone par ses concitoyens, il échoua.

S'il fallait croire tous les commérages de Diogène, Arcésilas aurait été un personnage fort peu estimable. Il n'est presque question, dans le chapitre que le compilateur lui a consacré, que d'orgies et de débauches; on l'appelle un nouvel Aristippe: nous voyons le successeur de Platon vivre publiquement avec deux courtisanes, et ce sont ses amours les moins coupables: il n'est pas jusqu'à son amitié avec le sage Crantor qui n'ait donné lieu à de méchants propos. Il mourut, nous dit-on, pour avoir trop bu, et il aurait rendu le dernier soupir en divaguant, et dans un hoquet. Ce sont au moins des exagérations et probablement des calomnies. Ses succès, comme ses doctrines, lui avaient fait beaucoup d'ennemis: on l'a vu par ce que Timon dit de lui, et Plutarque[5] nous assure qu'Épicure était fort jaloux de sa gloire. Vraisemblablement, l'ennemi acharné de Zénon n'avait rien de l'austérité stoïcienne; il se peut qu'il ait pris plaisir à se mettre, de toutes les manières, en opposition avec son rival, et qu'il ait eu pour le luxe et l'élégance plus de goût qu'on n'en attend d'ordinaire d'un philosophe: sa grande

---

[1] Diog., 29.
[2] Ibid., 32.
[3] Ibid.
[4] Ibid.
[5] Adv. Colot., 26.

fortune le lui permettait; les mœurs de son temps l'y invitaient et sa morale ne le lui interdisait pas. C'était assez peut-être pour donner prise à la malignité et à l'envie. Mais Plutarque, qui parle souvent de lui, ne lui adresse aucun reproche de ce genre; il cite des mots ou des actions qui donnent de lui une tout autre idée. Et nous avons, pour nous éclairer sur ce point, un témoignage précieux, celui d'un adversaire, du stoïcien Cléanthe. Quelqu'un accusait devant lui Arcésilas de ne pas vivre honnêtement : « Tais-toi, dit Cléanthe [1]; si dans ses discours il supprime le devoir, il le rétablit dans ses actions. » C'est Arcésilas encore qui, voulant expliquer pourquoi on quitte quelquefois les autres sectes pour celle d'Épicure, mais jamais celle d'Épicure pour les autres, disait [2] : « C'est que des hommes on fait des eunuques, mais avec des eunuques on ne fait pas des hommes. »

Nous avons sur le caractère d'Arcésilas des renseignements qui lui donnent une physionomie toute particulière. La plupart des philosophes de son temps étaient pauvres, ou même déguenillés, ce qui ôte un peu de leur valeur à leurs théories sur le mépris des richesses. Arcésilas, au contraire, était riche; et pour l'honneur de la philosophie, on est heureux de voir qu'il sut, sans ostentation et sans faste, mais au contraire avec une aimable simplicité, faire de sa fortune le plus noble usage. Un des nombreux traits qui nous sont rapportés montre avec quelle bonne grâce et quelle exquise discrétion il répandait ses bienfaits. Il avait appris qu'Apelle de Chios était malade et se trouvait dans le plus complet dénûment; il vint le voir, et lui dit : « On ne voit ici que les quatre éléments d'Empédocle, du feu, de l'eau, de la terre et de l'air. Et toi-même, tu n'es pas bien couché. » Puis arrangeant son coussin, il glissa dessous une bourse qui contenait vingt drachmes [3]. Sans doute, il était coutumier du fait; car, quand la femme qui servait Apelle lui apprit sa

---

[1] Diog., VII, 171.
[2] Diog., IV, 43.
[3] Plut., De adul. et amic., XXII, 63. Cf. Diog. IV, 37.

trouvaille, celui-ci dit en riant : « Voilà un tour d'Arcésilas. » On raconte aussi que son maître de mathématiques, Hipponicus, étant devenu fou, il le prit chez lui et le soigna jusqu'à complète guérison.

Arcésilas avait une grande droiture de caractère. Bien qu'il fût en guerre ouverte avec les stoïciens, il interdit l'entrée de son école à un certain Battus qui s'était moqué de Cléanthe dans une comédie, et il ne se reconcilia avec lui que quand il eut donné satisfaction à Cléanthe [1]. Ses sentiments n'avaient rien de mesquin et d'exclusif; bien qu'il fût très friand de popularité, il engageait ses propres élèves à suivre les leçons des autres philosophes; lui-même en conduisit un auprès du péripatéticien Hiéronyme [2]. Il paraît avoir exercé une grande influence sur les jeunes gens qui se pressaient autour de lui, bien qu'il ne leur ménageât pas les réprimandes et eût souvent pour eux des mots durs [3].

Tous les témoignages s'accordent à rendre hommage au merveilleux talent d'Arcésilas. Familier dès l'enfance avec Homère et Pindare, il fut poète à ses heures, et composa quelques épigrammes. Cicéron [4] nous parle de la grâce exquise de ses discours, et c'est l'orateur autant que le philosophe qu'il admire en lui. Plusieurs mots qu'on cite de lui attestent la finesse et la promptitude de son esprit. Il fut d'ailleurs servi à souhait par les circonstances, et les adversaires qu'il eut à combattre étaient les plus propres à faire ressortir, par le contraste, les brillantes qualités dont il était doué. C'est contre les stoïciens qu'il ne cessa de lutter, et il semble s'être donné pour tâche de harceler sans cesse Zénon de Citium, son ancien compagnon aux leçons de Polémon. Lourds et embarrassés dans leurs formules sèches et arides, inhabiles, malgré leur subtilité, aux finesses de la dialectique, gênés par leur gravité et leur sérieux, par

---

[1] Plut., De adul. et amic., XI, 55.
[2] Diog., IV, 42.
[3] Ibid., 36.
[4] Ac., II, vi, 16; De Orat., III, xviii, 67.

toutes leurs qualités, qui au grand jour des discussions publiques se tournaient en défauts, les stoïciens étaient déconcertés par cette éloquence agile et ailée, tour à tour ironique, subtile ou emportée, toujours brillante, qui bourdonnait à leurs oreilles, les attaquait sur tous les points à la fois, les irritait, leur ôtait tout sang-froid, et savait toujours, chose importante à Athènes, mettre les railleurs de son côté : « Leur muse, dit un ancien[1], n'avait pas le secret du beau langage, et ignorait les grâces. » Leur embarras était d'autant plus grand, qu'ils n'avaient point de prise sur un adversaire qui faisait profession de ne rien affirmer, se dérobait, leur glissait entre les mains, chaque fois qu'ils croyaient le saisir, et savait[2], comme ces fantômes malfaisants qu'on appelait les empouses, prendre mille formes différentes. Ils en étaient réduits, faute de savoir par où prendre Arcésilas, à injurier Platon, qui était mort; et ils paraissent s'être acquittés de ce soin avec conscience. Dans la stupeur de ses adversaires, dans l'enthousiasme de ses partisans, la victoire d'Arcésilas fut complète. Les Athéniens étaient sous le charme, car à tous ses dons oratoires leur philosophe joignait tous les avantages physiques: la beauté de son visage[3], le feu de ses yeux, le charme de sa voix enlevaient tous les suffrages. On en était arrivé à ce point, nous dit Numénius, qui a tracé de ces luttes oratoires un tableau vif et animé, qu'il n'y avait pas une parole, pas un sentiment, pas une action, si insignifiante qu'elle fût, qu'on se permît d'approuver, si tel n'était pas l'avis d'Arcésilas de Pitane. Jamais, nous disent d'autres écrivains[4], aucun orateur ne fut plus populaire, et ne laissa, après sa mort, de plus unanimes regrets.

II. Arcésilas n'a rien écrit[5]: tout ce que nous savons de

---

[1] Num. ap. Euseb., loc. cit., XIV, vi, 13.
[2] Num., loc. cit., XIV, vi, 14.
[3] Ibid., vi, 3.
[4] Diog., IV, 44 : Ἀποδέχεις ἄρος Ἀθυναίων τῶν σοφῶν.
[5] Diog., IV, 34; Plut., De Alex. virtute, I, iv.

positif sur sa doctrine se réduit à assez peu de chose. Nous connaissons seulement le point précis du long et retentissant débat qu'il eut avec Zénon et les stoïciens; il est vrai que ce point est d'une importance capitale et que, si Arcésilas a gain de cause, c'en est fait de tout le stoïcisme.

A partir d'Aristote[1], une des questions les plus discutées dans toutes les écoles, aussi bien par les épicuriens que par les stoïciens, les sceptiques ou les académiciens, est celle du criterium de la vérité. Zénon trouvait ce criterium dans ce qu'il appelait la représentation compréhensive (φαντασία καταληπτική). Parmi nos diverses représentations, il en est qui font sur nous une impression si particulière, si nette et si précise, qui se gravent si vivement dans l'âme, qu'il est impossible de les confondre avec les autres et qu'elles portent en elles-mêmes le témoignage de la vérité de leur objet : elles le font connaître en même temps qu'elles sont elles-mêmes connues[2]; en d'autres termes, elles sont vraies. Ces représentations forment le premier degré de la connaissance, que Zénon comparait à la main ouverte[3]. En même temps qu'elles se produisent, elles provoquent dans la partie supérieure de l'âme, en raison même de leur clarté et de leur force, un assentiment (συγκατάθεσις) qui est comme une réponse au choc venu du dehors. Cet acte, émané de l'initiative de l'âme, dépend de la volonté, mais ne manque jamais de se produire quand l'âme éprouve une représentation vraie[4]. C'est le second degré de la connaissance, comparé par Zénon à la main légèrement fermée. Vient ensuite la compréhension (κατάληψις), comparée au poing, puis la science, assimilée au poing fermé et fortement maintenu par l'autre main.

Ces principes posés, Zénon établissait[5] que le sage cesserait

[1] Voir Ravaisson, Essai sur la métaphysique d'Aristote, t. II, p. 127.
[2] Pseud. Plut., De plac. philos., IV, 12 : Ἐνδεικνύμενον ἑαυτό τε καὶ τὸ πεποιηκός.
[3] Cic., Ac., II, XLVII, 145.
[4] Cic., Ac., II, XII, 38.
[5] Cic., Ac., II, XXIV, 77; XX, 66; XXII, 67; Sext., M., VII, 153 et seq.

de mériter son nom s'il lui arrivait jamais de donner son assentiment à des représentations qui ne seraient pas compréhensives : il ne le donne qu'à la vérité : il n'a point d'opinions, il n'a que des certitudes.

Toute cette théorie de la science, et par suite toute la morale, repose sur la représentation compréhensive, qui est réellement, et à elle seule, le criterium de la vérité. Si on la supprime, il n'y a plus de compréhension, partant plus de science. C'est bien là le nœud vital du système. C'est là qu'Arcésilas, en tacticien avisé, porta ses coups les plus rudes.

Il nia d'abord que l'assentiment puisse être donné à de simples représentations [1]; on ne l'accorde, suivant lui, qu'à des jugements (ἀξιώματα). C'est à peu près ce que nous disons aujourd'hui en affirmant qu'il n'y a de vérité ou d'erreur que dans le jugement. Mais ce n'était pas l'argument principal de sa réfutation.

Il admettait pleinement la déduction de Zénon : le sage, s'il mérite son nom, n'a pas d'opinions, mais des certitudes. Seulement il n'y a pas de certitude ou de science, car il n'y a pas de représentation compréhensive. Par suite, le seul parti qui reste au sage, c'est de ne rien affirmer ou de suspendre son jugement. Arcésilas abonde dans le sens de Zénon, mais pour l'amener plus sûrement à son scepticisme. Il veut l'enfermer dans ce dilemme : ou le sage a des opinions, ou il ne doit rien affirmer. La première proposition, qui nous semble aujourd'hui fort acceptable et que Carnéade admettra, ne pouvait à aucun prix être accordée par Zénon : il est contradictoire à ses yeux que le sage ou le *savant* puisse ne pas *savoir* ce qu'il affirme. Il faudra donc prendre le second parti. Faute de certitude absolue, le sage renoncera à toute croyance. Cette abdication vaut mieux qu'une concession : c'est la doctrine du tout ou rien.

Voici maintenant comment Arcésilas prouvait qu'il n'y a pas de représentation compréhensive. La définition stoïcienne admet

---

[1] Sext., M., VII, 154 : Ἡ συγκατάθεσις οὐ πρὸς φαντασίαν γίνεται, ἀλλὰ πρὸς λόγον· τῶν γὰρ ἀξιωμάτων εἰσὶν αἱ συγκαταθέσεις.

explicitement[1] qu'une représentation vraie diffère spécifiquement des autres représentations, comme les serpents à cornes diffèrent des autres serpents. Les premières sont produites par ce qui est, de telle façon qu'elles ne sauraient être produites semblablement par ce qui n'est pas [2]. Or, en fait, disait Arcésilas, cette différence spécifique n'existe pas, car des objets qui ne sont pas font sur nous des impressions aussi nettes et aussi expresses que ceux qui sont. Nous n'avons aucun moyen, lorsqu'une représentation se produit, de distinguer si elle est compréhensive ou non, si elle a un objet ou n'est qu'un fantôme. Il n'y a donc pas de criterium de la vérité.

Il ne nous est pas permis d'attribuer à Arcésilas tous les développements que les académiciens donnèrent plus tard à cet argument et tous les exemples qu'ils invoquèrent, car ils ne sont pas expressément mis à son compte par les textes. Il est bien probable cependant que, pour montrer qu'il n'y a pas de différence spécifique entre les représentations vraies et les fausses, il invoquait déjà les erreurs des sens, les illusions du rêve, de l'ivresse, de la folie [3]. Et il est aisé de deviner quel parti un dialecticien habile et spirituel pouvait tirer de tous ces faits pour tourner en ridicule le dogmatisme stoïcien.

Il concluait que ni les sens ni la raison ne peuvent atteindre la vérité [4]. Il faut se souvenir ici que, par raison, les philosophes de ce temps n'entendent plus la faculté de connaître l'absolu, comme Platon et Aristote, mais seulement le raisonnement, qui tire des conséquences des données sensibles et s'élève de ce qui

---

[1] Sext., M., VII, 252 : Εἴχέ τι τοιοῦτον ἰδίωμα ἡ τοιαύτη φαντασία παρὰ τὰς ἄλλας φαντασίας καθάπερ οἱ κεράσται παρὰ τοὺς ἄλλους ὄφεις.

[2] Cic., Ac., II, vi, 18 : « Visum impressum effictumque ex eo, unde esset, quale esse non posset, ex eo, unde non esset : id nos a Zenone definitum rectissime dicimus. » Cf. ibid., xiv, 77 ; Sext., M., VII, 248, 404 ; P., II, 4 ; Diog., VII, 46.

[3] C'est du moins ce qu'on peut conjecturer d'après le passage de Sextus (M., VII, 154) : Οὐδεμία τοιαύτη ἀληθὴς φαντασία εὑρίσκεται οἵα οὐκ ἂν γένοιτο ψευδής, ὡς διὰ πολλῶν καὶ ποικίλων παρίσταται.

[4] Cic., De orat., III, xviii, 67.

est visible à ce qui ne l'est pas. Contester les données des sens, c'était donc du même coup mettre la raison en interdit.

En fin de compte, il n'y a rien que l'homme puisse percevoir, rien qu'il puisse comprendre, rien qu'il puisse savoir. Tout est enveloppé de ténèbres. Rien ne serait moins digne d'un sage que de devancer par des affirmations téméraires la certitude qui lui manque : il doit s'abstenir et douter toujours. Par suite [1], Arcésilas passait ses journées à combattre toutes les assertions dogmatiques, et il apportait dans ces discussions une subtilité et une obstination que rien ne lassait [2].

Outre ces attaques contre la théorie de la connaissance des stoïciens, il est probable qu'Arcésilas s'est plus d'une fois égayé aux dépens de leur physique et de leur théologie. C'est ce qu'on peut conjecturer d'après un passage de Plutarque [3] : Arcésilas, pour se moquer de la formule stoïcienne suivant laquelle un corps qui se mêle à un autre corps le pénètre dans toutes ses parties ($\varkappa\rho\acute{\alpha}\sigma\epsilon\iota\varsigma\ \delta\iota'\ \ddot{o}\lambda\omega\nu$), disait que, si on coupe une jambe et si on la jette à la mer, où elle se décompose, la flotte d'Antigone ou celle de Xerxès pourront naviguer dans une jambe. De même, quand Tertullien [4] nous dit qu'Arcésilas distinguait trois sortes de dieux, il est vraisemblable qu'il s'agit d'une critique de la théologie stoïcienne; mais nous n'avons sur ce point que des renseignements tout à fait insuffisants.

Cependant une grave difficulté se présentait : que faire et comment vivre, si on ne croit à rien, si on n'a pas d'idées arrêtées sur le bien et sur le mal, sur ce qui est utile ou nuisible? Il semble, en effet, que la suspension du jugement doive entraîner la suspension de l'action, et qu'étant incertain dans ses opinions, on ne puisse être qu'irrésolu dans sa conduite ; l'une de ces abdications entraîne l'autre. Mais, d'un autre côté, l'inac-

[1] Cic., Ac., I, xii, 45.
[2] Cic., ibid.
[3] Adv. Colot., 16.
[4] Ad nation., II, 2.

tion et l'immobilité absolues sont incompatibles avec les tendances les plus naturelles de l'homme et les exigences les plus pressantes de la vie. On ne peut éviter de se prononcer sur les choses de la vie pratique, et refuser de se décider, ce serait encore se décider. Une philosophie qui aurait recommandé à ses adeptes de demeurer incertains et irrésolus, de se laisser porter par les événements, comme les feuilles mortes sont le jouet du vent, était d'avance vouée au ridicule : moins que personne, des Grecs, des Athéniens ne pouvaient s'en contenter. D'ailleurs, au temps d'Arcésilas, ce qu'on demandait avant tout à la philosophie, c'était une règle de conduite : la question n'était pas de savoir s'il faut agir, mais comment il faut agir. C'était là le but et la raison d'être des systèmes : la logique et la physique n'étaient que le vestibule de la morale. On pouvait, à la rigueur, se passer du vestibule, pourvu qu'on eût l'essentiel, mais renoncer à la morale, c'était renoncer à la philosophie.

C'est ici que les stoïciens attendaient Arcésilas et que vraisemblablement ils reprenaient l'avantage. Ils tenaient en réserve, comme *ultima ratio*, un argument qui devait décider de la victoire en leur faveur, alors même que leur défense obstinée de la représentation compréhensive n'aurait pas satisfait tout le monde. L'action, disaient-ils, et à plus forte raison la vertu, sont impossibles à qui n'a point de croyances. La sensation et l'instinct ne suffisent pas à la vie de l'homme. Agir, c'est se décider. Quel homme se décidera sans savoir si le parti qu'il prend est convenable ou non à sa nature, avantageux ou nuisible, bon ou mauvais? Cicéron [1], lorsqu'il fait parler les stoïciens, insiste longuement sur cet argument, et Plutarque [2] nous apprend que les stoïciens s'en servaient comme d'un épouvantail dont ils menaçaient leurs adversaires sceptiques.

Nous ne pouvons, à la vérité, affirmer qu'au temps d'Arcésilas ils avaient donné à cette argumentation tout le développe-

---

[1] *Ac.*, II, vii, 22 et seq.; xii, 39.
[2] *Adv. Colot.*, 26.

ment qu'elle eut plus tard. Mais il paraît impossible que des raisons si simples et si légitimes ne se soient pas présentées de bonne heure à leur esprit [1]. En tout cas, Arcésilas ne pouvait manquer d'avoir à s'expliquer sur la manière dont il convient d'agir, et voici comment il se tirait de cette difficulté.

Il avouait que la vie pratique exige un criterium, et ce criterium, il le trouvait dans le raisonnable (εὔλογον). Il formulait sa pensée à la manière stoïcienne, dans un sorite : le but suprême de la vie est le bonheur, le bonheur a pour condition la prudence (φρόνησις), la prudence consiste à faire son devoir (κατόρθωμα), le devoir est une action qu'on peut expliquer raisonnablement (εὔλογον) [2].

Qu'est-ce maintenant que cet εὔλογον dont Arcésilas fait le criterium de la conduite pratique? Tous les historiens l'ont jusqu'ici confondu avec le πιθανόν de Carnéade et ont désigné l'un et l'autre indifféremment par les mots de *vraisemblable* et de *probable*. Mais Hirzel [3], dans un des meilleurs chapitres de la belle étude qu'il a consacrée au scepticisme ancien, a montré qu'il y a une différence notable entre les significations de ces deux termes.

D'abord il nous est expressément attesté [4] qu'Arcésilas rejetait le probable (πιθανόν); suivant lui, aucune représentation ne l'emporte sur une autre au point de vue de la créance qu'elle mérite [5]. C'est assez arbitrairement que quelques historiens ont tenu le témoignage de Numénius pour non avenu. D'autre part,

---

[1] On voit, par un passage de Plutarque (*Adv. Colot.*, 26), que, suivant les académiciens, l'instinct (ὁρμή) peut se porter de lui-même à l'action et n'a pas besoin de l'assentiment (συγκατάθεσις) donné à la sensation. D'autre part, nous savons (Plut., *St. rep.*, XLVII, 12) que Chrysippe soutenait le contraire. C'est peut-être contre la théorie d'Arcésilas qu'est dirigée l'objection de Chrysippe.

[2] Sext., *M.*, VII, 158.

[3] *Op. cit.*, 150. A l'appui de cette thèse, on pourrait signaler les critiques que Carnéade, d'après Plutarque (*De com. notit.*, XXVII, 15), a dirigées contre la théorie stoïcienne de la εὐλόγιστος ἐκλογή. (Voir ci-dessous, p. 157.)

[4] Numen., ap. Euseb., *Præp. evang.*, XIV, vi, 5 : Ἀναιροῦντα καὶ αὐτὸν τὸ ἀληθές, καὶ τὸ ψεῦδος, καὶ τὸ πιθανόν.

[5] Sext., *P.*, I, 232 : Οὔτε κατὰ πίστιν ἢ ἀπιστίαν προκρίνει τι ἕτερον ἑτέρου.

nous voyons que les stoïciens [1] faisaient une différence entre πιθανόν et εὔλογον. Le πιθανόν est défini : ἀξίωμα τὸ ἆγον εἰς συγκατάθεσιν, et le εὔλογον : ἀξίωμα τὸ πλείονας ἀφορμὰς ἔχον εἰς τὸ ἀληθὲς εἶναι. Si le πιθανόν conduit à l'assentiment, Arcésilas était conséquent avec lui-même en le repoussant. Il pouvait, au point de vue pratique, admettre le εὔλογον comme équivalent de la vérité.

D'ailleurs, le εὔλογον d'Arcésilas ne se confond pas avec le πιθανόν de Carnéade. Pas une fois le mot εὔλογον n'est employé par Sextus lorsqu'il expose les théories de Carnéade. De plus, pour Carnéade une représentation isolée peut, en raison de sa force et de sa vivacité [2], être appelée πιθανή; il est clair que le εὔλογον suppose une pluralité de représentations bien liées entre elles. Il est vrai que Carnéade, comme on le verra plus loin, ne se contente pas de ce premier caractère, et exige en outre que la φαντασία soit ἀπερίσπαστος et περιωδευμένη : et ici, il est évident que la raison intervient [3]. Mais elle intervient d'une autre manière que chez Arcésilas. Chez ce dernier, c'est de la raison seule que dépend la vraisemblance; chez le premier, la probabilité des représentations ne vient que pour une part de la raison; sa véritable source est l'expérience : la raison ne fait guère qu'exercer un contrôle. Il faut donc faire une distinction entre les deux termes : pour Arcésilas, c'est le raisonnable qui est le criterium pratique de la conduite; pour Carnéade, c'est le probable. — Si on persiste à désigner la philosophie de la nouvelle Académie sous le nom, d'ailleurs assez mal choisi, de *probabilisme* (car ce mot était employé au xviie siècle avec une signification bien différente), c'est seulement à partir de Carnéade que ce mot trouvera son application légitime.

Le raisonnable pour Arcésilas désignait donc des actions qu'on

[1] Diog., VII, 75, 76.
[2] Sext., M., VII, 166-171.
[3] Contrairement à Hirzel, il nous semble que c'est la raison qui juge s'il n'y a pas contradiction entre les diverses représentations qui accompagnent celle qui est en question. Mais il reste vrai, comme il l'a montré, que la source de la probabilité est essentiellement dans la donnée sensible.

peut justifier par de bonnes raisons, qui s'accordent entre elles, et forment un ensemble bien lié. C'est une idée stoïcienne, comme la forme de raisonnement adoptée par Arcésilas. De même aussi le mot κατόρθωμα est fréquemment usité dans la terminologie stoïcienne. De tous ces faits il semble résulter qu'au moins en morale les stoïciens avaient arraché à leur redoutable adversaire d'importantes concessions. Il ne paraît pas d'ailleurs qu'Arcésilas se soit étendu volontiers sur les questions de cet ordre : car Cicéron ne mentionne pas une seule fois ses opinions sur cet important sujet.

Il va de soi que malgré ces concessions au stoïcisme, Arcésilas ne peut pas plus être considéré comme un dogmatiste que les pyrrhoniens eux-mêmes ; car ces derniers reconnaissaient aussi un criterium pratique. D'ailleurs, comme il ne s'agit ici que de l'accord subjectif des représentations, Arcésilas continue à ne rien affirmer hors de lui.

Il y a pourtant quelques différences entre le fondateur de la nouvelle Académie et les pyrrhoniens. D'abord Arcésilas n'assignait pas pour fin dernière de la conduite l'adiaphorie ni l'ataraxie : il s'en tenait à la suspension du jugement ; Sextus[1] marque assez nettement cette différence. En outre, tandis que les purs pyrrhoniens demandaient à la raison une entière abdication, et se soumettaient aveuglément à la coutume et aux lois établies, Arcésilas prend la raison pour juge en chaque cas particulier ; par là, on peut dire qu'il s'élève fort au-dessus du pyrrhonisme : il garde quelque chose de la tradition socratique et platonicienne. Il est au total aussi sceptique que Timon ; mais son scepticisme est celui d'un homme instruit et éclairé ; il reste philosophe dans le scepticisme, au lieu que les purs pyrrhoniens renonçaient jusqu'au nom de philosophes.

III. Jusqu'ici, rien dans les doctrines d'Arcésilas, sauf le dernier point que nous venons d'indiquer, ne peut nous faire

[1] P., I, 232 : Καὶ τέλος μὲν εἶναι τὴν ἐποχὴν, ᾗ συνεισέρχεσθαι τὴν ἀταραξίαν ἡμεῖς ἐφάσκομεν.

comprendre pourquoi il a pris, et pourquoi les anciens lui ont conservé le nom d'académicien. En quoi est-il le continuateur de Platon? Il l'est de deux manières : d'abord, Platon aimait à employer des formules dubitatives, et on sait avec quelle défiance, voisine du scepticisme, Socrate parlait des théories physiques. A tort ou à raison, Arcésilas et les nouveaux académiciens, en poussant le doute jusqu'à ses dernières limites, pouvaient se croire fidèles aux idées du maître. Sur ce point, les témoignages abondent : Cicéron regarde toujours la nouvelle Académie comme la fille légitime de l'ancienne. Mais c'est surtout par sa méthode, par sa manière d'enseigner et de parler qu'Arcésilas s'est montré véritable académicien. Les anciens attachaient peut-être plus d'importance à ces formes extérieures qu'au fond des choses, et pour mériter le nom d'académicien, il suffisait à leurs yeux de parler comme les académiciens.

Voici comment procédait Arcésilas. Il attendait qu'un interlocuteur vînt exprimer devant lui son sentiment sur quelque point; en général, il n'aimait pas qu'on lui adressât des questions; il faisait parler les autres. Mais, quelle que fût la thèse exposée, il entreprenait aussitôt de la réfuter. Par exemple[1], on lui disait : le plaisir est le souverain bien (souvent même on le disait sans le penser, uniquement pour lui donner l'occasion de parler, et le mettre en train), et il discourait sur ce sujet. De là sans doute une grande variété de discours. Il faut bien qu'Arcésilas ait traité de la sorte un grand nombre de sujets : car il ne paraît pas que les thèses négatives que nous venons de résumer aient pu suffire à son activité philosophique et oratoire. C'est ainsi que, comme Socrate, il interrogeait et répondait. Comme Socrate aussi, il traitait tous les sujets qui se présentaient, suivant le hasard des rencontres et l'inspiration du moment. Voilà pourquoi Cicéron nous dit qu'Arcésilas avait repris les usages de l'Académie, depuis longtemps tombés en désuétude. Ce qu'il ne dit pas, c'est que, selon toute vraisem-

---

[1] Cic., *Fin.*, II, 1, 2; *De Orat.*, III, xviii, 67; *De Nat. Deor.*, I, v, 11.

blâmée, il y avait entre Arcésilas et Socrate de profondes différences. Sceptique et irrésolu seulement en apparence, Socrate, à travers tous les détours de ses questions, ne perdait jamais de vue le but moral qu'il poursuivait; il avait des points de repère, des idées arrêtées, qui donnaient à ses discours un sérieux et une élévation que n'ont pas connue ses disciples dégénérés. En outre, Socrate se proposait moins de briller que d'instruire, et il est permis de penser que sur tant de sujets nouveaux ou anciens, imprévus ou attendus, Arcésilas cherchait surtout l'occasion d'étaler les grâces de son esprit, et de faire valoir les ressources de sa dialectique.

En résumé, ni dans les idées d'Arcésilas, ni dans la méthode qu'il mit à leur service, nous ne trouvons une grande originalité. Ses rivaux, Épicure[1] surtout, le lui ont reproché plus d'une fois: ils l'accusaient de ne rien dire de nouveau, et de jeter de la poudre aux yeux des ignorants. Arcésilas en convenait de bonne grâce: il se flattait seulement de suivre l'exemple de Socrate, de Platon et de Parménide, et il s'abritait derrière l'autorité de ces grands noms.

IV. Il n'est pas facile, même après qu'on a réuni tout ce que nous pouvons savoir d'Arcésilas, de se faire une idée nette de ce personnage, et de porter un jugement d'ensemble sur son enseignement. Est-ce un penseur sérieux, ou seulement un discoureur habile à ce jeu de la dialectique qu'il appelait lui-même un art d'escamotage[2]? Est-il sincère en son scepticisme, ou sceptique même à l'égard de son scepticisme? Est-ce un philosophe ou un sophiste?

Les anciens se trouvaient déjà dans le même embarras où nous sommes, et de bonne heure les avis ont été partagés à l'égard du fondateur de la nouvelle Académie. On en fait parfois un dogmatiste honteux : on le supposait au fond plus platonicien qu'il ne voulait le paraître; dans son for intérieur, il

---

[1] Plut., Adv. Colot., 26; Cf. Cic., Ac., II, v, 14.
[2] Stob., Floril., LXXXII, 4.

aurait toujours tenu pour les dogmes du maître dont il conservait ostensiblement la tradition, et son scepticisme n'aurait été qu'une sorte de contenance qu'il se donnait, en un temps peu propice aux spéculations métaphysiques. Sextus Empiricus, après avoir dit [1] en son propre nom qu'il le regarde comme à peu près pyrrhonien, ajoute que suivant quelques-uns, les arguments sceptiques lui servaient seulement de pierre de touche pour éprouver ses disciples : s'il leur trouvait les qualités d'esprit requises pour comprendre la doctrine du maître, il les initiait à ses dogmes. Suivant Dioclès de Cnide [2], c'était par crainte des disciples de Théodore et de Bion, ennemis acharnés de tout dogmatisme, capables de ne reculer devant rien, qu'Arcésilas, afin de conserver son repos, avait feint de ne croire à rien ; son doute était comme l'encre que jette la sépia autour d'elle, et qui la protège. Il est vrai que Numénius, qui rapporte ce témoignage, ajoute aussitôt qu'il ne le croit pas exact.

Un texte beaucoup plus important est celui où Cicéron [3] fait allusion à un enseignement ésotérique de la nouvelle Académie. Il y avait, semble-t-il, des mystères dont la connaissance était réservée aux initiés ; c'est afin d'atteindre la vérité que les académiciens défendaient et combattaient tour à tour toutes les opinions.

La tradition qui attribuait aux nouveaux académiciens des pensées de derrière la tête persista longtemps ; nous en trouvons encore un écho chez saint Augustin [4]. Arcésilas, suivant saint Augustin, voyant le stoïcisme gagner de proche en proche, et la foule disposée à croire que l'âme est mortelle, que tout, y compris Dieu, est matériel, aurait désespéré de la ramener à la vérité. Faute de mieux, il se serait contenté, ne pouvant l'in-

---

[1] P., I, 234.
[2] Num. ap. Euseb., loc. cit., vi, 6. Cf. viii, 7.
[3] Ac., II, xviii, 60 : «Restat illud, quod dicunt, veri inveniendi causa contra omnia dici oportere, et pro omnibus. Volo igitur videre quid invenerint. Non solemus, inquit, ostendere. Quæ sunt tandem ista mysteria? aut cur celatis, quasi turpe aliquid, sententiam vestram?»
[4] Cont. Academic., I, xvii, 38. Cf. Ad Diosc. epist., 16.

struire, de la désabuser, et c'est pourquoi il se serait attaché à battre en brèche le dogmatisme sensualiste des stoïciens; les croyances de l'Académie étaient comme un trésor, qu'il avait enfoui, et qu'en des temps meilleurs, la postérité saurait retrouver.

De nos jours, Geffers [1] a soutenu ingénieusement la même opinion : Arcésilas aurait mérité pleinement son nom d'académicien, et serait toujours, au fond du cœur, demeuré fidèle à Platon.

Il faut convenir qu'il y a là une difficulté embarrassante; le texte de Cicéron surtout peut donner fort à penser. Nous ne croyons pas toutefois qu'on doive s'arrêter à ce soupçon de dogmatisme ésotérique, que nous verrons reparaître à propos de chacun des nouveaux académiciens.

L'assertion de Dioclès de Cnide est bien invraisemblable, et Numénius avait bien raison de n'y pas croire. Comment admettre qu'un dialecticien hardi et sûr de lui, comme Arcésilas, ait tremblé devant des adversaires très inférieurs, et n'ait pas osé dire toute sa pensée?

Il faut aussi écarter le témoignage de saint Augustin; nous voyons en effet par un passage formel du *Contra academicos* [2] qu'il s'agit ici d'une conjecture toute personnelle, d'une explication que le père de l'Église s'est proposée à lui-même, et qu'il ne donne que sous toutes réserves. Il se peut, il est vrai, qu'il ait été amené à cette hypothèse par certaines indications des auteurs anciens, et par je ne sais quelle obscure tradition. Mais, comme lui-même fait allusion au texte de Cicéron, il est probable que c'est ce texte qui l'a induit à faire son hypothèse. Le texte de saint Augustin n'a donc pas de valeur par lui-même: du moins il n'a que celle qu'il emprunte au témoignage de Cicéron.

[1] *De nova Academia Arces. auct. constituta*, Gymn. progr. Gotting., 1842; p. 18.
[2] III, xvii, 37 : « Audite jam paulo attentius, non quid sciam, sed quid existimem... Hoc mihi de Academicis interim probabiliter ut potui persuasi... hæc et alia hujusmodi mihi videntur... »

Or, Cicéron, s'il fait allusion à une sorte de dogmatisme mystérieux, ne parle pas en tous cas d'un dogmatisme platonicien. Et si la nouvelle Académie avait eu un enseignement secret de quelque importance, comment croire que Cicéron ne l'eût pas connu? Et s'il l'a connu, comment supposer qu'il n'y ait fait qu'une obscure allusion? Comment comprendre surtout qu'il ne nous parle jamais d'Arcésilas que comme d'un sceptique? Bien plus, Platon lui-même ne lui apparaît jamais que comme un sceptique; il ne voit en lui que l'homme qui discutait toutes les opinions, sans se prononcer sur aucune [1]. D'après lui, c'est le jugement que formulaient sur Platon tous les philosophes de la nouvelle Académie; s'ils déclarent qu'il n'y a qu'une seule Académie, que la nouvelle se confond avec l'ancienne, c'est qu'ils prêtent à l'ancienne le doute que professe la nouvelle [2].

Reste le témoignage de Sextus. Mais Sextus ne le donne que sous forme dubitative; lui-même n'y croit pas, et il est bien plutôt disposé à ranger Arcésilas parmi les purs pyrrhoniens. Le vers d'Ariston souvent cité, *Platon par devant, Pyrrhon par derrière, Diodore au milieu*, indique peut-être que pour ces anciens témoins, le platonisme n'est chez Arcésilas qu'à la surface : c'est une apparence; la réalité, c'est le pyrrhonisme. Et enfin, nous savons que Timon a fait l'éloge d'Arcésilas après sa mort. L'intraitable sillographe lui aurait-il pardonné des arrière-pensées platoniciennes et des réticences dogmatiques ?

Il reste vrai cependant que Cicéron et Sextus parlent sinon d'un dogmatisme platonicien, au moins d'une sorte de dogmatisme. D'où vient cela? Il ne faut pas oublier que les nouveaux académiciens sont, non de purs sceptiques, mais des probabilistes: en d'autres termes, ils se réservent le droit d'avoir des opinions. Ces opinions, ils s'interdisent de les professer en public, parce qu'ils ne veulent pas donner prise sur eux à leurs adversaires, parce qu'ils veulent garder toujours l'offensive: c'est

[1] Ac., I. xii. 46. Cf. De Orat., III. xviii. 67.
[2] Ac., I. xii. 46.

une attitude de combat qu'ils ont choisie. Mais en particulier, avec des disciples d'élite, ils pouvaient discourir à leur aise, et après avoir montré le pour et le contre, laisser voir leurs préférences. Encore paraissent-ils avoir évité d'exercer une influence efficace sur les croyances de leurs adeptes. Ils se bornaient à proposer des opinions, sans les imposer; ils voulaient, dit Cicéron dans le passage même que nous avons rappelé tout à l'heure, que la raison seule, et non l'autorité, les décidât : *ut ratione potius quam auctoritate ducantur*. On peut comprendre à présent, comment a pris naissance la tradition, ou la légende, dont saint Augustin s'est fait l'écho: on voit sur quelle confusion elle repose. Comme les nouveaux académiciens, toujours sur la réserve en public, ont un enseignement particulier plus positif, la malice des adversaires ou l'ignorance de quelques historiens leur prête des dogmes. Comme ils se disent disciples de Platon et se réclament de son autorité, on leur attribue des dogmes platoniciens. On ne prend pas garde, ou on ne veut pas voir, qu'entre leur enseignement ésotérique et leur culte pour Platon il n'y a aucune connexité. Ce n'est pas comme platoniciens qu'ils ont des dogmes, puisque suivant eux Platon lui-même n'en a pas. Et au vrai, ils n'ont même pas de dogmes, mais seulement des opinions vraisemblables.

Encore faut-il ajouter que tout cela est vrai bien plutôt des successeurs d'Arcésilas que d'Arcésilas lui-même. Il paraît en effet, on l'a vu, avoir été surtout sceptique, et en fin de compte plus près de Pyrrhon que de Carnéade lui-même. Sextus dit en propres termes qu'il est presque complètement d'accord avec les pyrrhoniens. Mnaséas, Philomélos, Timon, au témoignage de Numénius, le regardaient comme un sceptique. Rappelons enfin que selon Cicéron, c'est Arcésilas, qui a le premier recommandé la suspension du jugement, et le même Cicéron déclare que sur ce point, il eut plus de fermeté que Carnéade, à qui il arriva peut-être de concéder que le sage pourra avoir des opinions, non seulement au point de vue pratique, mais même en théorie.

Arcésilas fut-il du moins sincère dans son scepticisme? On en doutait parfois chez les anciens. Suivant quelques-uns [1], dans la guerre acharnée qu'il fit à Zénon, il n'aurait obéi qu'à un sentiment de jalousie contre son ancien compagnon, et au désir de le contrecarrer et de le dénigrer en toutes choses. C'est ce que disaient les stoïciens, et ils aimaient à le représenter comme un esprit brouillon et inquiet, sans conviction sincère, se plaisant à jeter partout le désordre et la confusion, faisant en un mot pour la philosophie ce que Tibérius Gracchus fit en politique [2]. Cicéron prend la peine de le défendre contre ces accusations : il semble que ce soit bien inutile. Pour attribuer à un grand esprit des motifs aussi bas et des sentiments aussi mesquins, il faudrait d'autres preuves que les boutades passionnées de quelques adversaires.

Ajoutons que d'après le rapprochement des dates il ne paraît pas possible qu'Arcésilas ait suivi les leçons de Polémon en même temps que Zénon [3].

Entre ces interprétations diverses, le plus sage nous paraît être de s'en tenir au jugement de Cicéron. Arcésilas a pu être un esprit sincère et élevé, vivement frappé de la difficulté de reconnaître la vérité au milieu de tant de systèmes différents; l'abstention lui parut en fin de compte le parti le plus sûr, et il l'a considérée comme pouvant se concilier, ainsi que le dit Cicéron [4], avec l'honneur et la dignité du sage. Il pouvait après tout invoquer d'illustres autorités, Parménide, Socrate, Platon; et il ne s'en fit pas faute.

Il se peut aussi qu'il ait obéi à des motifs moins nobles. En

[1] Numen., loc. cit., v. 11; Cic., Ac., II, vi, 16.
[2] Cic., Ac., II, v, 15.
[3] Voir Zeller, op. cit., t. IV, p. 491.
[4] Ac., II, xxiv, 77 : « Cum vera sententia, tum honesta, et digna sapiente. » Cf. Ac., I, xii, 44.

ces temps de luttes continuelles et publiques, la philosophie du doute était la plus facile à défendre. N'être embarrassé d'aucun dogme, ne donner prise sur soi à aucun adversaire, prendre toujours l'offensive, et n'avoir rien à garder, était une attitude commode et avantageuse, pour un orateur avide de popularité et attaché avant tout au succès. Aucune autre doctrine ne pouvait donner à l'éloquence plus d'occasions de briller; aucune n'était plus appropriée à la souplesse d'esprit et à l'habileté oratoire dont nous savons qu'Arcésilas a donné tant de preuves. Nous ne pouvons rien affirmer, et il faut nous aussi nous contenter ici de vraisemblances ; il est vraisemblable que des raisons de cet ordre ont été de quelque poids dans la balance où Arcésilas, avant de prendre parti pour l'indécision, a pesé le pour et le contre.

V. La nouvelle Académie ne brille dans l'histoire que d'un éclat intermittent : à la distance où nous sommes, nous ne la connaissons que par les grands noms qui l'ont illustrée; les sommets seuls émergent de l'oubli. Pour avoir des renseignements précis, il faut aller d'Arcésilas à Carnéade, et franchir une période de cinquante ans.

Nous savons pourtant que dans l'intervalle, la doctrine n'a cessé ni d'être représentée ni d'être enseignée, et si incomplètes qu'elles soient, les données que nous possédons nous prouvent que l'activité philosophique, si elle a été moins heureuse, ne s'est pas entièrement arrêtée. Les chefs de l'école entre Arcésilas et Carnéade nous sont connus; nous savons même les noms d'un grand nombre de philosophes, qui sans avoir eu la direction de l'école, demeurèrent attachés à la doctrine du maître.

Lacydes, Téléclès et Évandre, Hégésinus, tels furent les chefs de la nouvelle Académie ; Carnéade fut le quatrième [1].

Lacydes devait avoir quelque célébrité, puisque Diogène a

---

[1] Cic., Ac., II, n, 16.

écrit sa vie, et que Numénius parle assez longuement de lui : il est vrai que l'un et l'autre content des anecdotes sans intérêt, ou même ridicules [1]. Il succéda à Arcésilas, dans la quatrième année de la cent trente-quatrième olympiade (241 av. J.-C.) et remplit sa fonction pendant vingt-six ans [2]; même il y a lieu de penser qu'il enseigna du vivant d'Arcésilas, ou du moins occupa près de lui dans l'Académie une place importante [3]. Les renseignements que nous avons sur lui sont contradictoires. Diogène l'appelle ἀνὴρ σεμνότατος; d'autre part, il dit qu'il mourut d'un excès de vin, et divers témoignages nous parlent aussi de son culte immodéré pour Bacchus [4]. On nous dit encore qu'il fut un travailleur acharné, aimable et d'un commerce facile. Quoique pauvre, il ne répondit pas aux avances que lui fit Attale, et il se dispensa de lui faire visite en disant : « Les statues doivent être regardées de loin. » C'est lui qui par ses écrits fit connaître les doctrines d'Arcésilas; on cite de lui [5] deux ouvrages : Φιλόσοφα et περὶ Φύσεως. Il ne paraît pas qu'il ait modifié en rien la doctrine de son maître.

Lacydes, suivant Diogène, laissa la direction de l'école aux Phocéens Téléclès et Évandre. Cicéron [6] ne nomme qu'Évandre, et après lui Hégésinus (appelé par Clément d'Alexandrie [7] Hégésilaüs), qui fut le maître de Carnéade. Nous ne savons de ces philosophes que leur nom.

La liste est assez longue de ceux qui nous sont donnés comme ayant professé les doctrines de la nouvelle Académie : ici encore il faut nous contenter d'une simple énumération [8]. Parmi les

---

[1] Euseb., *Præp. evang.*, XIV, vii.

[2] Diog., IV, 61.

[3] D'après le témoignage de Sotion (Diog., VII, 183), Chrysippe, à l'époque où il inclinait vers les idées de la nouvelle Académie, et où il écrivait un traité sur la coutume, s'associa aux travaux (συνεφιλοσόφησε) d'Arcésilas et de Lacydes. Or, Chrysippe, à la mort d'Arcésilas, avait déjà succédé à Cléanthe, mort vers 251.

[4] Élien, *Var. Hist.*, II, 41; Athen., X, 438, a; XIII, 606, b.

[5] Suidas, Λακύδης.

[6] Ac., II, 6, 16.

[7] Strom., I, 301, c.

[8] V. Zeller, t. IV, p. 497.

disciples d'Arcésilas, on cite Pythodore[1], qui consigna aussi dans un traité les opinions de son maître, Aridices de Rhodes[2], Dorothée[3], Panarétos[4], Démophanes[5], Ecdémos ou Édélos[6] qui joua un rôle politique, au temps de Philopémen, Apelles[7].

Lacydes eut pour disciple Aristippe de Cyrène[8], le même sans doute qui écrivit un livre περὶ φυσιολόγων [9], et peut-être περὶ παλαιᾶς τρυφῆς[10]; puis Paulus[11]. Voici enfin les noms d'autres académiciens : Paséas, Thrasys, deux Eubulus[12], Agamestor[13] ou Agapestor[14], puis Damon, Leonteus, Moschion, Évandre d'Athènes[15]. Boéthus, disciple d'Aristippe de Cyrène, eut une controverse avec Carnéade[16].

[1] *Index Herculanensis*, col. 30 (ed. Bucheler, Gryphiswaldiæ, Gymn. progr., 1869).
[2] Ibid.; Athen., X, 420, d; Plut., *Quæst. conv.*, II, c. 12; Polyb., IV, III, 2.
[3] *Index*, ibid.
[4] Athen., XIII, 552, d. Cf. Élien, *V. H.*, X, 6.
[5] Plut., *Philop.*, 11; *Arat.*, 5.
[6] Ibid.
[7] Athen., X, 420, d.
[8] Euseb., *loc. cit.*, XIV, VIII, 14.
[9] Diog., VIII, 41.
[10] Nietzsche, *Rhein. Mus.*, XXIV, 202.
[11] Clem. d'Alex., *Strom.*, 496, b.
[12] *Ind. Herc.*, col. 27.
[13] Ibid.
[14] Plut., *Quæst. conv.*, I, IV, 3, 8.
[15] Suidas, Πλάτων.
[16] *Index*, col. 28.

CHAPITRE III.

CARNÉADE. — SA VIE ET SA DOCTRINE.

Bien que les successeurs immédiats d'Arcésilas n'aient rien trouvé à ajouter à sa doctrine, il restait beaucoup à faire dans la direction que le fondateur de la nouvelle Académie avait indiquée. Non seulement Arcésilas n'avait pas donné à ses arguments sceptiques toute la précision et la rigueur qu'ils comportaient, mais il s'était trop prudemment contenté du rôle facile de destructeur et de négateur. La nécessité de vivre et les exigences de la vie pratique ont toujours été la grande difficulté qu'ont rencontrée les sceptiques : c'est le talon d'Achille du scepticisme. La doctrine de la vraisemblance n'a été inventée que pour parer à cette difficulté. Mais la doctrine de la vraisemblance n'était chez Arcésilas qu'à l'état d'ébauche. Quand il fallait s'expliquer sur ce point délicat, il balbutiait plutôt qu'il ne parlait : il passait du doute à la vraisemblance brusquement, sans rien justifier, parce qu'il ne pouvait faire autrement. Carnéade, qui reprit son œuvre de fond en comble, en vit bien le défaut, et y porta remède. Il maintint avec autant de fermeté que son prédécesseur la thèse que rien n'est certain, et il porta à l'école de Chrysippe des coups aussi rudes que ceux que Zénon avait reçus d'Arcésilas. Mais, en même temps, il sut trouver des intermédiaires, distinguer des nuances, passer doucement, sans embarras et sans scandale logique, du doute à la probabilité. Entre ses mains, la doctrine de la nouvelle Académie forme un tout bien lié et devient un système qui mérite l'examen, et, quelques réserves qu'il provoque, fait honneur à ses auteurs.

Carnéade n'a rien écrit[1], et probablement c'est à cette cir-

---

[1] Diog., IV, 65; Plut., De Alex. virtute, I, 4.

constance, jointe au peu de faveur qu'obtiennent d'ordinaire les doctrines sceptiques, qu'il a dû de n'être pas compté parmi les grands philosophes. Un examen impartial de ce que nous connaissons de lui atteste du moins qu'il fut un puissant esprit. Depuis Aristote jusqu'à Plotin, la Grèce n'en a pas eu de plus grand ; seul, Chrysippe pourrait lui disputer la palme, et si on s'en rapportait à l'opinion de la plupart des anciens, c'est à Carnéade qu'elle appartiendrait.

I. Carnéade, fils d'Épicomus ou de Philocomus, naquit à Cyrène[1] vers 219 av. J.-C[2]. Ses admirateurs faisaient remarquer qu'il était né le même jour que Platon, le jour des jeux carnéens, consacrés à Apollon[3]. Il eut pour maître, outre Hégésinus à qui il succéda, le stoïcien Diogène de Babylone[4], qui lui enseigna la dialectique. Malgré l'intervalle de temps considérable qui les sépare, on peut regarder Chrysippe comme un des maîtres de Carnéade ; c'est probablement dans une lecture approfondie des nombreux écrits du grand stoïcien qu'il acquit, sans parler de bon nombre d'arguments sceptiques qu'il lui emprunta, cette souplesse et cette habileté qui le rendirent si redoutable dans la discussion. Lui-même reconnaissait ce qu'il devait à son illustre prédécesseur, car il disait souvent, parodiant un mot connu : « S'il n'y avait point eu de Chrysippe, il n'y aurait point de Carnéade[5]. » Sauf la célèbre ambassade à Rome dont il fut chargé en 156 avec Diogène de Babylone et Critolaüs, lorsque les Athéniens voulurent se faire exempter d'une amende

---

[1] Diog., IV, 62 ; Strab., XVII, III, 22 ; Cic., Tusc., IV, III, 5 ; Suidas, Καρνεάδης.

[2] Diogène (IV, 65) dit, d'après Apollodore, qu'il mourut dans la quatrième année de la cent soixante-deuxième olympiade (129 av. J.-C.). Si on admet, avec Diogène (cf. Lucien, Macrob., 20), qu'il vécut quatre-vingt-cinq ans, on fixera avec la plupart des historiens la date de sa naissance en 214. Mais Cicéron (Ac., II, VI, 16 ; cf. Valer.-Maxim., VIII, VII, 5) dit qu'il vécut quatre-vingt-dix ans. Il semble bien que c'est à Cicéron qu'on doit s'en rapporter.

[3] Plut., Quest. conv., VIII, 1, 2.

[4] Cic., Ac., II, XXX, 98.

[5] Diog., IV, 62. Cf. Plut., Stoic. repug., X, 4.

infligée à la suite du sac d'Orope, sa vie n'est marquée d'aucun événement important [1]. Sa vieillesse paraît avoir été assombrie par de cruelles infirmités : il devint aveugle [2] et fut consumé par une maladie de langueur. Ses ennemis en prirent occasion pour lui reprocher de n'avoir pas mis fin à ses jours, comme son rival Antipater, et d'avoir manqué de courage devant la mort. Mais c'était en vérité une étrange prétention des stoïciens de vouloir imposer leurs idées à tout le monde, et de condamner tous leurs adversaires au suicide. Rien, dans les principes de Carnéade, ne l'obligeait à recourir à cette extrémité. Il se bornait fort sagement à dire : « La nature, qui m'a formé, saura bien me détruire. » Il mourut en 129 av. J.-C., âgé de quatre-vingt-dix ans.

Bien différent de son élégant et spirituel devancier Arcésilas, Carnéade ne chercha point à briller ailleurs que dans les discussions publiques. Son extérieur, nous dit Diogène [3], était fort négligé : jamais il n'accepta une invitation à dîner, afin de ne pas se laisser détourner de ses travaux. Il était tellement absorbé dans ses pensées qu'à table il oubliait de manger et qu'il fallait diriger ses mains [4].

Tous les auteurs anciens s'accordent à célébrer son merveilleux talent [5]. Les rhéteurs, dit Diogène, fermaient leurs écoles pour aller l'entendre ; on sait quel émoi son premier discours provoqua à Rome et quel enthousiasme il inspira à la jeunesse, quelles craintes à Caton ; le sénat même ne sut pas échapper à la séduction que ce Grec extraordinaire portait partout avec lui. Il serait téméraire de vouloir le juger sur les quelques analyses que les auteurs anciens nous ont conservées de ses argumenta-

[1] Plut., *Cato Major*, 22 ; Gell., *Noct. att.*, VI, xiv, 10 ; Cic., *Tusc.*, IV, iii, 5, etc. Voir, sur ce point, le très intéressant chapitre de M. Martha dans les *Études morales sur l'antiquité* (Paris, Hachette, 1883).
[2] Diog., IV, 66.
[3] IV, 62.
[4] Val.-Max., VIII, vii, 5.
[5] Cic., *Fin.*, III, xii, 41, etc. ; Diog., IV, 63 ; Gell., *loc. cit.* ; Plut., *Cato Major*, *loc. cit.* ; Lact., *Div. Inst.*, V, 14 ; Eus., *Præp. evang.*, XIV, viii, 9 *et seq.*

tions; mais, même en lisant ces fragments mutilés ou la belle restitution que Zeller[1] a faite de sa discussion sur l'existence des dieux, on est frappé de la savante ordonnance des arguments, de leur enchaînement lucide, du mouvement dont le discours semble animé et qui nous emporte avec lui. Sa réputation était telle, qu'une éclipse de lune étant survenue au moment de sa mort, quelques-uns supposèrent que l'astre s'était voilé en signe de deuil[2]: le soleil même, dit Suidas, s'était obscurci. Longtemps après sa mort, quand on voulait parler d'une question insoluble, on disait, en manière de proverbe : Carnéade lui-même, si l'Enfer le laissait revenir, ne la résoudrait pas[3]. Il avait, dit Cicéron[4], une vivacité d'esprit incroyable, une promptitude et une sûreté sans pareilles; jamais il ne soutint une thèse sans la faire triompher, jamais il n'attaqua une doctrine sans la détruire. Ses adversaires fuyaient à son approche. Antipater, qui fut après Chrysippe le principal représentant du stoïcisme, en était réduit à écrire dans les coins les réfutations qu'il lui destinait, et on l'appelait le *criard par écrit*[5]. Un de ses ennemis, Numénius[6], décrit son éloquence en des termes dont la malveillance même rehausse la signification et la valeur. C'était, dit-il, comme un large fleuve qui emportait et couvrait tout; mais, dans ses plus violents emportements, bien supérieur à Arcésilas, qui se laissait entraîner et se prenait à son propre piège[7], il savait rester en pleine possession de lui-même; quelquefois il cédait, mais comme

---

[1] *Philos. der Griechen*, t. IV, p. 504, 3ᵉ Aufl., 1880.
[2] Diog., IV, 64.
[3] Lact., *Div. Inst.*, V, 14.
[4] *De orat.*, II, xxxviii, 161.
[5] Καλαμοβόας. Plut., *De Garrul.*, 21.
[6] Ap. Eus., *Præp. evang.*, XIV, viii, 9 et seq.
[7] Dans ce passage de Numénius : Ἔλαθεν ἑαυτὸν πρῶτον ἐξηπατηκὼς μὴ ἠσθῆσθαι, πεπεῖσθαι δ' ἀληθῆ εἶναι ἃ λέγει κ. τ. λ., Hirzel (op. cit., p. 45, 1) croit qu'il faut supprimer les mots μὴ ἠσθῆσθαι πεπεῖσθαι δέ, parce que le sens ne lui paraît pas clair. Il nous semble fort simple. Arcésilas ne s'apercevait pas qu'il était persuadé, sans l'avoir appris par les sens, que ce qu'il disait était vrai. Carnéade, suivant Numénius, n'avait même pas cette croyance; aussi voit-on, par la suite du texte, qu'il ne tenait en aucune façon à ce qu'il avait dit.

ces bêtes féroces qui ne reculent que pour revenir ensuite plus menaçantes et plus irrésistibles. Puis, quand il était vainqueur, il paraissait oublier ce qu'il avait dit : il avait ce suprême dédain de faire peu de cas de ses meilleurs arguments et de se montrer supérieur même à sa victoire. Ajoutez à tant de qualités diverses qu'il avait de l'esprit, que ses reparties étaient fines et promptes, qu'il était servi par une voix d'une puissance extraordinaire. Aussi, dit Numénius, entraînait-il les âmes et les mettait-il à ses pieds; les mieux préparés et les plus exercés ne pouvaient tenir un instant devant lui.

II. L'enseignement de Carnéade, autant que nous en pouvons juger par les documents qui nous sont parvenus, portait sur trois points principaux: la théorie de la certitude, l'existence des dieux, le souverain bien. Zeller[1] et, après lui, Maccoll[2], ont cru pouvoir distinguer dans cet enseignement deux parties : l'une destructive et négative, la réfutation du dogmatisme; l'autre constructive et positive, l'établissement du probabilisme. Nous ne suivrons pas cet exemple, parce qu'une telle division exagère, selon nous, le caractère et l'importance du probabilisme, tel que l'a conçu Carnéade, et, d'autre part, parce qu'en religion et en morale, le philosophe n'a été, croyons-nous, conduit à aucune conclusion positive.

1° THÉORIE DE LA CERTITUDE. Il n'y a point de criterium de la vérité, voilà ce que Carnéade voulait établir, non seulement contre les stoïciens, mais en général contre tous les dogmatistes[3].

Le criterium ne se trouve ni dans la raison ni dans les sens, car la raison et les sens nous trompent souvent : la rame plongée dans l'eau, la diversité des nuances du cou de la colombe vu au soleil en sont les preuves[4].

[1] *Loc. cit.*
[2] *The greek sceptics*, p. 42 (London and Cambridge, Macmillan, 1869).
[3] Sextus, *M.*, VII, 159.
[4] Cic., *Ac.*, II, xxv, 79.

En outre, rendons-nous compte de ce que doit être un criterium [1]. Il ne peut être qu'un état de l'âme (πάθος) produit par l'évidence (ἀπὸ τῆς ἐναργείας). C'est par la puissance de sentir que l'être vivant diffère des choses inanimées, c'est par elle seule qu'il pourra connaître et lui-même et ce qui est hors de lui. Pour cela, il faut un changement, car s'il demeure immobile et impassible, le sens n'est plus un sens, et il ne perçoit rien. Cet état de l'âme doit, en même temps qu'il se fait connaître lui-même, faire connaître l'objet qui l'a produit : cet état n'est autre que la représentation (φαντασία); comme la lumière, elle se révèle elle-même à nos yeux en même temps que l'objet qu'elle représente. Le criterium, s'il existe, doit donc être une représentation vraie, c'est-à-dire qui révèle l'objet qui la provoque.

Y a-t-il maintenant des représentations vraies? Carnéade le nie. Pour que la représentation produite par un objet réel fût reconnue avec certitude, il faudrait qu'il y eût entre elle et la représentation fausse une différence spécifique : il faudrait que l'une ne pût jamais être prise pour l'autre. Or, il n'y a point de représentation vraie à côté de laquelle il ne s'en trouve une autre qui n'en diffère en aucune manière, tout en étant fausse [2]. Voilà le point capital sur lequel portait le débat entre la nouvelle Académie et ses contradicteurs.

La thèse des académiciens est résumée par Cicéron [3] dans ces quatre propositions : 1° il y a des représentations fausses ; 2° elles ne donnent pas lieu à une connaissance certaine ; 3° si des représentations n'offrent entre elles aucune différence, il est impossible de dire que les unes soient certaines, les autres non ; 4° il n'y a pas de représentation vraie à côté de laquelle il ne s'en trouve une fausse qui n'en diffère en aucune manière. La deuxième et la troisième propositions sont accordées par tout le

---

[1] Sext., M., VII, 159.
[2] Cic., Ac., II, xiii, 41 : « Omne visum quod sit a vero tale esse quale etiam a falso possit esse. » Cf. ibid., xxxi, 99 : « Teneatur modo illud, non inesse in his quidquam tale quale non etiam falsum nihil ab eo differens esse possit. »
[3] Ibid., II, xxvi, 83.

monde; Épicure seul se refuse à accorder la première; mais les stoïciens et la plupart des dogmatistes ne font pas de difficulté sur ce point. Tout le débat porte sur la quatrième.

Pour la justifier, Carnéade invoquait les exemples du rêve, les fantômes de l'ivresse, les hallucinations de la folie. Mais, répondait-on, les images du rêve et de la folie n'ont pas la même force que celles de la veille ou de l'état de santé; revenus à nous, nous savons les distinguer. Quand vous êtes revenus à vous, fort bien, répondait Carnéade[1]; mais, pendant que vous êtes sous l'influence du sommeil ou du vin? Mais laissons cela. A l'état de veille, en pleine santé, nous voyons des choses qui n'existent pas, sans pouvoir les distinguer de celles qui existent. Castor et Pollux sont deux jumeaux tout à fait semblables : Castor est devant vous; vous croyez voir Pollux. La représentation supposée produite par Pollux ne diffère en rien de celle que donne Castor; pourtant elle est fausse. Dira-t-on que deux hommes vivants diffèrent toujours par quelques traits? Mais Lysippe ne peut-il façonner avec le même bronze cent statues d'Alexandre absolument pareilles? Cent empreintes faites sur la même cire avec le même cachet sont-elles discernables? Deux œufs, deux grains de blé, deux cheveux ne peuvent-ils être absolument semblables? Ne peut-il vous arriver de prendre l'un pour l'autre? Et si vous avez été trompés une fois, quelle confiance avoir dans vos représentations? Vous avez eu d'un sujet, qui n'est pas, exactement la même représentation que vous auriez eue d'un objet réel. La vie pratique offre à chaque instant des confusions de ce genre. Quand Hercule, croyant atteindre les fils d'Eurysthée, frappait ses propres enfants, n'était-il pas dupe d'une illusion? Qui donc a jamais, en présence d'un objet réel, une impression plus vive que celle qu'il ressentait?

[1] Cette argumentation, que nous empruntons à Sextus (*M.*, VII, 403 et seq.) n'est pas formellement attribuée à Carnéade. Mais Cicéron (*Ac.*, II, xxvii, 87) indique qu'elle se trouvait déjà dans un livre de Chrysippe, à qui Carnéade avait fait de larges emprunts (ab eo armatum esse Carneadem). Il est donc permis de penser que Carnéade avait développé ces arguments.

La représentation compréhensive n'a donc pas, comme le soutiennent les stoïciens, une propriété intrinsèque (ἴδιωμα)[1] qui la distingue des autres. Si plusieurs serpents sont enlacés dans une caverne et que l'un d'eux dresse la tête, nous ne pourrons discerner sûrement lequel a fait le mouvement. Il semble que la vue perçoive la couleur, les grandeurs, les formes; elle ne perçoit rien de tout cela [2]. Elle ne perçoit pas la couleur d'un homme : cette couleur varie suivant les saisons, les actions, la nature, l'âge, les circonstances, la santé, la maladie, le sommeil, la veille. Ces variations, nous pouvons bien les connaître, mais la couleur en elle-même, jamais. Et de même pour les formes : le même objet apparaît rugueux et lisse dans les peintures, rond et carré dans les tours, droit et brisé dans l'eau et hors de l'eau, en repos ou en mouvement selon qu'on est sur un navire ou assis sur le rivage.

Ajoutons encore l'argument du sorite [3]. De l'aveu de Chrysippe, à côté de la dernière représentation compréhensive, il y en a une non compréhensive qui en diffère infiniment peu. Dès lors, comment les distinguer?

La représentation n'offre donc pas un criterium sérieux. Dès lors, la raison ne présente pas plus de garanties, car, avant d'être soumise au jugement de la raison, il faut que la chose dont il s'agit lui soit représentée; or, elle ne peut lui être représentée que par l'intermédiaire de la représentation. Carnéade, d'accord en cela avec tous ses contemporains, n'admet pas que la raison ait directement l'intuition des choses en soi.

D'ailleurs, l'œuvre propre de la raison, c'est la dialectique. La dialectique, disent les dogmatistes, sert à distinguer le vrai et le faux. Mais où, et comment? Ce n'est ni en géométrie, ni dans les lettres, ni en musique. Ce n'est même pas en philosophie, car elle n'apprendra pas les dimensions du soleil, ni la nature du souverain bien. Elle dira quelles liaisons d'idées sont

---

[1] Sext., M., VII, 411. Cf. VII, 252.
[2] Sext., M., VII, 412 : Φασὶν οἱ ἐξ Ἀκαδημίας...
[3] Sext., M., VII, 416.

légitimes; c'est bien peu, et on attendait mieux. Mais cet art perfide se retourne contre ceux qui l'invoquent; dans quelles difficultés ne s'embarrassent-ils pas!

On connaît ce genre de raisonnement qui s'appelle le *sorite*. On ajoute à une chose donnée, ou on en retranche une quantité insignifiante en apparence; mais on répète cette opération si souvent, que la chose change sans qu'on s'en aperçoive, et le naïf qui s'est laissé conduire est inévitablement amené à quelque sottise. Il est impossible de fixer nulle part des limites précises; on ne peut savoir ce qu'est un tas, ni si un homme est pauvre ou riche, célèbre ou obscur. Mais, dit-on, le sorite est un sophisme. Résolvez-le donc: montrez-en le point faible: c'est le devoir de la dialectique. Chrysippe croit se tirer d'affaire par un plaisant expédient. On lui demande si trois sont peu ou beaucoup. Il dit : c'est peu. On augmente d'une unité : quatre, est-ce beaucoup? Avant d'arriver à *beaucoup*, il éprouve le besoin de se reposer (ἡσυχάζειν). — Repose-toi, répond Carnéade; ronfle même si tu veux, je n'y mets pas d'obstacle. Mais tout à l'heure, tu te réveilleras, et on te demandera si en ajoutant *un* au nombre après lequel tu as gardé le silence, on obtient *peu* ou *beaucoup*; il faudra bien que tu répondes. — Comme un cocher adroit, réplique Chrysippe, qui a prévu l'objection, j'arrêterai mes chevaux avant d'arriver au but : au milieu de l'interrogation, je cesserai de répondre. — Belle avance, riposte Carnéade. Ou tu vois la vérité, ou tu ne la vois pas. Si tu la vois et ne veux pas la dire, tu es bien fier. Si tu ne la vois pas, tu fais bien de te taire. Mais ton art est bien impuissant! Et si, après avoir dit que neuf est *peu*, tu t'arrêtes devant le nombre dix, tu refuses ton assentiment à des choses certaines et bien claires; pourquoi donc ne me permets-tu pas d'en faire autant vis-à-vis des choses obscures?

Mais il y a mieux encore: la dialectique se détruit elle-même, comme Pénélope défait sa toile, ou comme le polype dévore ses propres membres [1]. C'est un axiome admis en dialectique par

[1] Stob., *Florileg*. LXXXII. 13.

les stoïciens que toute proposition est vraie ou fausse. Est-elle vraie ou fausse, cette proposition : si tu dis que tu mens et que ce soit vrai, tu mens, tout en disant la vérité. Les stoïciens déclarent que ce sont là des propositions inexplicables (*inexplicabilia*) et demandent qu'on fasse exception pour elles. Mais pourquoi leur accorder cette concession? Cette proposition n'est-elle pas exactement du même type que celle-ci, prise pour exemple par Chrysippe : si tu dis qu'il fait jour et que ce soit vrai, il fait jour? Elle revient à dire : Si tu mens, tu mens; or tu mens; donc tu mens. — Chrysippe n'a pas pu en sortir [1].

Rien ne trouvait grâce devant Carnéade; il allait jusqu'à contester la certitude de propositions mathématiques comme celle-ci : deux quantités égales à une troisième sont égales entre elles [2]. — En résumé rien n'est certain; le plus sûr est de suspendre son jugement [3]. « Chasser de nos âmes ce monstre redoutable et farouche qu'on appelle la précipitation du jugement, voilà, disait Clitomaque [4], le travail d'Hercule que Carnéade a accompli. »

Tout est incompréhensible (ἀκατάληπτόν); voilà ce que Carnéade a prouvé. Rien de mieux en théorie. Mais la vie pratique est là qui demande elle aussi à être prise en considération. La conclusion naturelle de ce qui vient d'être établi, c'est qu'il faut ne rien croire, ne rien affirmer, qu'il faut suspendre son jugement. Mais d'autre part, pour agir, il faut croire. Il y a là une grande question dont la solution s'impose au sceptique. Nous avons vu la réponse que faisaient les pyrrhoniens et Arcésilas. A son tour, Carnéade doit résoudre le problème.

Ici se présente une difficulté peut-être insoluble, sur laquelle Hirzel [5], avec une grande sagacité, a pour la première fois attiré l'attention. Les témoignages que nous a conservés Cicéron

---

[1] Cic., *Ac.*, II, xxx, 96.
[2] Galen., *De optima doctrina*, t. I, p. 45.
[3] Cic., *Ac.*, II, xxxi, 98.
[4] Cic., *Ac.*, II, xxxiv, 108.
[5] *Op. cit.*, p. 163, *et seq.*

ne sont pas d'accord entre eux; il y a sur l'opinion de Carnéade deux traditions discordantes, celle de Clitomaque, son disciple immédiat, et celle de Métrodore et de Philon.

D'après Clitomaque [1], l'ἐποχή peut s'entendre de deux façons [2]. D'abord elle signifie que le sage n'affirme rien. En un autre sens, on peut entendre que le sage, sans rien affirmer, préfère ou approuve (*probare*) telle ou telle représentation qui lui paraît plus vraisemblable. C'est dans le premier sens seulement que Carnéade recommande l'ἐποχή; il ne l'admet pas au second sens [3]. Il faut bien en effet que le sage fasse un choix entre ses diverses représentations, s'il veut agir et se mouvoir : aussi bien [4], il n'est ni de fer, ni de bois; il a une âme, il a un corps, il a des sens et un esprit; il faut qu'il agisse. Il agira donc, et aura des préférences pour certaines représentations, dont on indiquera tout à l'heure les caractères. Mais il faut bien entendre que le sage, tout en ayant ces préférences, n'aura pas d'opinion. S'il dit *oui*, ou *non*, c'est uniquement au point de vue de l'action. Il serait en effet indigne du sage de donner son assentiment (συγκατατίθεσθαι) à des choses qui ne sont pas certaines. C'est ce qu'avait dit Arcésilas.

D'après Métrodore [5] et Philon au contraire, Carnéade aurait renoncé à l'ἐποχή dans les deux sens du mot. Cette proposition : le sage peut avoir des opinions, donner son assentiment à des

---

[1] *Ac.*, II, xxxii, 102.

[2] *Ib.*, 104. «Dupliciter dici assensus sustinere sapientem : uno modo cum hoc intelligatur omnino cum rei nulli assentiri; altero, cum se a respondendo sustineat, ut neque neget aliquid, neque aiat....»

[3] *Ac.*, II, xxxii, 99 : «Duo placet esse Carneadi genera visorum : in uno hanc divisionem : alia visa esse quæ percipi possint, alia quæ non possint; in altero autem, alia visa esse probabilia, alia non probabilia. Itaque, quæ contra sensus contraque perspicuitatem dicantur, ea pertinere ad superiorem divisionem. Contra posteriorem nihil dici oportere : quare ita placere tale visum nullum esse ut perceptio consequeretur : ut autem probatio, multa.»

[4] *Ac.*, II, xxvi, 100.

[5] *Ac.*, II, xxiv, 78 : «Licebat nihil percipere, et tamen opinari : quod a Carneade dicitur probatum. Equidem Clitomacho plus quam Philoni aut Metrodoro credens, hoc magis ab eo disputatum quam probatum puto. — Cf. xviii, 59; xviii, 148; xxi, 67; xxxv, 112.

choses qui ne sont pas absolument certaines — proposition qui semblait à Arcésilas comme aux stoïciens, et à Cicéron lui-même, un scandale logique — n'effraie pas Carnéade. Sans doute, en donnant son assentiment à des représentations qui ne sont que probables, le sage devra se souvenir qu'elles ne sont pas absolument sûres, qu'elles sont suspectes par quelque endroit; mais cette incertitude ne l'arrêtera pas. Modestement il se contentera d'opinions probables. A placer le but trop haut comme l'avaient fait les stoïciens et Arcésilas, on risque de ne jamais l'atteindre. En un mot, entre les stoïciens et Arcésilas, Carnéade aurait pris une position intermédiaire [1]. Aux premiers il concède qu'il faut faire une distinction entre les représentations; il va même jusqu'à leur accorder leur définition de la représentation compréhensive, hormis un seul point : elle est gravée et imprimée dans l'âme par un objet réel, et qui lui est conforme; Carnéade refuse seulement d'ajouter [2] : de telle façon qu'un objet qui n'est pas n'en puisse produire une semblable. A Arcésilas, il accorde que nous ne saisissons jamais les choses telles qu'elles sont en elles-mêmes; mais il n'estime pas que cette impuissance de la pensée doive nous interdire toute croyance.

Qui, de Clitomaque ou de Métrodore, a le mieux compris la pensée du maître? C'est un point que dans l'état de la question, il nous est impossible de décider absolument; Cicéron, à qui nous devons les plus clairs et les meilleurs de ces renseignements, semble incliner du côté de Clitomaque [3]; il reproche même à Carnéade d'avoir été moins conséquent avec lui-même

[1] On peut bien dire avec Hirzel (p. 180) qu'en s'exprimant ainsi, Carnéade a fait un pas vers le dogmatisme. Toutefois, en même temps, il renonce à cet idéal du sage, à ce type de perfection que les stoïciens avaient rêvé, et que les premiers académiciens avaient encore admis. Par là il s'éloigne du dogmatisme tel du moins qu'on le comprenait de son temps, plus peut-être qu'il ne s'en rapproche par sa théorie de la vraisemblance; il renonce à la certitude.

[2] Sext., M., VII, 402. — Cf. VII, 172 où il est question de représentations capables de εἰς συγκατάθεσιν ἐπισπάσθαι. Cf. P., I, 228-230. C'est sans doute par erreur que dans ce dernier passage Sextus attribue à Clitomaque la même opinion qu'à Carnéade. — Voy. Hirzel, p. 176.

[3] Loc. cit., xliv, 78.

qu'Arcésilas⁽¹⁾. Mais, d'autre part, il mentionne à diverses reprises des interprétations conformes à celle de Métrodore⁽²⁾; et il dit lui-même que Métrodore⁽³⁾ passait pour bien connaître la doctrine de Carnéade. D'un autre côté, on vient de voir que Sextus comprend la pensée de Carnéade comme Métrodore. Enfin, il semble difficilement admissible que Carnéade ait élaboré la doctrine savante que nous allons résumer, si sa conclusion avait dû être que le sage doit s'interdire toute opinion. Nous pouvons donc dire, avec réserves il est vrai, que Carnéade avait renoncé à l'ἐποχή; il reconnaît la légitimité de certaines croyances; il est probabiliste. C'est lui qui, le premier, a introduit dans l'Académie le πιθανόν.

Quelles sont maintenant les représentations qui s'approchent de la certitude sans jamais l'atteindre?

La représentation peut être considérée à un double point de vue⁽⁴⁾. Par rapport à l'objet, elle est vraie quand elle s'accorde avec lui, fausse dans le cas contraire. Par rapport au sujet, tantôt elle paraît vraie et on l'appelle ἔμφασις ou probable (πιθανή); tantôt elle paraît fausse, et on l'appelle ἀπέμφασις, ἀπειθής, ἀπίθανος. Écartons celles qui sont manifestement fausses, ou qui ne paraissent pas vraies. Parmi celles qui paraissent vraies, il en est qui n'ont cette apparence qu'à un faible degré, soit parce que l'objet considéré est trop petit, soit parce qu'il n'est pas à une distance convenable, ou que nos sens trop faibles ne le perçoivent que confusément. Écartons-les encore. Mais il en est qui ont cette même apparence à un très haut degré; plus nous y sommes attentifs, plus elles nous frappent et nous paraissent probables⁽⁵⁾. Même alors, elles peuvent être

⁽¹⁾ *Loc. cit.*, XVIII, 59.
⁽²⁾ *Ac.*, II, XXIV, 78; XVIII, 59; XXI, 67; XXXV, 112; XLVIII, 148.
⁽³⁾ *Ac.*, II, VI, 16 : «Bene autem nosse Carneadem Stratoniceus Metrodorus putabatur.» Il faut rapprocher de ce texte le passage conservé par l'*Index* d'Herculanum, où Métrodore déclare que les autres philosophes ont mal compris Carnéade (Καρνεάδου παρακηκοέναι πάντας) (*Ind. Hercul.*, col. XVI, 4).
⁽⁴⁾ Sext., *M.*, VII, 166 *et seq.*
⁽⁵⁾ Sur la différence entre le εὔλογον d'Arcésilas et le πιθανόν de Carnéade, voir plus haut, p. 111.

fausses; mais ces occasions sont rares, et cette chance d'erreur ne doit pas nous empêcher d'accorder notre assentiment aux sensations probables; c'est sur elles que la plupart du temps nous réglons nos jugements et nos actions. Voilà la première condition que doit remplir une représentation pour mériter notre assentiment.

En voici une seconde. Nos représentations ne sont pas isolées : elles sont liées entre elles, et forment comme une chaîne. Si je vois un homme, j'aperçois en même temps sa figure, sa taille, sa couleur, ses mouvements, ses vêtements, ses chaussures; je vois aussi les choses qui l'entourent : l'air, la lumière, la terre, le ciel, ses amis. Par exemple, si je crois voir Socrate, c'est que toutes les circonstances accoutumées, sa figure, sa taille, son manteau, sont réunies. Qu'une ou plusieurs de ces circonstances viennent à manquer, j'entre aussitôt en défiance. Ménélas, ayant laissé sur son navire le fantôme d'Hélène, qu'il avait amené de Troie, le prenant pour Hélène, n'en pouvait croire ses yeux, lorsque abordant à l'île de Pharos, il vit la véritable Hélène. Si, au contraire, toutes les circonstances sont réunies, ce concours est une garantie. Disons donc que la représentation, outre qu'elle est probable, doit n'être contredite par rien (ἀπερίσπαστος).

Faisons encore un pas de plus. Au lieu de se contenter de voir que dans ce concours de circonstances aucune ne nous sollicite en sens contraire, on peut examiner en particulier et en détail chacune de ces circonstances : ainsi dans les élections, le peuple fait subir en particulier, à chaque candidat, un examen attentif. On examinera le sujet; on s'assurera qu'il a de bons yeux. Est-il en bon état? N'est-il pas fou? On examinera l'objet : n'est-il pas trop petit? On examinera l'intermédiaire entre le sujet et l'objet : l'air n'est-il pas obscur ou la distance trop grande? le lieu est-il bien convenable? le temps n'est-il pas trop court? Il faut en un mot que la représentation soit examinée en détail (διεξωδευμένη). Sans doute, dans les circonstances de peu d'importance, dans le cours ordinaire de la vie, il est impossible de prendre toutes ces précautions : on se contente alors des deux premières conditions. Parfois, le temps manque pour s'assurer que la troisième est remplie. Un homme, poursuivi par les ennemis, aperçoit une caverne : il s'approche, et croit voir qu'elle est occupée par l'ennemi; il ne va pas examiner la chose en détail, il se sauve; la seule apparence probable lui suffit. Mais un autre a du temps devant lui. Il entre dans une maison mal éclairée, voit une corde enroulée et se figure que c'est un serpent; il s'en va. Mais à la réflexion, il revient sur ses pas; le serpent est immobile; il est probable que ce n'est pas un serpent. Pourtant, l'hiver, les serpents sont engourdis; il faut s'assurer davantage; il frappe le serpent de son bâton, et décidément s'aperçoit qu'il n'a qu'une corde sous les yeux. On voit à quelles conditions la représentation sera un bon criterium pratique; elle devra être probable, n'être contredite par rien, avoir été examinée dans tous ses détails.

Dans toute cette théorie, on l'a vu par les paroles mêmes de Sextus, Carnéade distingue très nettement, comme les modernes, le point de vue objectif et le point de vue subjectif. Il renonce absolument à rien affirmer touchant la conformité de la représentation à son objet, à la chose en soi; par là il demeure en dehors du dogmatisme tel qu'on l'entend d'ordinaire; il nie la certitude en tant que perception d'une réalité située hors de l'esprit. Sa philosophie est exclusivement subjective; seulement, sans sortir du sujet et de ses représentations, il cherche d'abord dans le caractère de la représentation, puis surtout dans le lien qui unit les représentations, dans leur mode de groupement, un équivalent pratique de cette vérité qu'il déclare théoriquement inaccessible. Par là, il diffère des sceptiques proprement dits, qui ne reconnaissent que des phénomènes éparpillés et sans lien. On peut dire qu'il occupe une situation intermédiaire entre les deux écoles. Il importe cependant de remarquer qu'il ne fait ou ne croit faire au dogmatisme aucune concession importante, puisque toujours il nie que l'esprit puisse saisir ou comprendre hors de lui une réalité véritable. Il est, à vrai dire, plus éloigné du dogmatisme que du scepticisme ; il diffère des sceptiques par une nuance, des dogmatistes par un principe.

A la théorie de la connaissance telle qu'elle vient d'être exposée, se rattache la théorie de Carnéade sur le libre arbitre. Mais c'est seulement à propos de la divination que les arguments de Carnéade sur ce point nous sont indiqués par les témoignages. Nous les exposerons plus loin. Pour le moment, contentons-nous de remarquer le lien qui unit sa théorie sur le libre arbitre à celle de la connaissance. Si tous les événements du monde, disait-il [1], étaient étroitement enchaînés entre eux, la nécessité régnerait en maîtresse ; par suite, rien ne serait en notre pouvoir. L'argumentation de Carnéade repose donc tout entière sur ce point que quelque chose doit être en notre pouvoir ; et qu'est-ce qui est en notre pouvoir, sinon l'assentiment que nous donnons ou refusons à nos idées ? Il n'insiste pas ; il semble qu'il parle d'une vérité incontestée ; c'est qu'en effet les stoïciens ne le contredisaient pas. Pour tous les philosophes de ce temps, sceptiques ou dogmatiques, c'est une vérité incontestable que nous pouvons librement accorder ou refuser notre approbation. Carnéade fait seulement observer avec toute raison que les stoïciens se contredisent lorsque, après avoir reconnu la liberté de l'assentiment, ils proclament la nécessité universelle et absolue.

2° CONTRE LES DIEUX. On connaît la théorie stoïcienne, qui regarde l'univers comme un être vivant, doué de raison, infiniment sage et disposant tout en vue des fins les meilleures. En même temps qu'elle anime le monde entier et circule dans toutes ses parties, cette intelligence universelle prend conscience d'elle-même, elle se concentre dans une personne divine qu'on appelle Jupiter ou Dieu. Et comme ce Dieu se manifeste sous une multitude d'aspects différents, on peut lui donner autant de noms qu'il prend de formes diverses : ces noms sont ceux des divinités païennes, et les stoïciens se trouvaient ainsi d'accord avec la

[1] Cic., De Fato, XIV, 31. Cf. XI, 23.

religion populaire. Optimisme et finalité, déisme et polythéisme, tout se conciliait dans leur synthèse un peu confuse. Sur tous les points, Carnéade les combat : il nie la finalité, il conteste les preuves de l'existence des dieux, il soutient que l'idée qu'on se fait de la divinité est contradictoire, il réduit à l'absurde les partisans de la religion populaire.

Pourquoi soutenir que tout dans le monde est l'œuvre d'une intelligence sage et prévoyante[1]? Est-ce parce que tout se fait avec ordre, parce que le cours des saisons, les astres obéissent à des lois invariables? A ce compte, il faudrait dire que le flux et le reflux de l'Euripe, les marées de l'Océan, les retours de la fièvre quarte sont des choses divines. Est-ce parce que tout est fait pour le bien de l'homme? Mais alors pourquoi tant de fléaux, d'animaux nuisibles, de maladies[2]? Est-ce parce que tout tend au bien de chaque être en particulier? Mais dira-t-on que c'est pour son plus grand bien que le pourceau est tué et mangé[3]?

L'argument par lequel les stoïciens veulent prouver que le monde est intelligent peut servir à prouver tout ce qu'on veut[4]. Ils disent : ce qui a la raison vaut mieux que ce qui en est dépourvu; rien n'est meilleur que le monde, donc le monde est doué de raison. On pourrait dire de même : il vaut mieux connaître la musique que de l'ignorer; rien n'est meilleur que le monde, donc le monde est musicien.

Quand vous voyez une belle maison, dit encore Chrysippe[5],

---

[1] Toute cette argumentation rapportée par Cicéron (*De nat. deor.*, III, IX, 23 et seq.) n'est pas expressément attribuée à Carnéade. Mais nous savons par Cicéron que Carnéade avait longuement discuté cette question; de plus, quelques-unes des raisons invoquées par Cicéron nous sont données ailleurs (Porphyre, *De abstin.*, III, 20; Sext., *M.*, IX, 140 et seq.) comme étant de Carnéade. On est donc autorisé à croire que Cicéron avait sous les yeux ou au moins avait lu le livre de Clitomaque et qu'il s'en servait. Cf. Thiaucourt, *Essai sur les traités philos. de Cicéron*, Paris, Hachette, 1885, p. 239.

[2] Cic., *Ac.*, II, XXXVIII, 120.

[3] Porphyre, *De abstin.*, III, 20.

[4] Cic., *De nat. deor.*, III, IX, 23.

[5] *Ibid.*, X, 26.

vous savez bien qu'elle est faite pour des hommes, non pour des rats; de même le monde est la demeure des dieux. Je le croirais, répond Carnéade, si j'étais sûr que le monde a été *construit*, et non pas *formé* par la nature. La nature suffit à tout expliquer. Toutes les parties de l'univers sont unies entre elles par un lien de parenté qu'on appelle συμπάθεια; ce sont les forces de la nature qui maintiennent cet accord, et non les dieux.

S'il y a quelque chose, poursuit Chrysippe [1], que l'homme ne puisse pas faire, celui qui le fait est supérieur à l'homme; l'homme n'a pu faire ce que nous voyons dans le monde; le monde est donc l'œuvre d'un Dieu. Pourquoi d'un Dieu? riposte Carnéade. Qu'est-ce qui prouve que cet être supérieur à l'homme soit semblable à lui et, comme lui, doué de raison? Pourquoi ne serait-ce pas la nature? Il faut une rare outrecuidance pour déclarer qu'à l'exception des Dieux, il n'y a dans la nature rien de meilleur que l'homme.

Les Dieux, dit-on, nous ont donné la raison, qui nous rend si supérieurs aux autres animaux. Quel admirable présent! Ne voit-on pas des hommes qui tous les jours se servent de leur raison pour mieux préparer et perpétrer d'horribles crimes [2]? Médée et Atrée auraient fait moins de mal s'ils avaient eu moins d'esprit. La raison n'est un bien que pour ceux qui en font un bon usage, mais combien y en a-t-il? Les stoïciens avouent que pas une fois on n'a vu un sage accompli. Tout le mal, dit-on, vient du mauvais usage que nous faisons de la raison; ce n'est pas la faute des Dieux. Déjanire non plus ne voulait pas faire de mal à Hercule quand elle lui envoya une tunique teinte du sang du centaure. Les hommes du moins sont excusables quand ils se

[1] Cic., *De nat. deor.*, III, x, 25.
[2] *Ibid.*, xxv, 65 et seq. M. Thiaucourt (*loc. cit.*, p. 243) croit que Cicéron n'a «pas eu ici de modèle grec ou du moins qu'il s'en est inspiré très librement». Qu'il s'en soit inspiré librement, c'est ce que prouvent en effet les nombreux passages latins qu'il cite. Mais quant au fond de l'argumentation, il nous semble indubitable qu'il est emprunté au modèle grec. Cicéron n'a guère apporté que des exemples et des citations. On voit presque comment le rapprochement s'est fait dans son esprit, quand il dit (xxix, 72) : « Ille in synephebis academicorum more contra communem opinionem non dubitat pugnare ratione. »

trompent, mais les Dieux! Mieux valait ne pas donner la raison aux hommes s'ils devaient en abuser à ce point. Un médecin serait impardonnable de permettre à un malade de boire du vin pur s'il savait qu'il en boira trop et mourra.

Que dire enfin des maux dont sont accablés les plus honnêtes gens et du triomphe des criminels? Pisistrate régna longtemps à Athènes; Denys, qui s'était tant moqué des Dieux, fut trente-huit ans tyran de Syracuse. Et que d'exemples semblables! Quelques criminels, il est vrai, sont punis: justice tardive et qui ne répare rien. Pourquoi ne pas les frapper avant qu'ils aient fait tant de mal[1]?

Et ces Dieux dont on parle tant, quelle idée pouvons-nous nous en faire? Ils sont, disent les stoïciens, des êtres vivants et corporels. Mais il n'y a point de corps qui ne puisse périr: les Dieux ne sont donc pas immortels. Tout être vivant est exposé à sentir le choc des objets extérieurs, par conséquent à être divisé, mis en pièces, c'est-à-dire à mourir. Tout corps est sujet au changement: la terre peut être divisée, l'eau comprimée; le feu et l'air cèdent au moindre choc; comment n'en serait-il pas de même d'un être formé de ces éléments?

Tout être vivant a des sens: c'est le signe distinctif des êtres vivants. Loin de refuser aux Dieux les sens que nous avons, il faut leur en attribuer de plus nombreux et de plus délicats. Mais toute sensation, de l'aveu de Chrysippe, est une altération: un être capable d'altération est exposé à périr. De plus, avoir des sens, c'est être capable de sentir le chaud et le froid, le doux et l'amer, par suite, le plaisir et la douleur. C'est donc chercher ce qui plaît, éviter ce qui fait souffrir, c'est-à-dire ce qui est contraire à la nature; mais ce qui est contraire à la nature peut amener la mort. Et ne sait-on pas que toute sensation portée à l'extrême est une cause de destruction?

Vivante[2], la divinité doit être heureuse, mais le bonheur ne

---

[1] Cette argumentation est formellement attribuée à Carnéade par Cicéron (De nat. deor., III, xii, 29 et seq.) et par Sextus (M., IX, 140 et seq.).

[2] Cette partie n'est pas formellement attribuée à Carnéade; mais, chez Cicéron

va pas sans la vertu : la divinité aura donc toutes les vertus. Lui attribuerons-nous la prudence? C'est l'art de choisir entre le bien et le mal; mais à quoi lui servira-t-elle, puisqu'elle ne peut éprouver ni bien ni mal? Et la tempérance? Elle n'est une vertu que s'il y a des plaisirs auxquels il est difficile de renoncer : on n'est pas tempérant pour dédaigner une vieille femme moribonde, mais pour renoncer à Laïs ou à Phryné si on les a à sa disposition. Et le courage? Montrer du courage; ce n'est pas boire du vin doux, mais se laisser brûler ou déchirer sans se plaindre. Si les Dieux sont exposés à de telles douleurs, sont-ils encore des Dieux? La sagesse suppose des obscurités qu'on peut dissiper : rien n'est obscur pour les Dieux. Il est également impossible que les Dieux aient toutes les vertus et qu'ils ne les aient pas. Et s'ils ne les ont pas, ils ont, d'après un paradoxe fameux des stoïciens, les vices contraires, car il n'y a pas de milieu entre le vice et la vertu.

Voilà d'inextricables difficultés; on en rencontre bien d'autres, si on considère, non plus la divinité en général, mais les dieux populaires dont Zénon et Chrysippe s'attachent à démontrer l'existence. Si Jupiter est dieu, ses frères Neptune et Pluton sont aussi des dieux [1]. Si Neptune est dieu, il faut en dire autant d'Achéloüs, du Nil, de tous les fleuves, de tous les ruisseaux. Si le soleil est dieu, le jour aussi est dieu, puis l'année, puis le mois, puis le matin et le soir. On dira aussi que la foi, la concorde, l'honneur, l'espérance sont dieux ou déesses; de fait, on leur a élevé des temples. Mais quel homme sensé prendra tout cela au sérieux? Pourtant, point de milieu : il faut aller jusque-là ou nier l'existence de ceux qu'on appelle les grands Dieux.

Carnéade n'avait pas la partie moins belle avec les théories stoïciennes de la divination [2]. Où s'exerce, disait-il, la divina-

comme chez Sextus, elle semble faire corps avec la précédente et n'en être que la suite.

[1] Cic., De nat. deor., III, xi, 5a. Cf. Sext., M., IX, 182.

[2] Cic., De divin., I, iv, 7; II, iii, 9. Il ne paraît pas douteux que, dans tout le deuxième livre du De divinatione, Cicéron ait suivi pas à pas un philosophe de la nouvelle Académie, très probablement Clitomaque; aussi attribuons-nous à

tion? Ce n'est pas à propos des choses que les sens perçoivent : il suffit de voir, de toucher, d'entendre. Ce n'est pas dans les différents arts : auprès d'un malade on n'appelle pas un devin, mais un médecin; pour apprendre à jouer de la flûte, on n'a pas recours à un aruspice. Ce n'est pas dans les lettres ou dans les sciences : demandez à un devin la solution d'un problème de géométrie, ou la grandeur du soleil, ou le mouvement de la lune. Ce n'est pas en philosophie : va-t-on demander à un aruspice quel est le devoir, comment il faut se comporter à l'égard d'un père, d'un frère, d'un ami? Ce n'est pas non plus dans les questions de physique ou de dialectique : la divination n'a jamais enseigné s'il y a un ou plusieurs mondes, quels sont les éléments, comment on peut résoudre le raisonnement du *menteur* ou les difficultés du *sorite*. La divination ne nous instruit pas sur toutes choses; elle n'a pas non plus de domaine propre : il n'y a pas de divination.

On répond que la divination a pour objet la prévision des choses fortuites [1]. Mais si ce qu'elle annonce est vraiment fortuit, comment peut-elle le prévoir? Si l'art, si la raison, si l'expérience, si la conjecture peuvent quelque chose, ce n'est pas de divination qu'il s'agit, mais de science ou d'habileté. Et là où toute conjecture raisonnable est impuissante, il n'y a rien qu'on puisse prévoir; comment prédire ce qui n'a aucune cause, ce que rien n'annonce? Sur des indices incertains, comment fonder des prévisions certaines? Un Dieu même y perdrait sa peine. Si un Dieu prévoit l'avenir, l'avenir est certain; s'il est certain, il n'y a plus de hasard. Mais il y a, dit-on, du hasard : il n'y a donc point de divination.

Les mêmes stoïciens, il est vrai, qui appellent la divination la prévision des choses fortuites, disent que tout est soumis à la

---

Carnéade, bien qu'il ne soit pas nommé partout, l'ensemble de cette argumentation. Voir : Schicher, *De fontibus librorum Ciceronis qui sunt de divinatione*, Iéna, 1875; Hartfelder, *Die Quellen von Cicero's zwei Büchern de divinatione*, Freib. in Brisgau, 1878; Thiaucourt, *op. cit.*, p. 167.

[1] *De div.*, II, v. 14.

loi inexorable du destin. Mais alors à quoi sert la divination [1]? Si on ne peut empêcher ce qui doit arriver, à quoi bon le prévoir? Il vaut bien mieux l'ignorer. Quelle vie que celle de Priam si dès son enfance il eût connu le sort qui l'attendait! Dira-t-on que l'attente d'un mal peut l'alléger? Mais le Jupiter d'Homère ne s'afflige-t-il pas de ne pouvoir soustraire son fils Sarpédon à la mort prédite par le destin? En deux mots, s'il y a du hasard, l'avenir n'est pas certain, et ne peut être prédit. Et si l'avenir est certain, si tout est fatal, il n'y a pas non plus de divination, puisque la divination est définie le pressentiment des choses fortuites.

Serrons la question de plus près et entrons dans le détail. Il y a deux sortes de divination. La divination savante, qui repose sur des règles et des préceptes fixes; elle interroge les entrailles des victimes, interprète les prodiges, les coups de tonnerre, etc. La divination naturelle est une sorte d'inspiration accordée à quelques privilégiés sans préparation et sans art : les songes et les oracles révèlent l'avenir.

Sur quoi repose la divination savante [2]? Comment a-t-on appris ce que signifient les entrailles des victimes? Est-ce par une longue observation? Qui a fait ces observations? Quelle en a été la durée? D'où a-t-on su que telle fissure annonce un péril, telle autre un succès? Les aruspices d'Égypte, d'Étrurie, de Carthage se sont-il mis d'accord sur tout cela? Au contraire ils sont divisés. Et les Dieux mêmes ne s'entendent pas entre eux [3]. Si on sacrifie à plusieurs Dieux en même temps, l'un menace, tandis que l'autre promet; les mêmes entrailles offertes à Apollon sont favorables; à Diane, défavorables.

S'il y a des présages, comment sont-ils possibles? Les partisans de la divination ont recours à un merveilleux subterfuge [4]. Nous ne savons pas, disent-ils, la cause des présages, mais

---

[1] *De div.*, II, VIII, 20.
[2] *Ibid.*, XII, 28.
[3] XVII, 38.
[4] II, 27. Cf. IX, 46.

nous savons qu'il y en a; c'est un fait, tous les peuples l'ont reconnu; mille témoignages le prouvent. Et ils multiplient à l'infini les exemples et les fables.

Mais est-ce à l'avis d'une multitude ignorante qu'il faut s'en rapporter[1]? Et s'il le faut, que diront les stoïciens, quand la même foule déclarera que le plaisir est le souverain bien? Quant aux faits qu'ils invoquent, ils n'ont pas pris la peine de les contrôler: ce sont des fables qu'ils acceptent de toutes mains. Est-ce là une méthode de philosophes? Et depuis quand les philosophes renoncent-ils à chercher les causes? Les stoïciens s'imaginent-ils qu'on les dispensera de s'expliquer sur ce point?

Il y a deux manières de rendre compte des présages; ils résultent ou de la continuité de la nature, des liens étroits qui unissent toutes les parties de l'univers, ou de l'intervention des Dieux[2].

La continuité de la nature, ce que les stoïciens appellent συμπαθεία, est un fait bien constaté: au solstice d'hiver, le foie des rats se gonfle; on voit des cordes résonner d'elles-mêmes, quand on en a touché d'autres dans le voisinage; les huîtres et les coquillages grandissent avec la lune. Mais entre une fissure du foie et le profit qu'on m'annonce, quel rapport peut-il y avoir? Mon petit bénéfice est-il étroitement lié au ciel, à la terre, à l'univers entier? Et quand on va choisir une victime entre tant d'animaux, Chrysippe vient nous dire qu'une secrète inspiration, une force divine préside à ce choix? On en rougit pour lui. Les stoïciens vont plus loin encore: ils disent qu'au moment où un sacrifice va commencer, les entrailles sont tout à coup changées. Voici un veau, dont le foie sera sans tête s'il est choisi par tel sacrificateur, avec une tête, s'il est choisi par un autre. On en voit dont le cœur s'envole tout à coup, on ne sait où. Ce sont des physiciens qui disent cela? Quelle vieille femme le croirait?

Dira-t-on[3] que les présages sont les moyens par lesquels les

[1] xxxv, 81.
[2] iv, 33.
[3] iv, 54.

Dieux nous signifient leurs intentions? Mais pourquoi leurs avis sont-ils si peu clairs que nous ayons besoin d'interprètes pour les comprendre? Et pourquoi nous annoncer des périls que nous ne pouvons éviter? Un simple honnête homme n'agirait pas de la sorte, il n'annoncerait pas à ses amis des calamités inévitables; un médecin n'avertit pas les malades dont il prévoit la mort certaine. Il faut, si les Dieux veulent que nous soyons avertis, qu'ils s'expliquent clairement, ou s'ils veulent nous laisser dans l'ignorance, qu'ils nous y laissent tout à fait, et ne nous troublent pas par d'obscurs avertissements.

Tous ces prétendus prodiges ne sont dus qu'au hasard. Dans les carrières de Chio [1], on a trouvé, en fendant un rocher, la tête d'un Panisque. Dans tout bloc de marbre, il y a des têtes dignes de Praxitèle. L'artiste fait-il ses chefs-d'œuvre autrement qu'en enlevant certaines parties du marbre? Le hasard en peut faire autant. C'est une fiction, soit. Ne voyons-nous pas souvent dans les nuages des têtes de lion, ou des hippocentaures?

Disons mieux, il n'y a pas de hasard: tout a une cause [2]. Nous pouvons, en bien des cas, ignorer la cause; elle existe cependant. Chrysippe est le premier à en convenir. On a vu des mules fécondes, je le crois. Si elles ont existé, c'est que cela était possible : il y avait une raison. Il n'est rien, dit-on, que les Dieux ne puissent faire [3]. Qu'il leur plaise de faire des sages! Il y en a moins que de mules fécondes.

Reste la divination naturelle. S'il y a des Dieux, dit Chrysippe [4], et qu'ils n'annoncent pas aux hommes l'avenir, ou bien ils n'aiment pas les hommes, ou bien ils ignorent eux-mêmes l'avenir, ou ils croient que nous n'avons pas d'intérêt à le connaître, ou ils trouvent indigne d'eux de nous le faire savoir, ou ils n'ont pas le moyen de nous avertir: tout cela est impossible: donc il est impossible qu'il y ait des Dieux et qu'ils ne

---

[1] *De div.*, I, XIII, 23; II, VII, 48.
[2] XXVIII, 61.
[3] XLI, 86.
[4] XLIX, 101.

nous avertissent pas. Or il y a des Dieux, donc ils nous avertissent.

Admirable raisonnement! Mais comme il prend pour accordées une foule de choses dont on dispute! « *S'il y a des Dieux, ils sont bienveillants aux hommes.* » Qui vous accorde cela? Est-ce Épicure? « *Ils n'ignorent rien.* » Beaucoup de grands hommes l'ont contesté. « *Il nous importe de connaître l'avenir.* » De bons esprits n'en conviennent pas. « *Il n'est pas indigne d'eux de nous le faire connaître.* » Sans doute ils visitent la maison de chacun pour savoir ce qui lui est utile! « *Or il y a des Dieux.* » Tout le monde en convient donc?

Chrysippe a rempli tout un volume [1] de récits d'oracles et de songes. Mais dans ces prédictions, que d'équivoques! Quand l'oracle avertit Crésus qu'en passant le fleuve Halys, il renverserait un grand empire, il était bien sûr de ne pas se tromper: l'empire de Crésus serait renversé, à moins que ce ne fût celui de son ennemi. Quelques prédictions se sont vérifiées: c'est un hasard. N'a-t-on pas ouï dire qu'elles n'étaient pas toujours désintéressées? Démosthènes n'accusait-il pas la Pythie de *philippiser*? Et pourquoi les oracles sont-ils devenus moins fréquents? Pourquoi la Pythie est-elle à peu près muette? Le temps aurait-il affaibli ces exhalaisons de la terre qui inspiraient la Pythie? C'est donc comme le vin et les salaisons qui se gâtent avec les années. Mais quelle est cette force divine que le temps peut affaiblir? Car c'est vraiment une force divine, si jamais il y en eut, qui donne la prévision de l'avenir, et permet à ses interprètes de parler en vers. Et quand s'est-elle évanouie? Est-ce depuis que les hommes sont devenus moins crédules? Les oracles s'en vont; la fortune n'est plus fortunée qu'à Préneste [2].

C'est surtout par les rêves que les Dieux interviennent dans les affaires humaines. Mais pourquoi y a-t-il tant de rêves trompeurs [3]? Est-il digne des Dieux d'égarer de faibles

---

[1] LVI, 115.
[2] LII, 87.
[3] LVII, 127.

hommes? Et s'il y a des rêves vrais, d'autres faux, à quel signe les distinguer? Pourquoi les rêves sont-ils si obscurs? Chrysippe [1] raconte qu'un homme vit en rêve un œuf suspendu aux sangles de son lit; un devin lui dit qu'un trésor était caché sous son lit; on creusa, on trouva le trésor, une bonne quantité d'or entouré d'argent. Mais d'autres n'ont-ils jamais rêvé d'un œuf? Combien de pauvres gens, dignes de la protection des Dieux, que leurs avis n'ont jamais mis en possession d'un trésor? Et pourquoi, au lieu de ce symbole bizarre, ne pas dire clairement qu'il y avait là un trésor? Et enfin, quelle idée se fait-on des Dieux immortels? Vont-ils visiter les lits, les grabats de tous les mortels, et tandis qu'ils ronflent, leur jeter des visions embrouillées, qu'à leur réveil ils vont, pleins d'épouvante, porter à des interprètes? N'est-il pas plus simple et plus vrai de croire que l'âme garde la trace des impressions qu'elle a subies, et revoit en rêve les idées qui l'ont préoccupée pendant la veille?

La divination, sous toutes ses formes, est donc illusoire. Il ne s'ensuit pas qu'il faille détruire la religion [2]. La religion ne peut que gagner à être débarrassée de toutes ces superstitions. Le sommeil est le refuge où nous nous reposons de toutes les fatigues et de tous les soucis; c'est pourtant de lui que naissent les plus grandes inquiétudes et les plus grandes terreurs. On les dédaignerait, si les philosophes ne les avaient prises sous leur patronage; il fallait bien leur dire leur fait et réduire à néant toutes ces subtilités et ces chimères, propres seulement à troubler les esprits.

A la question de la divination se lie étroitement celle du libre arbitre : Carnéade l'a traitée avec sa profondeur et sa pénétration habituelles; il en a donné une solution hardie et originale.

Le problème se posait pour ses contemporains d'une manière bien curieuse. Deux propositions, deux axiomes, sur lesquels repo-

---

[1] *De div.*, II, LX, 134.
[2] LXXII, 148.

saient toute la physique et toute la dialectique, conduisaient tout droit au fatalisme et à la nécessité universelle. De ces propositions : *Tout mouvement exige une cause, toute assertion, qu'elle porte sur le présent ou l'avenir, est vraie ou fausse*, comment ne pas conclure que tout s'enchaîne, que tout événement quel qu'il soit dépend des événements antérieurs, par suite est déterminé d'avance, est certain, et peut être prédit ? Et dire que tout s'enchaîne, que le *Fatum* est la loi suprême du monde, n'est-ce pas dire que tout arrive nécessairement, qu'il n'y a point de place pour la liberté ? Si on accorde les deux premières propositions (et comment s'y refuser ?), n'est-on pas entraîné de force à admettre la troisième et la quatrième ? C'est, en des termes un peu différents, l'éternel problème de la prescience divine et du libre arbitre.

Personne cependant ne voulait aller jusqu'au bout. Pour trouver des partisans de la nécessité universelle, il faut, suivant Cicéron[1], remonter à Héraclite, à Démocrite, à Empédocle et à Aristote. La morale, qui est le souci principal de toutes les écoles philosophiques postérieures à Aristote, la dialectique même, exigent que l'on fasse une place à la liberté, que quelque chose soit en notre pouvoir, que nous puissions accorder ou refuser notre assentiment. Autrement, à quoi bon discuter ? A quoi bon donner des préceptes de morale ?

Les stoïciens étaient fort embarrassés. Leur théorie de la divination, les principes de leur physique, leur théorie de l'unité de l'être, tout concourait à les contraindre de se prononcer pour le fatalisme ; aussi ne perdaient-ils aucune occasion d'affirmer l'enchaînement universel des phénomènes. Il fallait pourtant sauver la liberté. Pour y parvenir, Chrysippe imagina une distinction entre la fatalité et la nécessité. Une chose, suivant lui, peut être fatale, c'est-à-dire amenée par une série impossible à rompre d'événements antérieurs, sans être nécessaire ; il est possible logiquement qu'un événement futur n'arrive pas, quoiqu'il soit certain qu'il arrivera ; aussi peut-on le prédire

[1] De Fato, xvii, 39.

sans qu'il cesse d'être contingent. Nous n'avons pas à entrer ici dans le détail de cette théorie [1]; il est aisé de voir que Chrysippe avait fort à faire pour justifier sa doctrine; Cicéron nous dit qu'il sua sang et eau [2], et nous n'avons pas de peine à le croire. Carnéade n'était pas homme à ne pas profiter de ses avantages; il ne paraît pas [3] cependant qu'il ait sur ce point attaqué son adversaire trop durement [4].

Les épicuriens, tout aussi intéressés que les stoïciens, et pour les mêmes raisons, à défendre la liberté, avaient pris un parti plus radical; ils repoussaient en bloc les quatre propositions. De là leur théorie du *clinamen*. Il y a, disent-ils, des mouvements sans cause [5]. Il y a des propositions qui ne sont ni vraies ni fausses [6]. Mais de tels paradoxes étaient un scandale pour les physiciens autant que pour les dialecticiens. Cicéron, bien qu'à tout prendre il soit plutôt disposé à se résigner à suivre cet exemple qu'à accepter le fatalisme stoïcien [7], ne peut s'empêcher de s'indigner ou de railler [8].

Carnéade vint au secours des épicuriens avec qui il avait fait campagne contre les stoïciens sur la question de la divination: peut-être est-ce le prétexte dont il se servit pour résoudre à son tour, sans paraître tomber dans le dogmatisme, un problème difficile, bien digne à coup sûr de sa virtuosité dialectique.

Il commençait par établir, à l'aide d'un sorite, contre les stoïciens, qu'il est impossible d'admettre le *Fatum* sans nier la liberté :

---

[1] Nous l'avons exposée dans notre opuscule : *De avensione stoici quid senserint*. Paris, G. Baillière, 1879.

[2] *De Fato*, ap. Gell., N. A. VI, 2 : «Chrysippus æstuans laboransque.»

[3] *De Fato*, xiv, 31 : «Nullam adhibebat calumniam.»

[4] Peut-être Cicéron s'inspire-t-il de Carnéade dans sa critique des arguments de Chrysippe sur les Chaldéens et contre la théorie des possibles de Diodore, iv, 7; v, 10. Toutefois, Carnéade n'est pas nommé dans cette discussion, et il semble plus probable que Cicéron en a emprunté les éléments à d'autres philosophes.

[5] *De Fato*, x, 22.

[6] x, 21; xvi, 37.

[7] x, 21.

[8] xvi, 38.

« Si tout arrive par des causes antécédentes [1], tous les événements sont liés entre eux par un étroit enchaînement. S'il en est ainsi, la nécessité produit tout. Si cette conséquence est vraie, rien n'est en notre pouvoir. Or quelque chose est en notre pouvoir. Mais si tout arrive par le destin, tout est produit par des causes antécédentes : ce n'est donc pas par le destin que tout arrive. »

Est-ce à dire que, pour conserver la liberté, on doive nier que rien ne se fasse sans cause, ou que toute proposition concernant l'avenir soit vraie ou fausse [2]? Carnéade ne le pense pas. Il n'est pas besoin, selon lui, pour résister à Chrysippe, de recourir à la vaine hypothèse du *clinamen*. Il n'y a pas de mouvement sans cause, pourrait dire Épicure; mais tout mouvement ne résulte pas de causes antérieures; notre volonté ne dépend pas de causes antérieures. Quand nous disons qu'un homme veut ou ne veut pas sans cause, c'est un abus de langage; nous voulons dire qu'il se décide sans cause extérieure et antérieure, mais non pas absolument sans cause. C'est ainsi qu'un vase vide, dans le langage ordinaire, est un vase où il n'y a ni vin, ni huile, mais non pas absolument vide. Quelle est donc la cause du mouvement volontaire? Elle est dans sa nature même, qui est de dépendre de nous, de nous obéir: la volonté est elle-même une cause.

Ainsi, pour échapper aux railleries des physiciens, on pourra dire que l'atome se meut, non pas sans cause, mais parce qu'il est dans sa nature de se mouvoir par son propre poids; sa nature est la cause de son mouvement.

En d'autres termes, à côté des séries d'événements étroitement liés entre eux par une nécessité naturelle, il y a des causes qui ne dépendent d'aucun antécédent, qui apparaissent fortui-

---

[1] xiv, 31.

[2] xi, 93. Nous suivons ici le traité mutilé, obscur et souvent incohérent de Cicéron, mais en essayant d'y mettre un peu d'ordre. Il n'est pas douteux que Cicéron se soit inspiré de Clitomaque, qui reproduit les idées de Carnéade. Cf. Thiaucourt, loc. cit., p. 280.

tement [1], rompant la trame des événements, s'y insèrent, et produisent de nouveaux effets.

Par suite, l'action d'une véritable cause ne peut être prévue; l'événement seul la découvre [2]. Tant que Philoctète n'avait pas été blessé par un serpent, quelle cause y avait-il dans la nature pour qu'il fût abandonné dans l'île de Lemnos?

Cependant, si l'action de ces causes fortuites ne peut être prévue, en elle-même elle est certaine. Nous touchons ici au point essentiel de toute cette argumentation. Les événements futurs sont certains, mais d'une façon en quelque sorte abstraite, sans qu'aucune intelligence, fût-ce celle d'un Dieu, puisse avoir connaissance de cette certitude; car personne ne peut savoir d'avance quand les causes fortuites interviendront. Apollon lui-même ne connaît le passé que s'il en reste quelque trace [3]; à plus forte raison ignore-t-il l'avenir. Il n'aurait pu prédire le crime d'OEdipe, parce qu'il n'y avait dans la nature aucune cause antérieure qui forçât OEdipe à tuer son père. Pourtant, il était vrai de toute éternité qu'OEdipe tuerait Laïus, et que Philoctète serait abandonné à Lemnos.

Qu'on ne dise pas que cette théorie revient au même que celle des stoïciens. Ce n'est pas la même chose de dire que tout est vrai de toute éternité, ou que tout arrive en vertu d'un enchaînement fatal. « De ce que toute proposition [4] est nécessairement vraie ou fausse, il ne s'ensuit pas immédiatement qu'il y ait des causes immuables et éternelles qui empêchent les choses d'arriver autrement qu'elles n'arrivent. » La proposition est vraie parce que des causes surviendront à un moment donné qui réaliseront l'événement annoncé. Par suite, cet événement aura une cause, et il reste vrai que rien n'arrive sans cause.

Mais tout en accordant que rien n'arrive sans cause, la théorie

---

[1] *De Fato*, XVII, 28 : « Fortuitae sunt causae quae efficiunt ut vere dicantur quae ita dicantur : veniet in Senatum Cato, non inclusae in rerum natura atque mundo. »
[2] XVI, 37 : « Ratio eventus aperit causam. »
[3] XIV, 32, 33.
[4] XII, 28.

de Carnéade diffère de celle des stoïciens en ce que la cause d'un fait n'est pas liée elle-même à des causes éternelles. Les stoïciens sont dupes d'une illusion : ils confondent la succession et la causalité. Un événement arrive à la suite d'un autre sans lequel il n'aurait pu se produire[1] : ce dernier est-il la cause? En aucune façon. A ce compte, il faudrait dire que si je joue à la paume, c'est parce que je suis descendu au champ de Mars, qu'Hécube a été la cause de la ruine de Troie parce qu'elle a donné le jour à Pâris. Le voyageur bien vêtu serait la cause qui le fait dépouiller par un voleur. La vraie cause n'est pas seulement ce qui précède un fait, c'est ce qui a une efficacité naturelle, une vertu, une action : c'est ce qui, une fois posé, amène nécessairement son effet. Ainsi la blessure est la cause de la mort, le feu de la chaleur.

Par là se trouve résolue la difficulté tirée de l'argument paresseux. Nul n'a le droit de dire qu'il guérira d'une maladie si tel est son destin, soit qu'il appelle, soit qu'il n'appelle pas un médecin. Le médecin sera peut-être cette cause, survenant à l'improviste, qui doit le sauver.

En résumé, tandis que Chrysippe coupait la chaîne des quatre propositions indiquées ci-dessus, entre la troisième et la quatrième, Carnéade s'arrête à la seconde, ou plutôt il coupe cette proposition par le milieu, accordant que l'avenir est vrai ou faux, niant qu'il puisse être prévu.

Telle est la théorie de Carnéade. Quelques réserves qu'elle appelle, on n'en saurait contester l'originalité; on ne peut nier non plus la profondeur de ses remarques sur la nature des causes et la différence de la causalité et de la succession. Mais ce qui est surtout remarquable dans ce mémorable débat, c'est que parmi ces philosophes si différents d'origine, d'esprit, de tendances, parmi ces disputeurs si acharnés, parmi ces esprits si subtils et si hardis, aucun n'ait songé à nier la liberté.

3° CONTRE LA MORALE. Les idées de Carnéade sur la morale

[1] V. 34

nous sont surtout connues par son fameux discours contre la justice, dont Cicéron avait fait une analyse dans le III⁰ livre du *De Republica*, malheureusement perdu ; mais Lactance nous en a conservé quelques fragments ; en outre, on rencontre dans les ouvrages de Cicéron quelques-unes des critiques qu'il dirigeait contre la théorie stoïcienne.

La justice [1], disait-il à Rome, est d'institution humaine ; il n'y a point de droit naturel, antérieur et supérieur aux conventions conclues par les hommes, sans autre règle que leur intérêt. On voit en effet que le droit change suivant les temps et les pays. Si d'ailleurs il y avait une justice, ce serait une suprême folie ; car la loi de la nature pour tous les êtres vivants est de chercher ce qui leur est utile. Les peuples les plus puissants, à commencer par les Romains, n'ont aucun souci de la justice : autrement, ils rendraient tout ce qu'ils ont conquis et retourneraient à leurs chaumières.

Comme les États, les particuliers consultent plutôt leur intérêt que la justice. Un homme possède un esclave rebelle, ou une maison insalubre : il est seul à connaître ces défauts, et il veut vendre son esclave ou sa maison. Ira-t-il dire à l'acheteur que son esclave est rebelle, ou sa maison insalubre ? S'il le dit, il sera juste ; mais il sera aussi un fou, car il vendra à bas prix, ou ne vendra pas du tout. S'il ne le dit pas, il agira sagement, mais malhonnêtement. Carnéade citait plusieurs autres cas de conscience [2] : ce sont les mêmes qu'on voit reparaître au troisième livre du *De Officiis* : il paraît avoir été indirectement le fondateur de la casuistique.

Jusqu'ici on peut être juste sans courir de grands dangers ; on ne meurt pas pour être pauvre. Mais voici des cas plus difficiles. Que fera l'honnête homme dans un naufrage, s'il voit un de ses compagnons, plus faible que lui, en possession d'une planche qui ne peut porter qu'un seul homme ? La lui enlèvera-t-il, surtout s'il s'est assuré qu'en pleine mer nul ne l'aperçoit ?

---

[1] Lact., *Divin. Instit.*, V, 15.
[2] *Fin.*, II, xviii, 59.

il l'enlèvera, s'il est sage; s'il aime mieux périr, on l'appellera un juste, mais un fou. Dans une défaite, un homme est poursuivi par les ennemis : il rencontre un blessé installé sur un cheval; le laissera-t-il aller, au risque de périr lui-même, ou le jettera-t-il à bas, pour échapper? Dans le premier cas, il agira sagement et malhonnêtement; honnêtement et follement dans le second.

Il n'y a point de justice, voilà la conclusion du discours de Carnéade. A en juger par cet échantillon de sa manière, on peut être tenté de croire qu'il faisait publiquement profession d'immoralité. Toutefois, il serait injuste de rester sur cette impression. D'abord, nous savons par des témoignages précis qu'avant d'attaquer les principes de la morale, Carnéade avait exposé en fort beau langage toutes les raisons qu'on peut invoquer en leur faveur, tous les arguments que Socrate, Platon, Aristote, Chrysippe avaient tant de fois développés. Si les documents dont nous disposons nous renseignent moins complètement sur ce premier discours, et le laissent un peu dans l'ombre, c'est sans doute parce que ces arguments étaient plus connus de tout le monde. Il ne paraît pas que Carnéade ait été moins éloquent le premier jour que le second; son ambition ou sa coquetterie était d'exprimer avec une égale force le pour et le contre. Ses discours de Rome, si on voulait le juger d'après eux, prouveraient simplement l'indécision de sa pensée sur les questions de principes; on ne saurait en conclure qu'il ait favorisé la thèse négative.

Mais sans vouloir abuser de distinctions subtiles, il semble bien qu'il faut ici faire une différence entre le philosophe et l'ambassadeur. L'ambassadeur se trouvait dans des conditions particulièrement délicates; nous reviendrons plus loin sur ces discours de Rome quand nous aurons à apprécier la valeur propre et le caractère du philosophe. Pour le moment, c'est de son enseignement qu'il s'agit; et on conviendra que pour s'en faire une juste idée, il faut connaître ce qu'il a dit à Athènes, bien plutôt que les discours qu'il a tenus à Rome.

Ici encore, nous savons qu'il a attaqué les stoïciens avec son habituel acharnement, mais nous avons peu de renseignements sur le détail de cette polémique. Sur deux points seulement les textes nous permettent de nous faire une idée de sa critique.

La question du souverain bien, tel que le définissaient les stoïciens, attira son attention, et il poussa son attaque avec une telle vigueur qu'il força ses adversaires à reculer et à modifier leur théorie.

La vertu, disaient les stoïciens, est le seul bien; le vice, le seul mal; tout le reste est indifférent. Mais, d'autre part, la vertu consiste, suivant eux, à chercher ce qui est conforme à la nature. Comment tous ces avantages conformes à la nature, que le sage doit chercher, seraient-ils indifférents? Ils ont par eux-mêmes une certaine valeur : ce sont des biens. La vertu n'est donc pas le seul bien. En deux mots, si le seul bien réside seulement dans la poursuite d'une chose, dans l'effort pour l'atteindre, il n'est pas besoin de parler de la nature et de ce qui lui est conforme; surtout il ne faut pas appeler les biens naturels choses indifférentes. Si on tient compte de la nature et de ce qu'elle réclame, il ne faut pas faire consister le bien dans la seule intention, dans la seule vertu.

Les stoïciens essaient d'échapper à l'objection en distinguant parmi les choses indifférentes celles qui, sans être bonnes, se rapprochent davantage du bien (προηγμένα) et celles qui, sans être mauvaises, s'en éloignent (ἀποπροηγμένα). C'est, répond Carnéade[1], une manière détournée de revenir à ce qu'ont enseigné Platon, Aristote, toute l'ancienne Académie. De là, le reproche tant de fois adressé aux stoïciens d'innover dans les mots plutôt que dans les choses. Ils mettent en avant de grands mots et font les fiers; mais ou bien ils se bornent à répéter sans franchise ce que d'autres ont dit avant eux, ou bien, si on les suit au pied de la lettre, ils se contredisent.

Cette difficile question (qui divise encore aujourd'hui les moralistes) paraît avoir été chaudement débattue entre Carnéade

---

[1] Cic., Fin., III, xv, 41; Tusc., V, 41.

et Antipater [1]. Le bien, selon les stoïciens, consiste essentiellement à faire un choix raisonnable parmi les avantages naturels. Mais, objecte Carnéade, un choix raisonnable suppose une fin ; quelle est cette fin ? Il n'y en a pas d'autre, répondent-ils, que de bien raisonner dans le choix des actes conformes à la nature. Mais d'abord l'idée du bien apparaît et disparaît en même temps. Pour bien raisonner, il faut connaître la fin. Mais, comme la fin est de bien raisonner, il n'y a ni droite raison sans la fin, ni fin sans la droite raison : les deux notions nous échappent à la fois. En outre, chose encore plus grave, pour faire un choix raisonnable, il faut tenir compte de ce qui est bon, ou utile, ou propre à atteindre la fin ; car comment appeler raisonnable un choix qui s'arrêterait à des objets sans utilité, sans valeur, sans qualité qui les fasse préférer ? Diront-ils que le choix raisonnable doit porter sur des objets capables de contribuer au bonheur ? Mais, comme le bonheur est pour eux la droite raison, il faudra dire que la fin suprême est de bien raisonner dans le choix des objets capables de nous aider à bien raisonner. Admirable définition !

Antipater fut bien embarrassé. Il eut recours à des expédients et à des distinctions subtiles [2]. Finalement il dut, au moins sur un point, s'avouer vaincu ; il convint [3] que la bonne réputation, au lieu d'être, comme l'avait soutenu Chrysippe, chose indifférente, mérite d'être désirée et recherchée pour elle-même. Dès lors la vertu n'est plus le seul bien.

La question des consolations était encore une de celles que

---

[1] Nous empruntons cette argumentation à Plutarque (*De comm. notit.*, XXVII, 8). Elle n'est pas expressément attribuée à Carnéade, mais le mot qui termine le passage de Plutarque : Ἐκεῖνον γὰρ (Ἀντίπατρον) ὑπὸ Καρνεάδου πιεζόμενον εἰς ταύτας καταδύεσθαι τὰς εὑρησιλογίας, semble bien indiquer que le fond au moins des arguments est emprunté à Carnéade. On peut même conjecturer que Plutarque s'est inspiré de ce philosophe en plus d'un passage de l'argumentation qui précède (XXVII, 1 et seq.). A cette polémique contre Antipater se rattache probablement l'opinion que Cicéron attribue souvent à Carnéade (*Tusc.*, V, xxx, 84) : « Nihil bonum, nisi naturæ primis... frui. »

[2] Stob., *Ecl.*, II, 136.

[3] Cic., *Fin.*, III, xvii, 57.

les stoïciens traitaient le plus volontiers; là encore Carnéade les poursuivit. Nous voyons, en effet, que Clitomaque [1], écrivant aux Carthaginois, ses compatriotes, après la ruine de leur ville, leur résumait les arguments de Carnéade. A cette question : Le sage doit-il s'affliger de la ruine de sa patrie? il répondait négativement. Nous ignorons les raisons qu'il donnait à l'appui de cette belle thèse. Ailleurs encore nous apprenons qu'il s'élevait contre la manière dont les stoïciens entendaient les consolations : « C'est la fatalité, disait Chrysippe à ceux qu'il voulait consoler d'un malheur, et personne n'y échappe. » — « N'est-ce pas un grand malheur, disait Carnéade, que tout le monde soit soumis à une si cruelle nécessité [2]? »

A côté de cette critique toute négative, il serait intéressant de savoir si Carnéade avait, en morale comme en logique, quelque enseignement positif. La question est fort difficile à résoudre.

Nous savons d'abord qu'en logicien consommé qu'il était, Carnéade énumérait fort clairement toutes les solutions que peut recevoir le problème du souverain bien, et réduisait toutes les théories morales à un petit nombre de types. Il y a, disait-il [3], un art de la vie; or, tout art se distingue du but qu'il poursuit. Ainsi la médecine a pour but la santé, l'art du pilote, la navigation. Quel est le but de l'art de vivre ou de la sagesse? Tout le monde à peu près convient que ce but doit être approprié à notre nature et, par suite, nous sollicite, nous attire, fait naître en nous ce mouvement de l'âme qu'on appelle inclination (ὁρμή). Le désaccord commence seulement lorsqu'il s'agit de définir cette fin de notre conduite, ce but de la vie. Trois théories sont en présence : la fin suprême est le plaisir, ou l'absence de douleur, ou les premiers biens conformes à la nature (τὰ πρῶτα κατὰ φύσιν, *prima secundum naturam*), tels que la santé, le bon état de toutes les parties du corps, l'intégrité des sens, la force, la beauté et bien d'autres choses semblables. Ces trois fins ainsi

---

[1] Cic., *Tusc.*, III, xxii, 54.
[2] Cic., *ibid.*, III, xxv, 59.
[3] Cic., *Fin.*, V, vi, 16.

posées, on peut concevoir que le souverain bien ou le devoir soit ou bien de les posséder, ou seulement de les poursuivre, dût-on ne pas les atteindre. Seulement les stoïciens sont les seuls qui aient considéré la poursuite des premiers avantages naturels comme bonne en elle-même, qu'elle aboutisse ou non à un heureux résultat; jamais on n'a dit que ce fût un bien de poursuivre le plaisir ou l'absence de douleur, même sans y parvenir. Il reste donc, en fin de compte, quatre systèmes de morale possibles; tous ceux qui ont été soutenus s'y ramènent, soit directement, soit indirectement, lorsqu'ils essaient de réunir plusieurs des principes indiqués.

Carnéade a-t-il pris parti pour une des théories morales qu'il a si nettement formulées? Nous avons sur ce point des renseignements contradictoires.

Cicéron nous dit que Carnéade défendait l'opinion de Calliphon [1] avec tant d'ardeur qu'il semblait l'avoir faite sienne. Or, l'opinion de Calliphon [2] était que le bonheur exige deux conditions : le plaisir et l'honnête. Mais, dans d'autres passages plus nombreux, le même Cicéron oppose Carnéade à Calliphon [3]; il va même jusqu'à le rapprocher d'Épicure [4].

Une autre doctrine positive est encore attribuée à Carnéade par Cicéron. Le seul vrai bien aurait été de rechercher les avantages naturels sans se préoccuper de l'honnêteté [5]. Un témoignage de Varron [6], dont il ne faudrait pas exagérer l'importance, concorde avec cette assertion.

Mais, en même temps qu'il attribue cette doctrine à Car-

---

[1] *Ac.*, II, xlv, 139 : « Et Calliphontem sequar, cujus quidem sententiam Carneades ita studiose defensitabat, ut eam probare etiam videretur. »

[2] *Cic., Fin.*, V, viii. 21; V, xxv, 73; *Tusc.*, V, xxx, 85.

[3] *Fin.*, II, xi, 35.

[4] *Tusc.*, V, xxxi, 87.

[5] *Ac.*, II, xlii, 131; *Fin.*, II, xi, 35 et 38; *Tusc.*, V, xxx. 85.

[6] *Reliq.*, Sesquelixes, fr. XXIV, viii, 18, édit. Riese, p. 214, Leipzig, 1865: « Unam viam Zenona incessisse, duce virtute, hanc esse nobilem, alteram Carneadem desubulasse, bona corporis secutum. » XXV, vii, 19 : « Alteram viam deformasse Carneadem. » Il s'agit seulement ici, on le voit, de la polémique de Carnéade contre le stoïcisme.

néade, Cicéron nous avertit qu'il ne la soutenait pas pour son propre compte, mais seulement pour faire pièce aux stoïciens, *disserendi causa* [1].

De ces témoignages opposés il semble résulter que Carnéade n'a professé aucune doctrine morale positive. Il défendait tantôt une opinion, tantôt une autre, suivant les hasards de la discussion. On pouvait s'y attendre, d'après tout ce que nous connaissons de sa philosophie, et c'est ce qui nous est confirmé par le passage où Cicéron [2] nous dit que son disciple préféré, Clitomaque, ne parvint jamais à savoir quelle était l'opinion de Carnéade. Nous aurions mauvaise grâce à être plus exigeants que Clitomaque. Si Carnéade a eu une doctrine morale, personne ne le saura jamais avec certitude.

Est-il admissible cependant qu'il ait refusé de faire aucune réponse à la question qui, de son temps, dominait toute la philosophie et même était toute la philosophie : comment faut-il gouverner sa vie ? Peut-on croire que le philosophe qui a fait une part à la probabilité, qui s'est éloigné sur ce point du pur scepticisme et s'en est éloigné plus qu'Arcésilas lui-même, ait laissé absolument indécise la question pratique par excellence ?

On pourrait bien dire que la seule règle de conduite qu'il recommandait était de s'attacher en toutes choses à la probabilité. Mais ce précepte semble encore insuffisant. Quelles sont les actions probables ? Au point de vue logique, on l'a vu, la probabilité est déterminée par la vivacité de la sensation et par l'accord des représentations entre elles. Mais, au point de vue pratique, quand il s'agit de faire un choix entre diverses actions, il semble bien que ces caractères soient insuffisants. Il faut bien avoir par devers soi une certaine conception du bonheur ou du bien, probable elle-même, sinon certaine, et ainsi reparaît l'idée de la fin ou la définition du bien, que Carnéade semble avoir voulu écarter.

[1] *Ac.*, II, xlii, 131; *Fin.*, V, vii, 20.
[2] *Ac.*, II, xlv, 139 : « Clitomachus affirmabat nunquam se intelligere potuisse quid Carneadi probaretur. »

Le seul moyen que nous apercevions de résoudre cette difficulté est d'admettre que, suivant Carnéade, la fin la plus plausible que l'activité humaine puisse se proposer est de rechercher les biens naturels, τὰ πρῶτα κατὰ φύσιν. Nous y sommes conviés par une sorte d'instinct, d'impulsion naturelle, ὁρμή, qui semble bien jouer ici le même rôle que la sensation probable : c'est une donnée naturelle que nous recevons, qui s'impose à nous et peut servir de règle ou de criterium pratique, sans qu'on introduise aucun principe dogmatique, aucun élément rationnel, ou, comme nous disons aujourd'hui, *à priori*.

La morale ainsi conçue n'est pas nécessairement une morale sensualiste. Parmi les biens naturels, nous en avons pour garant Cicéron, Carnéade ne comptait pas seulement les avantages corporels, comme la beauté ou la santé, mais les qualités de l'esprit [1]. Il pouvait ainsi conserver le nom de vertu, et même celui d'honnêteté [2], en l'entendant, il est vrai, autrement que les stoïciens : il y a une vertu et une honnêteté naturelles, sans prétentions dogmatiques, telles que les comprend d'ordinaire le sens commun. Ainsi entendues, les idées de Carnéade ne s'éloigneraient pas beaucoup, du moins si on considère l'application, des théories d'Aristote et de l'Académie, qui faisaient une large part au bonheur dans la définition du souverain bien.

Mais, dira-t-on, si telles étaient les vues de Carnéade, elles se rapprochaient singulièrement de celles des stoïciens, qui, eux aussi, recommandaient la recherche des πρῶτα κατὰ φύσιν. Et alors, pourquoi les attaquer si vivement?

Mais d'abord, répondrons-nous, c'est justement ce que leur

---

[1] *Fin.*, V, vii, 18 : « In quibus numerant incolumitatem..., quorum similia sunt prima in animis, quasi virtutum igniculi et semina. » Hirzel (*op. cit.*, p. 195, 2) s'évertue à prouver que ces dernières paroles ne doivent pas être mises sur le compte de Carnéade, mais sont une addition de Cicéron. Nous ne voyons, pour justifier cette conjecture, aucune raison plausible. Carnéade pouvait, sans être infidèle à son point de vue, parler de semences de vertu, et même de vertus. Pyrrhon et Timon ont bien tenu ce langage.

[2] Il accordait même l'emploi de ce mot dans la doctrine d'Épicure. Cic., *Fin.*, V, vii, 19 : « Ut honestum sit facere omnia voluptatis causa. »

reprochait Carnéade. Après tous leurs beaux discours, ils en revenaient à ce qu'avaient dit plus simplement les anciens académiciens ; ils n'innovaient que dans les mots. En définissant le bien comme ils le faisaient par leur distinction des προηγμένα et des ἀποπροηγμένα, c'étaient eux qui venaient à Carnéade, et non Carnéade qui allait à eux.

D'ailleurs, il subsiste de notables différences entre la doctrine stoïcienne et l'enseignement de Carnéade. Chrysippe et Antipater se déclarent en possession de la vérité absolue ; Carnéade ne se flatte que d'indiquer la règle de conduite la plus acceptable, la plus probable : il ne dogmatise pas. Mais surtout les stoïciens font consister le bien ou la vertu dans la poursuite, fût-elle infructueuse, des avantages naturels ; c'est moins dans la poursuite que dans la possession de ces avantages que Carnéade trouve le bonheur, et même la vertu. En un mot, le sage, suivant la formule de Carnéade, pourra se conduire comme le sage stoïcien. Il le fera d'après d'autres principes, avec moins de prétentions et d'orgueil. Ici, comme partout, ce sont moins les conclusions des stoïciens que les raisonnements par où ils y arrivent que Carnéade a combattus. C'est à leur science, non à leur vertu, qu'il en veut.

En résumé, si nos conjectures sont exactes, la morale de Carnéade est une doctrine moyenne, sans profondeur et sans grandeur, conforme aux données du sens commun, à la portée de tous les esprits comme de tous les courages. Celui qui s'y conformera ne fera rien de grand, il ne méritera ni l'admiration ni la louange ; il ne fera pas de mal non plus. Si Carnéade ne se fait pas une haute idée de la vertu, nous ne voyons pas non plus qu'il ait jamais fait l'apologie du plaisir : il est aussi loin d'Épicure que de Zénon. C'est une doctrine de juste milieu. Telle qu'elle est, on ferait beaucoup pour la mémoire de Carnéade si on pouvait prouver qu'il l'a pratiquée, et qu'il a mérité cet éloge si justement décerné à ses rivaux d'avoir conformé sa vie à ses idées.

CHAPITRE IV.

CARNÉADE. — EXAMEN CRITIQUE.

Carnéade n'a pas bonne réputation. L'histoire l'a fort maltraité. La plupart des historiens modernes le regardent comme un sophiste sans conviction et sans vergogne, pareil à ceux dont Platon nous a laissé le portrait peu flatté. Ses idées ont naturellement été frappées du même discrédit. On veut bien lui reconnaître quelque esprit; on ne le prend pas très au sérieux, et on ne lui fait guère l'honneur de le discuter : quelques lignes dédaigneuses suffisent pour lui dire son fait et le remettre à sa place. Cette exécution sommaire n'a pas lieu de surprendre, si on songe que l'histoire de la philosophie a presque toujours été écrite par des dogmatistes naturellement prévenus contre ceux qui n'entendent pas la certitude comme eux, et, en France surtout, plus enclins à réfuter qu'à expliquer, à critiquer qu'à comprendre. Aussi n'est-ce pas une tâche aisée d'essayer de juger impartialement Carnéade et son œuvre; il est pourtant nécessaire de l'entreprendre.

I. L'origine de toutes les accusations contre Carnéade est sa fameuse ambassade à Rome où, en deux jours, il parla tour à tour pour et contre la justice. N'était-ce pas donner une publique leçon d'immoralité, et pourra-t-on juger assez sévèrement l'audacieux qui s'est joué ainsi des sentiments et des idées les plus respectables? Aussi flétrir Carnéade est devenu un lieu commun; et peu s'en faut qu'on n'ait déclaré que l'apparition de la philosophie à Rome a marqué le commencement de la corruption romaine.

Que la condamnation prononcée contre Carnéade soit au

moins trop sévère, que son procès ait été témérairement instruit et mérite d'être revisé, c'est ce que M. Martha[1] a récemment établi avec une abondance de preuves, une finesse d'analyse, une modération et une fermeté de jugement bien propres à décourager tous ceux qui voudraient tenter après lui une réhabilitation de Carnéade. Cependant, même après le livre de M. Martha, nous avons vu reparaître[2] les mêmes accusations et la même sévérité. Ce sera notre excuse pour oser revenir sur un débat qui pouvait paraître définitivement clos.

Nous avons donné tout à l'heure le résumé des discours de Carnéade. Le premier jour, il exposa en beau langage tout ce qu'on peut dire en faveur de la justice : il rappela les arguments de Platon, d'Aristote, de Zénon, de Chrysippe. Le second jour, il indiqua les raisons de ceux qui ne croient pas à l'existence de la justice ; il insista surtout sur l'opposition qui éclate entre la justice et ce qu'on appelle communément la sagesse : l'homme qui, avant de vendre son esclave, avoue ses défauts, celui qui dans un naufrage se résigne à la mort plutôt que d'enlever à un plus faible que lui la planche qui le sauverait, sont justes ; la sagesse populaire ne déclare-t-elle pas qu'ils sont fous ? Les hommes font volontiers l'éloge de la justice ; mais quand il s'agit de l'observer, leurs actions démentent leurs paroles ; la réalité contredit l'idéal, et on peut dire que la justice n'est pas.

Il semble vraiment, à entendre les accusateurs de Carnéade,

---

[1] *Le philosophe Carnéade à Rome*, publié dans les *Études morales sur l'antiquité*, Paris, Hachette, 1883.

[2] Dans sa très intéressante et charmante étude intitulée : *Un problème moral dans l'antiquité* (Paris, Hachette, 1884), M. R. Thamin est fort sévère pour Carnéade ; nous croyons qu'il est injuste. Quand il dit par exemple (p. 91) que «les contemporains de Carnéade ne lui firent pas précisément la réputation d'un héros», et cela simplement parce qu'il n'a pas voulu s'empoisonner à la suite d'Antipater, M. Thamin confond manifestement les contemporains de Carnéade avec ses ennemis : à moins que nous ne posions en principe que les philosophes doivent suivre leurs contradicteurs dans la tombe, aussitôt qu'il plaît à ces derniers d'y entrer : leur sort serait encore moins enviable que celui de la veuve de Malabar. Il resterait d'ailleurs à savoir quelle créance mérite l'anecdote rapportée par Diogène (IV, 64) ; le trait analogue cité par Stobée (*Floril.*, CXIX, 19) paraît plus vraisemblable.

que ce discours ait initié les Romains à une perversité dont jusque-là ils n'avaient pas eu l'idée, qu'avant lui, aucun Romain ne se serait avisé de réaliser des profits illégitimes, d'abuser de sa force et de dépouiller les faibles. Caton, qui traitait si doucement ses esclaves, a dû frémir d'horreur à l'idée d'une telle atrocité.

Carnéade n'a rien appris aux Romains, ou il ne leur a appris qu'une chose : c'est que des manières d'agir qui leur étaient familières et leur semblaient naturelles étaient fort répréhensibles. Aussi voyons-nous qu'il a choisi les exemples les plus capables de faire impression sur ses auditeurs, ceux qu'ils pouvaient le mieux comprendre. On a reproché à ses cas de conscience d'être un peu épais; mais il fallait bien se mettre à la portée de son public. Il en avait d'autres pour d'autres occasions, et M. Martha en cite un tout à fait exquis[1].

Si le philosophe n'avait prononcé ses discours, comme le suppose si ingénieusement et si spirituellement M. Martha, que pour amener un argument *ad hominem*, et trouver moyen, sous le couvert d'une thèse générale, de dire leur fait aux Romains, et de leur laisser entendre agréablement qu'ils étaient les plus

---

[1] Voici le cas de conscience où M. Martha, avec toute raison, selon nous, voit une preuve de la délicatesse morale de Carnéade : «Si tu savais qu'il y eût en quelque endroit un serpent caché, et qu'un homme qui n'en saurait rien, et à la mort duquel tu gagnerais, fût sur le point de s'asseoir dessus, tu ferais mal de ne pas l'en empêcher. Cependant tu aurais pu impunément ne pas l'avertir; qui t'accuserait?» (Cic., *De Fin.*, II, xviii, 59.) Répondant à M. Martha, qui signale ce passage dans son rapport, M. Thamin écrit : «Dans le passage cité par M. Martha, la donnée seule est du philosophe dont il s'est constitué le patron; la forme et la délicatesse morale qu'elle exprime sont de Cicéron, qui, en interprétant l'argument du sceptique, le retourne contre lui.» Mais d'abord, il n'y a rien dans le texte de Cicéron qui permette de supposer que Carnéade n'a pas interprété le cas de conscience comme le fait Cicéron; c'est très arbitrairement que M. Thamin lui retire ce mérite. Mais fût-il vrai que Carnéade n'a pas eu cette délicatesse d'interprétation, il serait toujours le premier qui ait eu l'idée d'un cas de conscience où il s'agit d'un scrupule tout intérieur, dérobé à la connaissance des hommes, et par là ce cas de conscience demeurerait fort supérieur à tous les autres; il y aurait, dans la seule donnée, une finesse psychologique, et même une délicatesse morale dont il ne serait que juste de faire honneur à Carnéade.

grands pillards de l'univers, on ne pourrait que sourire de la malice du philosophe, et il n'y aurait plus de débat.

Si, comme il est probable, Carnéade a voulu servir la cause des Athéniens, et faire comprendre aux Romains qu'il ne faut pas abuser des grands mots de justice et d'honnêteté, et qu'eux-mêmes, les ayant fort souvent oubliés, devaient se montrer indulgents à l'égard d'autrui, on pourrait penser qu'il a été trop diplomate pour un philosophe. Mais la mission dont il était chargé, l'intérêt de sa patrie d'adoption, seraient peut-être pour lui des circonstances atténuantes, et il serait bien difficile, sur ce chef, de le condamner sans réserves.

Mais laissons ces explications. La méthode employée par Carnéade dans ces fameux discours était celle qu'il suivait constamment : c'était celle de l'Académie, de l'ancienne autant que de la nouvelle. Prenons ce discours comme un échantillon de ceux qu'il prononçait dans son école, et négligeant les circonstances accessoires, jugeons-le à un point de vue purement philosophique.

Que reproche-t-on à Carnéade? Est-ce d'avoir, sous couleur d'exposer impartialement le pour et le contre, secrètement favorisé la thèse négative, et sournoisement trahi la cause de la justice? C'est bien ce qu'on a dit[1]; mais c'est inexact. Rien dans les textes ne justifie cette accusation, et elle est contraire à tout ce que nous savons de sa méthode, de ses habitudes, de l'attitude même qu'il avait prise. Tout son art au contraire était de tenir la balance égale entre les thèses opposées, de faire en sorte que l'auditeur, sollicité en sens contraire par des raisons tout à

---

[1] «C'est froidement, dit-on, et pour l'amour de l'art, que Carnéade démontre à ceux qui l'écoutent, et dont il va bientôt lasser la patience, leur radicale malhonnêteté.» Mais ce n'est pas parce qu'il a indigné le public, c'est au contraire parce qu'il a eu trop de succès que Carnéade a dû quitter Rome. Il n'a pas été chassé : ce n'est pas par scrupule moral, c'est parce que la jeunesse était trop enthousiaste, que Caton a fait régler l'affaire qui retenait l'ambassadeur athénien. C'est un point que M. Martha a surabondamment démontré : les textes sont formels. De plus, Carnéade ne démontre pas aux Romains «leur radicale malhonnêteté»; il se contente de montrer qu'en *certains cas* il y a une différence ou une opposition entre la justice et ce qu'on nomme la sagesse.

fait égales, fût dans l'impossibilité de se prononcer. On ne peut supposer que dans ce discours certainement très préparé, l'orateur, toujours si maître de sa parole, ait commis la faute de trahir une secrète préférence, s'il l'avait, ou qu'il ait eu la naïveté de la laisser voir. Il n'était pas naïf!

A vrai dire, le seul reproche qu'on puisse lui faire, c'est de n'avoir pas conclu. Mais ici la personne même de Carnéade est hors de cause : c'est sa doctrine, une doctrine qui lui est commune avec beaucoup d'autres, qui est en jeu. Avant de s'emporter en invectives contre lui, il faudrait s'entendre sur ce point : le doute, fût-ce en morale, est-il un crime? Est-ce un déshonneur d'être sceptique? C'est un point dont tout le monde ne conviendrait pas. Ne voit-on pas de fort honnêtes gens ébranlés dans leurs convictions par les difficultés de toute sorte que soulève la critique, plus encore par les démentis que l'expérience donne tous les jours à leurs idées les plus chères? Et Dieu sait si de tels démentis étaient fréquents au temps de Carnéade! Quand Brutus désespère de la vertu, il est sceptique à sa manière : songe-t-on à lui en faire un crime? Pascal en a dit bien d'autres que Carnéade. Il ne s'est pas borné à douter de la justice, il a déclaré catégoriquement qu'elle n'est qu'un leurre. Nous n'avons pas la folle idée d'instituer un parallèle entre Carnéade et Pascal; on nous accordera bien cependant qu'ils ont ici un point commun. Locke en exposant si longuement l'argument tiré de la contradiction des croyances en morale, tant d'autres après lui en revenant sur ce lieu commun, n'ont encouru aucun reproche d'immoralité : pourquoi réserve-t-on toute la sévérité à Carnéade?

On dira peut-être qu'en pareille matière, quand on ne peut pas conclure, on doit se taire, qu'au lieu d'étaler les vices des hommes, il vaudrait mieux ne pas voir ou, si l'on a vu, garder pour soi son pessimisme. Mais qui ne voit qu'il y a ici un cercle vicieux? On ne peut demander à un homme de régler sa conduite sur une croyance que, par hypothèse, il n'a pas, et qui est précisément l'objet du débat. Et si, ayant des doutes, Carnéade les a exposés nettement, il a du moins le mérite de la franchise [1].

Sans doute, c'est une disposition très fréquente, et fort honorable, de ne pas vouloir livrer à la discussion le principe même de la morale. Nous sommes blessés quand nous entendons mettre en question l'idée du devoir; nous voudrions qu'elle fût en dehors et au-dessus de tout débat. Mais avons-nous le droit de l'exiger? Et si nous l'exigeons, où sera la limite? Il y a des gens qu'offense le moindre doute élevé sur l'existence de Dieu : s'interdira-t-on d'examiner cette question? Il y a des personnes qui s'indignent qu'on puisse discuter l'existence du monde extérieur : l'admettra-t-on sans examen? Il faut à des philosophes plus de philosophie. Il faut se résigner à voir tout remettre en question, sans exception; il faut surtout s'abstenir de suspecter la bonne foi de ses adversaires, quelle que soit la thèse qu'ils soutiennent, même s'ils n'en soutiennent aucune.

Toute la question est de savoir dans quel esprit, avec quelles intentions Carnéade a exposé tour à tour le pour et le contre. Est-ce un sophiste qui se plaît à porter le trouble dans les consciences? Est-ce un philosophe qui expose sincèrement ses perplexités?

Sophiste est bientôt dit; mais quel étrange sophiste, si constamment occupé à réfléchir qu'il en perd presque le boire et le manger! Que nous voilà loin de ces charlatans dont Platon nous a laissé le portrait!

Un des traits caractéristiques du sophiste, c'est apparemment de faire des sophismes. On parle souvent de la dialectique captieuse de Carnéade : M. Martha lui-même a répété ce reproche. Nous osons dire que rien n'est moins fondé. Dans tous les raisonnements de Carnéade qui sont arrivés jusqu'à nous, il n'y a

[1] Ceux qui reprochent à Carnéade d'avoir dit ce qu'il faut taire, l'accablent à l'aide de textes de Cicéron où ses idées sont considérées comme perturbatrices et corruptrices de la jeunesse. Aimerait-on mieux qu'il eût fait comme Cicéron, qui disait en public le contraire de ce qu'il pensait, qui ne croyait pas aux dieux, et faisait le dévot par politique, qui raillait la divination et était augure? De Cicéron ou de Carnéade, lequel est le plus estimable?

point d'arguties. Il y a peut-être des erreurs : c'est un point sur lequel nous reviendrons tout à l'heure; il n'y a pas de ces subtilités qui impatientent le lecteur; il n'y a rien qu'un honnête homme ne puisse dire. Si le philosophe a quelquefois tort, il n'est pas toujours facile de le lui prouver. On ne trouvera rien dans toute son œuvre qui ressemble aux sophismes du tas, du voilé ou du cornu; c'est lui au contraire qui reproche aux stoïciens les subtilités de leur dialectique, réellement captieuse en bien des cas. Il y a sous ce rapport une grande différence entre Carnéade et les pyrrhoniens. Ceux-ci, on le verra par la suite de ce travail, ne sont pas toujours très scrupuleux sur le choix de leurs arguments : ils disent avec une sorte de ricanement que leurs raisons sont toujours assez bonnes pour des dogmatistes. L'impression qu'on garde de la lecture des discussions de Carnéade, c'est qu'il parle toujours sérieusement. On sent en lui, avec un art admirable, le souci d'éclairer et de convaincre; il a le respect de lui-même, de son art et de ses auditeurs. Ce qui frappe le plus dans le peu que nous avons de lui, c'est une foule de comparaisons ingénieuses et spirituelles, empruntées à l'histoire ou à la mythologie, et qui donnent à sa pensée un relief et une netteté saisissante. Point de formules abstraites; des exemples et des faits précis. On n'est pas un sophiste quand on a un tel souci de la clarté. Dira-t-on par hasard que dans le discours de Rome, l'argument tiré du conflit entre le juste et l'utile, l'idéal et le réel, n'est pas un argument sérieux, bien digne d'attirer et de fixer l'attention d'un philosophe?

Un autre caractère distinctif du sophiste, c'est de changer d'opinion ou de n'en point avoir, au gré de son intérêt, de faire métier de son art, de battre monnaie avec ses doctrines : c'est bien là ce que disent Platon et Aristote. Or, nous ne trouvons rien de pareil chez Carnéade. On ne nous dit pas de lui, comme d'Arcésilas, qu'il ait été opulent; il paraît avoir vécu fort simplement, en vrai philosophe. Il n'était pas ambitieux : l'ambassade à Rome était une lourde charge autant qu'un honneur: il ne paraît pas l'avoir briguée: de fait, c'est lui qui a rendu un grand service aux Athéniens. Cicéron dit en propres termes qu'il ne se mêla jamais de politique. On ne cite pas un trait de sa vie qui ne soit à son honneur. Il ne circule pas sur son compte, comme sur celui d'Arcésilas, des bruits fâcheux ou scandaleux. Un homme tel que lui devait avoir des ennemis : il en a eu; ils ne lui reprochent que des discours, non des actes. Quand Numénius[1] l'appelle « filou, joueur de tours », il parle au figuré, et s'il le compare à ces légumes vides qui flottent à la surface de l'eau où on les fait bouillir, tandis que les bons vont au fond, cela veut dire seulement qu'il n'est pas de son avis. Il n'a pas été de ces esprits légers et brouillons qui se plaisent à jeter le trouble chez les autres : c'est Arcésilas, et non pas Carnéade, que le stoïcien des *Académiques* compare à ces tribuns du peuple qui ne rêvaient qu'agitation et désordre. S'il a aimé la gloire et le succès dans les luttes oratoires, c'était apparemment son droit. Il n'y a même pas lieu de dire de lui qu'il ait, comme Cicéron, choisi le probabilisme parce que, n'ayant rien à défendre et toujours prêt à l'attaque, il donnait plus de facilité à l'éloquence. Stoïcien, épicurien ou pur platonicien, Carnéade, doué comme il l'était, aurait toujours été le premier orateur et le premier philosophe de son temps. Il y a mieux encore : Quintilien[2] nous dit en propres termes que Carnéade n'a point été un homme injuste. Lactance[3] nous assure qu'il n'en voulait pas à la justice. Saint Augustin[4] parle aussi de lui en termes favorables. Cicéron[5] déclare qu'il ne voulait pas détruire les dieux : c'est uniquement au dogmatisme stoïcien qu'il avait affaire, non à la morale ou à la religion. Les stoïciens, qui font les fiers et veulent

---

[1] Ap. Euseb., *Præp. Ev.*, XIV, viii, 14.

[2] *Instit. orat.*, XII, 1, 35. « Nec Carneades ille... injustus vir fuit. »

[3] *Div. Instit.*, V, 17; *Epitome*, LV, « non quia vituperandam esse justitiam sentiebat... ».

[4] *Contra academic.*, III, xvii, 39.

[5] *De nat. Deor.*, III, xvii, 44 : « Hæc Carneades aiebat non ut deos tolleret (quid enim philosopho minus conveniens), sed ut stoicos nihil de diis explicare convinceret. »

tout prouver, ne prouvent rien : voilà toute sa thèse. Sorti des discussions publiques, dit Numénius, il rendait hommage à la vérité, dans ses entretiens avec ses amis, et parlait comme tout le monde. S'il doutait de la justice dans ses discours, il l'observait dans sa conduite. Nous fera-t-on croire aisément qu'il ait été un malhonnête homme et un sophiste, le philosophe qui a exprimé cette belle pensée rapportée par Plutarque[1] : « Il ne faut pas croire que, si les encensoirs, même quand ils sont vides, répandent encore longtemps une bonne odeur, les belles actions disparaissent sans laisser dans l'âme du sage des pensées, dont la douceur toujours nouvelle la rafraîchisse et la ravive, et lui permette de mépriser ceux qui se répandent en plaintes et en injures contre la vie, comme si le monde était un séjour de misères, un lieu d'exil où les âmes ont été reléguées. »

Pourquoi, nous dira-t-on, ce sérieux et aimable esprit s'est-il attaché à cette étrange et paradoxale doctrine, le probabilisme ? C'est toujours à ses idées qu'il faut revenir, car c'est le seul grief qu'on ait contre lui. La réponse ici est très simple : c'est qu'on se fait du probabilisme une très fausse idée. Si, au lieu de le condamner sans l'entendre et sans le comprendre, on voulait y regarder d'un peu près, on verrait bien vite que cette doctrine n'est pas aussi noire qu'on le dit, on s'apercevrait même qu'il y a parmi les honnêtes gens beaucoup de probabilistes sans le savoir. L'objection qu'on lui a toujours opposée, par laquelle on l'étrangle, est tout simplement pitoyable. A-t-on répété assez de fois que la probabilité ne se comprend pas sans la certitude, qu'on ne peut s'apercevoir qu'une chose est probable ou vraisemblable si on ne possède un modèle, un type de vérité d'après lequel on juge et mesure la vraisemblance, que, par suite, c'est un non-sens de dire que quelque chose est vraisemblable si rien n'est certain ? Mais il y a une certitude que les probabilistes, pas plus d'ailleurs que les pyrrhoniens, n'ont jamais contestée, c'est celle du phénomène. Le probabiliste ne

---

[1] *De tranquil. animi*, 19.

dit pas, comme on le lui fait dire : rien n'est certain. Il dit : rien n'est certain, hormis le phénomène. La manière dont nous sommes affectés, la donnée, le πάθος, voilà ce qui, de l'aveu de tout le monde, est évident, certain d'une certitude indiscutable et indiscutée. Voilà le type, l'étalon qui peut servir à juger de la vraisemblance. Comparée à ce modèle, peut-on dire que la certitude des propositions générales, de celles qui portent sur une existence réelle hors de nous (en laissant de côté, par conséquent, les vérités mathématiques, qui supposent toujours certaines conditions admises au préalable et sont, à ce titre, toujours hypothétiques, comme disait Platon), soit de même nature? Elle ne l'est certainement pas, puisqu'on en dispute.

Au fond de tout ce débat, il y a un malentendu et une équivoque : on conçoit, sans s'en rendre compte, la certitude de deux manières différentes. S'agit-il de la définir théoriquement? La définition est fort belle : c'est l'adhésion ferme, inébranlable, irrésistible, de l'âme à la vérité, et rien qu'à la vérité ; c'est la prise de possession directe de la réalité par l'esprit ; c'est l'union intime, la fusion, sur un point, du sujet et de l'objet. Aucun doute, aucune contestation n'est possible ; bref, la certitude est définie comme quand il s'agit du phénomène actuellement donné. S'agit-il, au contraire, non plus de la théorie, mais de l'application et de la pratique, considère-t-on la certitude, non plus telle qu'elle devrait être, mais telle qu'elle est, c'est tout autre chose : ce n'est plus que l'adhésion pleine et entière, très forte et très passionnée peut-être, absolument sincère, nul ne le conteste, mais pourtant qui peut être donnée, qui est souvent donnée à des choses incertaines, voire à des choses fausses. On confond ces deux concepts fort différents ; on parle de la certitude pratique, celle dont nous vivons, comme si elle était toujours la certitude théorique, et elle ne l'est pas. Que répondre à Carnéade quand il vient nous dire : Cette certitude que vous déclarez inébranlable, il lui arrive d'être ébranlée ; à cette certitude que vous dites irrésistible, vous résisterez tout à l'heure, quand vous aurez reconnu votre erreur. — Mais alors ce n'est pas la vraie certitude. — Sans doute; mais, puisque vous la prenez pour la vraie certitude au moment où vous vous trompez, vous n'avez pas un moyen sûr de distinguer la vraie et la fausse : il n'y a pas une représentation vraie à laquelle ne s'oppose une représentation fausse qui n'en peut être distinguée. Donc, même si vous avez atteint la vérité, ce qui est possible après tout, vous ne pouvez en être absolument sûr. Avouez-le de bonne grâce, et ne prétendez pas vous élever à une perfection inaccessible à la faiblesse humaine.

Rien de plus simple au fond que cette distinction. Mais si un philosophe ose la faire, s'il vient dire que la certitude dont on se contente dans la vie est autre chose que celle qu'on définit superbement dans les livres, s'il avoue que la réalité est fort au-dessous de l'idéal, tout le monde se tourne contre lui. Pour avoir dit que la certitude pratique, fort légitime d'ailleurs, est autre que la certitude théorique, on l'accuse d'avoir dit qu'il n'y a pas de certitude, on l'accable sous le ridicule des conséquences, on le repousse avec dédain, on le flétrit du nom de sophiste. Ce n'est pourtant pas ce qu'il a dit. Mais, ayant distingué deux choses qui sont en réalité différentes, il a proposé, pour plus de clarté, de les appeler de deux noms différents : à l'une il a réservé, suivant l'usage constant des philosophes, le nom de certitude; à l'autre il a donné le nom de probabilité. A-t-il contesté que cette probabilité puisse s'approcher indéfiniment de la certitude, qu'elle en soit l'équivalent pratique, qu'elle suffise à la vie, à la morale, à la science même [1]? S'il l'avait fait, il serait peut-être un sophiste; là est précisément le tort et l'erreur des pyrrhoniens. Ayant reconnu que nous n'atteignons pas cette certitude absolue que les philosophes définissent dans leurs écoles, ils déclarent qu'il n'y a rien à mettre à la place, qu'il faut renoncer à toute affirmation : voilà l'excès, voilà la gageure insoutenable. Encore y aurait-il beaucoup à dire sur ce point, car les pyrrhoniens ne sont pas sans avoir prévu l'objection. Mais

---

[1] Cic., Ac., II, x, 32 : « Probabile aliquid esse et quasi verisimile, eaque se uti regula et in agenda vita, et in quaerendo ac disserendo. »

Carnéade s'est précisément gardé de cet excès. A défaut de cette certitude parfaite qui n'est qu'un idéal, nous avons la probabilité, qui en tient lieu et qui suffit. Cette croyance pratique, qui peut être aussi inébranlable qu'on voudra, s'il l'avait appelée, comme peut-être on pourrait le faire, certitude morale ou pratique, l'objet même du débat disparaîtrait. Mais il a voulu éviter toute équivoque ; et, au risque d'employer un mot mal sonnant aux oreilles des dogmatistes, il s'est contenté du mot *probabilité*. Sa mémoire en a porté la peine. Mais aussi pourquoi s'est-il attaqué à la vanité humaine ? Pourquoi nous a-t-il refusé le pouvoir d'embrasser l'absolu, comme des dieux ? Pourquoi a-t-il blessé notre orgueil ? Il reste vrai néanmoins que, si on va au fond des choses, il s'est rendu compte, avec beaucoup de pénétration, de mesure et de modestie, des limites de la connaissance humaine ; son seul tort est d'avoir vu plus clair que les autres, son plus grand crime est d'avoir eu l'esprit trop précis.

Avec quelle finesse et quel admirable bon sens M. Martha a sur ce point rendu justice à Carnéade ! Il faut citer cette belle page, de plus de portée qu'elle n'en a l'air en sa forme discrète :
« Nous sommes tous probabilistes, vous et moi, savants et ignorants ; nous le sommes en tout, excepté en mathématiques et en matière de foi. Dans les autres sciences et dans la vie, nous nous conduisons en disciples inconscients de Carnéade. En physique, nous accumulons des observations, et, quand elles nous paraissent concordantes, nous les érigeons en loi vraisemblable, loi qui dure, qui reste admise jusqu'à ce que d'autres observations ou des faits autrement expliqués nous obligent à proclamer une autre loi plus vraisemblable encore. Toutes les vérités fournies par l'induction ne sont que des probabilités, puisque les progrès de la science les menacent sans cesse ou les renversent. Dans les assemblées politiques où se plaident le pour et le contre sur une question, on pèse les avantages et les inconvénients d'une proposition législative, et, si la passion ne vient pas troubler la délibération, le vote est le résultat définitif des vraisemblances que les orateurs ont fait valoir. Le vote n'est qu'une manière

convenue de chiffrer le probable. De même chacun de nous, quand il faut prendre un parti, examine les raisons qu'il a d'agir ou de s'abstenir, les met comme sur une balance, et incline sa décision du côté où le plateau est le plus chargé de vraisemblances. La méthode de Carnéade, comme du reste toutes les méthodes, ne fait donc qu'ériger en règles plus ou moins judicieuses ce qui se fait tous les jours dans la pratique de la vie.

« Ainsi interprétée, et c'est ainsi qu'elle doit l'être, la doctrine probabiliste n'est plus ce violent paradoxe qu'on a tant de fois dénoncé, c'est une doctrine très sage et très raisonnable, à égale distance du pédantisme dogmatique et de l'ironie sceptique. C'est par là qu'elle a pu, à Rome même, trouver des adeptes parmi les hommes les plus graves et les plus respectables. On se représente mal un personnage consulaire tel que Cicéron se déclarant publiquement le disciple d'un sophiste. »

Osons dire toute notre pensée : la doctrine académique, entendue dans son vrai sens, est la plus libérale et la plus favorable au progrès des sciences. Le dogmatisme semble être la condition même de l'esprit scientifique; en réalité, il le tue. En effet, si nous possédons d'ores et déjà la vérité, à quoi bon la chercher? Le pur dogmatisme est une doctrine d'immobilité, il y en a des preuves dans l'histoire. Reconnaissons au contraire que jamais nous ne pouvons qu'approcher de la vérité sans être sûrs de l'atteindre tout entière, et la recherche aura sa raison d'être; le progrès sera possible. La science est toujours inachevée. En fait, il n'y a guère eu d'esprits plus ouverts, plus curieux des progrès de la science humaine que les philosophes de la nouvelle Académie.

Pour achever de comprendre le rôle de Carnéade, et pour le juger équitablement, il faut se souvenir qu'il avait affaire aux dogmatistes les plus insupportables. Les stoïciens sont de fort honnêtes gens, et nous n'aurions garde de diminuer en rien leurs mérites. Il faut convenir pourtant que si, à la distance où nous les voyons, leurs travers s'effacent pour ne laisser apparaître que leurs grandes qualités, vus de près, dans le commerce quotidien de la vie, ils devaient être de désagréables compagnons. Écoutez-les, écoutez surtout les médiocres continuateurs de Chrysippe démontrer d'un ton rogue et triste, avec une longue suite de sorites à l'appui, que seul le sage peut être roi, prêtre, devin, jurisconsulte, banquier, cordonnier, qu'il peut bien s'emplir de vin, mais qu'il ne sera jamais ivre. Est-il difficile de comprendre qu'un esprit libre et vif, comme était Carnéade, ait perdu patience, et qu'il se soit donné pour tâche de faire justice de ces sornettes, de culbuter tous ces sorites ? A qui n'est-il pas arrivé, en écoutant certains dogmatistes, de se sentir furieusement pencher vers le scepticisme ? Carnéade entendait tous les jours les stoïciens; il n'en faut pas davantage pour expliquer qu'il soit devenu probabiliste. La tâche qu'il s'est donnée était méritoire, et on comprend Cicéron disant [1] : «Carnéade nous a rendu un service d'Hercule en arrachant de nos âmes une sorte de monstre, l'assentiment trop prompt, c'est-à-dire la témérité et la crédulité.» Que dans cette lutte de tous les instants il n'ait jamais dépassé le but, que l'habitude de la discussion ne l'ait jamais amené à outrer quelqu'une de ses thèses, qu'il n'ait pas parfois méconnu les mérites de ses adversaires, c'est ce que nous ne voudrions pas nier, quoique, nous l'avons dit, il ait toujours montré une grande mesure, et une rare possession de soi-même. Mais en bonne justice, si cela est, on ne peut lui en faire un grand crime, pas plus que de nos jours on n'en veut beaucoup à un homme politique si, étant de l'opposition, il n'a pas toujours proclamé exactement les vertus du gouvernement qu'il combat.

En résumé, Carnéade est un calomnié de l'histoire. Il a chèrement payé le tort de n'avoir rien écrit. Livrer toutes ses pensées à des paroles que le vent emporte, que les auditeurs ne comprennent pas toujours, que la postérité ne peut pas contrôler, c'est faire la partie trop belle à ses ennemis, c'est se mettre à la merci des esprits superficiels. Heureux dans son

---

[1] *Ac.*, II, xxxi, 108.

malheur. Carnéade a cependant produit sur ses contemporains une si vive impression, il a laissé après lui des disciples si fidèles, qu'un écho lointain de ses paroles est arrivé jusqu'à nous, et qu'à la condition d'y apporter de l'attention et de la bonne volonté, nous pouvons nous faire une idée à peu près exacte de ce qu'il a été : un esprit merveilleusement subtil et alerte, aiguisé par l'étude, une réflexion constante, et l'habitude de la discussion; animé, si étrange que puisse paraître cette expression appliquée à un probabiliste, du pur amour de la vérité; ennemi de tout pédantisme et de tout fanatisme; tourné, chose nouvelle à son époque, vers l'observation intérieure et l'analyse subjective de la pensée; dialecticien consommé, mais scrupuleux sur le choix des preuves, attentif à n'employer que des arguments irréprochables, et mis en garde contre les subtilités captieuses de la dialectique, justement parce que mieux que personne il en connaissait et les ressources et la faiblesse; soucieux de convaincre plus encore que d'étonner; mettant la passion au service de la raison, et comptant moins sur elle pour arriver à ses fins que sur la belle ordonnance des preuves, l'enchaînement clair et rigoureux des pensées, et cette force du raisonnement qui, grandissant de période en période, porte dans l'âme de l'auditeur, avec la joie de comprendre et de se sentir dans la vérité, la chaleur et la lumière qui la ravissent jusqu'à l'enthousiasme; orateur, pour tout dire, autant que philosophe, mais unissant ces deux qualités sans sacrifier l'une à l'autre, dans la plus belle harmonie peut-être qui se soit jamais rencontrée; tel fut notre Carnéade. Cette puissance extraordinaire, ce génie qui a fait l'admiration des contemporains, Carnéade ne l'a, quoi qu'on ait dit, mis au service d'aucune mauvaise cause. Probabiliste convaincu, comme il avait tracé une ligne de démarcation nette et profonde entre la spéculation pure où il déclarait la certitude impossible, et la vie pratique où il déclarait la croyance à la fois légitime et nécessaire, il a pu, sans se contredire, prendre dans les discussions publiques l'attitude d'un sceptique que nul n'a mis en défaut, et garder dans la vie privée les idées, les mœurs et le ton d'un honnête homme. Sa vie est exempte de reproche. Sa morale, dont Cicéron nous a donné la formule précise, *voluptas cum honestate*, était celle de l'ancienne Académie, de Platon, d'Aristote, des stoïciens même, si on tient compte des tempéraments qu'ils savaient apporter à leurs hautaines formules. Seulement cette morale, il la séparait des principes abstraits, il se contentait de la pratiquer sans en faire la théorie. On peut penser que cette manière de comprendre la vie n'est ni assez noble, ni assez justifiée : nous sommes loin de le défendre sur ce point. Mais ce n'est pas à cause de sa morale que nous revendiquons pour lui le titre de grand philosophe. Ce titre, il l'a mérité par la force et l'originalité de ses idées.

II. « Carnéade, dit M. Martha, n'est pas, comme on le dit, un sophiste, mais un véritable philosophe, qui dans sa constante dispute contre les stoïciens a presque toujours la raison de son côté. » Nous oserons aller un peu plus loin que le savant critique, et dire que d'après ce que nous connaissons de l'œuvre de Carnéade, ce n'est pas presque toujours, c'est toujours qu'il a la raison de son côté. Seulement, pour que cette assertion soit exacte, il faut que l'on consente, comme on le doit en bonne justice, à tenir compte de l'époque où Carnéade a vécu, et de la manière dont les problèmes philosophiques se posaient de son temps.

Ce serait faire à Carnéade la partie trop belle que d'insister sur sa polémique contre les théories religieuses des stoïciens, si ingénieusement accommodées au paganisme. Qui oserait aujourd'hui défendre contre lui la théologie de Chrysippe, et le blâmer d'avoir réfuté par l'absurde ce panthéisme naturaliste qui divinisait sans exception toutes les forces de la nature ?

Si on laisse de côté les points particuliers où le stoïcisme rejoint la religion populaire pour ne considérer que les preuves générales qu'il donne de l'existence des Dieux, peut-être y a-t-il encore aujourd'hui des philosophes qui invoquent le consentement universel et les causes finales. Y en a-t-il qui n'avouent pas que ces deux arguments présentent de sérieuses difficultés? Le consentement universel peut-il passer pour un argument sans réplique? Et Carnéade n'avait-il pas le droit de rappeler aux stoïciens que, selon leur doctrine, tous les hommes sont des insensés? Fénelon lui-même, peu suspect en cette manière, avouait que la preuve des causes finales est « une voie moins parfaite » pour arriver à l'existence de Dieu. Nier l'existence du mal, pour n'avoir pas à l'expliquer, est un procédé trop facile. « Quand les stoïciens, dit M. Martha, dans leur optimisme sans mesure et sans nuance, prétendaient que tout est bien dans le monde, que la sagesse divine a tout formé pour l'utilité du genre humain, Carnéade n'avait-il pas le droit de leur demander en quoi servent au bonheur de l'humanité les poisons, les bêtes féroces, les maladies, pourquoi Dieu a donné à l'homme une intelligence dont il peut abuser, et qu'il peut tourner au crime? » Carnéade était dans le vrai quand il disait, non pas qu'il n'y a pas de Dieu, mais que l'existence de Dieu n'est pas démontrée par toutes ces preuves.

C'est une remarque juste et profonde d'Éd. Zeller[1] que les arguments de Carnéade portent plus loin que le but qu'ils visaient directement. Ils n'atteignent pas seulement le grossier anthropomorphisme des stoïciens, qui donnait aux Dieux des corps et des sens; ils mettent en lumière les graves difficultés que rencontre toute conception de la personnalité divine. Comment le parfait, l'infini, l'absolu, est-il en même temps une personne, c'est-à-dire, à ce qu'il semble, une existence déterminée et limitée, et comme telle, soumise aux imperfections de la nature humaine, à l'image de laquelle on se la représente? Les adversaires du théisme en tout temps n'ont guère fait que répéter sous d'autres formes les arguments de Carnéade. Accordons, si l'on veut, que ces raisons aient été incomplètes et insuffisantes : les difficultés qu'elles signalent sont-elles imaginaires? Sont-elles entièrement

[1] *Philos. der Griechen*, t. IV, p. 507.

résolues de nos jours? Au contraire, nous avons vu renaître précisément le même débat, et il ne paraît pas près de finir. On oublie, dans ces retentissantes disputes, le vieux philosophe qui a le premier mis le doigt sur la difficulté : il n'avait pas tort pourtant d'être embarrassé là où les plus éminents esprits de notre temps confessent leurs hésitations, et montrent par les solutions mêmes qu'ils proposent la difficulté du problème. Tout récemment encore, M. Paul Janet [1] déclarait «que Dieu n'est pas une personne, mais qu'il est la source et l'essence de toute personnalité ».

Ne disons rien de la polémique de Carnéade contre la divination; ici c'est le triomphe éclatant et incontesté du bon sens sur la routine, de la raison sur la superstition. Mais nous ne pouvons passer sous silence l'admirable discussion sur le libre arbitre. N'eût-il que ce seul titre, nous n'hésiterions pas à dire que Carnéade a mérité l'admiration que les anciens lui témoignaient unanimement. A aucune époque, on n'a défendu plus fermement la liberté de l'homme, tout en reconnaissant la part qu'il faut faire au déterminisme. Malgré l'autorité de Leibnitz, qui les a suivis sur ce point, admettra-t-on avec les stoïciens que ce soit une thèse sérieuse, celle qui distingue le *Fatum* et la nécessité, et déclare que nous sommes libres tout en ne pouvant agir autrement que nous ne le faisons? Personne avant Carnéade n'avait analysé avec autant de profondeur l'idée de cause, distingué aussi nettement la causalité et la succession, et fait aussi résolument une place dans l'enchaînement des phénomènes à ces causes actives qu'on appelle des êtres libres, et qui s'introduisent, sans la détruire, dans la trame des événements. Avons-nous mieux à dire aujourd'hui sur ce sujet, important entre tous? Le philosophe contemporain qui l'a le plus profondément étudié, M. Renouvier, soutient précisément la même thèse que Carnéade. Il est juste d'ajouter qu'il reconnaît hautement la parenté de sa pensée et de celle du philosophe

---

[1] *Revue des Deux-Mondes*, 1ᵉʳ juin 1885.
[2] Voir notamment la *Critique philos.*, 9ᵉ année, t. XVII, p. 6.

grec, et que, le premier parmi les modernes, il lui a rendu pleine justice.

En morale aussi, Carnéade a aperçu avec beaucoup de finesse les points faibles du dogmatisme stoïcien. On ne voit pas trop ce qu'Antipater pouvait répondre à un dilemme comme celui-ci : ou vous regardez les avantages naturels comme des biens, et alors vous ne faites que répéter Platon et Aristote, et l'intention ou la vertu n'est plus le seul bien; ou vous vous obstinez à dire que la vertu ou l'intention est le bien unique, et alors vous vous contredisez quand vous donnez un contenu à l'idée de vertu, quand vous dites que la vertu consiste à faire ce qui est conforme à la nature. Et la preuve qu'il avait raison, c'est qu'Antipater a été obligé pour répondre à ses objections de modifier la théorie stoïcienne. On sait que la question de savoir si en morale l'intention ou la forme de l'action est la seule condition du bien, indépendamment de l'action elle-même, divise encore aujourd'hui les philosophes.

N'avait-il pas raison encore quand il se moquait des étranges paradoxes des stoïciens? Se trouverait-il aujourd'hui quelqu'un pour soutenir que la douleur n'est pas un mal, que tous les vices et toutes les vertus sont égaux, que le sage possède toutes les qualités et qu'il est infaillible? Là encore il faut, qu'on le veuille ou non, être du parti de Carnéade.

Mais, dans tout l'enseignement de Carnéade, la partie maîtresse est la théorie de la connaissance. La plupart des historiens et des philosophes se prononcent en faveur des stoïciens : une sorte d'esprit de corps les porte à couvrir le dogmatisme, quel qu'il soit, contre les attaques du scepticisme ou de ce qu'on appelle de ce nom. Cependant combien y en a-t-il qui, regardant de près la thèse stoïcienne, oseraient la prendre à leur compte? On peut bien être pour elle en présence de Carnéade: on l'abandonnerait certainement si Carnéade n'était pas là. Cette théorie, en effet, est à peu près la même qui a été soutenue dans notre siècle par l'école écossaise. Elle prétend que nos sens perçoivent directement, sans aucun intermédiaire, la réalité telle qu'elle est en elle-même ; ils saisissent les objets, les choses, et non pas seulement les idées des choses. L'analyse psychologique a de nos jours définitivement écarté, semble-t-il, cette conception. Après les analyses de Berkeley, de Mill, de Taine, d'Helmholtz, c'est devenu un lieu commun de dire que la sensation n'est pas semblable à la cause qui la provoque, qu'elle est un état du sujet, que, si elle suppose une cause, cette cause ne pouvant la produire sans la participation du sujet, on ne peut jamais la considérer que comme une modification de ce sujet, en un mot qu'elle peut être le *signe* des objets extérieurs, qu'elle n'en est pas même l'image, la copie fidèle.

Carnéade n'a pas connu ces fines analyses; encore faut-il rappeler que nous ne connaissons qu'une partie de son œuvre. Il n'est pas exagéré de dire qu'il les a pressenties : il est certain que, par un chemin peut-être différent, il est arrivé à la même conclusion. Si les sensations sont les copies fidèles des choses, il doit de toute nécessité y avoir autant de sensations spécifiquement distinctes qu'il y a de choses réelles; par suite, des choses réelles, semblables d'ailleurs entre elles, deux œufs, deux jumeaux, deux cheveux, devront évoquer en nous des sensations distinctes et discernables. Peut-on dire qu'il en soit ainsi ? Et s'il n'en est pas ainsi, s'il nous arrive d'éprouver la même sensation en présence d'objets différents, il est impossible de soutenir que nous percevons l'objet lui-même : la théorie stoïcienne est atteinte à la racine. En vain les stoïciens ont-ils essayé de résister sur ce point; ils n'ont rien opposé et ne pouvaient rien opposer de sérieux à cette formule de Carnéade. La représentation compréhensive n'est pas un criterium suffisant, puisqu'un objet qui n'est pas peut éveiller en nous une représentation aussi forte qu'un objet qui est réellement. De nos jours, n'est-ce pas aussi surtout par l'étude des erreurs des sens, des anomalies, que Berkeley et les autres ont été mis sur la voie de la vraie théorie de la connaissance ?

Le stoïcisme ruiné sur ce point, Carnéade n'a point cédé à la tentation, qui eût été irrésistible pour un sceptique, de se renfermer dans le silence et de ne donner aucune prise à ses adversaires; il n'a pas craint d'exprimer ses propres idées et de s'exposer à son tour à la critique [1]. Si ce n'est pas dans le rapport des sensations aux choses que nous pouvons trouver le criterium de la vérité, puisqu'il est impossible de nous placer entre la sensation et l'objet pour vérifier la ressemblance, si ce n'est pas non plus la force de l'impression qui peut nous servir de règle, il ne reste plus à considérer que la combinaison, l'ordre des représentations. C'est ainsi que, l'un des premiers, Carnéade a insisté avec beaucoup de finesse sur le rôle que joue l'association des idées pour déterminer une sensation actuelle, pour l'attribuer à un objet et la situer dans un point de l'espace. C'est moins la sensation actuelle que le cortège des idées que l'esprit y ajoute en souvenir de l'expérience passée, qui fait la connaissance. Par là, le grossier sensualisme des stoïciens se trouvait déjà dépassé. Par là aussi, l'argument tiré des erreurs des sens cessait de valoir contre la connaissance sensible. Il est absurde que deux objets différents produisent une même sensation, s'il doit y avoir autant de sensations spécifiquement distinctes qu'il y a d'objets. Mais si l'objet, au lieu d'être directement perçu par nous, est un groupe de représentations, rien n'empêche plus que la même représentation fasse partie de plusieurs groupes différents. Je ne puis prendre Castor pour Pollux, si la sensation produite en moi par Castor est tout ce qui me donne l'idée de Castor; s'il faut que j'y ajoute beaucoup d'autres éléments qui la déterminent, on comprend qu'ajoutant des éléments qui ne lui conviennent pas, je forme l'idée de Pollux : l'erreur n'est pas dans la sensation, elle vient de l'usage que j'en fais.

Aristote, il faut le reconnaître, avait déjà proclamé le caractère relatif de la sensation et soutenu que la sensation prise en

[1] Il est vraisemblable, comme le conjecture Philippson (*De Philodemi libro qui est Περὶ σημείων*, p. 57, Berlin 1881), que Carnéade a emprunté quelques-unes de ses idées aux médecins empiriques, et qu'il a, à son tour, exercé une certaine influence sur l'épicurien Zénon, auteur d'une importante et curieuse théorie de l'induction. Zénon avait certainement été un des admirateurs enthousiastes de Carnéade. (Cic., Ac., I, XII, 46.)

elle-même ne trompe jamais, que l'erreur est toujours dans la synthèse. Carnéade s'en est peut-être souvenu ; rien n'empêchait un philosophe de la nouvelle Académie de faire des emprunts au disciple de Platon.

Carnéade ne s'en est pas tenu là. L'association des idées ne suffit pas à rendre compte de la connaissance : on n'arrive par là qu'à un empirisme fort imparfait. L'animal aussi est capable de cette opération. Chez l'homme, il y a quelque chose de plus : la contradiction ou la non-contradiction des idées. On a vu avec quel soin Carnéade insistait sur ce point : il faut, pour qu'une représentation mérite confiance, s'assurer que rien ne la contredit, il faut en examiner en détail tous les éléments et voir s'ils s'accordent entre eux. S'exprimer ainsi n'était-ce pas introduire un élément rationnel et proclamer, contrairement à la thèse stoïcienne, l'insuffisance de la sensation ? Descartes et Leibnitz diront-ils autre chose quand ils définiront la perception un rêve bien lié ?

Nous avons donc une règle de vérité. Sans doute, il ne faut pas l'oublier, et Carnéade y insistait, ce n'est qu'un criterium subjectif, nous n'atteignons pas l'absolu ; nous ne sortons pas de nous-mêmes et nous pouvons encore nous tromper. La connaissance demeure relative. Mais cette règle est suffisante pour la vie pratique, même pour la recherche et le raisonnement. N'est-ce pas ce que proclament aujourd'hui, en des termes peut-être différents, mais dans le même esprit, bon nombre de philosophes et de savants ? Il y aurait témérité à soutenir que nous possédons aujourd'hui la vérité absolue sur cette question. Mais il est certain qu'en poursuivant ses investigations sur le difficile problème de la connaissance, la philosophie moderne a donné raison à Carnéade sur ses rivaux : en ce sens, il a été en avance sur son temps et il s'est approché très près de ce qui est encore pour nous la plus haute approximation de la vérité.

Telle fut l'œuvre de Carnéade. Quelques réserves qu'on puisse faire, on voit quelle était la solidité de ses thèses, la clarté et la vigueur de ses raisonnements, la pénétration de son esprit.

le sérieux et l'originalité de ses recherches. Personne ne contestera qu'il ait été un véritable philosophe; plusieurs penseront peut-être que les modernes feraient une œuvre de justice s'ils lui rendaient la place que les anciens lui avaient assignée parmi les grands philosophes.

CHAPITRE V.

LES SUCCESSEURS DE CARNÉADE. — PHILON DE LARISSE.

I. La nouvelle Académie avait atteint son apogée avec Carnéade : nous n'avons que peu de chose à dire de ses successeurs immédiats. Clitomaque, Charmadas, Eschine, Métrodore de Stratonice, que Cicéron [1] nomme en même temps, furent cependant encore des hommes illustres.

Clitomaque est le plus connu des successeurs de Carnéade : c'est à lui que revient l'honneur d'avoir par ses écrits sauvé de l'oubli les doctrines de son maître [2]. Il était de Carthage [3] et avait d'abord porté le nom d'Hasdrubal [4]. Déjà, dans son pays, il s'était occupé de philosophie et peut-être avait-il publié quelques ouvrages dans sa langue maternelle. Il vint à Athènes vers l'âge de vingt-quatre ans [5], étudia pendant quatre ans, s'initia à toutes les philosophies alors en vogue, au péripatétisme et au stoïcisme, et enfin s'attacha, pour ne plus la quitter, à la nou-

---

[1] *De orat.*, I, xi, 45; *Ac.*, II, vi, 16.
[2] S'il faut s'en rapporter à l'*Index Herculanensis*, Clitomaque n'aurait pas succédé immédiatement à Carnéade, il aurait été précédé par un autre Carnéade, fils de Polémarchus, qui mourut au bout de deux ans, et par Cratès de Tarse, qui enseigna quatre ans. (Col. xxv, 1. Cf. xxx, 4.)
[3] Diog., IV, 67; Cic., *Ac.*, II, xxxi, 98.
[4] Diog., *loc. cit.*
[5] Nous suivons ici l'*Index Herculanensis*, de préférence à Diogène, qui le fait venir à Athènes à l'âge de quarante ans. D'après Étienne de Byzance (*De urbe* Καρχηδών), il aurait eu vingt-huit ans, ce qui concorde à peu près avec la date donnée par l'*Index*. On a vu plus haut (p. 158) le texte de Cicéron d'où il résulte que Clitomaque était déjà disciple de Carnéade lors de la destruction de Carthage (146 av. J.-C.). Voilà pourquoi on doit, avec Zeller, admettre comme date de sa naissance au moins l'année 175. La date de sa mort est déterminée approximativement par ce fait que, d'après Cicéron (*De orat.*, I, xi, 45), L. Crassus l'avait encore vu à Athènes l'année où il fut questeur, en 110 av. J.-C.

velle Académie. Il était né vers 175 av. J.-C. et mit fin à ses jours[1] après l'année 110 av. J.-C.

Clitomaque avait une grande réputation [2]; Cicéron loue surtout la pénétration de son esprit et son ardeur au travail. Il avait beaucoup écrit, plus de quatre cents ouvrages, d'après Diogène. Outre les *Consolations*, dont nous avons parlé plus haut, on cite de lui quatre livres sur la *Suspension du jugement*[3], que Cicéron a suivis de très près dans son exposition des *Académiques*. Il avait traité le même sujet dans deux autres ouvrages, dédiés l'un au poète C. Lucilius[4], l'autre à L. Censorinus, qui fut consul.

Son condisciple Charmadas ou Charmidas était parfois considéré comme le fondateur, avec Philon, de la quatrième Académie[5]. Fidèle à la tradition académique, il discutait, non pour faire prévaloir une opinion, mais pour combattre toutes les affirmations qu'on exprimait devant lui[6]. Il imitait Carnéade jusque dans sa manière de parler[7]. Son éloquence et sa prodigieuse mémoire[8] l'avaient rendu célèbre. Il soutint avec Clitomaque une vive polémique contre les rhéteurs[9] et prétendit qu'on ne peut arriver à la véritable éloquence sans avoir étudié les systèmes des philosophes[10]; c'est la thèse que soutient à cette époque toute l'Académie. Un autre académicien, Hagnon[11], avait aussi écrit un traité contre les rhéteurs.

Parmi les disciples de Carnéade, Métrodore de Stratonice mérite une mention particulière. C'était un transfuge de l'école

---

[1] Stob., *Floril.*, VII, 55.
[2] Cic., *Ac.*, II, vi, 16; xxxi, 98; Athen., IX, 402, C.
[3] *De sustinendis assensionibus*, Cic., *Ac.*, II, xxxi, 98.
[4] Cic., *Ac.*, II, xxxii, 102.
[5] Sext., *P.*, I, 220; Euseb., *Præp. ev.*, XIV, iv, 16.
[6] Cic., *De orat.*, I, xviii, 84.
[7] Cic., *Orator*, xvi, 51.
[8] Cic., *De orat.*, II, lxxxviii, 360; *Tuscul.*, I, xxiv, 59; Plin., *H. nat.*, VII, xxiv, 89.
[9] Sextus, *M.*, II, 20.
[10] Cic., *De orat.*, I, xviii, 84.
[11] Quintil., II, xvii, 15.

épicurienne [1]. Il ne paraît pas qu'il ait rien écrit. Nous avons déjà vu qu'il était, sur un point essentiel, en désaccord avec Clitomaque. Suivant ce dernier [2], Carnéade prescrivait de suspendre son jugement en toute question qui n'était pas d'ordre pratique. Suivant Métrodore, il autorisait l'assentiment, pourvu qu'il ne fût pas donné comme une certitude, et il estimait que le sage peut avoir des opinions. Peut-être était-ce Métrodore qui avait le mieux compris la pensée du maître. C'était du moins ce qu'il disait lui-même, au témoignage de l'*Index* [3] *herculanensis*. Cicéron [4] nous assure qu'il passait pour bien connaître Carnéade, et nous voyons, fait plus significatif encore, que Philon, se séparant de son maître Clitomaque, se rangea à l'interprétation de Métrodore [5]. C'est peut-être de Métrodore qu'est partie cette tradition recueillie par saint Augustin [6] et suivant laquelle les académiciens auraient, pour le plaisir de combattre les stoïciens, dissimulé leur propre dogmatisme. Il est difficile de croire cependant qu'il n'y ait pas là quelque malentendu ou quelque exagération [7].

Des autres disciples de Carnéade, nous ne connaissons que les noms : Mélanthius de Rhodes [8], Eschine de Naples [9], Mentor que Carnéade surprit chez sa propre maîtresse [10], et que, pour ce motif, il chassa de son école, enfin Hagnon de Rhodes [11]. L'*Index Herculanensis* [12] nomme encore Zénon d'Alexandrie, qui avait, comme Clitomaque, exposé dans ses écrits les idées de

---

[1] Diog., X, 9.
[2] Voy. ci-dessus, p. 133.
[3] Col. xxvi, 8 : Καρνεάδου παρακηκοέναι πάντας.
[4] Ac., II, vi, 16. Cf. De orat., I, xi, 45.
[5] Ac., II, xxiv, 78.
[6] *Contra academic.*, III, xviii, 41 : «Metrodorus... primus dicitur esse confessus, non decreto placuisse academicis nihil posse comprehendi, sed necessario contra stoicos hujusmodi eos arma sumpsisse.»
[7] Voy. ci-dessus, p. 117.
[8] Cic., Ac., II, vi, 16.
[9] Cic., De orat., I, xi, 45. — Plut., An seni sit ger. Resp., xiii.
[10] Diog., IV, 63. — Euseb., loc. cit., viii, 13.
[11] Quintil., II, xvii, 15. — Athén., XIII, 602 d.
[12] Col. xxii et seq. Cf. xxxiii, xxxvi.

Carnéade; les Tyriens Zénodore et Agasiclès; Bataces et Corydallus d'Amise; Biton de Soles; Asclépiade d'Apamée; Olympiodore de Gaza; Hipparchus de Soles; Sosicrate d'Alexandrie; Stratippe; Calliclès de Larisse; Apollonius. Parmi les Romains, Catulle [1], qui fut collègue de Marius, et à qui Cicéron donne un rôle dans les *Académiques*, fut aussi un des partisans de Carnéade.

Clitomaque eut à son tour un disciple célèbre, Philon de Larisse; nous exposerons tout à l'heure ses doctrines. Les disciples de Charmadas furent Héliodore [2], Phanostrate, Métrodore [3] de Scepsis, célèbre, comme son maître, par une mémoire extraordinaire. Il fut au service de Mithridate [4].

Nous n'avons pas de renseignements sur les doctrines de ces philosophes. On pourrait être tenté de croire qu'ils inclinaient déjà vers l'éclectisme, en voyant Clitomaque également versé dans la connaissance de plusieurs systèmes [5], ceux de l'Académie, d'Aristote et de Zénon. L'histoire de la nouvelle Académie nous montre d'ailleurs une marche plus ou moins lente, mais ininterrompue, vers le dogmatisme. Toutefois, il est plus vraisemblable encore que les successeurs de Carnéade se bornèrent à développer ses idées, sans aller beaucoup au delà. Nous verrons en effet que Philon lui-même demeura, en dépit des apparences contraires, fidèle aux vues sceptiques de Carnéade. Ce n'est que plus tard, au temps d'Antiochus, que la nouvelle Académie se rapprocha ouvertement du dogmatisme stoïcien, et finit par se confondre avec l'école de Zénon.

II. Philon naquit à Larisse [6] vers 148-140 av. J.-C. [7]. Il

---

[1] *Ac.*, II, XLVIII, 148.
[2] *Ind. Herc.*, col. XXXVI, 2.
[3] Cic., *De orat.*, III, XX, 75; II, LXXXVIII, 360. — *Tusc.*, I, XXIV, 59.
[4] Strab., XIII, 1, 55. — Plut., *Lucul.*, 22.
[5] Diog., IV, 67.
[6] Stob., *Ecl.*, II, 40.
[7] Les dates ne peuvent être indiquées que d'une façon approximative. Voici les points de repère que nous avons : 1° d'après l'*Index Herculanensis* (col. XXXIII), il avait trente-huit ans lorsqu'il succéda à Clitomaque; nous avons admis (v. *supra*,

vint à Athènes à l'âge de vingt-quatre ans [1], et fut pendant quatorze ans disciple de Clitomaque, à qui il succéda sans doute vers 110 av. J.-C. Lorsque la guerre éclata entre Mithridate et les Romains, il quitta Athènes avec plusieurs des citoyens les plus notables, et se réfugia à Rome [2]; il y enseigna avec grand succès, et on peut conjecturer qu'il ne quitta plus cette ville; en tout cas, il est certain qu'il ne retourna jamais dans son pays [3]. Il mourut âgé de soixante-trois ans, vers 85-77 av. J.-C.

Avant d'écouter Clitomaque, il avait reçu dans sa patrie les leçons de Calliclès, disciple de Carnéade [4]. Il entendit aussi le stoïcien Apollodore [5].

Philon fut célèbre en son temps. Plutarque [6] nous atteste qu'il excita l'admiration des Romains autant par son talent que par son caractère. Il eut pour disciples plusieurs hommes illustres, entre autres Cicéron, qui lui témoigna toujours le plus vif attachement, et qui l'appelle un grand homme [7]. Stobée [8]

---

p. 187) que Clitomaque mourut vers 110 av. J.-C. Mais, comme on l'a vu, cette date est incertaine : Clitomaque a peut-être vécu plus longtemps et Philon a pu naître à une date voisine de 140; 2° Cicéron (Ac., II, iv, 11) dit que deux livres de Philon venaient d'être publiés lorsque Antiochus était à Alexandrie avec Lucullus : suivant Zumpt (Abhand. der Königl. Berlin. Akad., 1842) c'était en 84; suivant Clinton (Fast. Hell., t. III, p. 147) et Hermann (De Phil. Lariss. Dissert. 1ʳᵉ, p. 4. Götting. 1851, Gymn. progr.), en 87; 3° l'Index nous apprend qu'il mourut à soixante-trois ans (Col. xxxiii, 18), si toutefois on doit lire avec Bücheler ἑξήκοντα. Lorsque Cicéron vint à Athènes, en 79, il dit (Brut., xci, 315. Fin., V, 1, 1) qu'il suivit six mois les leçons d'Antiochus dans le gymnase de Ptolémée; si Philon avait été à Athènes, Cicéron n'aurait pas manqué de le dire. Peut-être était-il resté à Rome; il est plus probable, comme le conjecture Zeller (t. IV, p. 590), qu'il était mort.

(1) Ind. Herc., col. xxxiii.
(2) Cic., Brut., lxxxix, 306.
(3) Cic., Tusc., V, xxxvii.
(4) D'après l'Index, il aurait suivi ses leçons pendant dix-huit ans; Zeller corrige avec raison ce texte qui fait commencer à Philon l'étude de la philosophie dès l'âge vraiment trop tendre de six ans.
(5) Ind., ibid.
(6) Cic., 3.
(7) Ac., I, iv, 13: «...Philo, magnus vir, ut tu existimas.»
(8) Ecl., II, 40.

loue aussi son talent, et saint Augustin sa prudence [1]. Sa gloire était assez bien établie pour qu'on l'ait parfois considéré comme le fondateur de la quatrième Académie [2].

Il enseignait la rhétorique en même temps que la philosophie [3], et avait réservé certaines heures de la journée pour cet enseignement; il ne se bornait pas, comme les rhéteurs, à faire plaider des causes particulières et étroitement circonscrites; il aimait aussi les sujets généraux [4], les questions de principe que les rhéteurs laissaient d'ordinaire aux philosophes.

Philon avait certainement écrit plusieurs ouvrages; aucun n'est arrivé jusqu'à nous. Cicéron signale [5] deux livres de lui publiés à Rome, et dont une copie, apportée à Alexandrie, excita l'indignation d'Antiochus [6]; c'est pour répondre à ces deux livres, pleins, suivant lui, de nouveautés dangereuses, et en contradiction avec l'enseignement de l'Académie, avec celui même de Philon, qu'Antiochus écrivit un ouvrage intitulé *Sosus*.

A cette attaque, qui paraît avoir été fort pressante, si nous en jugeons par le discours que Cicéron met dans la bouche d'un disciple d'Antiochus, et qui, presque certainement, suivait de très près l'œuvre réelle du philosophe, Philon fit-il une réponse [7]? On peut conjecturer, d'après un passage de saint Augustin, que le livre d'Antiochus lui fournit une occasion de reprendre contre les stoïciens le combat acharné où s'étaient signalés tous les vrais adeptes de la nouvelle Académie. Cicéron

---

[1] *Cont. academic.*, III, xviii, 41.
[2] Sext., *P.*, I, 220. Euseb., *Præp. ev.*, XIV, iv, 16.
[3] *Tusc.*, II, 11; II, 3.
[4] Cic., *De orat.*, III, xxviii, 110.
[5] *Ac.*, II, iv, 11.
[6] Lucullus, dans les *Académiques*, reproduit le discours qu'il a entendu prononcer par Antiochus, et Cicéron insiste à plusieurs reprises sur la mémoire extraordinaire dont Lucullus était doué. *Ac.*, II, 1, 2; 11, 4.
[7] Krische, dans sa remarquable étude *über Cicero's Akademika* (Göttinger Studien, 1845) se prononce pour la négative (p. 194); Hermann (*op. cit.*, p. 7) lui oppose avec raison le passage de saint Augustin, *Contr. Academic.*, III, xviii, 41 : « Sed huic (Antiocho), arreptis iterum illis armis, Philon restitit donec moreretur. » (Cf. *Ac.*, II, vi, 17.)

dit aussi que, tant qu'il vécut, l'Académie ne manqua pas de défenseurs. Toutefois nous n'avons sur l'ouvrage ou les ouvrages que Philon put écrire à ce moment aucun renseignement précis.

III. Pour Philon comme pour ses prédécesseurs dans l'Académie, comme pour tous les philosophes de son temps, le problème capital fut celui de la certitude.

A en croire la plupart des historiens, Philon se serait rallié à une sorte de dogmatisme mitigé ; il aurait reculé en arrière de Carnéade, et incliné déjà vers ce dogmatisme éclectique qui devait triompher avec Antiochus.

Nombre de témoignages en effet s'accordent à établir qu'il a modifié l'enseignement de la nouvelle Académie. On a vu qu'il fut considéré comme le fondateur d'une quatrième Académie ; et Cicéron nous dit en propres termes qu'il introduisit des nouveautés[1]. Ces nouveautés devaient être de quelque importance, puisque, lisant à Alexandrie deux livres que Philon venait de publier à Rome, son disciple Antiochus, le plus doux des hommes, entra dans une grande colère : faisant appel aux souvenirs de ceux qui avaient avec lui suivi les leçons de Philon, il leur demanda si jamais pareilles choses avaient été entendues dans l'Académie. Enfin, il composa lui-même un traité pour réfuter son maître.

Nul doute encore que Philon n'ait professé une sorte de dogmatisme. On nous dit[2] en effet qu'il faisait remonter jusqu'à Platon la doctrine de la nouvelle Académie ; il se flattait d'être le continuateur du maître d'Aristote, disait qu'il n'y avait jamais eu qu'une seule Académie, et s'élevait contre ceux qui soutenaient le contraire.

Numénius[3] nous apprend aussi que dans sa joie de succéder à Clitomaque, il était, avec une ardeur toute nouvelle, parti en guerre contre les stoïciens. Mais plus tard l'expérience calma

---

[1] Ac., II, vi, 18 : « Philo autem, dum nova quaedam commovet. »
[2] Cic., Ac., I, iv, 13.
[3] Ap. Euseb., Praep. ev., XIV, ix, 1.

son zèle. Il remarqua l'accord des sensations, et leur évidence. Il n'osa pas tourner le dos à ses anciens amis. Mais il souhaitait de trouver des contradicteurs qui le fissent changer d'avis, et le convainquissent d'erreur.

De même, suivant saint Augustin [1], Philon, esprit très circonspect, avait déjà, avant la défection d'Antiochus, entr'ouvert les portes de l'Académie à des ennemis vaincus, et tenté de les ramener sous l'autorité et les lois de Platon.

Enfin, ce qui est peut-être encore plus décisif, Sextus [2] dit en propres termes que, d'après Philon, la vérité ne peut sans doute être connue à l'aide du critérium stoïcien, mais qu'en elle-même, par nature, elle peut être connue. C'est uniquement contre le dogmatisme stoïcien que ses critiques auraient été dirigées; mais cette doctrine supprimée et balayée, il y avait place pour un autre dogmatisme.

Ajoutons enfin que Cicéron [3] lui-même fait allusion, en termes, il est vrai, assez obscurs, à un enseignement mystérieux et ésotérique sur lequel les académiciens refusaient de s'expliquer.

Quel est donc le dogmatisme que Philon avait substitué au dogmatisme stoïcien? Ici commencent les difficultés. Aucun texte ne permet de répondre avec une entière certitude : ce n'est que par voie de conjecture qu'on peut essayer de résoudre la question.

D'après les textes qu'on vient de lire, la première idée qui s'offre à l'esprit est que Philon revenait simplement au dogmatisme platonicien. Les choses ne peuvent être connues par les sens: Platon l'avait dit, Philon le répète, et c'est pourquoi, au témoignage de Sextus, il combat le critérium stoïcien. Pourtant, les choses peuvent être connues : comment? si ce n'est, comme l'avait dit Platon, par l'intuition de la raison pure.

Telle est l'opinion qui a été adoptée et défendue aussi ingé-

---

[1] Contr. academic., III, xviii, 41 : «Quippe Antiochus, Philonis auditor, hominis, quantum arbitror, circumspectissimi, qui jam veluti aperire cedentibus hostibus portas coeperat, et ad Platonis auctoritatem Academiam legesque revocare.»

[2] P., I, 235.

[3] Ac., II, xviii, 60. — Cf. August., loc. cit., xvii, 38; xx, 43.

nieusement qu'elle peut l'être par Hermann [1]. Il l'avait indiquée dans sa première dissertation sur Philon de Larisse. Il l'a maintenue et développée, malgré les critiques d'Ed. Zeller, en l'appuyant d'arguments nouveaux, dans sa seconde dissertation.

Un point sur lequel Hermann a le premier attiré l'attention, c'est l'emploi par Cicéron, quand il expose la théorie des académiciens, d'expressions telles que *impressum in animo atque mente* [2], *menti impressa subtiliter*, qui rappellent d'autres passages où Cicéron admet une sorte de connaissances innées, ou plutôt analogues à celles que, suivant Platon, l'âme a acquises dans une vie antérieure.

Cependant les arguments de Hermann ne nous ont pas convaincu, et nous croyons que la doctrine de Philon avait un tout autre sens, et demeurait fort éloignée du vrai platonisme.

D'abord, pour commencer par le dernier argument signalé par Hermann, la preuve que Philon n'entend pas l'expression *menti subtiliter impressa* au sens platonicien, c'est que Cicéron ajoute aussitôt *neque tamen id percipi ac comprehendi posse*. L'intuition platonicienne comporte-t-elle une telle réserve, une telle incertitude?

Le passage où Cicéron fait allusion à une sorte d'initiation mystérieuse est trop peu explicite pour justifier la conclusion qu'on en tire. Il ne s'applique d'ailleurs pas à Philon en particulier, mais à tous les académiciens. Et s'il avait le sens qu'on veut lui attribuer, comment le concilier avec cet autre passage où Cicéron nous apprend que Clitomaque n'a jamais su à quoi s'en tenir sur les opinions de Carnéade [3]?

Quant au témoignage de saint Augustin, il ne renferme rien de précis sur l'enseignement de Philon. D'ailleurs, saint Au-

---

[1] *Dissert.* 1ᵉ Gotting. 1851, Gymn. progr. — *Dissert.* 2ᵉ Gotting. 1855, Gymn. pr.
[2] *Ac.*, II, xi, 34.
[3] *Ac.*, II, xlii, 139.

gustin prête les mêmes arrière-pensées à Arcésilas et à Carnéade[1], et nous avons vu qu'il se trompe. Il faut se souvenir d'ailleurs qu'il présente cette idée comme une conjecture personnelle, non comme une donnée certaine.

Enfin, Philon lui-même, chez Cicéron, se rattache à Platon et déclare qu'il n'y a eu qu'une seule Académie. Mais qu'on y prenne garde! Platon est à ses yeux un sceptique; comme Socrate il se garde de jamais rien affirmer. S'il n'y a eu, selon Philon, qu'une seule Académie, c'est une Académie sceptique; ce n'est pas la nouvelle qu'il ramène à l'ancienne, c'est l'ancienne qu'il absorbe dans la nouvelle.

Dans les deux livres des *Académiques*, qui sont arrivés jusqu'à nous, Philon nous est toujours présenté comme un probabiliste. Cicéron, dans sa lettre d'envoi à Varron[2], déclare qu'il s'est fait le porte-parole de Philon; or, Cicéron se donne toujours pour probabiliste. Et si Philon avait renouvelé le dogmatisme de Platon, comment comprendre qu'Antiochus ait pu lui reprocher de dire des choses inouïes jusqu'ici dans l'Académie? Comment comprendre qu'il l'ait si âprement combattu, lui qui avait justement la prétention de restaurer le platonisme?

Nous n'avons malheureusement pas le II° livre de la deuxième rédaction des *Académiques*, où, suivant la très plausible conjecture de Krische[3], était exposée en détail la doctrine de Philon, tandis que le troisième et le quatrième correspondaient à peu près au *Lucullus* que nous avons. Mais le fait même que Cicéron, plaidant pour Philon, répond à Varron, défenseur d'Antiochus, montre bien que Philon ne professait pas une théorie analogue à celle de Platon. Et quand, dans le *Lucullus*, Cicéron, après avoir exposé les théories sceptiques de Carnéade et de Clitomaque, s'écrie[4]: « Tout ce que je dis, Antiochus l'a appris à l'école de Philon, » comment supposer qu'il y ait de grandes

---

[1] Voy. ci-dessus, p. 117.
[2] *Ad famil.*, IX, viii, 1.
[3] *Op. cit.*, p. 180.
[4] II, xxii, 69.

différences entre Philon et Carnéade ? Il a pu être un adversaire moins tranchant [1], un interlocuteur plus conciliant ; il était sur le fond d'accord avec ses prédécesseurs immédiats.

Il faut donc écarter la thèse de Hermann. Philon n'a pas été un dogmatiste platonicien. Il a pourtant professé une sorte de dogmatisme : Sextus le déclare formellement, Numénius l'assure, et Cicéron, on va le voir, ne le nie pas. Il a cru à l'existence de la vérité, mais la vérité n'est connue ni par les sens, ni par la raison. Comment donc l'est-elle ? Et que répondait Philon à cette question ?

Il ne répondait rien, et cela par la raison fort simple que, selon lui, la vérité n'est jamais connue avec certitude. Elle existe, elle est peut-être connue, mais nous ne sommes jamais sûrs de la posséder. Il manque toujours le signe infaillible auquel nous la reconnaîtrions [2]. En elles-mêmes ($\varphi\acute{\upsilon}\sigma\varepsilon\iota$), les choses peuvent être connues ; elles sont, en ce sens, compréhensibles [3] ; mais, en fait, nous ne pouvons distinguer le vrai du faux. Autre chose [4] est la *nature* du vrai, autre chose la *connaissance*. La connaissance, toujours possible, n'est jamais certaine [5].

Une pareille thèse peut nous paraître singulière ; nous sommes habitués à prendre les mots de vérité et de certitude pour synonymes, et nous ne concevons guère que l'une puisse exister sans l'autre. Voici, croyons-nous, comment Philon a été amené à soutenir ce paradoxe.

Après avoir fidèlement suivi la doctrine de Carnéade et de Clitomaque, Philon fut un jour profondément troublé par une

---

[1] Cic., *Ac.*, II, IV, 12.
[2] Cic., *Ac.*, II, XXXII, 104.
[3] Sext., *P.*, I, 235.
[4] Cic., *Ac.*, II, XVIII, 58.
[5] Cicéron dit à plusieurs reprises (II, XI, 33 ; XXXV, 112) que la définition stoïcienne de la représentation compréhensive peut être acceptée, pourvu qu'on n'ajoute pas : *quomodo imprimi non posset a falso* ; c'est la pensée de Philon, tout à fait pareille à celle que Sextus (*M.*, VII, 402) attribue à Carnéade. Cf. Euseb., *Præp. evang.*, XIV, VII, 15 : Διαφορὰν δ' εἶναι ἀδήλου καὶ ἀκαταλήπτου, καὶ πάντα μὲν εἶναι ἀκατάληπτα, οὐ πάντα δὲ ἄδηλα. Cicéron d'ailleurs, dans *Lucullus*, expose cette théorie comme étant celle de Carnéade.

objection d'Antiochus[1]. Parmi les quatre propositions qui résument la théorie de Carnéade et qu'on a lues ci-dessus, il en est deux, les plus essentielles, qui se contredisent. — Il y a, dit Carnéade[2], des représentations fausses. Puis, entre les représentations vraies et les fausses il n'y a point de différence spécifique. — Mais, objecte Antiochus, quand vous admettez la première de ces propositions, vous admettez implicitement que le vrai peut être distingué du faux, et vous le niez dans la seconde. Si la seconde est vraie, la première ne l'est plus; et si la première est vraie, il faut renoncer à la seconde. Au fond, c'est l'objection si souvent dirigée de nos jours contre le probabilisme, mais présentée ici sous une forme plus saisissante et plus vive : la probabilité suppose la vérité; rien n'est probable, si rien n'est vrai.

Que répondre à cette objection? Rien autre chose, sinon ce que répond Cicéron[3]? Et on peut être assuré qu'il répète les paroles de Philon : « L'objection serait irréfutable si nous supprimions toute vérité; c'est ce que nous ne faisons pas. Car nous discernons le vrai et le faux. Il y a des apparences en faveur de la probabilité, il n'y a pas de signe certain du vrai. »

Il faut, on le voit, pour sauver la probabilité, reconnaître l'existence de la vérité. Mais, tout en avouant cette existence, Philon ne croit pas à la certitude. Il y a des choses évidentes (*perspicua*), qui ne sont pas perçues et connues (*percepta, comprehensa*)[4]. Ces choses évidentes, vraies, que l'on peut croire

---

[1] Cic., *Ac.*, II, xxxv, 111 : « Ne illam quidem praetermisisti, Luculle, reprehensionem Antiochi (nec mirum, in primis enim est nobilis) qua solebat dicere Antiochus Philonem maxime perturbatum. »

[2] *Ibid*. Cf. *Ac.*, II, xiv, 44.

[3] *Ac.*, II, xxxiv, 111 : « Id ita esset si nos verum omnino tolleremus. Non facimus. Nam tam vera quam falsa cernimus. Sed probandi species est : percipiendi signum nullum habemus. »

[4] *Ac.*, II, x, 34 : « Alii autem elegantius qui etiam queruntur quod eos insimulemus omnia incerta dicere, quantumque intersit inter incertum et id quod percipi non possit docere conantur eaque distinguere. » Cf. *Ac.*, II, ii, 34 : « Perspicua a perceptis volunt distinguere, et conantur ostendere esse aliquid perspicui; verum illud quidem impressum in animo atque mente, neque tamen id percipi ac

(*probare*), mais non connaître (*percipere*)[1], c'est ce qui est probable ou vraisemblable au sens où Carnéade, d'après Métrodore, définissait ces termes. Et c'est pourquoi, probablement, Philon, abandonnant l'interprétation de Clitomaque, adopta celle de Métrodore. Il donna seulement à la pensée de Carnéade ainsi comprise plus de netteté et de décision.

Comment Philon, dira-t-on, a-t-il pu soutenir une pareille thèse? Comment dire que la vérité existe, si nous ne la connaissons pas? Comment croire qu'elle est, si nous ne savons jamais ce qu'elle est? Nous ne disons pas que Philon ait raison; encore serait-ce une question de savoir si cette thèse ne peut être défendue. Mais ce n'est pas de cela qu'il s'agit ici. Historiquement, la preuve que Philon a soutenu cette théorie [2], c'est

comprehendi posse.» *Ac.*, II, x, 34 : «Volunt enim probabile aliquid esse, et quasi verisimile.» Cf. *Ac.*, II, xxxii, 104.

[1] Cf. Stob., *Floril.*, 234 : Οἱ ἀπὸ τῆς Ἀκαδημίας ὑγιεῖς μὲν (αἰσθήσεις), ὅτι δι' αὐτῶν οἴονται λαβεῖν ἀληθινὰς φαντασίας, οὐ μὴν ἀκριβεῖς.

[2] L'interprétation de Hirzel (*op. cit.*, p. 198) est, au fond, d'accord avec la nôtre. Suivant Hirzel, la grande originalité de Philon a été l'introduction du mot καταληπτόν, jusque-là employé par les seuls stoïciens et qu'il aurait adopté en lui donnant, il est vrai, un sens tout différent : les choses sont <u>compréhensibles</u>; seulement nous ne sommes jamais sûrs, faute d'un <u>critérium</u> suffisant, de les avoir comprises. Cette introduction d'un <u>terme</u> stoïcien dans le langage de l'Académie aurait été la nouveauté qui a si fort scandalisé Antiochus. (*Ac.*, II, iv, 11.)

À l'appui de cette thèse, Hirzel cite le passage de Sextus (*P.*, I, 235), où le mot καταληπτόν est, en effet, employé pour le compte de Philon, et celui de Cicéron (*Ac.*, II, vi, 18), qui semble bien avoir la même signification. Il est fort possible que Hirzel ait raison. Philon, reconnaissant l'existence de la vérité, peut fort bien avoir dit que les choses sont *compréhensibles*, et, par suite, admis la possibilité de la science. Ce serait un emploi du mot, détourné, il est vrai, de sa signification ordinaire, à peu près comme, chez nous, quelques philosophes peuvent être amenés à dire que nous sommes parfois *certains* de choses qui ne sont peut-être pas vraies.

Nous avons cependant quelques scrupules à admettre que Philon ait fait du mot καταληπτόν l'emploi que suppose Hirzel. Nous voyons, en effet, que la thèse constante attribuée aux académiciens et par Lucullus, qui la combat, et par Cicéron, qui la défend, est que rien ne peut être perçu ou compris (II, xi, 33; xiii, 42; xiv, 43; xix, 62; xx, 66; xxi, 68; xxiii, 73; xxiv, 78, etc.). Il est vrai qu'on a réservé et mis de côté la thèse de Philon (iv, 12; xxii, 98). Mais n'oublions pas que Cicéron, dans sa lettre à Varron, se donne pour le représentant de Philon (*partes mihi sumpsi Philonis*), et il n'est pas présumable que, d'une édition à qu'Antiochus la combat avec une grande vigueur et lui adresse précisément l'objection qu'on vient de lire [1]. Il compare [2] spirituellement les partisans de cette opinion à quelqu'un qui ôterait la vue à un homme et dirait qu'il ne lui a rien ôté de ce qu'on peut voir. On nous refuse les moyens de connaître la vérité, mais on nous laisse la vérité.

Si étrange qu'elle puisse paraître à quelques-uns, cette thèse est celle que soutient Cicéron lui-même dans toute la seconde partie du *Lucullus*. Il répète à satiété que rien n'est certain, mais, en même temps, il ajoute qu'il ne conteste pas l'existence de la vérité [3]. La vérité, dit-il encore en se servant d'une expression de Démocrite [4], a été profondément cachée par la nature: ne pouvant l'atteindre, nous pouvons du moins nous en rapprocher.

l'autre, il ait changé d'attitude. De plus, en bien des passages, il est fait allusion expressément à Philon (XXIII, 69; XXXIV, 111), ou ses partisans sont, selon toute vraisemblance, désignés sans être nommés (XII, 44; V, 32). Comment croire que Cicéron ait combattu *mordicus* l'opinion suivant laquelle les choses sont compréhensibles, si Philon l'avait soutenue, même avec les restrictions qu'on suppose? Comment croire surtout, si Philon avait admis l'emploi de ce mot, que Cicéron ait écrit (II, XLI, 128): *Nec possunt dicere aliud alio magis minusve comprehendi, quoniam omnium rerum una est definitio comprehendendi.* Enfin, d'après une très ingénieuse correction que Hirzel lui-même a introduite dans le texte de Photius (*Myriob.* cod. 212), Philon soutenait que tout est ἀκατάληπτον (Hirzel, p. 233). Ce qui paraît probable, c'est que Philon a déclaré que, si nous ne pouvons être sûrs de rien, cela ne tient pas à la nature même des choses, mais aux conditions de la connaissance. Le passage de Cicéron (II, XVIII, 58: «Veri et falsi non modo cognitio, sed etiam natura tolletur») concorde tout à fait avec celui de Sextus. En d'autres termes, la vérité peut être connue, mais nous n'avons jamais le droit de dire que nous la connaissons. De là à employer couramment le mot καταληπτόν, il y a une certaine distance.

Nous croyons donc que Philon a continué à employer le mot πιθανόν, comme le fait constamment Cicéron. Mais ce qu'il est essentiel de remarquer, c'est que, dans un cas comme dans l'autre, il est toujours resté fidèle au point de vue de Carnéade et n'a fait au dogmatisme qu'une concession apparente. En fin de compte, il ne dit pas autre chose, s'il le dit autrement, que ce qu'a dit Carnéade.

[1] Cic., *Ac.*, II, XI, 35.
[2] *Ac.*, II, XI, 33.
[3] *Ac.*, II, XXIII, 73: «Veri esse aliquid non negamus; percipi posse negamus.» Cf. II, XXXVIII, 119: «Vides me fateri aliquid esse veri, comprehendi ea tamen et percipi nego.»
[4] *Ac.*, I, XII, 44.

et il faut l'essayer[1]. « Nous ne renonçons pas par fatigue à la poursuite de la vérité : toutes nos discussions n'ont d'autre but, en mettant aux prises des opinions contraires, que d'en faire sortir, d'en faire jaillir une étincelle de vérité ou quelque chose qui en approche. » Il jure ses grands dieux qu'il est plein d'ardeur pour la recherche de la vérité[2]. Même dans les sciences physiques, si incertaines, il sait quelle joie on éprouve à s'élever au-dessus des apparences vulgaires, à tenter de pénétrer les secrets de la nature et à découvrir une explication, ne fût-elle que vraisemblable[3]. C'est ainsi que, plus tard, les nouveaux sceptiques diront que peut-être la vérité existe, qu'il n'est pas impossible qu'on la découvre un jour, qu'il ne faut décourager personne. En attendant, elle n'est pas trouvée.

Au surplus, disait encore Cicéron[4], la simple probabilité n'est point tant à dédaigner. Il y a bien des cas où le sage lui-même s'en contente. Fait-il autre chose quand il monte sur un vaisseau, quand il fait des plantations[5], quand il se marie, quand il a des enfants ? A-t-il, en toutes ces circonstances, la certitude absolue et inébranlable dont se targue le stoïcien ? On affirme sans hésiter que le soleil est dix-huit fois plus grand que la terre; est-ce une chose qu'on ait comprise ou perçue[6] ?

Si cette interprétation est exacte, peut-on dire que Philon ait fait quelque concession au dogmatisme et qu'il soit, à quelque degré, éclectique ? La réponse à cette question dépend de ce qu'on entend par dogmatisme. On est sans doute dogmatiste quand on admet l'existence de la vérité. L'est-on encore quand on ajoute que nous ne sommes jamais sûrs de la posséder ? C'est ce qu'on appelle d'ordinaire le scepticisme, et quand on accorde la possibilité de se rapprocher du vrai, ou même de l'atteindre sans le savoir, on est probabiliste. Philon n'est ni plus ni moins

---

[1] Cic., Ac., II, III, 7.
[2] Ac., II, xv, 65.
[3] Ac., II, xli, 127.
[4] Ac., II, xxxi, 99.
[5] Ac., II, xxxiv, 109.
[6] Ac., II, xli, 128.

qu'un probabiliste; c'est uniquement pour sauver la probabilité qu'il a admis l'existence de la vérité; il a paru changer d'opinion, mais la concession qu'il a faite au dogmatisme est de pure apparence.

En quoi donc diffère-t-il de Carnéade et quelles sont les nouveautés qu'au témoignage de Cicéron il a apportées? Malgré l'autorité de Zeller, nous ne croyons pas qu'on doive lui attribuer en propre la distinction entre les choses évidentes ou probables (*perspicua, probabilia*) et les vérités certaines; cette théorie est de Carnéade [1], comme on l'a vu plus haut. Tout au plus pourrait-on accorder que Philon a attaché plus d'importance à la partie positive qu'à la partie négative de la doctrine de Carnéade; il insiste plus volontiers sur le caractère probable ou vraisemblable de certaines propositions. Nous avons vu comment, avec Métrodore, il prêtait à Carnéade des assertions plus positives que ne le voulait Clitomaque. D'après Philon, Carnéade croyait que le sage peut avoir des opinions; Cicéron, d'accord avec Clitomaque, ne voyait là qu'une thèse soutenue pour contrarier les stoïciens [2].

Les nouveautés de Philon se réduisaient à deux points. Il déclarait, ce que Carnéade n'avait pas dit et ce qu'il n'aurait peut-être pas accordé, que la vérité existe. En outre, et précisément peut-être parce qu'il reconnaissait l'existence de la vérité, il a prétendu rattacher la nouvelle Académie à l'ancienne. Platon, en effet, qui croit aussi à l'existence de la vérité, a souvent des formules dubitatives [3]: il entoure ses assertions de beaucoup de réserves; il n'admet pas non plus que les sens soient juges de la vérité, et il permet au sage [4] d'avoir des opinions. Philon a donc pu, à tort, nous le voulons bien, mais de très bonne foi, se croire le continuateur fidèle du fondateur

[1] C'est aussi l'opinion de Hirzel, p. 207.
[2] *Ac.*, II, xxiv, 78.
[3] *Ac.*, I, xii, 46.
[4] *Ac.*, II, xxxv, 113 : « Incognito nimirum assentiar, id est, opinabor. Hoc mihi et peripatetici et vetus Academia concedit. »

de l'Académie. De même, il est dans son droit quand il rapproche sa doctrine de celle d'Aristote. Si la connaissance était seulement l'impression faite sur l'esprit par la vérité, les péripatéticiens, comme Philon, y souscriraient [1]. Ce qui gâte tout, c'est cette grave addition : de telle sorte que le faux n'en saurait produire une semblable. Qui a jamais, dans le Lycée, tenu un pareil langage? C'est Antiochus, ce sont les stoïciens qui ont altéré la pure doctrine de l'Académie.

On comprend par là comment Philon a pu passer pour un novateur, quoique, au fond, il n'ait guère fait que répéter, en soulignant peut-être certains traits, ce qui avait été dit par Carnéade. Les innovations de Philon sont assez importantes pour qu'on l'ait parfois regardé comme le fondateur d'une quatrième Académie. Elles ne le sont pas assez pour que cette qualification ait été universellement admise, et ait prévalu.

Si Numénius et saint Augustin lui ont attribué un changement d'opinion, et ont vu en lui un dogmatiste platonicien, c'est qu'ils se sont mépris sur le sens que Philon donnait à cette formule : la vérité existe. Il faut convenir que leur erreur est excusable. Il n'est pas naturel, à première vue, qu'un sceptique proclame l'existence de la vérité.

La grande colère d'Antiochus contre Philon [2] vient, selon toute vraisemblance, de l'effort tenté par le dernier pour mettre Platon et Aristote d'accord avec Carnéade, et effacer les limites entre les deux Académies. Transfuge de la nouvelle Académie, rallié avec éclat au stoïcisme, c'est chez les stoïciens qu'Antiochus prétendait trouver les vrais continuateurs de Platon et d'Aristote.

[1] Cic., Ac., II, 112.
[2] Suivant Hirzel (p. 196), c'est surtout l'emploi du mot καταληπτόν qui aurait scandalisé Antiochus. Mais est-ce bien de ce mot, et de l'idée qu'il exprime, qu'il pouvait dire : ce sont choses inouïes dans l'Académie? Lui-même d'ailleurs s'en servait, et il prétendait bien rester dans l'Académie. Nous croyons plutôt que c'est l'interprétation sceptique de la doctrine de Platon et d'Aristote qui l'a si fort irrité. Cf. Ac., I, IV, 13. L'expression *mentitur* employée deux fois (II, VI, 18-IV, 1) à l'égard de Philon semble aussi plutôt s'appliquer à un point de fait, qu'à une question de doctrine.

Il allait jusqu'à dire qu'entre les stoïciens et l'ancienne Académie, les mots seuls différaient, et que le stoïcisme est une correction de l'ancienne Académie [1]. Il voulait conserver à l'école qu'il servait avec un zèle de nouveau converti, le prestige des grands noms de l'ancienne Académie [2]. On lui prenait ses Dieux; il voulut les défendre, et c'est pourquoi il écrivit le *Sosus*.

Deux points assez délicats restent à expliquer. Quel est le mode de connaissance admis par Philon, et désigné par ces mots : *menti subtiliter impressum* ? Quel était cet enseignement ésotérique auquel Cicéron fait une allusion discrète ?

Sur le premier point, Hermann et Zeller semblent croire qu'il s'agit d'une connaissance innée, non pas au sens stoïcien, mais au sens platonicien du mot. Mais on ne peut invoquer en faveur de cette conjecture aucune raison probante [3]. Au contraire, Philon et Cicéron sont sur ce point de l'avis de Carnéade, qui manifestement fait dériver toute connaissance des sens. Il nous semble probable que les académiciens ne s'expliquaient guère sur la manière dont se fait la connaissance. Ils constataient, comme une donnée, la présence des idées dans notre esprit, et les tenaient pour conformes à leurs objets, sans rendre compte du passage des choses à l'esprit, de l'action des choses matérielles sur la pensée, sans recourir surtout aux images et à la terminologie matérialistes des stoïciens. Ils y ont toujours répugné. C'est contre eux qu'est dirigé le mot *subtiliter*. C'est surtout par cette opposition constante au matérialisme stoïcien qu'ils sont vraiment de l'école de Platon.

Sur l'enseignement mystérieux des académiciens, nous ne pouvons naturellement hasarder que des conjectures. Il y a, disaient-ils, des choses probables. Mais quelles sont les choses probables ? Quel choix avaient-ils fait parmi les diverses assertions en

---

[1] *Ac.*, I, XII, 43.
[2] *Ac.*, II, XV, 70.
[3] Hirzel (*Excurs.* II) combat avec beaucoup de force la thèse de ceux qui prêtent à Cicéron la théorie des idées innées.

faveur desquelles on peut invoquer des raisons plausibles ? On comprend que des dialecticiens subtils qui passaient leur vie à discuter avec des adversaires retors, aient évité de se prononcer publiquement sur ce sujet : se prononcer, c'était donner prise sur soi, c'était renoncer à cette position si avantageuse de gens qui, n'ayant rien à défendre, sont toujours prêts pour l'attaque, chose plus facile, comme chacun sait. De là, leur réponse aux questions indiscrètes sur leurs mystères[1] : *Non solemus ostendere*. Mais dans l'intimité de l'école, avec des disciples [2] choisis et privilégiés, ils n'avaient plus les mêmes raisons de se tenir sur la réserve; ils n'avaient plus d'attitude à observer. C'est là probablement qu'ils disaient ce qui leur paraissait vraisemblable, et ce qu'en réalité ils croyaient. Mais même alors, on peut croire qu'ils ne prenaient pas un ton dogmatique. Ils proposaient leurs opinions à leurs disciples, ils n'imposaient rien. Ils donnaient leurs raisons, et laissaient à leurs auditeurs le soin et la liberté de conclure. Ils étaient en cela conséquents avec eux-mêmes. Nous voyons, par un passage de Cicéron [3], que leur souci était de faire triompher non l'autorité, mais la raison. Ce respect de la liberté et de la conscience individuelle paraît bien rare dans les autres écoles; c'est un caractère propre aux nouveaux académiciens. Ces excellents philosophes ont été les esprits les plus libéraux et les plus modérés de leur temps.

En tout cas, il n'y a pas, dans l'obscur passage de Cicéron, de raisons pour leur prêter des dessous ténébreux, ou des pensées de derrière la tête. Saint Augustin s'est trompé quand il a cru qu'ils tenaient soigneusement caché le trésor des dogmes platoniciens. On voit quel est le malentendu qui a donné naissance à la tradition, ou plutôt à la légende dont il s'est fait l'écho.

En résumé, Philon est toujours resté le fidèle disciple de Carnéade. Zeller se trompe, ou du moins il force la note, lorsqu'il

---

[1] Cic., *Ac.*, II, xviii, 60.
[2] Cf. Sext., *P.*, I, 234. August., *Contr. academic.*, II, xiii, 29; III, xvii, 38.
[3] Cic., *Ac.*, II, xviii, 60 : « *Ut, qui audient, ratione potius quam auctoritate ducantur.* »

le range avec Antiochus parmi les éclectiques. Cicéron [1] dit que pendant la vie de Philon, l'Académie ne manqua pas de défenseurs. Saint Augustin [2] atteste que jusqu'à sa mort il ne cessa pas de résister à Antiochus et au dogmatisme; il faut croire ces témoignages.

IV. Si l'on peut contester l'originalité de Philon en logique, il est un point du moins par où il se distingua nettement de ses devanciers, et c'est peut-être ce qui, plus que tout le reste, a contribué à le faire regarder comme inclinant déjà vers le dogmatisme, et placer plus près d'Antiochus que de Carnéade : il traita explicitement les questions de morale, et Stobée [3] nous a conservé l'analyse, malheureusement trop succincte, d'un de ses traités [4]. Puisqu'il reconnaissait l'existence de la vérité, Philon pouvait, sans se contredire, donner des préceptes de morale. Il ne parle d'ailleurs que de morale pratique, et il faut se souvenir que des sceptiques déclarés, tels que Pyrrhon et Timon, se sont toujours réservé le droit de dire leur mot sur la meilleure manière de vivre et d'être heureux.

Nous n'avons pas le titre de l'ouvrage; mais l'objet en est clairement indiqué. Il se divisait, comme la philosophie elle-même, en cinq, ou plutôt, à cause de l'importance d'une des subdivisions, en six parties.

Le philosophe ressemble au médecin. La première tâche du médecin est de persuader au malade qu'il doit accepter le remède; la seconde est de détruire l'effet des paroles de ceux qui lui donnent des conseils contraires. De même, le premier livre de Philon, afin d'amener les hommes à la vertu, montrait les

---

[1] *Ac.*, II, vi, 17.
[2] *Contr. acad.*, III, xviii, 41.
[3] *Eclog.*, II, 40.
[4] C'est peut-être ce traité qui a servi de modèle à Cicéron pour son *Hortensius* (Hermann, *op. cit.*, p. 6, n. 36). D'autres critiques estiment que Cicéron s'était plutôt servi des προτρεπτικά de Posidonius, ou du προτρεπτικός d'Aristote. Cf. Thiaucourt, *Essai sur les traités philos. de Cicéron*, p. 47 (Paris, Hachette, 1885).

grands avantages qu'elle procure, et réfutait les calomniateurs de la philosophie. C'était l'exhortation (Προτρεπτικόν).

Après avoir bien préparé son malade, le médecin doit indiquer les causes des maladies, et leurs remèdes. De même, le philosophe délivre l'esprit des fausses opinions et lui présente les vraies. Tel était l'objet du second livre : il traitait *des Biens et des Maux* (Περὶ ἀγαθῶν καὶ κακῶν).

Le médecin poursuit un but qui est la santé. La fin que se propose le philosophe est le bonheur. Le troisième livre de Philon traitait *des Fins* (Περὶ τέλων).

Il ne suffit pas au médecin de donner la santé, il faut encore la conserver, et indiquer les précautions à prendre. Le philosophe donne aussi les préceptes les plus capables d'assurer le bonheur; c'est ce que faisait Philon dans son quatrième livre sur *les Manières de vivre* (Περὶ βίων). Il traitait ce sujet à un double point de vue : d'abord il indiquait les règles particulières, applicables seulement à quelques-uns. Par exemple, le sage doit-il s'occuper des affaires publiques, fréquenter les grands, se marier? Dans une seconde partie du même livre, qui, en raison de son importance, formait un livre à part, *le Politique*, il traitait les questions générales, celles qui intéressent tout le monde : quelle est la meilleure forme de gouvernement? les honneurs et les dignités doivent-ils être accessibles à tous?

Si tous les hommes pouvaient être sages, Philon se serait arrêté là; mais il faut tenir compte aussi de la moyenne des hommes, de ceux qui ne peuvent s'élever à la perfection, et, faute de loisirs, ne lisent pas les livres des philosophes. De bons conseils peuvent leur être utiles; de là le dernier livre de Philon, *les Préceptes* (Ὑποθετικὸς λόγος), qui présentait en abrégé les indications les plus propres à assurer la rectitude du jugement et la droiture de la conduite.

Le rapprochement obstiné que Philon établit entre la philosophie et la médecine pourrait donner à penser que déjà, comme le feront plus tard les nouveaux sceptiques, il songe à n'employer d'autre méthode que l'observation et l'expérience, laissant de côté les principes rationnels, et les témérités de la métaphysique. Mais nous ne savons rien de précis à cet égard.

Telle qu'elle est, la sèche analyse de Stobée nous montre que le livre de Philon était un de ces excellents traités de sagesse pratique, comme l'antiquité grecque dut en connaître beaucoup, et dont nous pouvons nous faire une idée d'après le *De Officiis* de Cicéron. Il serait intéressant, si les données ne nous faisaient défaut, de comparer cette morale à celle des stoïciens. Elle en évitait certainement les excès, elle n'en avait pas la raideur et elle donnait les mêmes conseils pratiques. Sur un point au moins elle a une incontestable supériorité; les stoïciens n'avaient pas pour la moyenne des hommes, pour les humbles et les simples, ces égards et cette bienveillance que leur témoigna Philon en leur consacrant tout un livre. Ils se contentaient de les appeler des insensés, et les dédaignaient. C'est la première fois peut-être qu'avec Philon, la philosophie s'avisa qu'il existe dans le monde autre chose que des philosophes et des sages. Il n'est que juste d'en savoir gré à la nouvelle Académie.

En résumé, Philon fut un esprit raisonnable et modéré. En logique, il combattit le dogmatisme, non pour le plaisir de détruire, mais pour réagir contre les prétentions orgueilleuses des stoïciens. Loin de se laisser entraîner par l'ardeur de la dispute, il s'attacha avec autant de bonne foi que de sagacité à remplacer la certitude absolue, qui, suivant lui, nous est inaccessible, par son équivalent pratique, la probabilité. Une philosophie qui nous laisse au moins l'espoir et la chance d'atteindre la vérité, n'est pas une mauvaise philosophie. Elle ne décourage pas la recherche, et nous interdit une trop grande satisfaction de nous-mêmes. Elle est à la fois modeste et laborieuse. En morale, Philon prit aussi parti pour les opinions moyennes. Il se défia des grands mots, et il ne connut pas cette vertu farouche, les cheveux hérissés, le front ridé et en sueur, seule sur la pointe d'un rocher, dont notre Pascal a si éloquemment parlé. La sienne n'est pas non plus enjouée et folâtre; elle n'est pas couchée mollement dans le sein de l'oisiveté tranquille, et n'estime même pas, quoiqu'on l'en accuse souvent, que l'ignorance et l'incuriosité soient deux doux oreillers pour une tête bien faite. Elle est plus grave, plus raisonnable, plus mesurée, plus bourgeoise en quelque sorte, et son principal mérite est peut-être que, sans être vulgaire, elle est à la portée de tout le monde.

C'est avec lui que la nouvelle Académie atteignit son apogée. Elle garda ce qu'il y avait d'excellent chez Carnéade, avec un plus vif souci des choses morales, avec je ne sais quoi de plus tempéré et de plus doux. Mieux que personne, Philon nous permet de nous faire une idée de ce que furent ces philosophes trop maltraités par l'histoire. Esprits déliés et subtils, éloquents sans affectation et ennemis de tout pédantisme, ouverts à toutes les idées justes sans être dupes des mots, sûrs dans leurs amitiés, les nouveaux académiciens furent les plus aimables de tous les philosophes. Très certainement ils valent mieux que leur réputation. La philosophie de Cicéron, qui est la leur, malgré ses lacunes et ses faiblesses, n'est pas une philosophie méprisable, et ce n'est pas un de leurs moindres mérites d'avoir su conquérir et garder la préférence de Cicéron.

Après Philon, la nouvelle Académie ne fit plus que décliner. Antiochus passa à l'ennemi. Les autres successeurs de Philon n'eurent point d'éclat. Philon de Larisse fut le dernier des académiciens.

CHAPITRE VI.

ANTIOCHUS D'ASCALON.

Nous avons achevé l'histoire de la nouvelle Académie. Antiochus d'Ascalon, qui nous est présenté par les historiens, et se présentait lui-même comme un académicien, ne mérite ce titre que si on l'entend au sens primitif du mot : il appartient peut-être, c'est du moins sa prétention, fort peu justifiée, comme on le verra, à l'ancienne Académie; il n'appartient pas à la nouvelle : il en est l'ennemi déclaré; il le dit lui-même dans le *Lucullus* où visiblement Cicéron reproduit ses propres paroles [1].

Pourtant, l'histoire de la philosophie d'Antiochus est à un double titre l'épilogue nécessaire de l'histoire de la nouvelle Académie. D'abord Antiochus a pendant assez longtemps fait partie de l'école de Philon. Plus tard il s'en sépara, et dirigea contre elle de nombreuses et graves objections. L'historien a tout à gagner à ne pas substituer son propre jugement à celui d'un contemporain des doctrines qu'il expose : l'œuvre toujours si délicate de la critique lui est épargnée; du moins il peut devenir critique sans cesser d'être historien. Enfin, on n'aurait d'une doctrine qu'une connaissance incomplète si on ignorait les objections auxquelles elle a donné lieu. Voilà pourquoi nous étudierons aussi la philosophie d'Antiochus, en nous attachant principalement aux points par où elle tient encore à celle de la nouvelle Académie.

I. Antiochus naquit à Ascalon [2], vers [3] 124-127 av. J.-C. Il eut

---

[1] *Ac.*, II, IV, 12 : « ...audirem Antiochum contra academicos (dissertentem). » Cf. II, VI, 18.

[2] Strab., XVI, II, 29. — Plut., *Luc.*, 42. Cic., 4. Brut., 2. — Élien, *V. H.*, VII, 25. — Stéphane de Byzance, cité par Fabricius, *Biblioth. Gr.*, t. III, p. 537.

[3] Nous n'avons pas d'indications précises sur la date de la naissance d'Antio-

pour maîtres le stoïcien Mnésarque[1], et surtout Philon, dont il suivit les leçons pendant fort longtemps[2]. Nous ne savons si, après avoir quitté Athènes, il vint à Rome: mais nous le retrouvons plus tard à Alexandrie, avec Lucullus, en l'an 87 suivant les uns, 84 suivant les autres[3]. Vers 79, lorsque Cicéron, pendant la dictature de Sylla, jugea prudent de quitter Rome, et alla passer six mois à Athènes, Antiochus y enseignait avec éclat[4] : il était le chef incontesté de l'Académie. Enfin, il accompagna encore Lucullus en Syrie et assista à la bataille de Tigranocerte[5] (69 av. J.-C.). Il mourut peu de temps[6] après, en Mésopotamie, à la suite des fatigues de la campagne[7].

Cicéron, sans partager toutes les opinions d'Antiochus, avait pour lui beaucoup d'affection et d'admiration[8]. Il vante l'aménité de son caractère, la finesse de son esprit, l'éclat de sa parole; c'est sans doute la douceur de son éloquence qui l'avait fait surnommer le cygne[9]. Les amitiés illustres que le philosophe sut gagner et conserver, celles d'Atticus, de Lucullus, de Brutus, de Varron, attestent que Cicéron ne l'a pas jugé avec trop de faveur.

chus; mais lorsqu'il eut connaissance à Alexandrie des livres de Philon (Cic., Ac., II, IV, 11) en 84 ou 87 (voy. ci-dessus, p. 191), il était déjà séparé de son maître, dont nous savons (Cic., Ac., II, XXII, 69) qu'il avait suivi les leçons pendant de longues années. On ne se trompera pas de beaucoup, semble-t-il, en admettant qu'à cette époque Antiochus devait être âgé d'environ quarante ans; ce qui place sa naissance vers 124 ou 127 av. J.-C. Chappuis, dont le livre (*De Antiochi Ascalonitæ vita et doctrina*, Paris, 1854) a été impudemment plagié par d'Allemand (*De Antiocho Ascalonita*, Marpurgi Cattorum, 1856) indique l'an 128.

[1] Numen, Ap. Euseb., *Præp. Ev.*, XIV, IX, 3. Saint Augustin, *Contra academicos*, III, XVIII, 41. Cic., Ac., II, XXII, 69.
[2] Cic., Ac., II, XXII, 69.
[3] Cic., Ac., II, IV, 11; II, 4; XIX, 61.
[4] Cic., Brut., XCI, 315. Ac., I, IV, 13; II, XXXV, 113. Leg., I, XXI, 54. Fin., V, 1, 1. — Plut., Cic., 4.
[5] Plut., Luc., 28.
[6] Cic., Ac., II, XIX, 61 : «...Hæc Antiochus, in Syria quam esset mecum, paulo ante quam est mortuus.»
[7] *Index Herc.*, XXXIV, 5.
[8] Ac., II, II, 4; XXXV, 113.
[9] Stéph. de Byzance, *l. c.*

Nous connaissons les titres de plusieurs ouvrages d'Antiochus : le *Sosus* [1] d'abord, qu'il écrivit pour répondre à Philon, dans l'accès de colère que lui avaient donné les assertions de son maître sur l'identité de la nouvelle Académie et de l'ancienne [2] : il protestait avec énergie contre cette confusion, et revendiquait pour lui-même, pour les dogmatistes, pour les stoïciens, le titre d'Académicien. Sextus [3] cite aussi un passage d'un livre d'Antiochus intitulé Κανονικά : sans doute il y traitait les questions de logique; nous voyons qu'il y mentionnait l'opinion du célèbre médecin Asclépiade, d'après laquelle les choses sont connues par les sens, et nullement par la raison. C'est peut-être le livre que Cicéron avait sous les yeux en écrivant le *Lucullus* : cependant, comme il ne nomme que le *Sosus*, il est naturel de croire qu'il s'est plutôt servi de ce dernier ouvrage [4].

Dans un autre livre, adressé à Balbus [5], Antiochus soutenait qu'entre les péripatéticiens et les stoïciens, il n'y a qu'une différence de mots. Enfin Plutarque [6] nous parle d'un livre Περὶ θεῶν, qu'il avait écrit dans les derniers jours de sa vie, puisque c'est là qu'il parlait de la bataille de Tigranocerte. Indépendamment de ces ouvrages qui appartiennent à la seconde partie de sa vie, Antiochus en avait écrit dans sa jeunesse d'autres, où il défendait les idées de Philon [7]. Mais nous n'avons pas de renseignements sur ces premiers essais, et sans doute ils furent de bonne heure oubliés.

Pourquoi Antiochus s'est-il séparé avec tant d'éclat de ses anciens amis? Ses adversaires ne manquèrent pas de mettre cette défection sur le compte de son ambition : on disait qu'il était resté fidèle à son maître jusqu'au jour où il eut à son tour des

---

[1] Sosus est le nom d'un philosophe, compatriote d'Antiochus, et qui appartenait à l'école stoïcienne (Stéph. de Byzance, *l. c.*).

[2] Cic., *Ac.*, II, IV, 11.

[3] *M.*, VII, 201.

[4] Cf. Thiaucourt, *op. cit.*, p. 58.

[5] Cic., *De nat. Deor.*, I, VII, 16.

[6] *Luc.*, 28.

[7] Cic., *Ac.*, II, XVII, 69.

disciples : il voulait être chef d'école, avoir ses disciples qui fussent appelés *Antiochiens* [1]. Nous n'avons aucune raison de nous associer à ces accusations, dictées peut-être par le dépit : les thèses de Philon n'étaient pas tellement évidentes (et lui-même avait varié) qu'il fût interdit à ses disciples d'en proclamer l'insuffisance et de les abandonner. Cicéron est-il plutôt dans le vrai lorsqu'il dit qu'Antiochus ne pouvait résister aux objections unanimes de tous les philosophes? Quoi qu'il en soit, à partir de ce moment il se donna une double tâche : réfuter les doctrines de la nouvelle Académie, et en reprenant quelques-unes des idées de l'ancienne, lui opposer un dogmatisme rajeuni.

II. Le réquisitoire d'Antiochus contre les académiciens était certainement la partie principale de son enseignement, son œuvre de prédilection [2]. Il apportait dans la discussion une ardeur extrême, faisant face à ses adversaires sur tous les points, ne négligeant aucun détail, les poursuivant partout avec une verve infatigable, une dialectique souple et animée, et il faut le dire, parfois victorieuse.

Il n'hésitait [3] pas à rendre justice aux qualités de ses anciens maîtres : il reconnaissait qu'ils procédaient avec méthode, divisaient bien les questions, les discutaient à fond. Il ne songeait même pas à leur reprocher, comme sans doute on l'avait fait plus d'une fois, la subtilité de leurs analyses et de leurs définitions : rien de plus digne, à son gré, des véritables philosophes. Il n'estimait pas non plus que le dédain fût une réponse suffisante à une doctrine qui nie la possibilité de la connaissance : hausser les épaules et passer outre, sous prétexte qu'on défend une doctrine aussi claire que le jour, lui paraissait une réfutation insuffisante. Le sujet vaut la peine d'être étudié pour lui-

---

[1] Cic., *Ac.*, II, xvii, 70 : « ... fore ut ei qui se sequerentur, Antiochii vocarentur. »

[2] Cic., *Ac.*, II, vi, 18. Augustin, *Cont. academic.*, II, vi, 15.

[3] Nous empruntons tous les renseignements qui vont suivre au *Lucullus* de Cicéron, *passim*.

même; et si l'évidence se défend elle-même, il arrive pourtant qu'on se laisse prendre à certains prestiges, qu'on soit embarrassé par des questions subtiles et captieuses : il faut avoir la réponse prête, être armé de manière à repousser toutes les attaques. Examinons donc les thèses des académiciens.

Tout d'abord, c'est à tort qu'ils s'abritent derrière les noms des grands philosophes, de Parménide, d'Empédocle, de Démocrite, de Socrate et de Platon. A quelques exceptions près, ces philosophes, bien loin de dire qu'ils ne savaient rien, ont affirmé bien plus qu'ils ne savaient. Et si parfois ils ont hésité, depuis qu'ils ne sont plus, l'esprit humain n'a-t-il donc pu découvrir aucune vérité? Socrate et Platon, en tous cas, ne doivent pas être mis au nombre de ceux qui doutent : Platon, parce qu'il a laissé un système achevé de toutes pièces; Socrate, parce qu'il ne faut pas se méprendre sur la modestie avec laquelle il s'efface dans les discussions : c'est pure ironie, et il ne songe qu'à surprendre son adversaire.

Considérons à présent les conséquences où conduit la doctrine académique. Aucune représentation, dit-on, n'est infaillible. Mais chacun de nous, à chaque instant, donne un démenti à cette assertion. Ne nous attardons pas à discuter l'argument de la rame plongée dans l'eau, ou du cou de la colombe : les couleurs que nous voyons, les sons que nous entendons, les parfums que nous respirons nous inspirent une pleine confiance. Et si on conteste la légitimité de la sensation, le jugement, le raisonnement, la mémoire deviennent impossibles : comment se rappeler des choses fausses, des choses que l'esprit n'a point saisies, et qu'il ne tient pas? Avec la mémoire, l'art disparaît. Que deviendra le géomètre, s'il ne peut discerner rien de certain? Comment le musicien pourra-t-il jouer en mesure, ou suivre la marche des vers? Enfin, chose plus grave, la vertu est rendue impossible. Trouvera-t-on des hommes de bien, décidés à braver tous les tourments plutôt que de trahir leur devoir, si les raisons de cette obligation ne sont point connues, perçues, comprises, fixées avec une inaltérable certitude? L'action, même la plus simple, suppose des idées arrêtées, des croyances. On n'agit pas sans désir : et comment délibérer quand on ignore si la chose désirée est bonne ou mauvaise, conforme ou non à la nature? Plus de raison, plus de philosophie, plus de ces principes (δόγματα) qu'on ne peut trahir sans crime; plus d'amitié, plus de patriotisme.

Laissons de côté les conséquences d'ordre pratique, et envisageons la question au point de vue théorique. Les académiciens disent : rien n'est certain. Mais cette assertion même, avouent-ils qu'elle est certaine? Non, répondait Carnéade à Antipater qui lui faisait cette objection. Celui qui dit : rien n'est certain, ne fait aucune exception; cette proposition n'est que probable. Il n'y a point de philosophie, réplique Antiochus, qui n'ait une opinion sur ces deux points : le souverain bien ou la règle des mœurs, et la distinction du vrai et du faux. Quand on se donne pour philosophe, quand on veut enseigner aux autres ce qu'ils doivent faire et éviter, croire ou rejeter, il faut avoir un principe. Le principe des académiciens est que rien n'est certain : il faut donc qu'ils s'en tiennent à ce principe, qu'ils lui soient fidèles; en d'autres termes, qu'ils soient certains.

Ainsi serrés de près, les académiciens répondent : Est-ce notre faute, si rien n'est certain? Prenez-vous-en à la nature qui a, suivant l'expression de Démocrite, caché la vérité au fond d'un abîme. Abandonnons les sceptiques, dont il faut désespérer, et pour lesquels tout est aussi incertain que la question de savoir si le nombre des étoiles est pair ou impair. D'autres sont plus adroits : ils distinguent ce qui ne peut être connu, et ce qui est incertain. Il y a suivant eux des choses qui, sans pouvoir être connues ou saisies, sont claires : ils accordent qu'il y a de la probabilité, de la vraisemblance; c'est là, disent-ils, qu'ils trouvent une règle pour l'action et pour la pensée.

Mais comment distinguer ce qui est probable ou vraisemblable de ce qui ne l'est pas, s'il n'y a aucun signe distinctif de la vérité? Entre les représentations vraies et les fausses, il n'y a pas, dites-vous, de différence spécifique. Dès lors, de quel droit dire que les unes se rapprochent de la vérité, que les autres s'en éloignent? Elles sont toutes également suspectes. C'est se moquer de dire qu'en nous enlevant le moyen de connaître la vérité, on nous laisse la vérité elle-même. Dites à un aveugle qu'en lui ôtant la vue on ne lui a pas ôté ce qui peut être vu!

On commet la même erreur quand on reconnaît des choses évidentes (*perspicua*) mais qui ne sauraient être perçues. Comment dire qu'une chose est évidemment blanche, s'il peut arriver que le noir paraisse blanc? Comment dire d'une chose qu'elle est évidente ou finement gravée dans l'esprit, quand on ne sait si, oui ou non, l'esprit en a reçu l'impression?

Qu'est-ce donc que la probabilité? Appellerez-vous probable la première impression qui s'offre à vous? L'accueillerez-vous du premier coup? Quoi de plus téméraire? Ne l'admettrez-vous qu'avec circonspection et après un examen attentif? Mais quand vous l'aurez retournée de toutes façons, vous dites qu'il pourra encore se faire qu'elle soit fausse : quelle confiance aurez-vous donc en elle? Quoi de plus absurde que de dire : voici la marque, la preuve qui me fait admettre cette assertion; il est bien possible pourtant qu'elle soit fausse.

Considérée dans la formule générale qui l'exprime, la thèse des nouveaux académiciens ne peut se soutenir : examinons à présent les arguments de détail qu'on invoque en sa faveur.

Avec les stoïciens, on distingue plusieurs sortes de représentations. Les divisions sont admirables : les définitions fines et exactes. Mais quoi! n'est-ce pas là le langage d'hommes qui ont des opinions arrêtées? Ces merveilleuses définitions, une fois formulées, peut-on les appliquer indifféremment à n'importe quoi? Si oui, comment dire qu'elles sont justes? Si non, il faudra bien convenir qu'il y a des objets auxquels seuls elles conviennent, et qu'on le sait. Et comment ne pas voir une contradiction éclatante entre ces deux propositions, expressément admises par les académiciens : Il y a des représentations fausses. Entre les représentations vraies et les fausses, il n'y a point de différence spécifique. En admettant la première, vous niez la seconde : en proclamant la seconde, vous détruisez la première.

Analysons avec soin le fait même de la représentation. La représentation est un état de l'âme, mais un état qui en même temps qu'il est connu nous fait connaître aussi ce qui l'a produit. Je vois un objet : en le voyant, je me trouve dans un état différent de celui où j'étais l'instant d'auparavant, et je connais deux choses : cet état même, et ce qui l'a provoqué. La lumière se révèle en faisant voir les objets qu'elle éclaire : il n'en peut être autrement de la représentation [1].

Mais, objecte-t-on, si la représentation doit toujours avoir un objet, d'où vient qu'il y a des représentations fausses exactement semblables aux vraies ? On va alors chercher les fantômes du rêve, les illusions de l'ivresse, les hallucinations de la folie. Laissons de côté le sorite qui permet de passer insensiblement de l'apparence trompeuse à l'impossibilité de distinguer le vrai du faux [2]. C'est un sophisme : il pourrait tout aussi bien servir à prouver que les loups sont des chiens. Ce qu'il faut opposer obstinément à tous ces exemples, c'est qu'ils n'offrent pas le véritable caractère de l'évidence. Dans le sommeil ou dans l'ivresse, les images n'ont pas la même netteté que dans la veille : on hésite, on tâtonne, on doute, et le fou, revenu à lui-même, se hâte de dire : mon cœur n'est pas d'accord avec mes yeux. Et ne faut-il pas vouloir tout confondre pour aller chercher de tels exemples ? Nous voulons savoir où est la sagesse, la lucidité, le sérieux : on nous parle de fous, d'endormis, ou d'ivrognes. La seule conclusion qu'on puisse légitimement tirer de tous ces faits, c'est que pour connaître la réalité, les sens doivent être en bon état. Nous nous assurons que cette condition est remplie en changeant la situation des objets que nous regardons, en modifiant la lumière qui les éclaire, en augmentant ou diminuant l'intervalle qui nous en sépare. Ces précautions prises, nous pouvons juger en toute sûreté.

[1] Sext., M., VII, 162.
[2] Cic., Ac., II, VI, 49.

Que dire enfin de ces ressemblances dont on mène si grand bruit, entre deux jumeaux, deux œufs, deux cheveux? Ces ressemblances, tout le monde les reconnaît : mais pourquoi en conclure l'identité des objets semblables? Vous ne distinguez pas deux jumeaux? Chez eux, leur mère les distingue fort bien : l'habitude aidant, vous les distingueriez aussi. On a vu à Délos des gens qui, à la seule inspection d'un œuf, pouvaient reconnaître la poule qui l'avait pondu. Et à raisonner ainsi, si toutes choses dans la réalité sont confondues et indiscernables, ce n'est pas seulement la connaissance, c'est l'existence même de la vérité qui devient impossible. La probabilité même disparaît : il faut en revenir avec Arcésilas à la suspension du jugement. Au fond, Arcésilas était bien plus conséquent avec lui-même que Carnéade.

III. C'est le dogmatisme stoïcien qu'Antiochus veut substituer au probabilisme de la nouvelle Académie [1]. En même temps, il est vrai, il se flatte de rester fidèle aux doctrines de Platon et d'Aristote, qu'il ne distingue pas l'une de l'autre.

Si on en juge par l'exposition que fait Varron, dans le Ier livre des *Académiques* de Cicéron, Antiochus divisait la philosophie, comme les stoïciens, en trois parties; mais il attachait fort peu d'importance à la physique, et il avouait volontiers que les questions obscures et difficiles dont elle s'occupe donnent trop de prise à l'argumentation sceptique des académiciens. Les deux questions principales de la philosophie sont pour lui celle du critérium de la vérité, et la définition du souverain bien [2]. Dans l'exposition de Varron, la morale occupe la première place, la physique la seconde; la logique ne vient qu'en troisième lieu.

En morale, Antiochus admettait la division de Carnéade [3].

---

[1] Cic., *Ac.*, II, xliii, 132 : «... (Antiochus) qui appellabatur Academicus, erat quidem, si perpauca mutavisset, germanissimus stoicus. »

[2] *Ac.*, II, ix, 29 : « Etenim duo esse haec maxima in philosophia, judicium veri, et finem bonorum. »

[3] Voy. ci-dessus, p. 158. Cic., *Fin.*, V, vi, 16.

Après avoir combattu et exclu toutes les autres solutions, il se prononçait pour celle des stoïciens. Le souverain bien est de vivre conformément à la nature : la nature propre de l'homme est la raison ; l'homme doit donc se conformer à la raison. La vertu est pour lui le souverain bien[1]. Jusqu'ici le Portique et l'Académie sont d'accord. Voici où ils se séparent. Dans l'homme, les stoïciens ne voient que la raison ; Antiochus tient compte de la sensibilité et du corps[2]. Sans doute, étant de nature inférieure, le corps doit être subordonné à l'esprit[3] ; mais le souverain bien implique le plein épanouissement du corps et de l'esprit, la possession des biens corporels autant que des biens spirituels. Le bonheur, par suite, implique aussi cette double condition. La vertu suffit au bonheur[4] : les stoïciens l'ont dit, et ils ont raison. Aristote, ou du moins Théophraste et son école sont à tort portés à exagérer l'importance des biens extérieurs[5]. Mais si la vie peut être heureuse grâce à la seule vertu, elle ne l'est parfaitement qu'à la condition que les biens extérieurs se joignent à la vertu : c'est ce que les stoïciens ont trop méconnu[6]. Antiochus, on le voit, rapproche et réunit, plutôt qu'il ne concilie, les vues divergentes des deux écoles : certainement elles ne sont pas aussi parfaitement d'accord entre elles qu'il lui plaît de l'affirmer, et Cicéron a raison de lui dire qu'entre l'une et l'autre il faut choisir[7]. Antiochus s'éloignait encore du stoïcisme en refusant d'admettre l'égalité de tous les péchés[8], et l'impassibilité absolue du sage[9].

La physique d'Antiochus admet deux principes, la force et

---

[1] Cic., *Fin.*, V, ix, 26. Pison expose la doctrine d'Antiochus, *Fin.*, V, iii, 8.
[2] *Ac.*, I, v, 19. Cf. *Fin.*, V, xiii, 37 ; xiv, 40 ; xvii, 47.
[3] Cic., *Fin.*, V, xii, 34.
[4] Cic., *Ac.*, I, vi, 22 : « In una virtute esse positam beatam vitam, nec tamen beatissimam, nisi adjungerentur et corporis, et cetera, quae supra dicta sunt, ad virtutis usum idonea. » Cf. *Ac.*, II, xliii, 134. *Fin.*, V, xxiv, 71 ; xxvii, 81.
[5] Cic., *Fin.*, V, v, 12. *Ac.*, I, x, 35.
[6] Cic., *Fin.*, V, xxiv, 72.
[7] *Ac.*, II, xliii, 132.
[8] Cic., *Ac.*, II, xliii, 133.
[9] Cic., *Ac.*, II, xliv, 135.

la matière, qui ne peuvent exister l'un sans l'autre. La réunion de ces deux principes forme un corps, ou qualité (ποιότης). De ces qualités, les unes, au nombre de cinq, sont simples et irréductibles : ce sont les éléments; les autres sont composées, ce sont toutes les propriétés des corps. Sous la diversité de tous les corps subsiste l'unité de la matière primitive, divisible à l'infini, éternelle, indestructible, d'où tout est sorti, où tout doit rentrer. La réunion de tous ces corps forme l'univers, gouverné par une intelligence suprême, parfaite et éternelle : elle maintient l'ordre et l'harmonie : c'est la Providence. On l'appelle aussi Dieu, et parfois la Nécessité, parce que l'enchaînement qu'elle établit entre toutes les parties de l'univers est immuable et fatal.

Antiochus expose cette doctrine comme étant commune à Platon et à Aristote : c'est manifestement une erreur. Cette physique panthéiste est exclusivement stoïcienne : le désaccord entre l'ancienne Académie et le stoïcisme est ici encore incontestable.

En logique, Antiochus expose assez exactement la théorie platonicienne de la connaissance. Toute connaissance a pour point de départ les sens, mais c'est à la raison qu'il appartient de discerner la vérité. Les sens sont faibles, imparfaits; ils ne perçoivent pas les choses qu'ils paraissent connaître. On ne voit pas bien comment Antiochus conciliait cette théorie avec celle de la représentation compréhensive qu'il admettait avec les stoïciens : Cicéron dit d'ailleurs qu'il ne s'est jamais écarté des traces de Chrysippe [1]. Tout au moins, il abandonnait la théorie des idées de Platon, et Cicéron a raison quand il constate ce désaccord [2]. Il est possible, comme le remarque Zeller [3], qu'il ait concilié Aristote et les stoïciens en déclarant que la vérité réside dans les concepts formés par la raison à l'aide des données sensibles. Il reste néanmoins certain qu'Aristote attribuait à la raison un rôle tout différent de celui que lui laissent les stoï-

[1] *Ac.*, II, xLvi, 143.
[2] *Ibid.*
[3] *Op. cit.*, IV, 603, 3ᵉ Aufl.

ciens; ici encore Antiochus n'a pu réunir deux doctrines en réalité fort différentes, qu'en faisant violence à l'une d'elles : nous retrouvons partout le même éclectisme, sans discernement et sans profondeur.

IV. Des deux parties de l'œuvre philosophique d'Antiochus, c'est, ainsi qu'il arrive si souvent, la partie négative ou destructive qui, de beaucoup, lui fait le plus d'honneur. Son dogmatisme ne témoigne d'aucune originalité. Il se borne à répéter, sans les approfondir, les assertions des stoïciens : il lui suffit de les atténuer quelquefois, et d'adoucir quelques paradoxes insoutenables. S'il invoque la grande autorité de Platon et d'Aristote, c'est presque toujours à contresens : il altère et affaiblit leur doctrine, pour la mettre d'accord avec celle des stoïciens, et cet accord est lui-même de pure apparence.

En revanche, sa critique de la nouvelle Académie ne manque ni de finesse ni de force. Du moins on peut dire que les adversaires du probabilisme n'ont jamais trouvé d'autres arguments que les siens.

Toutefois, la critique d'Antiochus serait bien plus décisive si, à Carnéade et à Philon, il opposait autre chose que le dogmatisme sensualiste des stoïciens. Antiochus a peut-être raison; mais il ne donne pas de bonnes raisons. Très fort dans l'attaque, il devient très faible lorsqu'il s'agit de substituer une thèse positive à la thèse sceptique qu'il combat. L'objection des académiciens contre la représentation compréhensive, si nous ne nous trompons, subsiste tout entière. Que répondre à cet argument de Carnéade : si, comme le soutiennent les stoïciens, la représentation compréhensive correspond exactement à son objet, deux objets différents doivent provoquer des représentations spécifiquement distinctes. Or, l'expérience prouve qu'il n'en est rien : à chaque instant, des objets différents provoquent des représentations identiques. C'était là le nœud de la difficulté : Antiochus a eu au moins le mérite de le comprendre, car il consacrait des journées entières à la discussion de ce point. Mais ses argoments, tels du moins qu'ils ont été conservés par Cicéron, ne résolvent pas la difficulté[1]. On y sent de l'embarras et de l'indécision : la nouvelle Académie reste victorieuse : c'est à vrai dire du sensualisme qu'elle triomphe. C'est moins sans doute la faute d'Antiochus que celle de la doctrine qui lui était commune avec les stoïciens. A n'invoquer que le témoignage des sens, à s'enfermer dans l'empirisme, Berkeley et Hume l'ont bien prouvé plus tard, il est impossible de fonder une solide théorie de la certitude.

V. Quelles furent, après Philon et Antiochus, les destinées de la nouvelle Académie? Il semble bien que dans l'ardent débat qui s'engagea entre le maître et le disciple, ce dernier eut l'avantage. La manière dont Cicéron[2] nous dit : *Philone vivo, academiae patrocinium non defuit*, n'indique-t-elle pas qu'une fois Philon disparu, l'Académie n'eut plus de défenseur? C'est d'ailleurs ce qu'atteste expressément le même Cicéron quand il dit que l'Académie est abandonnée[3], qu'en Grèce même elle ne trouve plus de partisans[4].

Toutefois, il faut faire ici une distinction. L'Académie n'eut plus de représentants à Athènes : c'est que Philon, qui avait quitté la Grèce au temps de la guerre de Mithridate, n'y retourna plus[5]. Elle en eut à Rome : Cicéron d'abord, puis Cotta[6], peut-être[7] P. et C. Selius et Tetrilius Rogus. Mais il ne fallait pas compter sur les Romains pour donner à des idées grecques un développement original.

La nouvelle Académie eut aussi des adeptes à Alexandrie, qui était devenue dès cette époque la capitale philosophique de la Grèce. Cicéron nous parle en effet d'Héraclite de Tyr, disciple

---

[1] Cic., *Ac.*, II, vi, 49.
[2] *Ac.*, II, vi, 17.
[3] *Ac.*, II, iv, 11.
[4] *De N. D.*, I, v, 11.
[5] Cic., *Tusc.*, V, xxxvii.
[6] Cic., *De N. D.*, I, vii, 16.
[7] Cic., *Ac.*, II, iv, 11.

de Philon en même temps qu'Antiochus[1], qui tint bon jusqu'au bout en faveur des doctrines de son maître, et combattit Antiochus avec une douceur obstinée. C'est probablement à lui que Cicéron fait allusion quand il dit que la doctrine de Philon, *prope dimissa, revocatur.*

Peut-être faut-il aussi compter parmi les disciples fidèles de Philon, Eudore d'Alexandrie. Du moins, il nous est donné[2] comme académicien. Nous savons de lui qu'il avait écrit un livre où il examinait προβληματικῶς toutes les questions philosophiques, ce qui signifie probablement[3] qu'il exposait toutes les opinions à la façon académique, sans se prononcer, et en laissant aux lecteurs le soin de conclure. Cependant, nous voyons qu'il avait écrit un commentaire[4] sur les *Catégories* d'Aristote et peut-être sur la *Métaphysique*[5] : vraisemblement aussi[6] il avait expliqué le *Timée* de Platon. Tout cela donne à penser que nous avons affaire à un éclectique. Enfin un passage qu'Arius Didymus lui emprunta, et que Stobée[7] nous a conservé, indique, par son allure stoïcienne, qu'il avait fait plus d'une concession au Portique. C'est peut-être à lui que pensait Énésidème quand il reprochait aux académiciens de n'être plus que des stoïciens aux prises avec des stoïciens.

A côté d'Eudore, il faut placer cet Arius Didymus, auquel Stobée[8] a emprunté tout le viie chapitre des Ἐκλόγαι. Ce philosophe est le même[9] qui fut l'ami intime d'Auguste et de

---

[1] *Ac.*, II, iv, 11. Cf. *Ind. Herc.*, xxxiii (ab imo), 4, où peut-être il est indiqué comme ayant vécu soixante-dix ans.

[2] Stob., *Ecl.*, II, 48. Cf. Röper, *Philolog.*, VII, 534.

[3] Zeller (IV, 612) interprète autrement ce mot. Hirzel (III, p. 247) combat, avec raison selon nous, cette interprétation.

[4] Simplic., *Schol. in Arist.*, 61, a, 45.

[5] Alex. *Metaph.*, XLIV, 23.

[6] Plut., *De anim. procr. in Tim.*, 3.

[7] *Ecl.*, II, 48. Voy. Thiaucourt, *De Stob. Ecl. earumque fontibus*, c. vi, p. 58. Paris, Hachette, 1885.

[8] Thiaucourt, *ibid.*, 56.

[9] Ce point a été contesté (Heine. *Jahrbuch für class. Philol.*, 1869), mais à tort. (V. Diels., *Doxog.-Græc.*, p. 80.) En revanche, il faut distinguer Arius de Δίδυμος Ἄτειος dont parle Suidas. (Zeller, *op. cit.*, p. 615, 2.)

Mécène[1], qui adressa une *Consolation* à Livie[2], et contribua par son amitié avec Octave à sauver Alexandrie, sa patrie[3].

Zeller a remarqué avec raison que son exposition de la morale péripatéticienne a une couleur stoïcienne : Arius va même jusqu'à employer des expressions purement stoïciennes pour traduire les idées morales de Platon et d'Aristote[4]. Toutefois, cette raison ne serait peut-être pas décisive pour le ranger parmi les stoïciens; car les anciens ne se piquaient pas toujours d'une scrupuleuse exactitude historique, et Arius a pu, tout en voulant ne faire qu'une œuvre d'historien, se servir d'expressions familières et plus connues de son temps pour exprimer des idées plus anciennes. De plus, s'il est très souvent d'accord avec Antiochus[5], on peut aussi citer nombre de points où il est en contradiction avec lui[6].

La question serait difficile à résoudre, si la découverte de l'*Index Laurentianus*[7] n'était venue couper court à tout débat. Nous voyons en effet que Diogène range expressément Arius parmi les stoïciens, et le place entre Antipater de Tyr et Cornutus[8].

La nouvelle Académie a donc bien fini avec Philon, tout au plus avec Eudore. Antiochus triomphe décidément. Il eut d'ailleurs un grand nombre de disciples, à Rome, Varron et

---

[1] Élien, *Var. Hist.*, XII, 25.

[2] Un fragment en a été conservé par Sénèque, *Cons. ad Marc.*, 4.

[3] Plut., *Praec. ger. reip.*, XXIII, 3. *Reg. Apoph.*, Aug., III, 5. Anton., 80. Suét., *Octav.*, 89.

[4] Thiaucourt, *op. cit.*, p. 59.

[5] Zeller, p. 616, 1.

[6] Hirzel, *op. cit.*, II, p. 713, 695; III, p. 244. Hirzel, qui veut à toute force faire d'Eudore et d'Arius des continuateurs de Philon, remarque avec raison qu'Arius témoigne envers Philon d'une grande admiration (Stob., II, 40) et qu'il semble connaître et citer Platon bien mieux qu'Antiochus, qui ne le connaissait que de seconde main (p. 249). Mais tous ces arguments tombent, semble-t-il, devant le texte formel de l'*Index Laurentianus*, dont Hirzel ne parle pas. Cf. Diels., *Dox. Gr.*, p. 81.

[7] Val. Rose, *Hermès*, I, 370.

[8] C'est d'ailleurs ce que confirme Sénèque, *Quest. nat.*, VII, XXXII, 2 : «Academici et veteres, et minores, nullum antistitem reliquerunt.»

Lucullus, Brutus [1]; à Alexandrie, son frère Aristus [2], Ariston et Dion [3], finalement Arius Didymus, bien d'autres encore dont nous n'avons plus à nous occuper, puisqu'ils n'appartiennent plus à la nouvelle Académie.

Ainsi, le stoïcisme s'établit définitivement sur les ruines de l'Académie. Il est vrai que c'est à la suite d'un compromis, signé par Antiochus, qui réconcilie Zénon et Platon. La paix a été conclue aux dépens de Philon, et l'Académie a acheté son unité en rejetant hors de son sein cette tradition idéaliste et sceptique qu'elle avait si longtemps essayé de concilier avec les exigences de la morale et de la vie pratique. Cette tradition était pourtant authentiquement platonicienne; et c'est une question de savoir si l'Académie a plus gagné que perdu en se dépouillant d'un élément, embarrassant il est vrai, mais qui avait sa valeur et sa dignité, et en tous cas tenait étroitement à ce qu'il y avait de meilleur dans le platonisme et l'aristotélisme. Au point de vue moral, sans aucun doute, Platon et Aristote sont plus près de Zénon que de Carnéade et de Philon. (Encore eussent-ils souscrit aux paradoxes stoïciens?) C'est ce qui explique et justifie en un sens la victoire d'Antiochus. Mais jamais Platon et Aristote n'eussent admis le sensualisme étroit des stoïciens : c'est à condition de faire silence sur ce point, cependant capital, d'oublier quelques-unes de leurs croyances les plus chères, qu'on a pu les réconcilier avec les disciples de Zénon. C'est en sacrifiant l'idéalisme au sensualisme et à une sorte de matérialisme, qu'Antiochus a fait triompher la morale stoïcienne. Il est vrai que les éclectiques, qui adoucissaient tout, ont pu adoucir la rigueur stoïcienne, en même temps qu'ils tempéraient jusqu'à le supprimer l'idéalisme platonicien. C'est par des concessions réciproques que se font les compromis. Mais ce n'est pas par des compromis que se fait la philosophie.

Si donc il faut juger l'entreprise d'Antiochus, on se trouve

---

[1] Cic., *Brut.*, xcvii, 332. *Ac.*, I. iii, 12. *Fin.*, V. iii, 8. *Tusc.*, V. viii, 21.
[2] Cic., *Ac.*, II, iv, 12; I, iii, 12, etc.
[3] Cic., *Ac.*, II, iv, 12.

dans un véritable embarras : ici encore, comme disaient volontiers les académiciens, il y a du pour et du contre. Il est vrai que cette longue série de philosophes, réunis par Antiochus sous le titre respecté de l'Académie et qui va de Socrate, Platon et Aristote, à Zénon et à Chrysippe, embrassant toutes les gloires de la philosophie ancienne, fait assez bonne figure. On ne peut s'empêcher pourtant de penser qu'entre des noms si divers, l'entente n'est qu'apparente, et comme de parade; que tous ces philosophes, réunis à leur corps défendant, cesseraient aussitôt d'être d'accord, s'ils commençaient à s'expliquer, et que celui qui a signé le traité d'alliance en leur nom n'avait peut-être pas qualité pour les représenter. Peut-être aussi est-il permis d'avoir un regard de sympathie pour ces proscrits, que la défaite de l'idéalisme a définitivement exclus du chœur des philosophes, et qui porteront devant l'histoire la peine d'avoir trop courageusement combattu le sensualisme. Dans tous les cas, ce n'est pas dans cette mêlée de philosophes qu'on trouve le véritable et pur esprit [1] de l'ancienne Académie : il ne reparaîtra vraiment que quand renaîtra la métaphysique, dans l'école d'Alexandrie.

[1] Saint Augustin ne s'y est pas trompé. S'il a eu tort, comme nous l'avons montré, de prêter aux nouveaux académiciens de secrets dogmes platoniciens, il a bien vu du moins qu'ils étaient, à bien des égards, plus près du véritable esprit platonicien que leurs rivaux stoïciens. Antiochus est à ses yeux une sorte de traître, qui a livré la place à l'ennemi. *Contr. academic.*, III, xviii, 41 : « (Antiochus) in Academiam veterem, quasi vacuam defensoribus et quasi nullo hoste securam, velut adjutor et civis irrepserat, nescio quid inferens mali de stoicorum cineribus quod Platonis avita violaret.... »

LIVRE III.

LE SCEPTICISME DIALECTIQUE.

CHAPITRE PREMIER.

L'ÉCOLE SCEPTIQUE.

Rien de plus obscur que l'histoire du scepticisme à partir du moment où la nouvelle Académie ayant cessé d'exister, on vit renaître une école qui prit le nom de pyrrhonienne. C'est à peine si, pour une période d'environ deux cents ans, nous pouvons savoir quelles furent les doctrines des plus illustres sceptiques. Le scepticisme est comme un fleuve qui s'enfonce sous la terre pour ne revenir à la lumière que fort loin de l'endroit où il a disparu.

Nous avons bien une liste de philosophes sceptiques, mais elle est trop courte pour le long espace de temps qu'elle doit remplir. Il faut qu'il y ait une lacune dans la succession des philosophes sceptiques. Où est cette lacune? C'est un premier problème qu'il faut essayer de résoudre.

En outre, on admet généralement qu'à partir du moment où le pyrrhonisme reparaît sous son propre nom, l'école sceptique forme un tout, où il n'y a lieu d'introduire aucune subdivision. Le *nouveau scepticisme*, pour la plupart des historiens, comprend sans distinction tous les philosophes qui se succédèrent depuis Ptolémée jusqu'à Sextus Empiricus. On croit que leur doctrine s'est développée régulièrement, sans modification notable : en particulier, on tient pour acquis que l'union du scepticisme avec la médecine empirique, incontestable depuis Ménodote jusqu'à Sextus, a commencé beaucoup plus tôt, et que la plupart des sceptiques, sinon tous, ont été en même temps des médecins.

Nous essaierons au contraire d'établir qu'il y a lieu de distinguer deux périodes, qui se succèdent sans doute sans interruption dans le temps, mais diffèrent par le caractère des doctrines. Dans la première, le scepticisme est surtout dialectique. Dans la seconde, il devient empirique, fait alliance avec la secte médicale qui porte le même nom, et sans rien abandonner des arguments précédemment invoqués, en ajoute de nouveaux, et les anime d'un tout autre esprit. C'est l'examen et la comparaison des doctrines qui justifiera cette distinction. Dans le présent chapitre, en passant en revue la suite des philosophes sceptiques, nous montrerons qu'il n'y a historiquement aucune raison sérieuse de considérer les philosophes sceptiques de notre première période comme ayant été des médecins, ou comme ayant aucune affinité avec l'empirisme.

I. Un texte de Diogène[1] fort important au point de vue qui nous occupe renferme la liste des philosophes sceptiques. «Timon, à ce que dit Ménodote, n'eut pas de successeur. Sa secte finit avec lui, pour être relevée ensuite par Ptolémée de Cyrène. Mais Hippobotus et Sotion disent qu'il eut pour disciples Dioscoride de Chypre, Nicolochus de Rhodes, Euphranor de Séleucie, et Praylus de Troade... Euphranor eut pour disciple Eubulus d'Alexandrie, et Eubulus fut le maître de Ptolémée : Sarpédon et Héraclide écoutèrent Ptolémée. A Héraclide succéda Ænésidème de Gnosse; à Ænésidème, Zeuxippe de Polis; à Zeuxippe, Zeuxis surnommé le Bancal; à Zeuxis, Antiochus de Laodicée sur le Lycus; à Antiochus, Ménodote de Nicomédie, médecin empirique, et Théodas de Laodicée. A Ménodote succéda Hérodote de Tarse, fils d'Ariée; à Hérodote, Sextus Empiricus, auteur de dix livres sur le scepticisme, et d'autres ouvrages

[1] IX, 116.

excellents; à Sextus succéda Saturninus Cythénas, empirique comme lui. »

Un calcul très simple prouve que cette liste est incomplète, ou qu'il s'est trouvé une période pendant laquelle l'école sceptique a cessé d'être représentée. En effet, Timon, on l'a vu, paraît avoir vécu jusqu'en 235 av. J.-C. On fixe à peu près unanimement la date de l'apparition de Sextus Empiricus à l'an 180 ap. J.-C. Entre ces deux points extrêmes, il s'est écoulé 415 ans; et pour remplir cet intervalle, nous avons douze noms : encore faut-il remarquer que plusieurs philosophes, Sarpédon et Héraclide, Ménodote et Théodas, ont reçu les leçons d'un même maître, ce qui exclut l'idée de douze générations successives. Y eut-il douze chefs de l'école sceptique, il faudrait assigner à chacun une durée de près de trente-cinq ans, ce qui est sans exemple, et inadmissible.

On n'a pas de raison de croire que Diogène ou les auteurs dont il s'inspire aient omis aucun nom. Au contraire, deux textes précis nous disent qu'il y a eu une lacune dans l'enseignement sceptique : celui de Diogène, qu'on vient de lire, et un autre non moins formel, d'Aristoclès [1].

Reste à savoir où est cette lacune.

On admet généralement qu'elle s'est produite soit après Timon, soit après Eubulus. La première opinion a pour elle l'assertion formelle de Ménodote, qui, étant un des représentants les plus illustres de l'école sceptique, devait en bien connaître l'histoire. La seconde se fonde sur un calcul encore fort simple. Ænésidème a vécu, suivant la plupart des historiens, au commencement de notre ère, ou au plus tôt, suivant une opinion défendue avec beaucoup d'ardeur par Haas [2], vers l'an 60 av. J.-C. En prenant pour point de départ cette date extrême,

[1] Ap. Euseb., Præp. ev., XIV, xviii, 29 : Μηδενὸς ἐπιστραφέντος αὐτῶν, ὡς εἰ μηδὲ ἐγένοντο τὸ παράπαν, ἐχθὲς καὶ πρώην ἐν Ἀλεξανδρείᾳ τῇ κατ' Αἴγυπτον Αἰνησίδημός τις ἀναζωπυρεῖν ἤρξατο τὸν ὕθλον τοῦτον.

[2] De philosoph. sceptic. successionibus, Diss. inaug., p. 13. Wurtzbourg, Stuber, 1875.

on voit que Ptolémée n'est séparé d'Énésidème que par Sarpédon et Héraclide, qui furent tous deux ses disciples. On va aussi loin que possible en admettant avec Haas qu'il vécut vers 150-130 av. J.-C. Mais d'autre part, Eubulus n'est séparé de Timon que par deux générations : il ne peut guère avoir dépassé l'an 135 av. J.-C. Il est donc impossible que Ptolémée ait été, comme le dit Diogène, disciple d'Eubulus. Remarquons d'ailleurs que Diogène parle en son nom, et cesse, en nommant le disciple d'Eubulus, d'invoquer les témoignages de Ménodote ou de Sotion. Il y a donc eu, avant Ptolémée, une éclipse de l'école sceptique.

Ce calcul, en ce qu'il a d'essentiel, n'est contesté par personne. Cependant, Haas s'est ici séparé de l'opinion commune des historiens. Il y a bien une lacune suivant lui; mais elle s'est produite après Énésidème. Quant à la période qui nous occupe, il estime que le scepticisme n'a pas disparu, mais qu'il a cessé seulement de porter un nom distinct, et qu'il s'est confondu avec la nouvelle Académie. Bien que Timon ait eu des mots durs pour Arcésilas[1], il aurait fini par s'entendre avec lui, et Arcésilas serait son véritable continuateur. Les sceptiques auraient fraternisé avec les nouveaux académiciens et fait cause commune avec eux contre les stoïciens. Ce n'est que plus tard, quand Carnéade introduisit dans la doctrine des modifications qui en altéraient la pureté, que Ptolémée de Cyrène aurait dénoncé l'alliance, et recommencé à faire bande à part.

Cette interprétation, ingénieuse jusqu'à la subtilité, ne nous satisfait pas. Que ce soit pour une raison ou pour une autre, il demeure acquis que l'école sceptique a cessé pendant un temps d'avoir une existence distincte. Il faut appeler les choses par leur nom, et cela s'appelle une éclipse. Nous aurons d'ailleurs l'occasion d'examiner les rapports du pyrrhonisme et de la nouvelle Académie, et de voir si à aucune époque, ils ont été aussi étroits que le croit Haas. Enfin un des maîtres de la secte nous

---

[1] Diog., IX, 114, 115.

dit en propres termes qu'il y a eu interruption [1]. Nous nous en tenons à ce témoignage formel.

II. C'est seulement à partir de Ptolémée que les philosophes sceptiques se succèdent sans interruption. Dans ce long espace de temps, nous croyons qu'il faut distinguer deux périodes : l'une, comprenant les sceptiques depuis Ptolémée jusqu'à Ménodote; l'autre, s'étendant de Ménodote à Saturninus. Examinons, en réservant Ænésidème, qui sera l'objet d'une étude particulière, ce que nous savons des philosophes de la première de ces périodes, et recherchons en particulier s'il y a de bonnes raisons de croire, comme on le dit souvent, qu'ils aient été des médecins. Mais auparavant, il conviendra de dire quelques mots des prétendus successeurs de Timon, d'après Hippobotus et Sotion.

Nous ne savons rien de Dioscoride de Chypre, de Nicolochus de Rhodes, d'Euphranor de Séleucie. De Praylus, Diogène nous dit seulement qu'il montra une telle énergie que, quoique innocent, il se laissa mettre en croix par ses concitoyens sans daigner leur adresser une parole. Eubulus est aussi tout à fait inconnu.

Il en est de même du rénovateur du scepticisme, Ptolémée de Cyrène : la date de sa vie, ne peut, on l'a vu ci-dessus, être fixée qu'indirectement, dans son rapport à celle d'Ænésidème, qui soulève elle-même de graves difficultés.

Des deux disciples de Ptolémée, l'un, Sarpédon, est tout à fait inconnu. Sur le second, Héraclide, on croit avoir quelques renseignements qu'il importe d'examiner de près. On connaît plusieurs Héraclide qui furent médecins : l'un d'eux n'est-il pas en même temps le philosophe sceptique dont Ænésidème reçut les leçons?

[1] L'interprétation que donne Haas (p. 11) du mot de Ménodote διέλιπεν ἡ ἀγωγή semble inadmissible. Nulle part on ne voit que les sceptiques eussent une manière particulière de vivre (*vitæ rationes et instituta*). Cf. Zeller, *Die Philos. der Griechen*, vol. IV, p. 483, 2.

Galien nous parle d'abord d'un Héraclide qui fut commentateur d'Hippocrate [1], médecin empirique [2], et auteur d'un ouvrage intitulé : Περὶ τῆς ἐμπειρικῆς αἱρέσεως [3]. En outre, il cite à plusieurs reprises Héraclide de Tarente, commentateur d'Hippocrate [4], disciple de l'hérophiléen Mantias [5], mais qui plus tard se rallia à la secte empirique. Évidemment ces deux Héraclide n'en font qu'un.

Il y en a un autre, appelé, par Galien et Strabon [6], Héraclide d'Érythrée, dont on nous dit qu'il fut disciple de Chryserme [7], et hérophiléen : il avait commenté, non plus, comme le précédent, toutes les œuvres d'Hippocrate, mais seulement les *Épidémies* [8].

L'un de ces deux Héraclide est-il Héraclide le sceptique?

On est bien tenté de dire que le sceptique et l'empirique de Tarente sont le même personnage quand on songe aux liens étroits qui ont uni le scepticisme et l'empirisme. C'est le parti qu'a pris Haas [9] sans hésiter. Mais c'est une question de savoir si ces liens existaient déjà à l'époque dont nous parlons. D'ailleurs la chronologie oppose un obstacle insurmontable. Les historiens de la médecine assignent à Héraclide de Tarente une date bien

---

[1] *In Hipp. de med. offic.*, I, vol. XVIII, b, p. 631. Edit. Kuhn, Lipsiæ, 1833. *In Hipp. de hum. procem.*, vol. XVI, p. 1.

[2] *De ther. meth.*, II, 7, vol. X, p. 142. *In Hipp. aphor.*, VII, 70, vol. XVIII, a, p. 187. *Subfig. Emp.*, p. 66, 10.

[3] *De lib. propr.*, 9, vol. XIX, p. 38.

[4] *In Hipp. de hum.*, I, 24, vol. XVI, p. 196.

[5] *De comp. med. sec. loc.*, VI, 9, vol. XII, p. 989 : Εὕροις δ' ἂν μετὰ τοὺς παλαιοὺς Μαντίᾳ καὶ Ἡρακλείδῃ τῷ Ταραντίνῳ πλεῖστα φάρμακα γεγραμμένα... Πολὺ δ' ἔτι τούτων ἀνωτέρω ὁ Ἡρακλείδης καὶ ὁ διδάσκαλος αὐτοῦ Μαντίας. Ἀλλὰ Μαντίας μὲν, ὡς ἐξ ἀρχῆς ἦν Προξίλειος οὕτω καὶ διέμεινεν ἄχρι παντός. Ὁ δ' Ἡρακλείδης ἐπὶ τὴν τῶν ἐμπειρικῶν ἰατρῶν ἀγωγὴν ἐπέκρινεν, ἰατρὸς ἄριστος τά τε ἄλλα τῆς τέχνης γεγονὼς καὶ πλείστων φαρμάκων ἔμπειρος.

[6] *Geogr.*, XIV, p. 645.

[7] Galen., *De diff. puls.*, IV, 10, vol. VIII, p. 743. *In Hipp. epid.*, X, vol. XVII, a, p. 608 (où il faut lire sans doute Ἡρακλείδου au lieu de Ἡρακλείου). *Ars Med.*, vol. I, p. 305.

[8] *In Hipp. epid.*, I, vol. XVII, a, p. 793.

[9] *Op. cit.*, p. 67. Philippson, *De Philod. libro π. σημείων* (Berlin, 1875) fait aussi d'Héraclide un contemporain de Zénon l'épicurien.

antérieure : il aurait vécu de 250 à 220, suivant Daremberg[1], et Sprengel[2] place vers 276 la date de Mantias, qui fut certainement le maître d'Héraclide. En admettant que cette date soit trop éloignée, puisque Cælius Aurelianus[3] appelle Héraclide *eorum (empiricorum) posterior atque omnium probabilior*, toujours est-il que d'après un autre texte de Celse[4], il a dû précéder d'un temps appréciable l'époque d'Asclépiade, qui vécut vers 100-80 av. J.-C. Il n'a donc pu être le maître d'Ænésidème, même si on admet que ce philosophe a vécu vers 60 av. J.-C. Comme le fait observer Zeller[5], ce n'est qu'en torturant le texte que Haas a pu l'accommoder à sa thèse[6].

Si notre sceptique n'est pas Héraclide de Tarente, peut-il être Héraclide d'Érythrée? Zeller, sans se prononcer, incline vers cette opinion : il ne voit pas du moins d'obstacle dans les dates. Il nous semble pourtant qu'il y en a un, et tout à fait infranchissable.

---

[1] *Histoire des sciences médicales*, ch. VIII, p. 167 (Paris, J.-B. Baillière, 1870).

[2] *Versuch einer pragmatischen Geschichte der Arzneikunde, chronologische Uebersicht* (Halle, Gebauer, 1800.)

[3] *De morb. acut.*, I, 17.

[4] *De Medic.*, proœm., v, 3. Edit. Daremberg. (Lipsiæ, Teubner, 1859.) « Ejus autem, quæ victu morbos curat, longe clarissimi auctores etiam altius quædam agitare conati, rerum quoque naturæ sibi cognitionem vindicaverunt, tanquam sine ea trunca et debilis medicina esset. Post quos, Serapion primus omnium nihil hanc rationalem disciplinam pertinere ad medicinam professus, in usu tantum et experimentis eam posuit. Quem Apollonius et Glaucias et aliquanto post Heraclides Tarentinus et aliqui non mediocres viri secuti, ex ipsa professione se empiricos appellaverunt. Sic in duas partes ea quoque, quæ victu curat, medicina divisa est, aliis rationalem artem, aliis usum tantum sibi vindicantibus, nullo vero quicquam post eos, qui supra comprehensi sunt, agitante nisi quod acceperat, donec Asclepiades medendi rationem ex magna parte mutavit. »

[5] *Op. cit.*, t. V, p. 3, 1.

[6] Il entend que les mots *post eos qui supra comprehensi sunt* désignent, non pas les médecins qu'on vient de nommer, mais en général les *clarissimi auctores* antérieurs à Sérapion. De cette manière, entre Héraclide et Asclépiade il pourrait ne pas y avoir d'intervalle appréciable. D'ailleurs un passage de Galien doit lever tous les doutes, *De comp. medic. sec. loc.*, VI, 9, vol. XII, p. 989, cité ci-dessus, p. 230. L'expression αὐτὸ τούτων ἀνωτέρω ὁ Ἡρακλείδης καὶ ὁ διδάσκαλος αὐτοῦ Μαντίας, après une énumération où est compris Asclépiade, semble décisive.

Il est bien vrai que Strabon [1] dit formellement qu'Héraclide d'Érythrée, l'hérophiléen, fut son contemporain. Mais d'autre part les historiens de la médecine assignent à Héraclide d'Érythrée une date beaucoup plus ancienne : Sprengel [2] le fait vivre vers 204 av. J.-C., et Daremberg [3] voit en lui un contemporain d'Héraclide de Tarente. Entre ces deux dates, la fin du IIIe siècle av. J.-C. et la fin du Ier, l'écart est considérable. Il faut, ou que les historiens de la médecine se soient gravement trompés, ou que, suivant l'hypothèse de Daremberg [4], il y ait eu deux Héraclide, également hérophiléens, et tous deux d'Érythrée.

Quels arguments les historiens de la médecine apportent-ils ? Daremberg invoque le passage où Galien [5] les cite ensemble : cette raison n'est pas décisive, la ressemblance des noms suffisant à expliquer ce rapprochement. Mais ailleurs [6], Galien cite Héraclide d'Érythrée parmi ceux qui ont *les premiers* commenté Hippocrate. Il suit d'ordinaire très exactement l'ordre des temps : or Héraclide d'Érythrée est placé entre Zeuxis de Tarente, très ancien, comme nous le démontrerons plus loin, et Baccheius et Glaucias, qui le sont encore davantage. Enfin, chose décisive, Héraclide d'Érythrée nous est donné comme le disciple de Chryserme [7] : nous avons peu de renseignements sur ce médecin, mais on s'accorde à le placer au IIIe siècle [8] av. J.-C.

Il ne reste donc plus qu'à se rallier à l'hypothèse de Daremberg, si invraisemblable qu'elle paraisse d'abord. Il y a eu deux Héra-

---

[1] *Geogr.*, XIV, p. 645 : Ἐκ τῆς αὐτῆς πόλεως (Ἐρύθρα) καὶ καθ' ἡμᾶς Ἡρακλείδης Ἡροφίλειος ἰατρὸς συσχολαστὴς Ἀπολλωνίου τοῦ Μυός.

[2] *Op. cit.*, Chronolog. Uebersicht. Cf. p. 597.

[3] *Op. cit.*, p. 167.

[4] *Ibid.*

[5] *In Hipp. epid.*, X, vol. XVII, a, p. 608 : Τὰς ὑφ' Ἡρακλείου (sc. Ἡρακλείδου) τοῦ Ταραντίνου τε καὶ τοῦ Ἐρυθραίου γεγραμμένας ἀποδείξεις,...

[6] *In Hipp. epid.*, I, vol. XVII, a, p. 793 : Τῶν πρώτων ἐξηγησαμένων τὸ βιβλίον, ἐν οἷς καὶ Ζεῦξίς ἐστιν ὁ Ταραντίνος καὶ ὁ Ἐρυθραῖος Ἡρακλείδης καὶ πρὸ αὐτῶν Βακχεῖός τε καὶ Γλαυκίας.

[7] *De diff. puls.*, IV, 10, vol. VIII, p. 743.

[8] 230 av. J.-C. suivant Sprengel (l. c.); 270-240 suivant Daremberg (l. c.).

clide d'Érythrée, hérophiléens tous deux, et si l'un d'eux a été le maître d'Ænésidème, c'est le contemporain de Strabon.

Cette qualité d'hérophiléen n'est pas un obstacle, comme le dit Zeller. Si la plupart des sceptiques sont empiriques, ils ne le sont pas tous, témoin Sextus Empiricus[1], qui fut peut-être méthodique, et Hérodote. Sprengel[2] remarque d'ailleurs que beaucoup d'hérophiléens avaient adopté les principes empiriques[3].

Si on pouvait établir avec certitude que le maître d'Ænésidème a été Héraclide d'Érythrée, contemporain de Strabon, un argument décisif serait acquis pour résoudre le problème si difficile de la date d'Ænésidème. Mais, on vient de le voir, la certitude fait entièrement défaut. Rien ne prouve que le maître d'Ænésidème ait été un médecin, et il n'y a peut-être ici qu'une homonymie fortuite. Le nom d'Héraclide était fort commun chez les Grecs. Pauly[4] en cite jusqu'à neuf qui ont obtenu quelque célébrité. L'unique raison qui provoque ces rapprochements, c'est que beaucoup de sceptiques ont été en même temps médecins ; mais ce n'est qu'à partir de Ménodote qu'on est en droit de considérer le mariage entre le scepticisme et l'empirisme comme consommé. Dans l'énumération qu'il nous a laissée, Diogène, en nommant Ménodote, ajoute qu'il était empirique : que signifierait cette mention, si ses prédécesseurs l'avaient été aussi ? Il est plus plausible d'admettre qu'il fut le premier. C'est peut-être une illusion historique de transporter aux premiers ce qui ne nous est affirmé que des derniers. Ænésidème ne nous est présenté nulle part comme un médecin : pourquoi son

---

[1] Voy. ci-dessous, p. 236, 1.

[2] Op. cit., p. 595.

[3] Il est vrai que cette remarque ne paraît guère pouvoir s'appliquer à Héraclide d'Érythrée. (Galien, Ars med., vol. I, p. 305.) Ajoutons qu'en exprimant cette opinion, Sprengel s'appuie sur l'exemple de Zeuxis, à la fois hérophiléen et empirique ; et c'est un point où certainement il se trompe. Voy. ci-dessous, p. 236.

[4] Real-Encyclopädie der classischen Alterthumswissenschaft. Stuttgart, Metzler, 1844.

maître l'aurait-il été? On peut être sceptique sans être médecin, et médecin, même empirique, sans être sceptique. Ni historiquement, ni logiquement, le scepticisme ne dérive de l'empirisme, et l'empirisme ne dérive pas non plus du scepticisme [1]. Les deux doctrines ont dû se développer parallèlement : ce n'est que sur le tard qu'elles se sont aperçues de leurs affinités, et se sont unies. Nous montrerons même que, pour des raisons de pure doctrine, le scepticisme d'Énésidème doit être distingué de celui des médecins. Aussi, conclurions-nous volontiers qu'Héraclide le sceptique n'est ni de Tarente, ni d'Érythrée. C'est un personnage dont on ne sait que le nom, à la manière de Sarpédon et de Zeuxippe; et tous nos efforts pour le tirer de son obscurité sont parfaitement vains.

Énésidème succéda à Héraclide. Nous reviendrons plus loin sur ce philosophe, le plus grand nom peut-être de l'école sceptique.

Il eut pour successeur Zeuxippe de Polis [2], dont nous ne savons rien, et qui fut lui-même remplacé par Zeuxis. Diogène [3] nous apprend que ce philosophe avait connu Énésidème et composé un livre : Περὶ διττῶν λόγων. Ce titre donne à penser que, comme bien d'autres sceptiques, il exposait le pour et le contre sur divers sujets, de manière à conclure à l'*isosthénie*, c'est-à-dire à l'égale valeur des thèses contradictoires, et par suite à l'impossibilité de rien affirmer.

Au sujet de Zeuxis, une question se pose, analogue à celle que nous avons rencontrée à propos d'Héraclide. On connaît

---

[1] Sextus, après avoir déclaré que la doctrine des médecins méthodiques a plus d'affinité avec le scepticisme que la médecine empirique, ajoute que cette affinité même n'a rien d'absolu, et qu'on peut la constater seulement par la comparaison des théories : ce qui semble bien vouloir dire qu'elles se sont produites isolément, en pleine indépendance, et que le rapprochement ne peut avoir lieu qu'après coup. (*P.*, I, 241 : ...καὶ ὡς πρὸς σὺγκρισιν ἐκείνων οὐχ ἁπλῶς ῥητέον ἐκ τούτων καὶ τῶν παραπλησίων τούτοις τεκμαιρομένοις.)

[2] Cobet écrit Ζεύξιππος ὁ πολίτης au lieu de ὁ Πολίτης, faisant ainsi de Zeuxippe un concitoyen d'Énésidème. On fait observer que, pour que cette leçon fût légitime, il faudrait qu'on pût lire ὁ πολίτης αὐτοῦ.

[3] IX, 106.

deux Zeuxis, tous deux médecins : l'un empirique [1], et commentateur d'Hippocrate [2] (c'est probablement le même qui est appelé Zeuxis de Tarente) [3] ; l'autre, Zeuxis de Laodicée, hérophiléen, et fondateur de la grande école de médecine hérophiléenne, établie à Laodicée à l'exemple de l'école érasistratéenne fondée à Smyrne par Icésius [4].

Haas [5] affirme, et Zeller [6] est porté à croire que Zeuxis le sceptique n'est autre que Zeuxis l'empirique. Mais il y a ici une difficulté qui semble insurmontable. Galien [7] cite Zeuxis parmi ceux qui ont *les premiers* commenté Hippocrate. D'autre part, le fait que Zeuxis est cité à plusieurs reprises avec Héraclide de Tarente donne lieu de croire qu'il était à peu près du même temps ; Daremberg [8] croit même qu'il lui était antérieur. Mais il y a mieux : dans un texte que ni Haas, ni Zeller n'ont cité, Zeuxis est expressément appelé par Galien le plus ancien des empiriques [9]. Ailleurs, il est dit que les écrits de Zeuxis sont devenus fort rares [10], ce qui ne s'expliquerait guère s'il avait vécu à la fin du Ier siècle après J.-C.

[1] Galen., *In Hipp. aphor.* VII, 70, vol. XVIII, a, 187.
[2] *In Hipp. epid.*, I, vol. XVII, a, p. 605, 793. *In Hipp. de hum.*, vol. XVI, p. 1. *Ibid.* I, 24, vol. XVI, p. 196. *In Hipp. de med. off.*, I, vol. XVIII, b, p. 631.
[3] Gal., vol. XVII, a, p. 793.
[4] Strab., *Géogr.*, XII, p. 580.
[5] *Op. cit.*, p. 73.
[6] *Op. cit.*, V, p. 4, a.
[7] *In Hipp. de hum.*, I, 24, vol. XVI, p. 196 : Ὁ μὲν γὰρ Γλαυκίας καὶ Ἡρακλείδης ὁ Ταραντῖνος, καὶ Ζεῦξις, οἱ πρῶτοι πάντα τε τοῦ παλαιοῦ συγγράμματα ἐξηγησάμενοι... Ῥοῦφος δὲ ὁ Ἐφέσιος καὶ Σαβῖνος ἐκ τῶν νεωτέρων. Haas cite ce texte ; mais en supposant même que les mots οἱ πρῶτοι servent seulement à opposer Héraclide et Zeuxis aux νεώτεροι, Rufus d'Éphèse et Sabinus, contemporains de Trajan, on ne voit pas bien comment ce passage autorise Haas à dire que Zeuxis a vécu jusque vers l'an 100 après J.-C. (*Ultra centesimum post Christum annum vitam non protulit*).
[8] *Op. cit.*, ch. VIII.
[9] *In Hipp. praed.*, III, 58, vol. XVI, p. 636 : Ῥοῦφος μὲν ὁ Ἐφέσιος ἀνὴρ φυλάσσειν μὲν ἀεὶ πειρώμενος τὰς παλαιὰς γραφάς, ἐνταυθοῖ δὲ ἐπιτιμῶν Ζεύξιδι τῷ παλαιτάτῳ ἐμπειρικῷ, τῷ εἰς ἅπαντα τὰ Ἱπποκράτους βιβλία γεγραφότι ὑπομνήματα. ...Ζεῦξις δὲ, εἰ ἄρα δεῖ καὶ τούτου μνημονεῦσαι.
[10] *In Hipp. epid.* V, vol. XVII, a, p. 603 : Λέλεκται μὲν οὖν ἃ μέλλω λέγειν ὑπὸ Ζεύξιδος ἐν τῷ πρώτῳ τῶν εἰς τὸ προκείμενον βιβλίον ὑπομνημάτων, καὶ δι'

Enfin, Érotien[1] place Zeuxis avant Zénon, qui vécut vers 150-140.

Pour toutes ces raisons[2], nous croyons qu'il faut, avec les historiens de la médecine, assigner à Zeuxis l'empirique une date fort antérieure : 270-240 d'après Daremberg; par conséquent, il n'a rien de commun avec Zeuxis le sceptique.

Il y aurait moins de difficulté à identifier ce dernier avec Zeuxis de Laodicée, d'autant plus que, suivant la remarque de Zeller[3], son successeur dans l'école sceptique, Antiochus, était aussi de Laodicée. Zeller objecte que ce Zeuxis était un hérophiléen : mais c'était un hérophiléen, Philinus, qui avait fondé l'empirisme, et nous avons vu que peut-être les hérophiléens et les empiriques avaient fini par s'entendre sur beaucoup de points. Une autre difficulté, signalée encore par Zeller, c'est qu'à ce compte Zeuxis aurait eu deux successeurs : comme philosophe, dans l'école sceptique, d'après Diogène, il aurait été remplacé par Antiochus; comme médecin, dans l'école hérophiléenne, d'après Strabon, Alexandre Philalèthe aurait pris sa place. Peut-être n'est-ce pas là encore une raison décisive. Zeller en invoque une autre, plus grave. Si Zeuxis le sceptique et son successeur médecin, Alexandre Philalèthe, ont été contemporains de Strabon, c'est-à-dire ont vécu vers 15-20 ap. J.-C., son cinquième successeur, d'après la liste de Diogène, Sextus Empi-

---

ἴσως ἄμεινον ὥσπερ εἰώθα ποιεῖν ἐν τοῖς τοιούτοις ἀναπέμψαι τοὺς βουλομένους τὴν ἱστορίαν ταύτην γνῶναι πρὸς ἐκεῖνο τὸ βιβλίον, ἀλλ' ἐπειδὴ τὰ τοῦ Ζεύξιδος ὑπομνήματα μηκέτι σπουδαζόμενα σπανίζει, διὰ τοῦτ' ἠξίωσαν ἐμὲ διελθεῖν αὐτὰ τὴν ἀρχὴν ἀπὸ τοῦ Μνήμονος ποιησάμενον αὐτῆς.

[1] *Glossar. in Hippocr.*, p. 87. Édit. Franz. Lipsiæ, 1780. Ἄμεινον δὲ οἶμαι ἐνγεγραφθῆναι τοὺς περὶ τὸν Ζεῦξιν, εἶτα καὶ Ζήνωνα. Cf. Gal., vol. XVII, a, p. 619, 623.

[2] L'argument invoqué par Haas (*op. cit.*, p. 74) pour établir que Zeuxis est postérieur à Héraclide d'Érythrée, contemporain de Strabon, serait décisif, si le texte de Galien qu'il invoque (*In Hipp. epid.*, VI, 1, vol. XVII, a, p. 793 : Ζεῦξις ... ὁ Ταραντῖνος καὶ ὁ Ἐρυθραῖος Ἡρακλείδης καὶ πρὸ αὐτῶν Βακχεῖος τε καὶ Γλαυκίας) ne se rapportait visiblement au premier Héraclide d'Érythrée, disciple de Chrysermo, et beaucoup plus ancien que Strabon. (Voy. ci-dessus, p. 234.)

[3] *Op. cit.*, vol. V, p. 4, n. 5. Haas (p. 74, n. 4) distingue aussi Zeuxis le sceptique de Zeuxis l'hérophiléen.

rieus, qui vécut à la fin du second siècle ap. J.-C., est séparé de lui par un intervalle de près de deux cents ans. Il est impossible d'admettre que chacun des philosophes intermédiaires ait enseigné pendant près de quarante ans, surtout si l'on songe que deux d'entre eux, Ménodote et Théodas, ont connu le même maître.

Il semble donc également inadmissible que Zeuxis le sceptique se confonde soit avec Zeuxis de Tarente, soit avec Zeuxis de Laodicée. C'est sans doute un troisième personnage, et cette fois encore, comme à propos d'Héraclide, nous remarquerons que s'il y a eu des médecins du nom de Zeuxis, ce n'est une raison ni pour qu'ils aient été sceptiques, ni pour que Zeuxis le sceptique ait été médecin. Il y a eu aussi bien des Zeuxis en Grèce : Pauly en compte jusqu'à six. Renonçons donc à des rapprochements que rien ne justifie suffisamment, et rendons grâces à Dieu qu'il ne se soit pas trouvé dans le cours des âges d'autres médecins portant le même nom qu'un philosophe sceptique. Nous aurions dû faire à leur sujet le même pénible travail que nous ont coûté Héraclide et Zeuxis.

Antiochus, de Laodicée sur le Lycus [1], succéda à Zeuxis. Tout ce que nous savons de lui, c'est que, comme Zeuxis et Ænésidème [2], il ne croyait qu'aux phénomènes.

Avec les successeurs d'Antiochus [3], Ménodote et Théodas,

---

[1] Strab., Geogr., XII, vIII, 16, p. 358.
[2] Diog., IX, 106.
[3] Outre les philosophes compris dans la liste de Diogène, et qui sont seulement les chefs de l'école, il est encore fait mention d'un certain nombre de sceptiques. Numénius est nommé par Diogène (IV, 102) avec Timon, Ænésidème et Nausiphanes. Mais il y a peut-être ici une confusion. (Voir ci-dessus, p. 89.) Munséas et Philomélus sont cités par Aristoclès. (Ap. Eus., Præp. Ev., XIV, vi, 5.) Diogène (VII, 32, 33, 34) parle aussi d'un Cassius, pyrrhonien, qui avait adressé à Zénon de nombreuses critiques. C'est probablement le même dont parle Galien (De subfig. empirica, p. 40. Bonnet, Bonn, 1872), qui proscrivait l'emploi du raisonnement appelé passage du semblable au semblable, et avait écrit un livre entier sur ce sujet. Le fait que Cassius avait traité une telle question, et l'opposition que Galien établit entre lui et Théodas, donnent à penser qu'il vécut à peu près dans le même temps, et qu'il fut contemporain de Ménodote.

Agrippa est aussi, on le verra, un sceptique hors cadre. Il en est de même commence une nouvelle période dans l'histoire du scepticisme : nous en parlerons plus loin. Il est temps à présent de chercher ce que nous pouvons savoir des doctrines des philosophes que nous avons passés en revue, et surtout du plus illustre d'entre eux, Ænésidème.

d'Apelles, qui avait écrit un livre intitulé *Agrippa*, et de Théodosius. (Diog., IX, 70. Cf. Suidas, art. Πυρρώνειοι.) Ce dernier prétendait, dans ses *Sommaires sceptiques*, que la philosophie sceptique ne doit pas être nommée pyrrhonienne; car si le mouvement de la pensée dans un sens ou dans l'autre ne peut être compris par nous, nous ne connaissons pas les opinions de Pyrrhon, et par conséquent, nous ne pouvons nous déclarer pyrrhoniens. D'ailleurs Pyrrhon n'avait pas inventé le scepticisme. Peut-être est-ce Théodosius qui voulait compter Homère, les sept sages et Euripide parmi les ancêtres du scepticisme. (Diog., IX, 71.) Il disait aussi qu'on ne doit appeler pyrrhoniens que ceux qui vivent à la manière de Pyrrhon.

D'après Suidas, Théodosius aurait composé plusieurs ouvrages, entre autres un commentaire du résumé de Théodas, et plusieurs autres, sur des sujets de mathématiques et d'astronomie. Mais comme Suidas lui-même parle d'un autre Théodosius qui avait composé un livre sur le printemps, Haas (p. 79) conjecture avec vraisemblance que Théodosius le sceptique est celui de Tripolis, et qu'il doit être distingué de Théodosius de Bithynie (Strabon, *Geogr.*, XII, p. 566), le mathématicien.

Il faut encore compter parmi les sceptiques Dionysius d'Égine, dont le livre, intitulé Σκεπτικά, a été résumé par Photius (*Myriobib.*, cod., 185). Il y traitait cinquante questions de médecine, et chaque fois, à la manière des sceptiques, il opposait les thèses contraires. Par exemple, il montrait d'abord que le désir de boire et de manger avait son siège dans le corps tout entier; puis il établissait qu'il ne résidait que dans l'estomac.

CHAPITRE II.

ÆNÉSIDÈME.

Ænésidème[1] est avec Pyrrhon le plus illustre représentant du scepticisme dans l'antiquité. Entre ces deux hommes, les différences sont nombreuses. Pyrrhon, on l'a vu, est surtout un moraliste, et dédaigne la dialectique. Nous ne savons presque rien des idées d'Ænésidème sur la morale; en revanche, nous sommes sûrs qu'il a été un dialecticien subtil et profond; c'est lui qui a donné au pyrrhonisme une forme philosophique et scientifique; le scepticisme lui doit ses arguments les plus forts et les plus redoutables; il a mérité d'être comparé à Hume et à Kant.

Nous connaissons mal les idées de Pyrrhon, mais nous avons d'assez nombreux détails sur sa vie et son caractère. C'est l'inverse pour Ænésidème. Ses doctrines sont connues incomplètement, mais d'une manière précise et très sûre; nous ne savons presque rien de sa vie, et rien de sa personne; ses pensées seules ont survécu. Il semble que la malignité du sort ait pris plaisir à multiplier les contradictions au sujet de ce personnage qui voyait des contradictions partout. Il est impossible de concilier les renseignements qui nous sont parvenus sur la date de sa vie. On le compte d'ordinaire parmi les nouveaux sceptiques; mais il y a de fortes raisons de le ranger parmi les anciens. Des

---

[1] Nous avons consulté sur Ænésidème : Ravaisson, *Essai sur la Métaphysique d'Aristote*, t. II, p. 351; Saisset, *Le scepticisme* (Paris, Didier, 2ᵉ édit., 1865); Maccoll, *The Greek Sceptics, from Pyrrho to Sextus* (London, Macmillan, 1869); Haas, *De philosophorum scepticorum successionibus* (Wirceburg., Stuber, 1875); Natorp, *Forsch. zur Geschichte des Erkenntnissproblems im Alterthum* (Berlin, 1884); Diels, *Doxogr. Græci*, p. 210, Berlin, Reimer, 1879; R. Hirzel, *Untersuchungen über Cicero's Schriften*, III. Th., p. 64 et seq., Leipzig, Hirzel, 1883.

témoignages précis nous le représentent comme le sceptique par excellence. Mais d'autres, non moins certains, nous font voir en lui un dogmatiste, partisan des théories d'Héraclite. Essayons, sans nous promettre d'y réussir, d'élucider ces questions; il s'agit, avant d'indiquer ce que nous pouvons savoir de son œuvre, de chercher ce que nous connaissons de sa vie et de ses écrits.

I. Ænésidème naquit à Gnosse[1] en Crète, ou peut-être à Ægé[2]; il enseigna à Alexandrie[3], on ne sait à quelle époque. Dans une période de 210 ans (de 80 av. J.-C. à 130 ap. J.-C.) on ne peut lui assigner une place avec certitude. Quelques historiens le font vivre vers 130 ap. J.-C.; d'autres au commencement de l'ère chrétienne; d'autres enfin voient en lui un contemporain de Cicéron. Examinons les raisons qu'on peut donner à l'appui de chacune de ces opinions.

Maccoll[4] choisit la date de 130 après J.-C. sans s'appuyer sur d'autres textes que celui d'Aristoclès dans Eusèbe[5], où Ænésidème est représenté comme ayant vécu récemment, ἐχθὲς καὶ πρώην. Mais, outre que cette théorie ne tient pas compte des autres textes qu'on verra plus loin, elle a le tort d'attacher une importance excessive à l'expression d'Aristoclès. Si le mot ἐχθὲς καὶ πρώην peut désigner une période d'au moins soixante-dix ans, car Aristoclès vécut à la fin du IIᵉ siècle de l'ère chrétienne, et peut-être au IIIᵉ, pourquoi ne désignerait-il pas aussi bien une période de cent cinquante ans, ou même une plus longue? Il faut remarquer d'ailleurs qu'Aristoclès oppose Ænésidème à Pyrrhon, mort depuis longtemps : et par rapport à ce dernier, la tentative d'Ænésidème pour renouveler le scepticisme pouvait lui paraître récente.

---

[1] Diog., IX, 116.
[2] Photius, *Myriobiblon*, cod. 212.
[3] Aristoclès, ap. Euseb., *Præp. Evang.*, XIV, xviii, 29.
[4] *Op. cit.*, p. 69.
[5] *Præp. Evang.*, XIV, xviii, 29 : Μηδενὸς δ'ἐπιστραφέντος αὐτῶν, ὡς εἰ μηδὲ ἐγένοντο τὸ παράπαν, ἐχθὲς καὶ πρώην ἐν Ἀλεξανδρείᾳ τῇ κατ' Αἴγυπτον Αἰνησίδημός τις ἀναζωπυρεῖν ἤρξατο τὸν ὕθλον τοῦτον.

Suivant Ritter[1], Saisset[2] et Zeller[3], c'est au commencement de l'ère chrétienne qu'aurait vécu Ænésidème. Pour fixer cette date, ils s'appuient sur le passage où Diogène[4] donne la liste des philosophes sceptiques, depuis Pyrrhon jusqu'à Saturninus. On a vu ci-dessus[5] que, dans cette longue période, nous pouvons fixer deux points de repère : la date de la mort de Pyrrhon (275 av. J.-C.), et celle de la mort de Sextus Empiricus (210 ap. J.-C.). Entre ces deux termes extrêmes il doit y avoir une lacune, et d'après Ménodote, cette lacune doit être placée après Timon. Dès lors, en remontant de Sextus à ses prédécesseurs, et en prenant pour moyenne de l'enseignement de chacun une durée de vingt-sept ans[6], on calcule qu'Ænésidème a dû vivre au début de l'ère chrétienne.

Il faut convenir que ce mode de détermination manque de précision : et on ne peut s'en contenter que s'il est impossible de trouver mieux. Ne saurait-on fixer la date d'Ænésidème à l'aide d'autres renseignements que le passage si embarrassant de Diogène? Quelques historiens l'ont pensé.

On a vu plus haut[7] comment Haas a été amené à soutenir qu'il y a une lacune dans la liste des sceptiques après Ænésidème, et non avant lui. Suivant Haas, Ænésidème serait le dernier des anciens sceptiques, et non le premier des nouveaux : il aurait vécu vers 80-60 avant J.-C. Cette opinion, qui était déjà celle de Fabricius[8] et de M. Ravaisson[9], a été admise par Diels[10] et Natorp[11] : elle repose sur deux raisons principales.

[1] *Histoire de la philosophie ancienne*, trad. Tissot, t. IV, p. 223. Ladrange, 1836.
[2] *Le scepticisme*, p. 25.
[3] *Die Philos. der Griechen*. Dritter Theil, zweite Abtheil. 3ᵉ Aufl. Leipzig, 1881, p. 8.
[4] IX, 116.
[5] Page 229.
[6] C'est le chiffre indiqué par Zeller.
[7] Page 230.
[8] Ad Sext., P., I, 235.
[9] *Essai sur la Métaph. d'Arist.*, t. II, p. 250.
[10] *Doxographi Græci*, p. 211.
[11] Op. cit., p. 30.

Dans l'analyse de l'œuvre d'Énésidème, qui nous a été conservée par Photius [1], il est dit que de son temps l'Académie était devenue presque stoïcienne. Or, Sextus [2] parlant d'Antiochus s'exprime à peu près dans les mêmes termes, si bien qu'on peut se demander si les deux écrivains n'avaient pas sous les yeux, ou ne se rappelaient pas le même texte d'un philosophe plus ancien, peut-être d'Énésidème lui-même.

En outre, Photius nous apprend que le livre d'Énésidème, intitulé Πυρρώνειοι λόγοι, était dédié à un Romain illustre, L. Tubéron [3]. Si l'on songe que Cicéron [4] parle à plusieurs reprises de Tubéron comme d'un ami des lettres et de la philosophie, distingué à la fois par les qualités de son esprit et par l'éclat des dignités dont il a été revêtu, il est naturel de croire que ce Tubéron est précisément celui à qui Énésidème a dédié son livre.

La force de ces raisons ne nous paraît pas sérieusement affaiblie par les objections de Zeller. La plus grave de ces objections est que Cicéron non seulement ne parle pas d'Énésidème, mais encore, à maintes reprises, déclare que le pyrrhonisme est une doctrine morte [5]. Comment croire que Cicéron, toujours si bien informé et si curieux, ait ignoré l'existence d'un philosophe tel qu'Énésidème? Comment admettre surtout qu'il ait été indifférent à une doctrine si voisine de celle de l'Académie, et qu'il n'ait rien su de la rupture qui se faisait sous les auspices de son ami Tubéron entre un académicien (Énésidème avait commencé par en être un) et le reste de l'école?

---

[1] *Myriob. cod.*, 212 : Οἱ δὲ ἀπὸ τῆς Ἀκαδημίας, φησί, μάλιστα τῆς νῦν, καὶ Στωικαῖς συμφέρονται ἐνίοτε δόξαις, καὶ εἰ χρὴ τἀληθὲς εἰπεῖν, Στωικοὶ φαίνονται μαχόμενοι Στωικοῖς.

[2] *P.*, I, 235 : Ἀλλὰ καὶ ὁ Ἀντίοχος τὴν Στοὰν μετήγαγεν εἰς τὴν Ἀκαδημίαν, ὡς καὶ εἰρῆσθαι ἐπ' αὐτῷ, ὅτι ἐν Ἀκαδημίᾳ φιλοσοφεῖ τὰ Στωικά.

[3] Phot. l. c. : Γράφει δὲ τοὺς λόγους Αἰνησίδημος προσφωνῶν αὐτοὺς τῶν ἐξ Ἀκαδημίας τινὶ συναιρεσιώτῃ Λουκίῳ Τυβέρωνι, γένος μὲν Ῥωμαίῳ, δόξῃ δὲ λαμπρῷ ἐκ προγόνων καὶ πολιτικὰς ἀρχὰς οὐ τὰς τυχούσας μετιόντι.

[4] *Ad Quint. frat. Ep.*, I, 1, 3, 10. Cf. *Pro Ligar.*, vii, 21; ix, 27.

[5] *Fin.*, II, 11, 35 : «Pyrrho, Aristo, Herillus, jamdiu abjecti.» *Ibid.*, xiii, 43; V, viii, 23. *De orat.*, III, xvii, 62. *De offic.*, I, ii, 6. *Tuscul.*, V, xxx, 85.

Toutefois, il n'est pas impossible de lever la difficulté. D'abord, on l'a vu plus haut, quand Cicéron parle de Pyrrhon, c'est toujours et uniquement le moraliste qu'il a en vue : la doctrine qui n'a plus de représentants est celle de l'indifférence, et non le scepticisme, tel que l'entendait Ænésidème. En outre, Cicéron ne connaissait guère les doctrines philosophiques que par l'intermédiaire de ses maîtres, les philosophes de la nouvelle Académie. On comprend qu'ils aient mis peu d'empressement à propager une doctrine nouvelle, particulièrement dirigée contre eux. Il est possible enfin que Cicéron ait entendu parler de l'enseignement d'Ænésidème, mais trop peu pour le bien connaître, ou qu'il n'ait pas daigné le discuter. C'est du moins ce que semble indiquer un passage des *Académiques* [1], où Cicéron fait allusion, sans y attacher d'importance, à une doctrine qui paraît bien être le scepticisme radical d'Ænésidème.

Zeller, pour refuser de voir en Ænésidème un contemporain de Cicéron, est obligé de supposer que le Tubéron à qui Ænésidème a dédié son livre a été un neveu ou un descendant de l'ami de Cicéron. Mais cette hypothèse est peu vraisemblable. Il résulte du texte de Photius que Tubéron n'était pas seulement connu dans les lettres : c'était un homme politique [2], et cette désignation, qui convient très bien à l'ami de Cicéron, ne paraît s'appliquer à aucun autre personnage du même nom.

Reste enfin le texte de Photius, qui présente avec celui de Sextus de telles analogies qu'on ne peut guère douter qu'il provienne d'une même source. Zeller pense qu'Antiochus n'est pas le seul académicien qui ait pu mériter le reproche qu'Ænésidème adresse à l'Académie de son temps. Mais un examen attentif du texte de Photius montre qu'il ne s'agit pas d'Antiochus, ni d'aucun philosophe de son école. Nous y voyons en effet que les académiciens dogmatisent sur beaucoup de points, et ne résistent aux stoïciens que sur la question de la représentation com-

---

[1] II, v, 51 : « Illos, qui omnia sic incerta dicant, ut stellarum numerus par an impar sit, quasi desperatos aliquos relinquamus. »

[2] ... καὶ πολιτικαῖς ἀρχαῖς οὐ ταῖς τυχούσαις μετιόντι.

préhensive [1]. Or, précisément sur ce point, Antiochus, que Cicéron appelle *germanissimus stoicus*, était d'accord avec les stoïciens [2] : nous en avons pour garant tout le second livre des *Académiques*. Ce n'est certainement pas à Antiochus [3], c'est à Philon ou à un de ses successeurs qu'Ænésidème fait allusion dans le texte de Photius. Nous savons en effet que Philon, après certaines concessions faites au dogmatisme, refusait de céder sur la question du critérium. Au reste, tout le passage d'Ænésidème montre bien que les académiciens dont il parle se donnaient pour des sceptiques, ce qui n'était pas le cas d'Antiochus. En effet, il leur reproche d'affirmer et de nier dogmatiquement certaines choses, et en même temps de dire que tout est incompréhensible [4]. Il leur montre qu'il faut choisir, c'est-à-dire s'abstenir d'affirmer et de nier, ou renoncer à dire que tout est incompréhensible. Or, ce reproche est précisément le même que chez Cicéron [5], Antiochus adresse à Philon, et nous savons qu'Antiochus combattait ardemment la théorie des nouveaux académiciens.

Enfin il n'y a pas lieu de supposer qu'Ænésidème ait dirigé ses critiques non contre Philon lui-même, mais contre ses successeurs; car, sauf Eudore d'Alexandrie, et encore la chose est-elle fort douteuse [6], Philon ne laissa point de disciples. Il ne semble donc plus douteux qu'Ænésidème ait été le contemporain de Philon, d'Antiochus et de Cicéron, et qu'il ait enseigné vers 80-70 avant J.-C. [7].

---

[1] Phot., l. c.: περὶ πολλῶν δογματίζουσι ... διαμφισβητεῖν δὲ περὶ μόνης τῆς καταληπτικῆς φαντασίας.

[2] *Ac.*, II, vi, 18.

[3] On peut admettre avec Natorp (*op. cit.*, p. 67, 303) que la première partie du texte (μάλιστα τῆς νῦν) s'applique à Antiochus; la seconde, depuis δεύτερον, à Philon.

[4] Hirzel (*op. cit.*, p. 233) a très judicieusement corrigé le texte de Photius, et montré que dans ce passage : Τὸ γὰρ ἅμα τιθέναι τι καὶ αἴρειν ἀναμφιβόλως, ἅμα τε φάναι κοινῶς ὑπάρχειν καταληπτά, il faut lire ἀκατάληπτα.

[5] *Ac.*, II, xiv, 43.

[6] Voy. ci-dessus, p. 222.

[7] Il est vrai que la difficulté signalée par Zeller subsiste toujours : c'est trop

II. Les ouvrages attribués à Ænésidème par les divers auteurs dont les témoignages nous ont été conservés sont au nombre de cinq : 1° Les huit livres des Πυρρώνειοι λόγοι [1]; 2° Κατὰ σοφίας [2]; 3° Περὶ ζητήσεως [3]; 4° Ὑποτύπωσις εἰς τὰ Πυρρώνεια [4]; 5° Στοιχειώσεις [5].

C'est une question de savoir si les deux derniers titres désignent des ouvrages particuliers ou des parties des ouvrages précédents. Ritter [6] est porté à croire que l'Ὑποτύπωσις n'est que le premier livre des Πυρρώνειοι λόγοι [7]; Haas [8] pense que ce titre désigne l'ensemble des Πυρρώνειοι λόγοι, qu'on peut considérer comme un abrégé de la doctrine sceptique. Suivant Saisset [9] et Zeller [10] au contraire, il est plus probable que c'est un ouvrage particulier; car au témoignage d'Aristoclès, les dix tropes étaient développés dans cet ouvrage : or, dans l'analyse que Photius nous a laissée des Πυρρώνειοι λόγοι il n'en est pas fait mention. Quant aux Στοιχειώσεις et à un autre titre mentionné par Sextus [11], nous n'avons aucune donnée précise.

Des trois ouvrages qui sont certainement d'Ænésidème, il en est deux dont nous ne connaissons que les titres; les huit livres des Πυρρώνειοι λόγοι sont les seuls sur lesquels nous ayons des renseignements certains : Photius nous en a conservé l'analyse. Le but de l'auteur était de montrer que rien ne peut être connu

---

peu des sept noms de la liste de Diogène pour remplir l'intervalle entre l'époque d'Ænésidème et celle de Sextus. Nous ne voyons aucun moyen de la résoudre.

[1] Sext., M., VIII, 215. Diog., IX, 106, 116. Photius, cod., 212, appelle cet ouvrage Πυρρωνίων λόγοι.

[2] Diog., IX, 106.

[3] Ibid.

[4] Diog., IX, 78. Aristoc. ap. Euseb., Præp. Ev., XIV, xviii, 11.

[5] Aristoc., ibid., 16.

[6] Op. cit.

[7] Photius dit que dans ce premier livre toute la théorie sceptique était présentée ὡς τύπῳ καὶ κεφαλαιωδῶς.

[8] Op. cit., p. 69.

[9] Op. cit., p. 37.

[10] Op. cit., p. 18, 1.

[11] M., X, 216 : πρώτη εἰσαγωγή.

avec certitude[1], et qu'il faut s'interdire toute affirmation : l'ouvrage était dédié à L. Tubéron, partisan de l'Académie. Il semble qu'après avoir fait partie de cette école, Ænésidème ait précisément dans cet ouvrage rompu avec elle pour se déclarer en faveur du scepticisme.

Aussi son premier soin fut-il de marquer nettement ce qui sépare les académiciens et les pyrrhoniens. Les académiciens sont dogmatistes : tantôt ils affirment sans réserve, tantôt ils nient sans hésiter. Au contraire, il n'arrive jamais aux pyrrhoniens de dire qu'une chose est ou n'est pas vraie : ils n'affirment rien, pas même qu'ils n'affirment rien, et s'ils se servent de cette formule, encore trop affirmative à leur gré, c'est que le langage les y force. En outre, les académiciens sont souvent d'accord avec les stoïciens : ce sont à vrai dire des stoïciens en lutte avec des stoïciens. Ainsi ils font une distinction entre la sagesse et la folie, entre le bien et le mal, entre le vrai et le faux, entre le probable et ce qui ne l'est pas : ils n'ont d'hésitation qu'au sujet de la φαντασία καταληπτική. Rien de semblable chez les pyrrhoniens. Enfin les pyrrhoniens ont encore sur les académiciens cette supériorité qu'ils ne sont pas en contradiction avec eux-mêmes; car c'est se contredire de soutenir qu'il n'y a rien de certain, et en même temps de faire un choix entre le vrai et le faux, le bien et le mal. Ayant ainsi opposé les deux doctrines, Ænésidème achève son premier livre en donnant le résumé de tout le système[2] pyrrhonien.

[1] Phot., op. cit. : Οὐδὲν βέβαιον εἰς κατάληψιν, οὔτε δι' αἰσθήσεως, ἀλλ' οὔτε μὴν διὰ νοήσεως.

[2] Nous sommes fort embarrassé pour traduire le mot ἀγωγή dont les pyrrhoniens se servaient, et que Sextus oppose à αἵρεσις (P., I, 16). Les pyrrhoniens refusent de dire qu'ils sont d'une secte, qu'ils ont un système, au sens où les dogmatistes emploient ces mots : ils ont seulement des manières de voir, fondées sur l'expérience et la coutume (ἀκολουθοῦμεν γάρ τινι λόγῳ κατὰ τὸ φαινόμενον ὑποδεικνύντι ἡμῖν τὸ ζῆν πρὸς τὰ πάτρια ἔθη καὶ τοὺς νόμους καὶ τὰς ἀγωγὰς καὶ τὰ οἰκεῖα πάθη). Zeller traduit très bien ce mot en allemand par *Richtung* (op. cit., p. 28, 4). Nous ne trouvons pas d'équivalent en français : force nous est d'employer le mot *système*, en indiquant toutefois en quel sens particulier il faut l'entendre. Cf. sur ce point Haas, p. 11.

Le second livre développe ce qui est indiqué dans le premier : il traite des principes [1], des causes, du mouvement, de la génération et de la destruction. Le troisième est consacré à la sensation et à la pensée [2] ; le quatrième démontre qu'il n'y a point de signes, puis indique les difficultés relatives à la nature, au monde, à l'existence des dieux. Le cinquième montre qu'il ne peut y avoir de causes : huit tropes, distincts des dix tropes dont il sera question plus loin, y sont exposés. Le sixième traite du bien et du mal ; le septième combat la théorie des vertus ; le huitième veut prouver que ni le bonheur, ni le plaisir, ni la sagesse ne sont le souverain bien, et qu'il n'y a aucune fin que l'homme puisse se proposer.

En dehors de ces indications, nous trouvons dans Sextus plusieurs passages où Ænésidème est nommé, et qui reproduisent exactement, sinon les termes mêmes dont il s'est servi, au moins sa pensée. Il y a seulement quelque difficulté à décider à quel point précis s'arrêtent les arguments empruntés à Ænésidème, et à quel moment Sextus recommence à parler pour son propre compte.

Ces passages sont les suivants : 1° *Math.*, IX, 218 (sur les causes), jusqu'à la section 266 suivant Fabricius [3] ; jusqu'à 258 suivant Saisset [4], car les mots τοίνυν οὐδὲ κατὰ διάδοσιν ont le caractère d'une conclusion et d'une transition ; jusqu'à 227 suivant Zeller [5], car les mots καὶ πάλιν εἰ ἔστι τί τινος αἴτιον indiquent le commencement d'un nouvel argument. Il semble bien qu'on ne puisse attribuer en toute sûreté à Ænésidème que le passage compris entre 218 et 227.

2° *Math.*, VIII, 40 (sur la vérité) jusqu'à la section 55 sui-

[1] Il faut probablement lire (170, B, 5) ἀρχῶν au lieu de ἀληθῶν. Voy. Pappenheim, *Die Tropen der Griech. Skept.*, p. 24 ; Berlin, 1885.
[2] Pappenheim (ibid.) corrige encore heureusement le texte, et lit, au lieu de περὶ κινήσεως καὶ αἰσθήσεως, περὶ νοήσεως καὶ αἰσθήσεως.
[3] Ad Sext. Empir., IX, 218, 3.
[4] Op. cit., p. 32. Natorp (p. 133) est du même avis. Les raisons qu'il donne ne nous paraissent pas décisives.
[5] Op. cit., p. 20, 6.

vant Saisset; jusqu'à 48 seulement suivant Zeller et Haas[1]. La raison donnée par Haas, que la régression à l'infini invoquée à la fin de l'argument ne saurait appartenir à Ænésidème, car cette manière d'argumenter ne date que d'Agrippa, n'est pas décisive. Mais Sextus[2] combat l'opinion de ceux qui regardent comme vrai ce qui obtient communément l'adhésion (τὸ πολλοὺς πεῖθον). Or, cette opinion a été justement soutenue par Ænésidème[3]. Il n'y a donc pas lieu d'attribuer à Ænésidème une contradiction si formelle, surtout si on prend garde qu'évidemment un argument nouveau commence à la section 48.

3° *Math.*, VIII, 215 (sur les signes), jusqu'à la section 244 suivant Saisset, jusqu'à 235 suivant Zeller[4]. Il semble bien en effet que Sextus, sous prétexte de défendre Ænésidème, saisisse l'occasion de faire étalage de ses connaissances en logique stoïcienne.

On peut encore rapporter à Ænésidème le passage où Sextus[5] expose les dix tropes. On verra plus loin que le fond de cette théorie est d'Ænésidème, mais Sextus l'expose librement[6], sans prétendre donner une classification méthodique et définitive[7].

A quelle partie des Πυρρώνειοι λόγοι faut-il rapporter les divers passages cités ci-dessus?

Sextus[8] ne donne d'indication formelle que sur le texte re-

---

[1] *Op cit.*, p. 41.

[2] Natorp (p. 96) veut comme Saisset prolonger la citation d'Ænésidème jusqu'à 55. Il est possible, à la vérité, que l'argumentation contre le πιθανόν des académiciens soit de ce philosophe (cf. Photius). Mais nous n'avons aucun droit de l'affirmer.

[3] *M.*, VIII, 8.

[4] En exceptant le passage 223-234, qui semble bien d'une autre source. Natorp prolonge cet emprunt à Ænésidème jusqu'au paragraphe 242 (p. 101).

[5] *P.*, I, 36.

[6] *P.*, I, 38 : Χρώμεθα δὲ τῇ τάξει ταύτῃ θετικῶς.

[7] Si on pouvait croire que Sextus expose fidèlement et dans le détail les arguments et les exemples d'Ænésidème, la question si difficile de la date de ce philosophe serait décidée. Il cite en effet (*P.*, I, 84) l'exemple de Tibère, qui voyait dans les ténèbres.

[8] *M.*, VIII, 215.

latif aux signes : il est extrait du quatrième livre, ce qui s'accorde avec les renseignements de Photius.

Pour le texte relatif aux causes, Saisset[1], s'appuyant sur un passage de Photius[2], le rapporte au cinquième livre : Zeller[3] croit qu'il faut plutôt le placer dans le deuxième livre. Photius dit en effet que dans ce livre il était question des causes, de la génération et de la mort. Or, précisément dans le passage dont il s'agit, Sextus dit qu'Ænésidème s'occupait des difficultés relatives à la génération. Dans le cinquième livre, il était surtout question, à propos des causes, des huit tropes que nous avons déjà mentionnés.

Enfin le texte sur la vérité doit être manifestement rapporté au premier livre, en raison du témoignage de Photius.

Le passage où sont exposés les dix tropes doit être vraisemblablement attribué, comme on l'a vu plus haut, à l'ouvrage qu'Ænésidème avait intitulé Ὑποτύπωσις.

Voilà les seules[4] données positives qui nous permettent de

[1] *Op. cit.*, p. 33.
[2] *Cod.*, 212.
[3] *Op. cit.*, p. 20, 6.
[4] Indépendamment de ces passages et de ceux, surtout relatifs à Héraclite, qu'on trouvera cités plus loin, il y en a peut-être beaucoup d'autres, dans les trois ouvrages de Sextus, où l'auteur s'inspire d'Ænésidème, soit dans l'exposition des doctrines, soit dans la critique. Mais il nous est impossible de les reconnaître avec sûreté. La discussion contre les académiciens (*P.*, I, 220-235) est probablement empruntée en grande partie à Ænésidème, puisque nous savons par Photius que ce philosophe commençait son livre par la critique de l'école qu'il venait de quitter. Ænésidème y est d'ailleurs expressément nommé (222). Mais le fait qu'il est cité en même temps que Ménodote, donne à penser que Sextus a réuni tous les arguments invoqués par les sceptiques après Ænésidème, qu'il ne s'inspire d'Ænésidème, du moins en cet endroit, qu'à travers Ménodote ; et nous sommes enclin à croire que c'est de la même manière, en ne prenant que ce qui est devenu le bien commun des sceptiques, que Sextus suit Ænésidème, partout où il ne le cite pas.

Cependant Natorp, pour des raisons souvent plus subtiles et ingénieuses que solides, croit pouvoir attribuer sûrement à Ænésidème nombre de passages, ceux surtout où sont exposées les idées de Démocrite et d'Épicure. (*P.*, II, 1, 11 ; *M.* VII, 49-87 et surtout 60-64 ; 135-139 ; 203-216 ; VIII, 56-66 ; 183-214 ; 322-327 ; 337-337 a ; 348-368 ; X, 319-345.) La raison principale invoquée par Natorp est que la critique dirigée par Sextus contre Démétrius de Laconie (*M.*, VIII, 348-

retrouver, dégagée autant que possible des interprétations et des commentaires, la pensée d'Ænésidème. C'est à l'aide de ces documents que nous essaierons de reconstituer son argumentation.

368) doit être empruntée à Ænésidème. Pourquoi citer, au lieu d'Épicure, un de ses plus obscurs disciples ? Ce choix ne se comprend guère que si Démétrius a été déjà pris à partie par un contemporain, et c'est ce que confirment le ton et la vivacité de la polémique. Zeller avait été déjà frappé de ces raisons : mais ce n'est pas Carnéade, comme le croit l'illustre historien, c'est Ænésidème, d'après Natorp, qui a été l'adversaire de Démétrius.

Toute cette argumentation est loin d'être sans valeur : il faut, croyons-nous, accorder à Natorp (p. 263) que c'est Ænésidème, et non Carnéade, qui a été l'adversaire de Démétrius. Mais en admettant que Sextus ait emprunté directement cette critique à Ænésidème, et qu'elle ne fût pas devenue un lieu commun sceptique, répété et modifié par tous les auteurs d'*hypotyposes*, nous ne voyons pas que cela autorise à faire venir de la même source tous les renseignements relatifs à Épicure et à Démocrite. Parmi les raisons directes invoquées en faveur de cette dérivation, aucune ne nous a paru décisive.

Enfin Natorp n'hésite pas à attribuer à Ænésidème toute la discussion comprise entre les sections 348 et 368. Ici, il excède tout à fait son droit. La discussion contre Démétrius se termine évidemment à 357 : καὶ ἵνα καθολικώτερον εἴπωμεν. Il n'est plus question, dans la suite, de Démétrius, mais des dogmatistes (360). Dès lors, il nous est impossible d'attacher autant d'importance que le fait Natorp aux passages qui viennent après. Toute la théorie qu'il édifie sur ces textes nous semble pécher par la base. Ce n'est pas que nous méconnaissions ni le grand savoir ni la force de pensée dont Natorp fait preuve dans cette reconstitution, qui remplit son chapitre VI. Mais en général il nous semble prêter à Ænésidème des formules trop modernes, les raisons qu'il invoque sont trop subtiles, les textes ne disent pas tout ce qu'il leur fait dire. Au surplus, nous sommes d'accord avec Natorp sur nombre de points importants : pour des raisons différentes, et par un autre chemin nous sommes arrivé à des conclusions analogues aux siennes, notamment lorsqu'il rapproche Ænésidème de Hume et Kant. (Voy. ci-dessous, la p. v.)

CHAPITRE III.

ÆNÉSIDÈME. — SON SCEPTICISME.

Dans la doctrine d'Ænésidème, on peut distinguer deux parties. D'abord le philosophe résume et classe, sous le nom de tropes, les arguments que lui avaient légués les anciens sceptiques : par là, il démontre que les sens ne peuvent nous donner aucune certitude. Puis il entreprend de prouver que la raison n'a pas plus de succès, et sa démonstration porte sur trois points principaux : la vérité, les causes, les signes ou preuves. C'est cette dernière partie qui est son œuvre originale et personnelle : c'est le nouveau scepticisme.

I. Plusieurs historiens pensent que les dix tropes, connus depuis longtemps, étaient le bien commun de l'école sceptique[1]. Mais Zeller[2] soutient, avec raison selon nous, que si le fond de ces arguments, plusieurs des exemples qui y sont invoqués, et l'expression même de tropes[3] n'ont rien de nouveau, c'est Ænésidème qui le premier les mit en ordre, les énuméra avec une certaine méthode, leur donna, en un mot, la forme qu'ils ont gardée. Pour avoir été exposés dans les Πυρρώνειοι λόγοι, ces arguments ne doivent pas plus être attribués à Pyrrhon qu'on ne fait honneur à Socrate de toutes les théories présentées par Platon sous son nom. Et si Diogène cite les dix tropes dans la vie de Pyrrhon, c'est qu'il a l'habitude de dire, à propos du père d'une doctrine, tout ce que ses disciples ont pensé : la vie de Zénon renferme les idées de tous les stoïciens. C'est expres-

---

[1] Saisset, op. cit., p. 78.
[2] Op. cit., p. 24, 5.
[3] Gell., N. A., XI, v, 5. — Cf. Zeller, t. IV, p. 846 (3ᵉ Auflage).

sément à Énésidème qu'Aristoclès[1], Sextus[2], Diogène[3] attribuent les dix tropes ; nulle part ils ne sont attribués à aucun autre [4] : il n'en est pas question quand les anciens parlent de l'exposition que fit Timon de la doctrine de Pyrrhon. Et si ces tropes avaient été connus, comment croire que Cicéron n'en eût rien dit [5] ?

Par ce mot *tropes* (τρόποι, on employait aussi les mots τόποι et λόγοι)[6], les sceptiques désignaient les diverses manières ou raisons par lesquelles on arrive à cette conclusion : qu'il faut suspendre son jugement. Ils indiquaient comment se forme, en général, la persuasion : nous regardons comme certaines les choses qui produisent toujours sur nous des impressions analogues, celles qui ne nous trompent jamais ou ne nous trompent que rarement, celles qui sont habituelles ou établies par les lois, celles qui nous plaisent ou que nous admirons [7]. Mais précisément par les mêmes moyens on peut justifier des croyances contraires à celles qui sont les nôtres : à chaque affirmation on peut opposer une affirmation contraire, appuyée sur des raisons équivalentes, sans que rien permette de décider que l'une est préférable à l'autre. Il suit naturellement de là qu'il ne faut rien affirmer. Ramener à leurs types les plus généraux ces oppositions d'opinion, c'est dresser en quelque sorte la liste des catégories du doute, ou plutôt, car il faut ici un mot nouveau, qui n'implique aucune affirmation, c'est énumérer les *tropes* : il y en a dix.

---

[1] Ap. Euseb., *Præp. ev.*, XIV, xviii, 11.

[2] M., VII, 345.

[3] IX, 78, 87.

[4] Le mot τίθησι (Diog., IX, 79) s'applique plus naturellement à Énésidème qu'à Pyrrhon. On pourrait aussi adopter la correction proposée par Nietzsche (*Beiträge zur Quellenkunde des Diog. Laert.*, Basel, 1870, p. 11), qui lit : Τούτους δὲ τοὺς δέκα τρόπους καὶ Θεοδόσιος τίθησιν ὧν πρῶτος κ. τ. λ.

[5] Zeller relève (p. 25) dans l'exposition de Diogène et de Sextus nombre d'expressions qui ne sauraient être antérieures à l'époque d'Énésidème.

[6] Sext., P., I, 36. Cf. Pappenheim, *Die Tropen der Griech. Skept.*, p. 13; Berlin, 1885.

[7] Diog., IX, 78.

Ils sont exposés, avec une extrême abondance d'exemples et de commentaires, par Sextus[1], et plus sobrement, mais presque dans les mêmes termes, par Diogène[2] : un passage[3] de ce dernier donne à penser qu'il avait sous les yeux le texte même d'Ænésidème; nous empruntons à ces deux auteurs les éléments de notre résumé[4].

1° *La diversité des animaux.* — Il y a de nombreuses différences entre les animaux : tous ne naissent pas de la même manière, tous n'ont pas les mêmes organes. Or, on sait qu'une modification de l'organe, comme la jaunisse chez l'homme, ou l'action de se frotter les yeux, modifie la perception. Quand donc on voit des animaux qui ont une lueur dans les yeux ou la prunelle allongée, il faut admettre que leurs perceptions diffèrent des nôtres. On doit en dire autant des autres sens : le toucher n'est pas le même pour qui est revêtu d'une coquille, ou de plumes, ou d'écailles; le goût pour qui a la langue sèche ou humide. L'observation atteste d'ailleurs cette diversité des perceptions : l'huile, qui est bonne aux hommes, tue les guêpes et les abeilles; l'eau de mer est un poison pour l'homme s'il en use trop longtemps, elle est fort agréable aux poissons.

Dès lors, d'un objet connu par les sens, nous pourrons bien dire comment il nous *apparaît*, mais non pas ce qu'il *est* : car de quel droit supposer que nos perceptions sont plus conformes à la nature des choses que celles des animaux?

D'ailleurs, les animaux ne sont pas aussi inférieurs à l'homme

---

[1] *P.*, I, 36 et seq.
[2] IX, 79 et seq.
[3] IX, 78.
[4] Suivant Aristoclès (ap. Euseb., *Præp. ev.*, XIV, xviii, 11), Ænésidème n'aurait reconnu que neuf tropes. S'il fallait choisir entre le témoignage isolé d'Aristoclès et les témoignages concordants de Sextus et de Diogène, ces derniers devraient évidemment obtenir la préférence. Il est probable qu'une erreur a été commise soit par Aristoclès, soit par un copiste ; c'est aussi l'opinion de Zeller et de Hirzel (III, 114). Pappenheim (*op. cit.*) prend parti pour le texte d'Aristoclès : ses raisons ne nous ont pas paru décisives. Nous persistons à attribuer à Ænésidème les dix tropes, comme le fait Sextus, *M.*, VII, 345 : καθάπερ ἐδείξαμεν τοὺς παρὰ τῷ Αἰνησιδήμῳ δέκα τρόπους ἐπιόντες.

qu'il plaît aux dogmatistes de le dire; les sceptiques prennent plaisir à énumérer les mérites du chien. Non seulement il a des sens supérieurs aux nôtres, mais il sait choisir ce qui lui est utile; il a des vertus qui règlent ses passions, il connaît l'art de la chasse, il est capable de justice, même il n'est pas étranger à la dialectique.

2° *Les différences entre les hommes.* — Accordons cependant que les hommes sont supérieurs aux animaux. Il y a entre eux de telles différences qu'on sera encore dans l'impossibilité de décider où est la vérité. Les corps diffèrent par la figure et le tempérament : on a vu une femme d'Athènes boire trente drachmes de ciguë sans en être incommodée. Démophon, serviteur d'Alexandre, avait froid au soleil ou dans un bain, chaud à l'ombre. Les esprits ne diffèrent pas moins : les uns aiment la vie active, les autres le repos; tous les poètes ont signalé ces oppositions. Entre tant d'apparences diverses, comment choisir? S'en rapporter au plus grand nombre? Mais nous ne connaissons pas tous les hommes, et ce que la majorité pense ici, elle ne le pense plus là-bas. Il vaut mieux ne pas choisir et ne rien affirmer.

3° *La diversité des sens.* — Dira-t-on que, pour échapper à cette difficulté, il faut s'en rapporter à un seul homme pris pour juge, le sage idéal du stoïcien par exemple? Il sera tout aussi embarrassé de se décider, trouvant entre les différents sens une nouvelle diversité. Une peinture a du relief pour les yeux et n'en a pas pour le toucher. Un parfum agréable à l'odorat blesse le goût. L'eau de pluie, bonne pour les yeux, enroue et incommode le poumon. Qui sait si les qualités des choses ne dépendent pas uniquement de la diversité de nos organes? Une pomme n'a peut-être qu'une seule qualité; peut-être en a-t-elle plus que nous n'en connaissons : nous pouvons les ignorer comme l'aveugle ignore les couleurs. Donc, ici encore, nous ne voyons que l'apparence, non la réalité.

4° *Les circonstances* (περιστάσεις). — Sous ce nom, le scep-

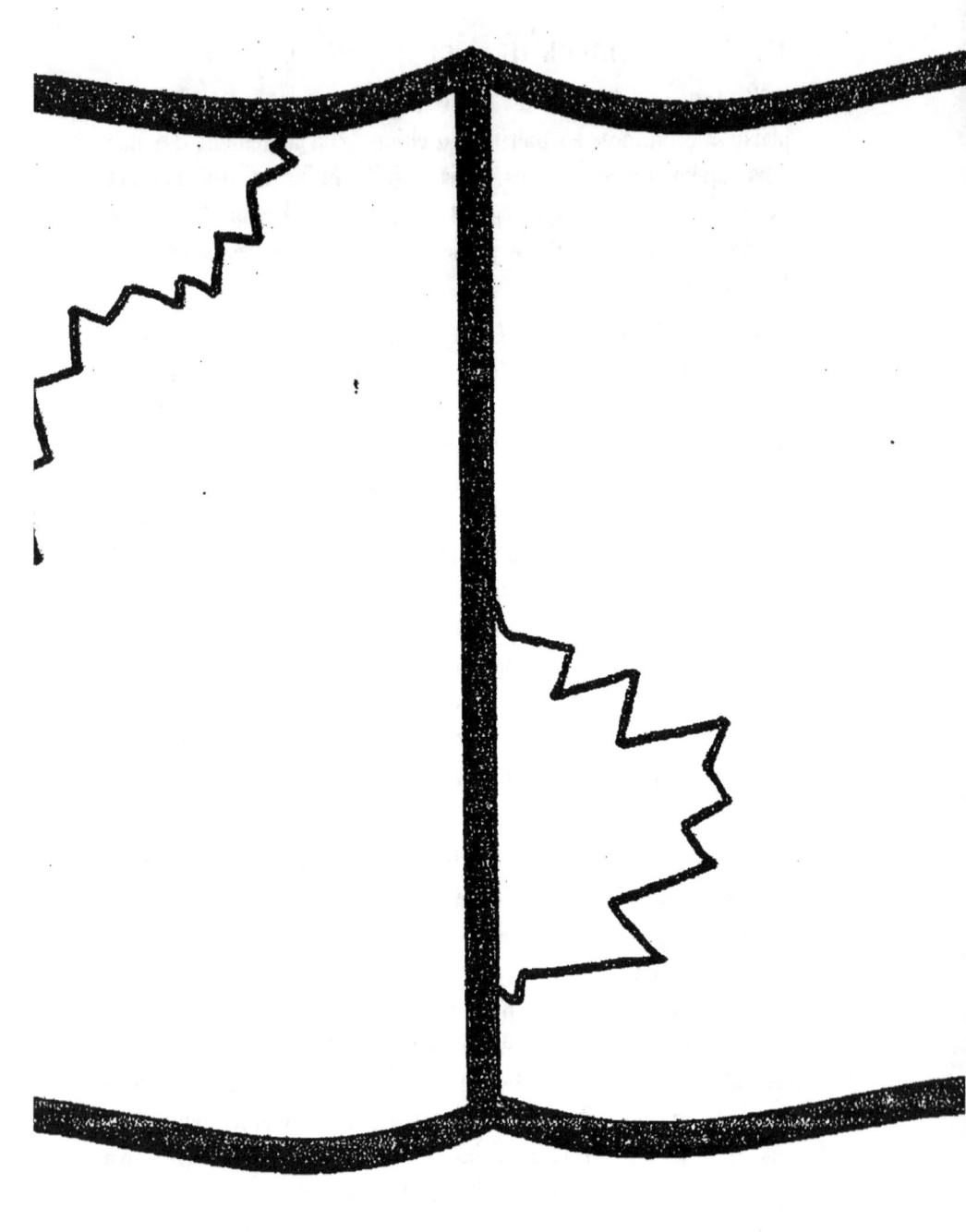

tique désigne les habitudes, les dispositions ou conditions particulières qui font varier les perceptions : tels sont la veille ou le sommeil, les divers âges de la vie, le repos ou le mouvement, l'amour ou la haine. Le miel paraît amer à ceux qui ont la jaunisse. A ceux qui ont un épanchement de sang, une étoffe paraît couleur de sang, tandis que nous la jugeons toute différente. Il n'y a pas à objecter que ce sont des cas anormaux et de maladie, car comment savoir si, en pleine santé, nous ne sommes pas dans des conditions capables de modifier l'apparence des choses? Ainsi encore l'amour nous fait voir la beauté là où elle n'est pas. On n'a pas les mêmes idées étant ivre ou à jeun. Entre toutes ces apparences comment se décider? Toutes se valent.

5° *Les situations, les distances et les lieux.* — Un vaisseau, vu de loin, paraît petit et immobile; vu de près, il paraît grand et en mouvement. Une tour carrée, vue de loin, paraît ronde. Voilà pour les distances.

Une rame paraît brisée dans l'eau, droite dehors. La lumière d'une lampe paraît obscure au soleil, brillante dans les ténèbres. Voilà pour les lieux.

Une peinture a du relief si on la regarde de loin : elle paraît unie si on la voit de près. La gorge des colombes se nuance de mille couleurs différentes suivant qu'elles se tournent d'une façon ou d'une autre. Voilà pour les positions.

Mais comment connaître les choses, abstraction faite du lieu qu'elles occupent, de la distance où nous sommes, de la position qu'elles prennent? Nous ne les connaissons donc pas.

6° *Les mélanges.* — Un objet ne nous apparaît jamais seul, mais toujours uni à quelque autre chose : à l'air, à la chaleur, à la lumière, au froid, au mouvement. Dans ce mélange, comment connaître l'objet en lui-même? La couleur de notre visage paraît autre, quand il fait chaud, et quand il fait froid. Notre voix n'a pas le même son dans un air subtil et dans un air épais. La pourpre n'a pas la même couleur au soleil et à la lampe. D'autre part, nous ne connaissons les choses que par l'intermédi[aire] de nos organes, nouveau mélange qui altère la perception. [C'e]st pourquoi tout paraît pâle et blanchâtre à ceux qui ont la jaunisse. Nous ne pouvons pas plus séparer les choses de ce qui les entoure que nous ne distinguons l'huile dans un onguent. Mais ne pas les séparer, c'est ne pas les connaître en elles-mêmes.

7° *Les quantités ou compositions* [1]. — Les choses changent d'aspect suivant qu'on les prend en plus ou moins grandes quantités. Considérez à part les raclures de cornes de chèvre : elles paraissent blanches ; regardez les cornes qui en sont formées : elles sont noires. Les grains de sable, séparés, paraissent raboteux ; dans le monceau, ils paraissent mous. Le vin fortifie si on en prend avec modération ; il affaiblit si on en abuse.

8° *La relation* [2]. — Toute chose est relative à la fois aux autres choses avec lesquelles elle est perçue et à celui qui la perçoit. Une chose n'est pas à droite ou à gauche par elle-même, mais par rapport à une autre. Le jour est relatif au soleil. De même le haut est relatif au bas, le grand au petit, le père au fils. Rien n'est connu en soi-même.

9° *La fréquence et la rareté.* — Une comète nous étonne parce qu'elle apparaît rarement ; le soleil nous effraierait si nous ne le voyions pas tous les jours. On ne s'inquiète plus des tremblements de terre une fois qu'on y est habitué. Ce ne sont donc pas les caractères des choses elles-mêmes qui décident de nos jugements, mais leur fréquence ou leur rareté : nouvelle preuve que nous n'atteignons que des apparences.

10° *Les coutumes, les lois, les opinions* [3]. — Il ne s'agit plus ici des sensations, mais des croyances morales : elles varient à l'infini. Les Égyptiens embaument leurs morts, les Romains les

---

[1] Ce trope est le huitième chez Diogène.
[2] Dixième chez Diogène.
[3] Cinquième chez Diogène.

brûlent, les Péoniens les jettent dans les marais. Les Perses permettent aux fils d'épouser leurs mères; les Égyptiens, aux frères d'épouser leurs sœurs; la loi grecque le défend. Que de différences entre les diverses religions, entre les opinions des philosophes, entre les récits des poètes! On peut donc dire ce que les hommes ont pensé sur tel ou tel point, ce qui leur a paru vrai, non ce qui est vrai.

Ces dix tropes, on le voit, se succèdent, sauf les quatre premiers, sans grand ordre. Il n'y a pas lieu de s'en étonner : ce n'est pas méthodiquement ni *a priori*, mais empiriquement et en accumulant des observations, qu'ils ont été déterminés. On aurait mauvaise grâce à exiger ici un ordre plus rigoureux que celui qu'on trouve dans les catégories d'Aristote, jetées, elles aussi, les unes après les autres, sans aucun lien qui les réunisse [1].

Toutefois, il est aisé de s'apercevoir que les sceptiques attachaient une certaine importance à l'ordre de leurs tropes. Nous en avons la preuve dans cette expression de Sextus [2] : χρώμεθα τῇ τάξει ταύτῃ θετικῶς; et à diverses reprises il insiste [3] sur l'ordre auquel il s'astreint. Il prend même la peine de simplifier sa liste et remarque [4] que les dix tropes peuvent se ramener à trois : le premier porte sur celui qui juge, le sujet (il comprend les quatre premiers de la liste); le second porte sur l'objet (il comprend le septième et le dixième); le troisième porte sur le sujet et l'objet (ce sont les cinquième, sixième, huitième et neuvième). On peut dire aussi, ajoute Sextus, que tous les tropes se ramènent à un seul : celui de la relation [5]; il est le

---

[1] Il n'y a pas lieu, d'ailleurs, de chercher un rapport plus étroit entre les tropes d'Ænésidème et les catégories d'Aristote, comme le fait Pappenheim.

[2] P., I, 38.

[3] P., I, 141.

[4] P., I, 39.

[5] Il semble qu'en s'exprimant ainsi, Sextus fasse allusion à la classification adoptée par Diogène et qui place au dernier rang le trope de la relation. Nous ne croyons pas, avec Hirzel, qui a d'ailleurs écrit sur cette question des pages excellentes (op. cit., p. 115), que Sextus n'ait pas connu une autre liste que celle

genre suprême, les trois précédents sont les genres, les dix sont des espèces.

On conviendra cependant que si les dix tropes se ramènent aux trois qu'on vient d'indiquer, une méthode rigoureuse exigerait qu'ils fussent disposés dans un ordre correspondant. Sextus ne s'est pas conformé à ses propres indications, probablement parce qu'il reproduisait le texte même d'Ænésidème et que le besoin d'un ordre plus satisfaisant ne s'est fait sentir que plus tard. Mais nous avons la preuve que les sceptiques ultérieurs procédèrent autrement.

L'ordre adopté par Diogène, d'après un sceptique plus récent, Saturninus ou Théodosius [1], est, à certains égards, plus satisfaisant. Le dixième trope d'Ænésidème (*la contradiction*) devient le cinquième : il s'agit, en effet, de divergences d'opinion tenant à la nature ou aux dispositions du sujet. Le septième devient le huitième; les sixième, septième, huitième et neuvième tropes (*situations ou distances, mélanges, quantités ou compositions, fréquence ou rareté*) se rapportent à l'objet considéré en lui-même, abstraction faite de tout rapport soit entre le sujet et l'objet, soit entre les divers objets. Le dixième enfin (*la relation*), le plus important de tous, désigne les rapports des objets entre eux. Remarquons à ce propos que l'idée de la relativité est présentée chez Diogène un peu autrement que chez Sextus. Ce dernier entend par relativité aussi bien le rapport de l'objet au sujet que le rapport des objets les uns aux autres. La première forme de la relativité qui se présente à la pensée est, en effet, la relation des choses à l'esprit. Un examen plus attentif ne tarde pas à montrer que la relation des choses entre elles n'est pas moins réelle, et cette relation fournit au scepticisme un argument encore plus décisif: aussi est-ce uniquement de cette dernière qu'il est question chez Diogène.

d'Ænésidème : l'ordre même qu'il indique ici prouve qu'il conçoit une disposition plus méthodique.

[1] Ce serait certainement Théodosius, si on adoptait la correction de Nietzsche indiquée ci-dessus, p. 254.

On pourrait établir une comparaison analogue entre ces deux listes et celle de Favorinus[1]. Mais il paraît inutile d'insister davantage sur un point après tout peu important. Bornons-nous à remarquer que les dix tropes d'Ænésidème, sauf le dernier (encore s'agit-il des opinions communément admises, sans aucun caractère scientifique), ont pour objet de montrer l'insuffisance de la perception sensible. Il restait à faire un pas de plus et à montrer que la science elle-même, malgré ses prétentions, n'est pas plus heureuse. C'est ici que commence l'œuvre propre et vraiment originale d'Ænésidème.

II. C'est probablement sous l'influence de la nouvelle Académie, à laquelle nous avons des raisons de croire qu'il avait d'abord appartenu, et pour répondre aux exigences nouvelles de la philosophie de son temps, qu'Ænésidème fut amené à soumettre à une critique subtile et profonde les idées essentielles de la science. Après que des philosophes tels que Carnéade avaient proclamé l'impossibilité de la science et mis en lumière l'insuffisance de la connaissance sensible, le scepticisme, s'il voulait tenir son rang parmi les systèmes, ne pouvait plus se contenter d'énumérer des opinions ou des apparences contradictoires, et se complaire au jeu facile d'oppositions comme celles que nous trouvons dans les dix tropes. Il fallait pénétrer plus avant et montrer non seulement que la science n'était pas faite, mais qu'elle ne pouvait se faire. C'est ce qu'entreprit Ænésidème. Nous ne connaissons qu'une partie de ses arguments : ils donnent une haute idée de son œuvre. Il n'est pas impossible, d'ailleurs, que ce qui nous a été conservé fût l'essentiel : l'esprit subtil et clair de Sextus Empiricus était bien capable de faire ce choix judicieux. En tous cas, les trois lambeaux de doctrine qui sont arrivés jusqu'à nous se rejoignent aisément et forment un tout bien lié. Le sceptique établissait d'abord, en général, qu'il n'y a point et ne peut y avoir de vérité : c'était contester la possibilité même

---

[1] Pour Favorinus (Diog., IX, 87), le neuvième trope de Diogène est le huitième ; le dixième de Diogène devient le neuvième.

de la science. Ceux qui croient à la science la considèrent comme la découverte des causes ou comme un ensemble de démonstrations s'imposant nécessairement à l'esprit. Il n'y a point, il ne peut y avoir de causes, répond Énésidème. Il n'y a pas non plus, il ne peut y avoir de relations nécessaires entre nos idées, et, par suite, il n'y a point de démonstration. C'est, on ne peut s'empêcher de le remarquer, précisément la même suite d'idées que Hume défendit plus tard. Mais nous devons d'abord exposer sans commentaires la doctrine d'Énésidème sur ces trois points capitaux : il n'y a point de vérité; il n'y a point de causes; il n'y a point de démonstrations, ou, comme on disait alors, il n'y a point de signes.

1° DE LA VÉRITÉ. — Sextus[1] nous donne, non le texte même, mais le sens de l'argumentation d'Énésidème.

Si le vrai est quelque chose, il est sensible, ou intelligible, ou l'un et l'autre à la fois, ou ni l'un ni l'autre. Or tout cela est impossible.

Le vrai n'est pas sensible, car les choses sensibles sont génériques, comme les ressemblances communes à plusieurs individus : tels l'homme et le cheval, qu'on retrouve dans tous les hommes et dans tous les chevaux; ou spécifiques, comme les qualités propres à tel ou tel, à Dion ou à Théon. Si donc le vrai est chose sensible, il faut qu'il soit générique ou spécifique : or il n'est ni générique[2], ni spécifique. D'ailleurs, ce qui est visible peut être perçu par la vue, ce qui est sonore, par l'ouïe; de même, tout ce qui est sensible est perçu en général à l'aide d'un

---

[1] M., VIII, 40-48 : Δυνάμει δὲ καὶ ὁ Αἰνησίδημος... ἀπορίας τίθησιν.

[2] Pourquoi? Le texte ne le dit pas. Suivant Fabricius, le vrai, perçu par les sens, n'est pas un genre, parce que les sens ne perçoivent pas l'universel; il n'est pas non plus une qualité spécifique, parce que les sens ne perçoivent jamais ce qui est propre à un être, mais seulement les qualités communes à tous. Il nous semble plus simple d'interpréter ainsi la pensée d'Énésidème : Le vrai n'est pas un genre, car ce n'est pas une propriété qui caractérise une classe d'êtres à l'exclusion des autres : toutes les choses sensibles peuvent être vraies. Et ce n'est pas non plus la propriété de tel ou tel objet, pour la même raison.

sens. Mais le vrai[1] n'est pas perçu en général à l'aide d'un sens, car la sensation est par elle-même dénuée de raison; or on ne peut connaître le vrai sans raison. Le vrai n'est donc pas sensible.

Il n'est pas non plus intelligible, car aucune chose sensible ne serait vraie, ce qui est absurde. En outre, ou il sera intelligible pour tous à la fois, ou il le sera pour quelques-uns seulement. Mais il est impossible qu'il soit connu de tous à la fois, et il n'est pas connu de quelques-uns en particulier, car c'est invraisemblable, et c'est justement de quoi on dispute.

Enfin le vrai n'est pas à la fois sensible et intelligible. Car ou bien on dira que toute chose sensible et toute chose intelligible sont vraies, ou bien certaines choses sensibles seulement, ou bien certaines choses intelligibles. Or on ne peut dire que toute chose sensible et toute chose intelligible soient vraies, car les choses sensibles sont en contradiction avec les choses sensibles, les choses intelligibles avec les choses intelligibles, et réciproquement, les sensibles avec les intelligibles, et les intelligibles avec les sensibles. Et il faudra, si tout est vrai, que la même chose soit et ne soit pas, soit vraie et fausse en même temps. Il ne se peut pas non plus que quelques-unes des choses sensibles soient vraies, ou quelques-unes des choses intelligibles, car c'est précisément de quoi on dispute. D'ailleurs, il est logique de dire que toutes les choses sensibles sont ou vraies ou fausses, car, en tant que sensibles, elles sont toutes semblables : l'une ne l'est pas plus, l'autre moins. Et il en est de même des choses intelligibles : toutes sont également intelligibles. Mais il est absurde de dire que toute chose sensible ou toute chose intelligible soit vraie. Donc le vrai n'est pas.

2° DE LA CAUSALITÉ. — C'est encore Sextus[2] qui nous

---

[1]. Il nous semble évident qu'il faut faire de ἀληθές le sujet de γνωρίζεται (43) : à moins qu'au lieu de οὕτω καὶ τὸ αἰσθητὸν κοινῶς αἰσθήσει γνωρίζεται on ne lise : οὕτω καὶ τὸ ἀληθές...

[2]. M., IX, 218-227. Cf. Diog., IX, 97, 98, 99.

donne le résumé de l'argumentation d'Énésidème contre les causes.

Il n'y a pas de causes, car un corps ne peut être la cause d'un corps. En effet, ou bien ce corps n'est pas engendré, comme l'atome d'Épicure, ou bien il est engendré, comme on le croit d'ordinaire[1], et il tombe sous les sens, comme le fer, ou il est imperceptible, comme l'atome : dans les deux cas, il ne peut rien produire, car s'il produit quelque chose, c'est en demeurant en lui-même ou en s'unissant à un autre. Mais, demeurant en lui-même, il ne peut produire rien de plus que lui-même, rien qui ne soit dans sa propre nature. S'unissant à un autre, il ne peut pas non plus en produire un troisième qui n'existât pas auparavant; car il ne se peut pas qu'un devienne deux ou que deux fassent trois. Si un pouvait devenir deux, chacune des deux unités ainsi produites deviendrait deux à son tour, et il y en aurait quatre; puis, chacune des quatre unités se dédoublant à nouveau, il y en aurait huit, et ainsi à l'infini : or il est tout à fait absurde de dire que de l'unité sorte une infinité de choses; et il n'est pas moins absurde de dire que de l'unité naisse une multiplicité.

Il est encore absurde de dire que de l'union d'un certain nombre de choses il puisse en sortir un plus grand nombre. Car si une unité, s'ajoutant à une unité, en produit une troisième, cette dernière, s'ajoutant aux deux premières, en produira une quatrième, celle-ci une cinquième, et ainsi à l'infini. Donc un corps ne peut être la cause d'un corps.

Par les mêmes raisons, l'incorporel ne peut être la cause de l'incorporel : car jamais de l'unité ne peut naître la pluralité, ou d'une pluralité donnée une pluralité plus grande. En outre,

---

[1] Au lieu de εἶδος, texte manifestement altéré, on pourrait lire, avec Hirzel (p. 146), ἄνθρωπος. Il est possible qu'en soutenant qu'il n'y a pas de causes, Énésidème se soit trouvé d'accord avec Héraclite, comme le suppose Hirzel (ibid.). Mais les raisons invoquées à l'appui de cette conjecture nous semblent bien peu décisives. C'est tout autre chose de dire, comme le fait Héraclite (Clem. Alex., Strom., V, 14), que le monde n'a pas de cause, et de proclamer, comme le fait Énésidème, l'impossibilité logique de toute causalité.

l'incorporel, étant incapable de contact, ne peut ni agir ni pâtir[1].

De même que l'incorporel n'engendre pas l'incorporel, un corps ne peut produire l'incorporel, ni l'incorporel un corps : car le corps ne renferme pas en lui-même la nature de l'incorporel, ni l'incorporel celle du corps. Du platane ne naît pas un cheval, parce que la nature du cheval n'est pas contenue dans celle du platane ; d'un cheval ne peut naître un homme, parce que la nature de l'homme n'est pas contenue dans celle du cheval. De même d'un corps ne sortira jamais l'incorporel, parce que la nature de l'incorporel n'est pas dans celle du corps, et, inversement, de l'incorporel il ne sortira jamais un corps.

Bien plus, l'un des deux fût-il dans l'autre, il ne sera pas engendré par l'autre, car, si chacun existe, il ne naît pas de l'autre, mais possède déjà la réalité : existant déjà, il ne peut être engendré, car la génération est un acheminement vers l'être. Ainsi, le corps n'est pas la cause de l'incorporel, ni l'incorporel du corps. D'où il suit qu'il n'y a pas de cause.

Cette argumentation d'Ænésidème se complétait par l'énumération, dans le V° livre des Πυρρώνειοι λόγοι[2], de huit tropes particulièrement destinés à réfuter ceux qui croient à l'existence des causes : Sextus nous en a conservé la liste en des termes assez obscurs.

Ces tropes diffèrent de ceux qu'on a énumérés précédemment non seulement par leur objet, mais par la manière dont ils sont présentés. Il ne s'agit plus ici d'opposer les unes aux autres des opinions d'égale valeur et contradictoires, mais seulement d'indiquer des manières de mal raisonner sur les causes : le mot *trope* est employé dans un sens nouveau. La liste d'Ænésidème est à vrai dire une liste de sophismes.

[1] Saisset croit voir ici un sophisme. «Raisonner ainsi, dit-il, c'est supposer cette majeure : une cause ne peut agir que par contact. Or, qui accorde cette majeure ? Personne, que je sache, excepté les matérialistes.» Mais sans parler des stoïciens, cette thèse est celle d'Aristote : *Gen. an.*, II, 1, 734. A : κινεῖν γὰρ μὴ ἁπτόμενον ἀδύνατον. Cf. Zeller, t. III, p. 356.

[2] Phot., *Myr. Cod.*, 212 ; Sextus, *P.*, I, 180.

Voici ces huit tropes [1] : 1° Recourir à une cause qui n'est pas évidente et qui n'est pas attestée par une autre chose qu'on puisse appeler évidente ; 2° Ayant à choisir entre plusieurs bonnes raisons également plausibles, s'arrêter arbitrairement à une seule ; 3° Les choses se passant suivant un ordre régulier, invoquer des causes qui ne rendent pas compte de cet ordre ; 4° Supposer que les choses qu'on ne voit pas se fassent comme des choses qu'on voit, quoiqu'elles puissent aussi se faire autrement ; 5° Rendre compte de toutes choses, ainsi que l'ont fait la plupart des philosophes, à l'aide des éléments qu'on a imaginés, au lieu de suivre les notions communes avouées par tout le monde ; 6° Ne tenir compte, comme le font beaucoup de philosophes, que des causes conformes à ses propres hypothèses et passer sous silence celles qui y sont contraires, quoiqu'elles soient aussi probables ; 7° Invoquer des causes qui sont contraires non seulement aux apparences, mais même aux principes qu'on a adoptés ; 8° Pour expliquer des choses douteuses, se servir de causes également douteuses.

Il peut arriver enfin, remarque Énésidème, que les philosophes se trompent en indiquant des causes de plusieurs autres manières qui se rattachent à celles qu'on vient d'indiquer.

3° Des signes. — S'il est impossible de connaître directement les causes, et par elles d'expliquer les effets, de descendre

---

[1] Fabricius (*Ad Sextum*, P., I, 180) les explique par des exemples ingénieusement choisis : 1° Expliquer, comme les pythagoriciens, la distance des planètes par une proportion musicale ; 2° Expliquer le débordement annuel du Nil par la fonte des neiges, alors qu'il peut y avoir d'autres causes, comme les pluies, le vent, le soleil ; 3° Expliquer le mouvement des astres par une pression mutuelle qui ne rend aucunement compte de l'ordre qui y règne ; 4° Expliquer la vision de la même manière que l'apparition des images dans une chambre noire ; 5° Expliquer le monde par les atomes, comme Épicure, ou par les homœomèries, comme Anaxagore, ou par la matière et la forme, comme Aristote ; 6° Expliquer les comètes, comme Aristote, par l'assemblage des vapeurs venues de la terre, parce que cette théorie concorde avec ses idées sur l'ensemble de l'univers ; 7° Admettre, comme Épicure, un *clinamen* incompatible avec la nécessité que cependant il proclame ; 8° Expliquer la montée de la sève par l'attraction, parce que l'éponge attire l'eau, fait qui est pourtant contesté par quelques-uns.

des causes aux effets, ne peut-on remonter des effets aux causes, saisir les causes au delà des effets, c'est-à-dire les atteindre indirectement? Les effets, en d'autres termes les phénomènes, seraient alors des *signes* ou des preuves dont la présence attesterait la réalité des causes : le raisonnement serait le moyen que possède notre esprit pour s'élever à l'explication des choses. Telle était précisément la thèse des stoïciens, des épicuriens : Ænésidème essaya aussi de la ruiner.

Cette thèse, nous savons très certainement qu'Ænésidème s'est appliqué à la combattre. « Au quatrième livre de son ouvrage, nous dit Photius [1], Ænésidème déclare qu'il n'y a pas de signes visibles révélant les choses invisibles, et que ceux qui croient à leur existence sont dupes d'une vaine illusion. »

Ce témoignage est confirmé par un passage plus explicite de Sextus [2]. Si les phénomènes, disait Ænésidème, apparaissent de la même manière à tous ceux qui sont semblablement disposés, et si d'autre part les signes sont des phénomènes, il faut que les signes apparaissent de la même manière à tous ceux qui sont semblablement disposés. Or, les signes n'apparaissent pas de la même manière à tous ceux qui sont semblablement disposés. Les signes ne sont donc pas des phénomènes.

Sextus se donne beaucoup de peine pour prouver que c'est là un raisonnement correct, formé d'après les règles de ce que les stoïciens appelaient le second mode d'argumentation indémontrable uni au troisième. Sans entrer dans ces subtilités, accordons que l'enchaînement de ces trois propositions est rigoureux, et voyons comment chacune est justifiée.

La première est fondée sur l'observation : tous ceux qui ont les yeux en bon état voient la couleur blanche de la même manière : il en est de même pour les autres sens. La seconde est évidente. Pour la troisième, la médecine fournit des exemples décisifs : la rougeur chez ceux qui ont la fièvre, la moiteur de la peau, l'extrême chaleur, la fréquence du pouls, observées par

---

[1] *Myriob.*, 170, B, 12.
[2] M., VIII, 215.

des médecins semblablement disposés, ne sont pas interprétées par eux de la même manière : Hérophile y voit une marque de la bonne qualité du sang; pour Érasistrate, c'est le signe du passage du sang des veines dans les artères; pour Asclépiade, c'est la preuve d'une tension plus grande des corpuscules intelligibles dans les intervalles intelligibles [1].

En empruntant cet argument à Énésidème (et probablement en le développant à sa manière, par des exemples qu'il choisit dans la médecine), Sextus le fait servir à prouver que les signes ne sont pas choses sensibles, comme le voulaient les épicuriens. Il reste après cela à prouver qu'ils ne sont pas non plus choses intelligibles, comme le croyaient les stoïciens : Sextus entreprend en effet cette démonstration. Mais il ne paraît pas qu'Énésidème y ait songé : il a dû se borner à établir que les signes ne sont pas choses visibles, révélant des choses invisibles, φανερὰ τῶν ἀφανῶν, comme dit Photius. Sextus nous avertit [2] lui-même qu'il modifie un peu l'argumentation de son maître, en prenant le mot φαινόμενα comme l'équivalent de αἰσθητά.

Il serait intéressant de savoir si Énésidème avait déjà fait la distinction que les sceptiques adoptèrent plus tard entre les signes commémoratifs (ὑπομνηστικά), et les signes indicatifs (ἐνδεικτικά), les uns révélant des choses visibles par elles-mêmes (la fumée, le feu), les autres découvrant des choses toujours invisibles (les mouvements, l'âme). Faire cette distinction, c'est avoir le sens très net de la méthode d'observation dans son opposition à la méthode logique ou dialectique. On peut être tenté de croire qu'un esprit tel qu'Énésidème avait déjà bien compris cette différence, d'autant plus que les huit tropes contre les causes donnent à penser, nous l'avons vu, qu'Énésidème avait un tour d'esprit scientifique, une tendance à interpréter sans idées préconçues les données de l'expérience. Cependant ces tropes eux-mêmes, à tout prendre, sont encore d'un dialecticien plutôt que d'un observateur, et, ce qui est plus grave, aucun texte

---

[1] Sext., M., VIII, 220.
[2] Ibid., 216 : Φαινόμενα μὲν ἔοικε καλεῖν ὁ Αἰνεσίδημος τὰ αἰσθητά.

précis ne nous autorise à attribuer à Ænésidème la distinction que fait Sextus [1]. La seule distinction qu'ait faite Ænésidème est celle des signes sensibles et des intelligibles : or c'est par une erreur manifeste que Fabricius [2] confond cette distinction avec celle de Sextus ; car les épicuriens, qui n'admettent que des

[1] Natorp, dans un curieux et hardi chapitre de ses *Forschungen der Geschichte des Erkenntnissproblems*, p. 127 et seq. (Berlin, Hertz, 1884), soutient l'opinion contraire : ses arguments ne nous ont pas convaincu. Nous croyons avec Natorp que Sextus emprunte à Ænésidème la plupart de ses arguments contre les signes : mais de ce fait nous tirons une conclusion contraire. Il est vrai que Sextus confond le signe en général des stoïciens et le signe indicatif. Là-dessus, Philippson (*De Ph. lib.*, p. 57) l'accuse de s'être contredit. Natorp le défend, mais le défend mal. Suivant lui, Sextus (*P.*, II, 97-133 et *M.*, VIII, 140-198) ne parle que du signe en général, et le passage *P.*, II, 101, où ce signe est appelé ἐνδεικτικόν, est interpolé. Mais supposer une interpolation, c'est se tirer commodément d'affaire. La thèse de Natorp est d'ailleurs ouvertement contredite par le passage *P.*, II, 103 : c'est bien du signe indicatif que veut parler Sextus. La solution est bien plus simple. C'est que partout où les stoïciens disent *signe* (sans qualification), Sextus entend *signe indicatif*, traduisant en son langage, qui était aussi celui des stoïciens de son temps, la pensée des anciens. Il est vrai que le signe des stoïciens ne rentre pas exactement dans la définition qu'il a donnée du signe indicatif. Mais ce n'est qu'une différence de forme. Au fond, le signe des stoïciens et le signe indicatif sont identiques : l'un et l'autre supposent entre le signe et la chose signifiée un lien nécessaire. C'est pourquoi le signe est ἐκκαλυπτικὸν τοῦ λήγοντος, ἐκ φύσεως ὑπαγορευτικὸν τοῦ σημειωτοῦ (*M.*, VIII, 201). Ce signe est le seul qu'Ænésidème ait connu, quoique vraisemblablement il ne l'ait pas appelé indicatif. Et c'est pourquoi Diogène (IX, 96) dit simplement : Σημεῖον οὐκ εἶναι.

Il n'y a pas à contester d'ailleurs que la distinction entre la science et l'opinion fondée sur la seule expérience soit antérieure à Ænésidème : c'est ce que prouve un texte de Platon (*Rép.*, VII, 516, c) qui nous avait nous-même vivement frappé avant que Laas et surtout Natorp en eussent tiré d'importantes conséquences. Certainement Platon, et probablement les sophistes, ont connu une ἄτεχνος τριβή (*Phædr.*, 260, E) fort voisine de l'ἀκολουθία τῶν σκεπτικῶν (Sext., *P.*, I, 237). Mais est-ce une raison pour attribuer, en l'absence d'un témoignage précis, à Ænésidème une théorie savante de l'expérience ? Nous ne trouvons aucune trace de la distinction platonicienne chez les académiciens. De plus, autre chose est distinguer la science et la routine, autre chose faire la théorie de cette routine, la substituer de propos délibéré à la science, en formuler les règles. Il ne paraît pas que les sophistes aient dépassé le premier de ces deux points de vue.

Nous croyons avec Natorp qu'il y a dans le scepticisme une partie positive : mais nous ne la voyons que chez Sextus, nullement chez Ænésidème. Et si elle a été chez Ænésidème (ce qui n'est nullement impossible), nous n'avons, dans les documents dont nous disposons, aucune raison certaine de l'affirmer.

[2] Ad Sext., *P.*, II, 100, c.

signes sensibles, croient aux signes indicatifs. Chose décisive : Sextus, dans la critique qu'il fait de la théorie des signes indicatifs[1], et où il suit presque certainement Énésidème, semble oublier parfois sa propre distinction ; il cite comme exemple de signes indicatifs : *si cette femme a du lait, elle a conçu*. Or, c'est là évidemment un signe commémoratif. Dès lors, il est certain qu'au temps de l'écrivain dont s'inspire Sextus (et c'est Énésidème) les signes de cet ordre étaient considérés comme indicatifs, ou plutôt simplement comme des signes. La définition du signe n'était pas tirée, comme elle le fut plus tard, du caractère de l'objet signifié (perceptible ou non), mais du lien qui unit le signe à la chose signifiée : entre le lait dans les mamelles et le fait d'avoir conçu, il y a un rapport nécessaire (ἀκολουθία, συνάρτησις). En d'autres termes, la distinction des signes indicatifs et commémoratifs n'est pas encore faite ; elle appartient à une école postérieure[2].

III. En morale, l'enseignement d'Énésidème ne paraît pas avoir différé de celui de Pyrrhon et de Timon. A deux reprises[3], Énésidème est nommé avec Timon comme ayant dit que l'ataraxie est le seul bien que nous puissions atteindre, et qu'elle résulte de l'ἐποχή. Nous voyons par le résumé de Photius qu'Énésidème blâmait les académiciens d'avoir donné une définition du bien et du mal. Dans les trois derniers livres de son ouvrage il combattait la théorie morale des stoïciens sur les biens et les maux, et leur distinction entre les προηγμένα et les ἀποπροηγμένα ; il réfutait leur théorie de la vertu, soutenait aussi que le bien suprême n'est ni le bonheur, ni le plaisir, ni la sagesse, et finalement que le bien tant célébré par tous les philosophes n'existe en aucune manière[4].

[1] Voy. ci-dessous, l. IV, ch. II.
[2] Avec Philippson (p. 66) nous l'attribuerions à l'école empirique, et plus particulièrement à Ménodote. (Voy. l. IV, ch. I.)
[3] Diog., IX, 107. Aristoc. ap. Euseb., op. cit., XIV, xviii, 4.
[4] Cod., 212 : Ὁ δ' ἐπὶ πᾶσι καὶ ἡ κατὰ τοῦ τέλους ἐνίσταται, μήτε τὴν εὐδαιμονίαν, μήτε τὴν ἡδονὴν, μήτε τὴν φρόνησιν, μήτ' ἄλλο τι τέλος ἐπιχωρῶν εἶναι,

Si l'on trouve une sorte de contradiction entre cette négation absolue et l'affirmation suivant laquelle l'ataraxie est le bien que peut seul assurer le scepticisme, cette difficulté est la même que nous avons déjà rencontrée à propos de Pyrrhon et de Timon. Elle doit être résolue de la même manière. Ce n'est pas dogmatiquement, ou pour des raisons théoriques qu'Ænésidème recommande l'ataraxie, c'est à un point de vue purement pratique, et en s'interdisant toute affirmation sur les principes ou l'essence des choses.

Il y a pourtant encore une difficulté. Un passage d'Aristoclès [1], distinguant Ænésidème et Timon, déclare que la conséquence du doute, d'après Ænésidème, est non seulement l'ataraxie, mais le plaisir. S'il n'y a pas ici une simple erreur, il faut entendre le mot ἡδονή dans un sens très large, celui par exemple que lui donnait Épicure, qui lui aussi comptait l'ataraxie pour un plaisir [2]. C'est aussi dans le même sens que Pyrrhon parlait du bonheur (τὸν μέλλοντα εὐδαιμονήσειν) comme but de la vie [3]. En tout cas, ce passage isolé ne saurait prévaloir contre le résumé si net que nous a conservé Photius. Ænésidème n'affirmait rien en morale. S'il lui est arrivé de dogmatiser, et s'il y a quelque contradiction dans son œuvre, ce n'est pas là qu'il faut la chercher.

ὅπερ ἄν τις τῶν κατὰ φιλοσοφίαν αἱρέσεων δοξάσειεν, ἀλλ' ἁπλῶς οὐκ εἶναι τέλος τὸ πᾶσιν ὑμνούμενον.

[1] *Op. cit.*: Τοῖς μέντοι διακειμένοις οὕτω περιέσεσθαι Τίμων φησὶ πρῶτον μὲν ἀφασίαν, ἔπειτα δὲ ἀταραξίαν, Αἰνησίδημος δὲ ἡδονήν.

[2] *Diog.*, X, 136 : Ἡ μὲν γὰρ ἀταραξία καὶ ἀπονία καταστηματικαί εἰσιν ἡδοναί.

[3] Il est possible qu'il y ait là, comme le suppose ingénieusement Hirzel (p. 109), la trace d'une tentative pour concilier le cyrénaisme et le pyrrhonisme. Mais nous avons trop peu de raisons de croire à des tendances éclectiques chez Ænésidème pour qu'on puisse attribuer une grande valeur à cette conjecture. Natorp (p. 300) récuse simplement le texte d'Aristoclès.

CHAPITRE IV.

ÉNÉSIDÈME. — SES RAPPORTS AVEC L'HÉRACLITÉISME.

Il faut maintenant tourner la médaille. Nous venons de voir un Énésidème ennemi déclaré de tout dogmatisme, et sceptique à souhait : voici un Énésidème ouvertement dogmatique, et les renseignements qui nous le montrent sous ce nouvel aspect sont pris aux mêmes sources, ont une égale autorité. Énésidème se rallie à l'école d'Héraclite : il a une opinion sur l'essence des choses, et sur beaucoup de questions fort débattues. Comment expliquer cette métamorphose? C'est le problème le plus embarrassant que présente l'histoire d'Énésidème. Les historiens, fort en peine, ont imaginé plusieurs solutions; aucune n'est pleinement satisfaisante. L'histoire de la pensée d'Énésidème est comme son système, qui oppose les contraires, et leur incompatibilité est telle, que peut-être le mieux serait d'appliquer la maxime sceptique, et de retenir son jugement.

I. Établissons d'abord les preuves de son adhésion à l'héraclitéisme.

A plusieurs reprises Sextus, indiquant des opinions communes à Héraclite et à Énésidème, emploie l'expression : Αἰνησίδημος κατὰ Ἡράκλειτον [1].

Avec plus de précision encore, il dit qu'Énésidème [2] considérait le scepticisme comme un acheminement vers la doctrine

---

[1] M., VII, 349; IX, 337; X, 216, 233.
[2] P., I, 210 : Ἐπεὶ δὲ οἱ περὶ τὸν Αἰνησίδημον ἔλεγον ὁδὸν εἶναι τὴν σκεπτικὴν ἀγωγὴν ἐπὶ τὴν Ἡρακλείτιον φιλοσοφίαν, διότι προηγεῖται τοῦ τἀναντία περὶ τὸ αὐτὸ ὑπάρχειν τὸ τἀναντία περὶ τὸ αὐτὸ φαίνεσθαι· καὶ οἱ μὲν σκεπτικοὶ φαίνεσθαι λέγουσι τὰ ἐναντία περὶ τὸ αὐτό, οἱ δὲ Ἡρακλείτειοι ἀπὸ τούτου καὶ ἐπὶ τὸ ὑπάρχειν αὐτὰ μετέρχονται.

d'Héraclite, et qu'en habituant l'esprit à voir que les contraires apparaissent ensemble dans les phénomènes, il le prépare à comprendre qu'ils sont unis dans la réalité.

Non seulement on nous dit qu'Ænésidème se rattachait à Héraclite, mais on nous indique nettement sur quels points cet accord s'était établi.

Ænésidème croyait[1] que l'être est l'air.

Il soutenait que ce premier principe, l'air, ne diffère pas du temps, ou du nombre. Voici le passage fort obscur de Sextus où cette singulière assertion se trouve formulée[2] : « Ænésidème a dit, d'après Héraclite, que le temps est un corps; car il ne diffère pas de l'être, ni du corps premier. Dans sa première introduction[3], ramenant à six les appellations simples des choses[4], qui sont les parties du discours, il place les mots *temps* et *unité* dans la catégorie de l'essence, qui est corporelle. Les grandeurs de temps et les principaux nombres se forment par multiplication : car ce qu'on appelle *maintenant* et qui marque le temps, et de même l'unité, ne sont autre chose que l'essence. Le jour, le mois, l'année sont des multiples du maintenant, c'est-à-dire du temps. Deux, dix, cent, sont des multiples de l'unité. Ces philosophes font donc du temps un corps. »

Ænésidème affirmait encore que ce principe, en recevant les contraires, donnait naissance à toutes choses. En d'autres termes, malgré la diversité des apparences, c'est la même essence qu'on retrouve au fond de toute chose, et grâce à cette communauté d'essence, on peut dire que le tout est identique à chaque partie, et chaque partie identique au tout[5]. « La partie

---

[1] M., X, 233 : Τό τε ὂν κατὰ τὸν Ἡράκλειτον ἀήρ ἐστιν, ὥς φησιν ὁ Αἰνησίδημος.

[2] X, 216.

[3] Πρώτη εἰσαγωγή. Sur cet ouvrage, voir ci-dessus, p. 247.

[4] Comme le fait remarquer Ritter (p. 225), il y a là un essai de fonder la doctrine d'Héraclite très systématiquement par la comparaison des formes de l'être avec les formes du langage. Nouvelle preuve qu'Ænésidème prenait fort au sérieux son adhésion à la doctrine d'Héraclite.

[5] Sext., M., IX, 337.

est autre chose que le tout, et elle est la même chose. Car l'essence est à la fois le tout et la partie ; elle est le tout, si on considère le monde, la partie, si on s'attache à la nature de tel ou tel animal. La particule (μόριον) à son tour s'entend en deux sens : tantôt elle diffère de ce qu'on appelle proprement la partie (μέρος), comme quand on dit qu'elle est une partie de la partie : ainsi le doigt est une partie de la main, l'oreille est une partie de la tête ; tantôt elle n'en diffère pas, mais elle est une partie du tout : ainsi on dit souvent que le tout est formé de particules. »

Il a aussi une théorie sur le mouvement. Tandis qu'Aristote distinguait six espèces de mouvements, Ænésidème les ramène toutes à deux. « Les partisans d'Ænésidème, dit Sextus[1], ne laissent subsister que deux sortes de mouvement, le mouvement de transformation (μεταβλητική), et le mouvement local (μεταβατική)[2]. Le premier est celui par lequel un corps, en gardant la même essence, revêt diverses qualités, perdant l'une et gagnant l'autre : c'est ce que l'on voit dans le changement du vin en vinaigre, de l'amertume du raisin en douceur, du caméléon, qui prend tour à tour diverses couleurs, et du polype. Ainsi la génération et la corruption, l'augmentation et la diminution doivent être appelées des transformations particulières, que l'on comprend sous le nom de mouvements de transformation : à moins qu'on ne dise que l'augmentation est un cas du mouvement local, provenant de l'extension du corps en longueur et en largeur. Le mouvement local est celui par lequel

---

[1] M., X, 38.

[2] Faut-il croire, avec Fabricius, qu'Ænésidème n'a réduit à deux les six espèces de mouvement que pour montrer ensuite plus facilement que ni l'une ni l'autre n'existe ? Comme sceptique, il devait en effet nier la réalité du mouvement. Ou bien, comme Saisset (p. 211. note) paraît disposé à le faire, faut-il rapporter cette théorie au dogmatisme héraclitéen ? C'est un point qu'on doit laisser indécis, faute de documents. Remarquons seulement qu'en tout cas, cette théorie semble personnelle à Ænésidème : car Sextus, au lieu de dire ici comme partout ailleurs Αἰνησίδημος κατὰ Ἡράκλειτον, dit seulement Οἱ περὶ τὸν Αἰνησίδημον. Il peut se faire, comme l'indique Zeller (p. 39, 3), qu'Ænésidème ait emprunté cette correction aux stoïciens.

un mobile change de lieu, soit en entier, soit en partie : en entier, comme les êtres qui tournent ou qui se promènent; en partie, comme la main qui s'étend ou se ferme, comme les parties d'une sphère qui tourne autour de son centre; car, tandis que la sphère demeure au même endroit, les parties changent de place. »

Enfin Ænésidème a une opinion arrêtée sur la nature de l'âme. Il sait que la raison (διάνοια) n'est pas enfermée dans le corps : elle est en dehors[1]. D'ailleurs, elle ne se distingue pas des sens : elle aperçoit les choses au moyen des sens, comme à travers des ouvertures. Sans doute, il faut rapprocher cette doctrine de celle qui est ailleurs[2] attribuée à Héraclite par Sextus et suivant laquelle nous aspirons en quelque sorte la raison qui est répandue à travers le monde. Cette raison commune est le critérium de la vérité. Ainsi encore, d'après Ænésidème[3], c'est par l'aspiration de l'air chaud que l'enfant après sa naissance acquiert la force vitale.

C'est probablement à cette théorie qu'il faut rattacher l'opinion d'Ænésidème sur les notions communes. « Les partisans d'Ænésidème, dit Sextus, d'Héraclite et d'Épicure, avant la

---

[1] Sext., M., VII, 349 : Οἱ δὲ εἶναι μὲν (τὴν διάνοιαν) ἔλεξαν, οὐκ ἐν τῷ αὐτῷ δὲ τόπῳ περιέχεσθαι, ἀλλ' οἱ μὲν ἐκτὸς τοῦ σώματος, ὡς Αἰνησίδημος κατὰ Ἡράκλειτον. ... 350 : οἱ δὲ αὐτὴν εἶναι τὰς αἰσθήσεις, καθάπερ διά τινων ὀπῶν τῶν αἰσθητηρίων προκύπτουσαν, ἧς στάσεως ἦρξε Στράτων τε ὁ φυσικὸς καὶ Αἰνησίδημος.

[2] M., VII, 129 : Τοῦτον δὲ τὸν θεῖον λόγον καθ' Ἡράκλειτον δι' ἀναπνοῆς σπάσαντες νοεροὶ γινόμεθα. Contre Hirzel, et avec Diels et Natorp (293), nous pensons que ce passage sur Héraclite est emprunté par Sextus à Ænésidème lui-même. Les raisons pour lesquelles Hirzel croit devoir attribuer tout le développement de Sextus (VII, 89-141) à un historien dogmatique, semblent bien conjecturales et subtiles : Natorp les a bien réfutées.

[3] Tertul., De anim., 25 : Isti qui præsumunt non in utero concipi animam... sed effuso partu nondum vivo infanti extrinsecus imprimi, ... (carnem) editam et de uteri fornace fumantem et calore solutam, ut ferrum ignitum, et ibidem frigidæ immersum, ita aeris rigore percussam et vim animalem rapere et vocalem sonum edere. Hoc stoici cum Ænesidemo. » On remarquera l'accord d'Ænésidème avec les stoïciens. Zeller signale en outre plusieurs points où le même accord se produit : l'air confondu avec le feu, le temps considéré comme l'essence des choses, l'emploi du mot οὐσία, etc. (p. 33).

même opinion sur les choses sensibles [1], diffèrent cependant comme les espèces d'un genre. Les partisans d'Énésidème font une différence entre les phénomènes: les uns apparaissent communément à tous les hommes, les autres en particulier à quelques-uns. Ceux qui apparaissent à tous de la même façon sont vrais; ceux qui ne présentent pas ce caractère sont faux: d'après son étymologie, le mot *vrai* signifie ce qui n'échappe pas à l'opinion commune. »

Entre ces divers fragments, pouvons-nous découvrir un lien?

Il semble bien que plusieurs au moins des propositions dogmatiques d'Énésidème sont le développement de cette formule qui lui est commune avec Héraclite : dans la réalité, dans l'absolu, les contraires coexistent.

Dire que l'être est l'air, et qu'il est le temps, que le temps est un corps, identique lui-même à l'unité, c'est rapprocher et confondre des choses que le sens commun et les philosophes distinguent et opposent l'une à l'autre [2]. Ainsi encore la partie est identifiée au tout, et le tout à la partie, la parcelle à la partie et la partie à la parcelle. Peut-être Énésidème n'a-t-il ramené toutes les espèces de mouvements à deux, que pour montrer ensuite que ces deux mouvements différents ou contraires sont identiques, et ne diffèrent pas du temps ou de l'être. Enfin la raison de l'homme est identifiée à la raison universelle, l'esprit à la matière, le contenu au contenant. Les sens et la raison, qu'on est habitué à distinguer, sont une seule et même chose [3].

Nous ne voyons pas, il est vrai, comment on peut rattacher à cette théorie métaphysique l'autre opinion dogmatique affirmée par Énésidème : les phénomènes qui paraissent à tous de la même manière sont vrais. On est surpris de voir le sens commun devenir une règle de connaissance et un critérium de vérité dans

---

[1] M., VIII, 8.

[2] Nous voyons notamment (Sext., M., X, 227) que stoïciens et épicuriens s'accordaient à regarder le temps comme incorporel.

[3] Il est à remarquer qu'ici ce n'est pas d'Héraclite, mais de Straton le physicien que Sextus rapproche Énésidème : ce qui semble témoigner de l'indépendance de sa pensée.

cette étrange métaphysique. Peut-être ne faut-il voir là qu'une règle toute pratique, destinée seulement à rendre possible la vie de tous les jours : l'excès même de ces spéculations aventureuses rendait nécessaire, pour le train ordinaire de la vie, une règle de ce genre. Le critérium d'Ænésidème serait alors analogue au précepte de Pyrrhon : faire comme tout le monde, ou à ce que Timon appelait συνήθεια. Il est vrai qu'alors l'emploi du mot ἀληθῆ a lieu de nous surprendre.

Quoi qu'il en soit, les idées dogmatiques d'Ænésidème sont assez bien liées entre elles pour qu'il soit impossible de douter que nous sommes ici en présence d'un système, fort imparfaitement connu de nous sans doute, mais soigneusement élaboré, et délibérément accepté par son auteur. Em. Saisset se tire d'embarras trop facilement quand il déclare [1] que les débris de l'héraclitéisme d'Ænésidème n'ont qu'une importance secondaire. Si peu importants qu'ils soient d'ailleurs, ils sont en parfaite contradiction avec tout le reste de ce que nous savons d'Ænésidème. L'historien ne peut se soustraire au devoir de chercher comment un même homme a pu être à la fois le plus illustre représentant du scepticisme et un dogmatiste si hardi. C'est le plus difficile de tous les problèmes que soulève l'histoire du scepticisme ancien.

II. Diverses explications ont été proposées. Saisset suppose qu'après avoir passé en réalité d'Héraclite à Pyrrhon, Ænésidème « voulut éviter le reproche de se contredire par un ingénieux subterfuge, en établissant entre le scepticisme et l'héraclitéisme cette espèce de lien logique dont parle Sextus... Au fond, rien ne paraît certain, et le parti le plus sage est de s'abstenir de tout système. Mais s'il fallait en choisir un, celui d'Héraclite devrait avoir la préférence. »

L'unique raison invoquée par Saisset pour justifier cette interprétation est la prétendue loi de l'histoire de la philosophie, d'après laquelle le scepticisme s'enchaînerait toujours au sensua-

[1] *Op. cit.*, p. 209.

lisme comme à un principe sa conséquence inévitable. Nous ne pouvons admettre cette méthode, qui consiste à construire l'histoire *à priori*. D'ailleurs, le texte cité plus haut dit précisément le contraire de ce que Saisset lui fait dire. Ænésidème, dit Sextus [1], regardait le scepticisme comme le chemin qui mène à l'héraclitéisme : de quel droit soutenir que c'est l'héraclitéisme qui l'a conduit au scepticisme [2] ?

Zeller et Diels [3] proposent une explication très ingénieuse. D'après eux, c'est par suite d'une méprise qu'on attribue à Ænésidème les opinions d'Héraclite. Ce philosophe aurait, peut-être dans un ouvrage particulier [4], résumé à titre d'historien, ou pour en tirer des arguments, la philosophie d'Héraclite; puis, comme il est arrivé quelquefois, on lui aurait attribué les opinions qu'il exprimait pour le compte d'autrui. Deux raisons ont déterminé Zeller à prendre ce parti. D'abord, c'est le seul moyen de disculper Ænésidème du reproche de contradiction. De plus, dans tous les passages de Sextus cités ci-dessus, il est expressément indiqué qu'Ænésidème parle d'après Héraclite : Ὥς φησιν ὁ Αἰνησίδημος κατὰ Ἡράκλειτον. Si Ænésidème est parfois nommé seul, on peut prouver une fois au moins que Sextus lui attribue une opinion qu'il avait pu exprimer aussi pour le compte d'Héraclite. Le passage *M.*, VIII, 8, attribué à Ænésidème seul [5], dit évidemment la même chose que le passage VII, 131, où Héraclite est nommé. Tertullien [6], ou plutôt Soranus, dont s'inspire Tertullien, aurait fait la même confusion, peut-être parce que tous deux ne connaissaient les écrits d'Ænésidème qu'à travers les livres d'un sceptique plus ancien, celui-là même peut-être qui avait fait la confusion.

[1] *P.*, I, 210.
[2] La même erreur a été commise par Diels, *op. cit.*, p. 210.
[3] *Doxog. Græci*, p. 210.
[4] Hirzel discute avec beaucoup de force (*op. cit.*, p. 75) les diverses suppositions qu'on peut faire à ce sujet.
[5] C'est par erreur que ce passage est considéré par Zeller comme ne nommant qu'Ænésidème (p. 36) : Héraclite est nommé deux lignes plus haut.
[6] *De anima*, 14.

Malgré toute l'autorité de Zeller, nous ne pouvons accepter cette hypothèse. Comment comprendre que Sextus, d'ordinaire très exact, ait accueilli à la légère et sans songer à la contrôler, une opinion qui attribuait à l'un des chefs de l'école sceptique une véritable défection? Mais surtout comment concilier cette hypothèse avec le passage où Sextus dit en propres termes qu'Ænésidème regardait le scepticisme comme un acheminement vers l'héraclitéisme? Il n'est pas possible que ce soit là une explication que Sextus se serait donnée à lui-même : c'est le langage même d'Ænésidème. Il faut donc renoncer à récuser simplement les textes où Ænésidème nous est présenté comme un dogmatiste.

L'espoir de concilier des textes, à première vue si inconciliables, devait tenter quelque esprit ingénieux et subtil. Dans une très intéressante et forte étude sur le scepticisme dans l'antiquité, Natorp [1] a entrepris cette tâche difficile. Pour l'honneur d'Ænésidème et de Sextus, Natorp ne peut admettre ni que l'un se soit si ouvertement contredit, ni que l'autre ait été le scribe inintelligent et étourdi que supposent Ed. Zeller et Diels. Il soutient que tout en proclamant avec Héraclite la coexistence des contraires dans les mêmes objets, Ænésidème n'a pas cessé d'être sceptique. En effet, ce n'est pas dans les choses mêmes, au sens dogmatique du mot [2], que les contraires coexistent, c'est seulement dans les apparences, dans les phénomènes. Déjà Prota-

---

[1] *Untersuchungen über die Scepsis im Alterthum* (Rheinisches Museum, t. XXXVIII, 1883). Cette étude a été reproduite dans l'ouvrage déjà cité : *Forschungen zur Geschichte des Erkenntnissproblems im Alterthum*, Berlin, Hertz, 1884. Une opinion analogue a été aussi défendue presque en même temps par Hirzel, *op. cit.*

[2] Pour justifier cette différence, Hirzel insiste sur le passage de Sextus, M., VIII, 8, où Ænésidème dit seulement que les phénomènes sont ἀληθῆ, tandis qu'Épicure, qui est dogmatiste, appelle les choses sensibles ἀληθῆ καὶ ὄντα. Mais cette différence d'expression n'a pas la portée que lui prête Hirzel : les mots employés par Épicure sont uniquement destinés à expliquer la définition de la vérité qui va suivre. Et si, dans la pensée de Sextus, la théorie d'Ænésidème avait un sens purement phénoméniste, comment comprendre qu'il l'eût placée entre deux thèses tout à fait dogmatiques, celle de Platon et celle d'Épicure? L'argument fondé sur l'étymologie du mot ἀληθές (τὸ μὴ λῆθον) nous paraît aussi bien subtil et peu probant.

goras, disciple d'Héraclite, remarquant le caractère relatif des sensations, constatant que les choses n'existent pour nous que quand elles sont perçues par nous, et que leur nature dépend de cette perception, avait déclaré que toutes les apparences sont également vraies. C'est dans le même sens, purement phénoméniste, qu'Énésidème admettrait la coexistence des contraires. Il y aurait ainsi dans l'œuvre d'Énésidème une partie positive, et cela, non seulement au point de vue pratique, mais même au point de vue théorique. Cette partie positive contiendrait une triple affirmation : d'abord celle de l'existence des phénomènes, qu'aucun sceptique n'a jamais contestée; puis celle de la possibilité de la science, ou de la recherche (ζήτησις) que les sceptiques regardent comme légitime, puisque la vérité n'est pas encore trouvée, au lieu que les dogmatistes doivent la déclarer inutile, puisqu'ils se croient d'ores et déjà en possession de la vérité; enfin celle de la succession régulière des phénomènes ou des apparences données par l'expérience; cette succession peut être prévue, sans qu'on affirme rien des choses en elles-mêmes. Tel serait le sens de la distinction faite par les sceptiques entre les signes commémoratifs, qui rappellent des phénomènes observables, mais actuellement inaperçus, et les signes indicatifs (σ. ἐνδεικτικόν) qui, d'après les dogmatistes, font découvrir des choses toujours cachées (ἄδηλα) [1]. Les choses sensibles ou intelligibles (νοητά, αἰσθητά) nous seraient à jamais inaccessibles: les sensations (αἰσθήσεις) et même les raisonnements (νοήσεις) seraient fort légitimes. Par la première de ces thèses, Énésidème resterait sceptique: par la seconde, il se rapprocherait d'Héraclite, et pourrait soutenir que, dans les phénomènes, les contraires coexistent. Mais tout en proclamant cette coexistence des contraires, Énésidème ajoute que certaines apparences, communément reconnues par tous, sont vraies [2] : les autres, n'obtenant que des

---

[1] Nous avons montré plus haut que cette distinction ne doit pas être attribuée à Énésidème (p. 269).

[2] Hirzel insiste aussi sur ce point (p. 95) et il fait remarquer les analogies de cette formule d'Énésidème avec la règle ouvertement acceptée par les sceptiques.

adhésions particulières, sont fausses. Il y a ainsi un critérium de vérité, mais de vérité purement relative et phénoménale.

Natorp dépense des trésors de subtilité pour défendre cette théorie; malheureusement il est bien difficile de l'admettre. Ce n'est pas que nous lui reprochions cette subtilité : avec Énésidème elle est bien permise. Ce n'est pas non plus que nous méconnaissions la part de vérité que renferme son explication. Il est tout à fait certain, et nous le montrerons plus tard, qu'il y a dans le scepticisme de la dernière période une partie positive, celle-là même qu'a signalée Natorp. Mais si cette conception est incontestable chez les derniers sceptiques, aucun texte n'autorise à l'attribuer à Énésidème; on n'a pas le droit de prêter à un philosophe des pensées que d'autres ont eues un siècle ou deux après lui; rien ne prouve qu'un esprit, fût-il aussi puissant que celui d'Énésidème, ait su apercevoir du premier coup toutes les conséquences qui devaient sortir des thèses du scepticisme. Natorp sent bien qu'il y a là une difficulté; il argue de l'insuffisance de nos renseignements sur Énésidème pour réclamer le droit de reconnaître sa pensée dans les sceptiques ultérieurs. Rien ne peut faire cependant que ce ne soit là une méthode qui outrepasse le droit de l'historien.

Il y a plus : cette théorie que nous n'avons pas le droit d'attribuer à Énésidème, est précisément celle que soutient Sextus : on en verra plus loin d'irrécusables preuves. C'est Sextus qui fait une distinction très nette entre les choses ou réalités en soi, inaccessibles à la connaissance, et les phénomènes dont l'ordre de succession peut être observé et prévu; c'est dans sa philosophie

qu'il faut suivre la coutume, faire comme tout le monde (Sext., P., I, 146, 154). Sextus dit même que le scepticisme, comme toutes les autres philosophies, part ἀπὸ κοινῆς τῶν ἀνθρώπων προλήψεως (P., I, 211). Mais la distance qui sépare ici Énésidème des vrais sceptiques n'est diminuée qu'en apparence, car les sceptiques se gardaient bien de dire que ce qui est conforme à l'opinion commune soit vrai : ils disaient seulement qu'il faut s'y conformer, et c'est là un précepte purement pratique. Au contraire, Énésidème déclare vrai ce qui apparaît de la même manière à tous les hommes, et il n'est pas possible de supposer qu'il n'ait pas compris la portée de ce mot ἀληθές et qu'il ait cru rester sceptique en le prononçant.

qu'on doit distinguer une partie positive et une partie négative. Si donc la même théorie se fût déjà trouvée, comme le croit Natorp, chez Ænésidème, Sextus était admirablement préparé à la comprendre, et à la louer. Mais bien loin de la reconnaître chez Ænésidème, il traite son devancier comme un dogmatiste; il le réfute, il lui reproche sa témérité (προπέτεια).

Dira-t-on que Sextus n'a pas compris les distinctions introduites par Ænésidème? Quelle invraisemblance! Et comment Natorp, qui loue si bien la fidélité, l'exactitude et l'intelligence de Sextus lorsqu'il s'agit de le défendre contre Zeller et Diels, pourrait-il lui supposer ici tant de légèreté et un esprit si obtus? On ne peut même pas imaginer que Sextus ait été trompé par l'emploi de certains mots, tels que ἀλήθεια, ὑπάρχειν, οὐσία: car il remarque lui-même que le langage, naturellement dogmatique, se prête mal à l'expression des idées sceptiques; il est donc en garde contre les erreurs de ce genre, et dans les circonstances délicates, il ne manque pas d'avertir que les termes dogmatiques dont il est obligé de se servir trahissent un peu sa pensée: en fait il évite les formules équivoques. Ces précautions que prend Sextus, Ænésidème n'avait-il pu les prendre avant lui? Et même s'il ne les a pas prises, comment croire que l'esprit délié et exercé de Sextus n'ait pas su reconnaître, à travers une terminologie défectueuse, des idées qui lui étaient à lui-même si familières?

Il ne reste plus qu'à supposer que Sextus, comprenant la vraie pensée d'Ænésidème, n'ait pas voulu la reconnaître, apparemment pour se réserver le mérite de l'originalité. Ce serait une supposition toute gratuite, car nulle part Sextus ne témoigne d'aucune prétention de ce genre. Il ne donne pas comme lui étant propre la doctrine qu'il expose : elle est le bien commun des sceptiques. En fait, il semble bien qu'elle a été professée avant lui, telle qu'il l'enseigne, par quelques-uns de ses prédécesseurs, tels que Ménodote. Loin de vouloir innover, Sextus invoque volontiers les autorités les plus anciennes : s'il ne cite guère les modernes, il écrit souvent les noms de Pyrrhon, de

Timon et d'Ænésidème. Son ambition paraît être de faire du scepticisme un système aussi ancien que les philosophies les plus illustres : nul doute que, s'il avait pu placer sous le patronage d'Ænésidème la théorie qui admet la prévision des phénomènes et une règle de connaissance empirique, il eût agi à l'égard de cette théorie comme à l'égard de la théorie des causes et des signes.

Enfin, il suffit de lire sans parti pris le texte de Sextus pour dissiper toute illusion. Dans ces paroles : προηγεῖται τοῦ τἀναντία περὶ τὸ αὐτὸ ὑπάρχειν τὸ τἀναντία περὶ τὸ αὐτὸ φαίνεσθαι, καὶ οἱ μὲν σκεπτικοὶ φαίνεσθαι λέγουσι τὰ ἐναντία περὶ τὸ αὐτό, οἱ δὲ Ἡρακλείτειοι ἀπὸ τούτου καὶ ἐπὶ τὸ ὑπάρχειν αὐτὰ μετέρχονται, comment croire que ὑπάρχειν περὶ τὸ αὐτό, si clairement opposé à φαίνεσθαι, ne désigne pas une existence substantielle, réelle, en dehors de la pensée et des phénomènes? Comment les mots ἀπὸ τούτου καὶ ἐπὶ τὸ ὑπάρχειν αὐτὰ μετέρχονται ne désigneraient-ils pas avec la dernière évidence le passage du point de vue phénoméniste au point de vue dogmatique? Personne ne soutiendra que les héraclitéens soient phénoménistes : Ænésidème, s'il est d'accord avec eux, ne l'est pas non plus.

Natorp a bien compris que c'est ici le point faible de sa thèse. Il tente d'expliquer comment Ænésidème a pu dire que les contraires existent (ὑπάρχειν) ensemble, quoiqu'il déclare explicitement ailleurs[1] que cela est impossible. Suivant Natorp, si toutefois nous le comprenons bien, Ænésidème argumentant contre les dogmatistes prouve que la même chose en même temps est et n'est pas, ce qui est absurde. Cet argument atteint les dogmatistes, car, dans tous leurs raisonnements sur les choses, ils se fondent sur le principe de contradiction. Mais il n'atteint pas celui qui ne s'appuie pas sur ce principe, et accorde que les contraires coexistent. Ænésidème s'est placé un instant au point de vue des dogmatistes, il s'est prêté à leur manière de voir ; les ayant réfutés au nom de leurs principes, il reprend sa liberté :

---

[1] M., VIII, 5o : ... Ἀδύνατον τὸ αὐτὸ καὶ εἶναι καὶ μὴ εἶναι.

il proclame un principe tout opposé et, ayant prouvé l'impossibilité d'atteindre aucune existence réelle, il n'affirme aucune existence de ce genre, en introduisant dans la formule de son principe le mot ὑπάρχειν. C'est bien subtil, mais il s'agit d'Énésidème.

Toute cette subtilité est en pure perte. Pour en avoir raison, une simple remarque suffit : nous voyons dans Sextus que, pour Énésidème, le scepticisme est un acheminement vers l'héraclitéisme. Par suite, le scepticisme et l'héraclitéisme ne sont pas une même chose : on n'est plus sceptique en étant héraclitéen ; on n'est pas à la fois sur la route et au but. Et comment croire que ce soit un sceptique qui ait adopté les théories très dogmatiques d'Héraclite sur le temps, sur l'essence, sur l'identité du tout et de la partie ? Héraclite certes ne les interprétait pas en un sens phénoméniste : en se rattachant si explicitement à Héraclite, Énésidème ne les interprète pas autrement qu'Héraclite. C'est donc avec toute raison que Sextus fait une distinction très nette entre l'héraclitéisme et le pyrrhonisme. La conciliation rêvée par Natorp est impossible.

III. Si on ne rejette pas les textes de Sextus, comme Zeller, si on ne les concilie pas avec les autres passages du même auteur, comme l'a tenté Natorp, il ne reste plus qu'un parti à prendre, c'est d'admettre qu'Énésidème a changé d'idée, qu'il y a plusieurs phases dans sa vie. Il ne serait pas le seul qui, à différentes périodes, eût professé des doctrines différentes. On admet sans difficulté que, dans sa jeunesse, il a passé du scepticisme mitigé de l'Académie au scepticisme radical. Pourquoi, par une seconde évolution, ne serait-il pas allé du scepticisme au dogmatisme ? Un peu de scepticisme l'avait écarté du dogmatisme ; beaucoup de scepticisme l'aurait ramené à une sorte de dogmatisme. On dit aussi que Platon, vers la fin de sa vie, devint pythagoricien.

On devrait hésiter à accepter cette explication, si cette troisième doctrine, cette troisième manière était sans rapport logique avec la précédente. Qu'un esprit tel qu'Énésidème, dont on a pu mesurer la subtilité et la puissance en lisant les argumentations exposées ci-dessus, ait sauté brusquement et sans raison d'une opinion à une autre, c'est ce qu'il est impossible d'admettre. Mais que sa pensée, poursuivant ses investigations dans le même sens, se soit lentement modifiée, c'est ce qu'il est très facile de comprendre.

Si, en un sens, Énésidème rompt avec le pyrrhonisme, puisqu'il prétend savoir quelque chose de la réalité absolue, en un autre sens, il lui reste fidèle et le continue. Si c'est être sceptique de dire : Les contraires apparaissent toujours ensemble, c'est, en quelque manière, l'être bien davantage que de dire : Les contraires, dans l'absolu, existent ensemble.

Accordons cependant pour le moment qu'il ne mérite plus du tout, puisqu'il affirme quelque chose, le nom de sceptique : aussi bien il semble en convenir lui-même, puisqu'il appelle le scepticisme un acheminement à l'héraclitéisme. Il est dogmatiste ; mais on comprend qu'un dialecticien délié et exercé tel que lui, et à vrai dire un métaphysicien profond et subtil, ait passé d'un de ces points de vue à l'autre. A force de méditer sur l'opposition et l'équivalence des contraires dans la pensée humaine, n'a-t-il pas pu se demander d'où vient cette opposition et cette équivalence ? L'esprit humain, et surtout l'esprit d'un tel homme, ne se contente pas longtemps du fait, il en veut l'explication. Après avoir tant douté, il veut savoir pourquoi il doute. Le système d'Héraclite lui offre une réponse : il l'adopte. Les contraires se font équilibre dans l'esprit, parce qu'ils se font équilibre dans la réalité. Sans doute, pour en arriver là, il faut abandonner la grande maxime du pyrrhonisme : il faut affirmer. Mais le moyen, quand on a le tempérament d'un métaphysicien, de résister à la tentation ? Énésidème reconnaît donc son erreur ; mais en même temps il l'explique, ce qui est une manière de ne pas l'abandonner tout à fait ; ou plutôt ses vues sceptiques n'étaient pas fausses, elles n'étaient qu'incomplètes. On se pardonne aisément de changer d'opinion, quand on peut se dire qu'on est en progrès sur soi-même.

Il y a plus : on peut concevoir qu'en adhérant au dogmatisme héraclitéen, Énésidème ait prétendu conserver, en ce qu'elles avaient d'essentiel, ses idées sceptiques [1]. Tous les arguments exposés ci-dessus ont pour but d'établir que la chose en soi, la réalité dégagée de tout rapport avec l'esprit ou avec d'autres choses, est inconnaissable. Que dit-il à présent avec Héraclite? Que la chose en soi, la réalité n'est pas ceci plutôt que cela, mais qu'elle est tout à la fois, qu'en elle les contraires s'identifient. Par suite, il reste vrai qu'on n'en peut rien dire. Dans l'héraclitéisme, comme dans le pyrrhonisme, ce que le sage a de mieux à faire, dans chaque cas particulier, c'est de ne rien affirmer. En se ralliant au dogmatisme héraclitéen, Énésidème n'abandonne aucune des thèses qu'il avait précédemment soutenues : il reste vrai que nous ne connaissons pas la vérité en soi, les causes réelles, et qu'il n'y a point de démonstration possible. Mais ces thèses, d'abord isolées dans la période pyrrhonienne, sont réunies et forment un tout dans la nouvelle doctrine qu'adopte le sceptique converti. Il n'y a point de science : voilà ce qu'il avait dit d'abord. Il sait plus tard pourquoi il n'y a pas de science.

C'est à peu près ce qu'un autre sceptique, disciple lui aussi d'Héraclite, avait soutenu. On a vu ci-dessus [2] comment, suivant Protagoras, l'intelligence humaine, suivant le point de vue où elle est placée, découpe, pour ainsi dire, dans la réalité des parties différentes, qu'elle voit à l'exclusion des autres, également existantes pourtant, et réelles au même titre. Qu'y aurait-il d'étonnant si, après avoir été sceptique comme Pyrrhon, Énésidème était devenu sceptique comme Protagoras?

Qu'on ne dise pas qu'il y aurait là une sorte de retour en arrière et une substitution d'une doctrine plus faible à une doctrine plus forte. Si, en un sens, la réserve pyrrhonienne, qui interdit de rien affirmer, est logiquement plus satisfaisante, et

---

[1] Cf. Brandis, *Geschichte der Entwickelungen der griechischen Philosophie*, t. II, p. 307 (Berlin, Reimer, 1864).
[2] P. 14. V. Sext., P., I, 218.

surtout plus facile à défendre dans les discussions que le scepticisme radical de Protagoras, à un autre point de vue, on peut soutenir que ce dernier a une plus haute valeur philosophique. Peut-être n'est-il que juste de voir dans le pyrrhonisme un artifice de discussion plutôt qu'une doctrine sérieuse. Là où le pyrrhonien dit du bout des lèvres qu'il ne sait rien et n'est sûr de rien, on peut croire qu'au fond il est sûr qu'il n'y a rien de vrai : il déguise sa vraie pensée, pour ne pas faire scandale, pour ne pas choquer le sens commun. En tout cas, le scepticisme ainsi présenté a je ne sais quoi d'emprunté et de cauteleux qui pouvait ne pas convenir toujours à un esprit ferme et décidé. On dit que la vérité n'est pas encore découverte, mais qu'elle le sera peut-être un jour; qu'il ne faut décourager personne; qu'on ne sait pas ce qui peut arriver : c'est une sorte de pis-aller. N'est-il pas bien plus hardi et bien plus franc de dire, avec Protagoras, non seulement qu'on ne sait pas la vérité, mais qu'il n'y a pas de vérité et qu'on ne la saura jamais? En s'exprimant ainsi, il pouvait se croire en progrès sur lui-même. Sans doute, il fallait pour cela abandonner la maxime pyrrhonienne et se décider à affirmer. Mais n'est-ce pas un sacrifice assez léger, après tout, que de se décider à affirmer une seule chose, pourvu que ce soit la négation de la science? Ænésidème, bien différent de Socrate, ne sait qu'une chose : c'est qu'on ne peut rien savoir. Suivant un mot célèbre, la science consiste souvent à dériver l'ignorance de sa source la plus élevée, et on ne fait pas un crime à la science d'être sortie d'une ignorance. Le sceptique, lui aussi, n'a-t-il pas pu dériver son doute de la source la plus élevée? Et si, à l'inverse du cas précédent, cette source est une connaissance, il lui pardonne d'être une certitude en considération des nombreuses incertitudes qu'elle autorise.

Dira-t-on qu'à ce compte Ænésidème ne devrait pas être appelé disciple d'Héraclite? On donne pourtant ce nom à Protagoras, qui fut ouvertement sceptique. S'il suffit, pour le mériter, d'avoir adopté la maxime héraclitéenne, que les contraires coexistent dans la réalité, on doit sans hésiter le donner à Ænésidème. Rien, dans les textes que nous avons, n'autorise à supposer qu'il eût adopté toutes les vues dogmatiques d'Héraclite. Sauf la théorie de l'âme et de la raison commune, toutes les opinions attribuées à Énésidème se rapportent à la doctrine de l'existence des contraires, et cette théorie de l'âme peut elle-même être considérée comme une annexe de l'autre : c'est une manière de se représenter l'origine de la connaissance qui trouve naturellement sa place dans une doctrine où on admet la réalité objective des contraires.

En résumé, nous croyons qu'après avoir défendu, avec quelle vigueur et quelle force, on l'a vu ci-dessus, le pur scepticisme, Énésidème, de propos délibéré et sachant fort bien ce qu'il faisait, a pris parti pour cette autre forme de scepticisme, qui n'est, à vrai dire, qu'un dogmatisme négatif. En procédant ainsi, il a cru rester fidèle à ses principes et les suivre jusqu'en leurs dernières conséquences. Il a cru être en progrès sur lui-même : à certains égards il a eu raison. Il y a peut-être plus de franchise et de hardiesse dans cette forme de scepticisme que dans l'autre. En tout cas, il y a plus de métaphysique, et Énésidème est avant tout un métaphysicien.

Si cette explication est vraie, il n'y a pas lieu de s'étonner que les sceptiques ultérieurs, malgré une sorte de défection, aient persisté à le tenir pour un des leurs : au fond, ils s'entendaient. Dans tous les cas, ils avaient le droit de prendre leur bien où ils le trouvaient et d'adopter les thèses de la première partie de la vie d'Énésidème en écartant les autres. C'est ce qu'ont fait, de nos jours, certains positivistes à l'égard d'Auguste Comte.

Est-ce à dire qu'avec Ritter[1], il ne faille voir en Énésidème qu'un dogmatiste ? Cette manière de s'exprimer a le tort de ne pas distinguer entre les deux périodes de la vie du philosophe. On doit l'appeler sceptique, puisqu'il l'a été très sincèrement : ses changements ultérieurs ne modifient pas le caractère de sa

[1] *Op. cit.*, p. 223.

première doctrine. Il n'y a pas de raisons, d'ailleurs, pour nous montrer plus exigeants que les sceptiques anciens. Enfin, c'est par son scepticisme que nous le connaissons surtout, et c'est uniquement par là qu'il nous intéresse. Voilà pourquoi nous persistons à le ranger parmi les chefs de l'école sceptique.

CHAPITRE V.

ÉNÉSIDÈME. — EXAMEN CRITIQUE.

Les arguments d'Énésidème produisent sur l'esprit une singulière impression. Si on consulte le bon sens, si on voit où l'on va, on résiste énergiquement ; si on considère les raisons invoquées, elles sont claires, simples, irréprochablement enchaînées : on hésite, on est inquiet ; on se demande si ce n'est pas le bon sens qui a tort et le sceptique qui a raison. Tour à tour, suivant le biais par où on la prend, l'argumentation paraît irrésistible ou ridicule : elle est comme le caméléon, que les sceptiques prennent volontiers pour exemple, et qui change souvent de couleur si on le regarde longtemps. Il faut pourtant tâcher d'y voir clair : c'est chose trop facile d'écarter un raisonnement sous prétexte qu'il est faux, sans marquer en quoi il l'est. Cette poursuite du sophisme, que Platon, dans un cas analogue, comparait à une chasse difficile, où un animal fort adroit met plus d'une fois sur les dents le téméraire qui le poursuit, a quelque chose à la fois d'irritant et de captivant : elle est surtout dangereuse pour celui qui l'entreprend : c'est une véritable aventure. Le moindre des risques que l'on court est d'être accusé de subtilité.

I. Voici le raisonnement d'Énésidème sur la vérité réduit à sa plus simple expression. Toute chose est sensible ou intelligible : donc le vrai, s'il existe, sera sensible ou intelligible. Or, il n'est ni l'un, ni l'autre, ni tous deux à la fois : donc il n'est pas. Ce raisonnement semble irréprochable. C'est un sophisme. Où est la faute ? Il y a, si nous ne nous trompons, un double artifice, une double équivoque.

En premier lieu, le sceptique transforme illégitimement des

relations en entités, des rapports en choses en soi. Il raisonne comme si le vrai, le sensible, l'intelligible étaient des êtres, des réalités ; tout au moins il les regarde comme des propriétés positives ou intrinsèques que posséderaient les objets qu'on appelle vrais ou sensibles. Il faut bien avouer que le langage vulgaire, et même celui des philosophes, est de connivence avec lui. Ne parlons-nous pas à chaque instant de l'existence du vrai? Les stoïciens allaient jusqu'à faire de la vérité un corps. Il suffit pourtant d'un peu de réflexion pour comprendre que le vrai est une relation. Une chose ne recèle pas en elle-même la propriété d'être vraie ; elle ne la possède que si elle est mise en présence d'un esprit. La vérité suppose deux termes : une chose qui est, et une pensée où elle est représentée. Quoi d'étonnant si, après avoir considéré comme chose en soi ce qui ne peut être positivement conçu que comme un rapport, on arrive à prouver que cette chose n'existe pas? Il est bien certain que le vrai n'est pas, si par là on entend une réalité indépendante de toute pensée. Et on en peut dire autant du sensible et de l'intelligible, qui ne sont aussi que des relations.

Peu importe, pourrait répondre le sceptique. Que le vrai soit un rapport ou une chose en soi, accordez-vous que là où se trouve le rapport exprimé par le mot *sensible*, là aussi se trouve le rapport exprimé par le mot *vrai?* Vous l'accordez certainement si vous dites que le vrai est sensible ; et il faut bien que vous le disiez, à moins de soutenir qu'il est intelligible, et alors la même question se posera sous une forme un peu différente.

C'est ici que se découvre la seconde équivoque du sceptique : il entend dans un sens absolu des identités qui ne sont accordées que comme partielles et relatives. Nous accordons, naïvement et sans défiance, que le vrai est sensible ou intelligible. Que voulons-nous dire? Simplement qu'il y a des choses vraies qui sont en même temps sensibles ou intelligibles. Ces deux qualités, vrai et sensible, vrai et intelligible, peuvent coexister dans un même objet. Vraie sous un point de vue, une chose est sensible sous un autre, et tous les deux à la fois. Elle est sensible, mais elle ne l'est pas uniquement et essentiellement; elle l'est sans perdre sa nature propre ; elle est à la fois, comme dirait Platon, la même que le sensible et autre que le sensible. Le sceptique ne l'entend pas ainsi : il prend les termes au pied de la lettre. Vous accordez, dira-t-il, que le vrai est sensible; cela veut dire que vrai et sensible sont une seule et même chose, ou, en votre langage, que là où se trouve le rapport exprimé par le mot *vrai*, là se trouve nécessairement le rapport exprimé par le mot *sensible*. — Là où nous avons entendu que deux choses, d'ailleurs distinctes, sont rapprochées, confondues en un même objet, et, en ce sens, identiques, il entend qu'il y a une identité absolue et définitive : il comprend que l'une des choses abdique sa nature et devient l'autre. Le vrai est le sensible. Une chose n'est plus vraie *en même temps* qu'elle est sensible, mais *parce qu'elle est sensible*. En langage moderne, on dirait que, pour le sceptique, le lien qui unit les deux termes est analytique, tandis que, pour nous, il est synthétique.

Il est aisé de voir, d'ailleurs, que cette seconde équivoque dérive de la première. Si vous considérez le vrai et le sensible comme choses en soi, en disant que l'une est l'autre, vous ne pouvez que les identifier complètement : c'est une identité d'essence que vous proclamez. Une chose peut avoir diverses relations avec d'autres choses : elle ne peut, en elle-même, être plusieurs choses.

On voit par là comment se résout la difficulté. Le vrai est-il sensible ou intelligible? Il est tantôt l'un, tantôt l'autre, ni l'un ni l'autre absolument. — Mais, objecte le sceptique, c'est ce dont on dispute ; en d'autres termes, on ne peut distinguer les cas où il est sensible de ceux où il est intelligible. — Ceci est une autre question, celle du critérium de la vérité, qu'il faudra résoudre à part. — Mais « il est *logique*, ajoute-t-il [1], que toutes les choses sensibles soient vraies ou fausses: car, en tant que sensibles, elles sont toutes semblables : l'une ne l'est pas plus,

[1] Sext., M., VII, 47.

l'autre moins. » — On voit bien ici le sophisme que nous venons de signaler : il suppose que toutes les choses sont vraies, en tant que sensibles ; c'est justement ce que nous avons contesté. Elles sont sensibles et, en outre, sous certaines conditions, vraies.

Voilà le sophisme démasqué, mais à quel prix? Nous avons reconnu que le vrai n'est pas une chose en soi ; nous nous sommes enfermés dans la sphère du relatif. Nous avons accordé, en outre, qu'en jugeant le vrai sensible ou intelligible, le rapport établi entre le sujet et l'attribut n'est pas une identité absolue : c'est une identité partielle et contingente. En d'autres termes, cette identité n'existe que dans l'esprit : ici encore nous ne sortons pas du relatif. D'ailleurs, on ne peut formuler le principe d'identité, si on veut échapper aux subtilités des sceptiques, qu'en introduisant précisément l'idée d'une relation. « Une chose ne peut, en même temps et *sous le même rapport*, être et ne pas être. » Bref, nous n'avons résolu la difficulté qu'en considérant les choses dans notre esprit, telles qu'elles apparaissent, et non telles qu'elles sont en soi.

Peut-être Ænésidème n'a-t-il pas voulu dire autre chose. En le réfutant, peut-être lui donnons-nous gain de cause. Pourtant nous croyons n'avoir rien accordé qu'un dogmatisme sérieux ne puisse et ne doive accorder, et nous sommes persuadé que, même en enfermant la pensée dans la sphère du relatif, en la soumettant en toutes ses opérations à la catégorie de la relation, il est possible de définir la vérité sans lui faire perdre le caractère de nécessité et d'universalité sans lequel elle n'est plus. Mais il faut convenir que trop souvent le dogmatisme, comme le sens commun, a des prétentions plus hautes. Il se flatte d'atteindre les réalités en soi, telles qu'elles sont, en dehors de toute relation entre elles ou avec la pensée : c'est contre ce dogmatisme que sont dirigés les arguments d'Ænésidème, et ils sont sans réplique.

II. Les arguments contre les causes donnent lieu à des observations analogues. Si on analyse l'idée de cause, on voit sans peine qu'elle implique une relation, et cela à un double point de vue. D'abord une chose ne peut être conçue comme cause que par rapport à son effet : c'est un point qu'Énésidème ne paraît pas avoir touché, et qu'ont envisagé seulement les sceptiques ultérieurs. Mais, en outre, l'acte de pensée par lequel une chose est connue en elle-même est autre que celui par lequel elle est connue comme cause. La chose est d'abord conçue en elle-même, en son essence; puis elle est envisagée comme cause : la causalité est une relation qui se surajoute à l'idée que nous avons de la chose, sans la détruire et sans se confondre avec elle. Mais le sceptique ne l'entend pas ainsi. Ici encore, autorisé, il faut bien le dire, par le langage et par l'usage, il considère la causalité comme une propriété réelle et objective qui appartiendrait aux choses : il en fait une chose en soi. De plus, cette propriété est identifiée avec la chose même en qui elle est supposée exister : ne dit-on pas qu'une chose *est* la cause d'une autre ? Par suite, si une chose est cause, elle l'est absolument, par son essence, en sa nature intime. Dès lors, il faut comprendre comment cette essence déterminée peut produire autre chose qu'elle-même. Mais la question, ainsi posée, est absurde. Une chose donnée, définie en son essence, ne peut que demeurer ce qu'elle est. Dire qu'elle est cause, ce serait dire qu'elle est autre chose qu'elle-même : ce serait se contredire. En langage moderne, nous dirions que de l'idée d'une chose on ne tirera jamais analytiquement l'idée d'une autre chose; et cela demeure vrai si, au lieu d'une seule essence, on en considère plusieurs réunies ou juxtaposées. En d'autres termes, comme Hume et Kant l'ont montré, le rapport de causalité est un rapport synthétique. Les deux termes posés comme cause et effet ne sont pas donnés à la pensée humaine comme identiques, mais seulement comme liés d'une certaine manière, sous une catégorie *sui generis* qu'on appelle la causalité. C'est ce qu'Énésidème a compris, et c'est pourquoi il est juste de voir en lui, comme l'a fait Saisset, un précurseur des philosophes que nous venons de nommer.

Par suite, on voit ce qu'il y a de vrai et de faux dans le raisonnement d'Ænésidème. Irréprochable si on considère les causes comme des choses en soi, il perd toute valeur si on considère la causalité comme un rapport établi par la pensée entre divers objets. Ce rapport lie les objets sans modifier leur nature propre. Ils sont d'abord ce qu'ils sont en eux-mêmes; et, en outre, ils sont envisagés comme liés à d'autres sous certaines lois. Dès lors, il n'y a plus de contradiction : le corporel peut être lié de cette manière au corporel, ou l'incorporel à l'incorporel; même (c'est un point trop discuté de nos jours pour qu'il soit utile d'y insister ici) on peut concevoir l'incorporel comme cause du corporel, ou inversement.

On le voit, ici encore, nous n'avons pu réfuter Ænésidème qu'à la condition de nous enfermer dans le relatif, et de renoncer au dogmatisme absolu contre lequel il dirigeait ses coups.

III. La théorie des signes, telle que les témoignages authentiques nous permettent de l'attribuer à Ænésidème, se réduit à fort peu de chose : elle est, on l'a vu, manifestement incomplète, et certains historiens, comme Ritter[1], ont pu ne la considérer que comme une forme particulière du dixième trope. Cependant nous sommes enclin à croire qu'elle avait, dans la pensée d'Ænésidème, une bien plus grande portée : Ænésidème devrait être regardé comme le précurseur de Stuart Mill, si on pouvait sûrement mettre à son compte les arguments dont les sceptiques se sont servis au temps de Sextus. Le sceptique, quel qu'il soit, qui le premier les a développés, a droit à ce titre.

Il est, en effet, digne de remarque qu'à l'occasion de la théorie des signes commémoratifs, Sextus décrit l'induction en termes que ne désavouerait pas un disciple de l'école anglaise. « Le signe[2] commémoratif, observé clairement en même temps que la chose signifiée, s'il se présente de nouveau après que cette dernière est devenue obscure, nous fait souvenir de la

---

[1] *Op. cit.*, p. 448.
[2] *M.*, VIII, 152.

chose qui a été observée en même temps que lui, et n'est plus actuellement évidente : ainsi la fumée nous fait penser au feu. En effet, ayant souvent vu ces phénomènes unis entre eux, aussitôt que nous apercevons l'un, la mémoire nous suggère l'idée de l'autre, du feu, qui n'est pas actuellement visible. Il en est de même pour la cicatrice qui se montre après la blessure, et pour la lésion du cœur qui précède la mort. Voyant la cicatrice, la mémoire nous représente la blessure qui l'a précédée; et voyant la lésion du cœur, nous prévoyons la mort future. »

Ce que les sceptiques combattent, c'est la théorie des signes indicatifs, c'est-à-dire la doctrine suivant laquelle il y aurait entre les phénomènes un lien nécessaire et constant, tel, en un mot, que l'entendent aujourd'hui encore les dogmatistes.

Il faut bien convenir qu'au point de vue où ils se plaçaient, leurs arguments sont inattaquables : à s'en tenir aux seules données de l'expérience, aux seuls phénomènes, il est impossible de voir dans l'induction autre chose qu'une association d'idées fondée sur l'habitude, et variable comme elle. Ainsi Stuart Mill, en essayant d'établir une théorie scientifique de l'induction, avoue que l'induction ne saurait avoir une valeur absolue : elle ne vaut que pour le monde où nous sommes, et il y a peut-être des mondes où les phénomènes ne sont soumis à aucune loi.

Encore une fois, nous ne prétendons pas qu'Énésidème soit allé jusque-là : les textes ne nous y autorisent pas. Mais, s'il n'a pas montré en quel sens et dans quelle mesure il peut y avoir une science expérimentale, il a compris et prouvé que la science, au sens absolu que donnaient à ce mot les anciens, est impossible. Il n'y a de science, en effet, et de *démonstration*, que là où les idées sont enchaînées par un lien nécessaire : mais il n'y a de nécessité véritable que là où les rapports peuvent être déterminés rationnellement, ou, comme nous disons aujourd'hui, *a priori*. Or, qu'on essaie, étant donné un fait, un *signe*, pour parler comme les stoïciens, de déterminer *a priori* la nature de la chose signifiée. Ici, comme quand il s'agit de la cause, et plus évidemment encore, on ne réussira pas ; et si on ne réussit pas, il n'y aura pas de *démonstration*. C'est ce qu'Ænésidème a voulu dire, et il n'y a rien à lui répondre.

Les considérations qui précèdent nous permettent de marquer la véritable place d'Ænésidème dans l'école sceptique. Les historiens s'accordent généralement à voir en lui le premier représentant de ce qu'on appelle le *nouveau scepticisme*. Pourtant ils ne sont pas unanimes : Haas[1], par exemple, regarde Ænésidème comme l'un des derniers représentants de l'ancien scepticisme. Et il faut reconnaître avec lui que Sextus[2] semble l'opposer aux nouveaux sceptiques, dont Agrippa paraît avoir été l'un des premiers.

Nous n'hésitons pas, pour notre part, à nous ranger à l'opinion commune; la puissante originalité d'Ænésidème ne nous paraît pas pouvoir être sérieusement mise en doute : il a vraiment renouvelé le scepticisme.

Rien n'empêche pourtant qu'après lui, cette doctrine ait encore subi de nouvelles modifications : dans le nouveau scepticisme, on peut introduire des subdivisions, comme on distingue des espèces dans un genre. Il est possible qu'après Ænésidème, d'autres philosophes aient imprimé à la pensée sceptique une direction nouvelle : ainsi s'expliqueraient tout naturellement les paroles de Sextus.

S'il fallait marquer le trait précis qui distingue les deux périodes du nouveau scepticisme, nous dirions qu'Ænésidème s'est surtout montré métaphysicien et dialecticien ; après lui, les sceptiques sont surtout des médecins : à la spéculation pure, qu'ils déclarent vaine, ils opposent l'art ou la science pratique, qu'ils tiennent pour légitime et nécessaire. Pour Ænésidème, le scep-

[1] *Op. cit.*, XIII, XIV, p. 39 *et seq.*
[2] *P.*, I, 36 : Παραδίδονται τοίνυν συνήθως παρὰ τοῖς ἀρχαιοτέροις Σκεπτικοῖς τρόποι δι' ὧν ἡ ἐποχὴ συνάγεσθαι δοκεῖ, δέκα τὸν ἀριθμόν, οὓς καὶ λόγους καὶ τόπους συνωνύμως καλοῦσιν... *Ibid.*, 164 : οἱ δὲ νεώτεροι Σκεπτικοὶ παραδιδόασι τρόπους τῆς ἐποχῆς πέντε.

ticisme était à lui-même sa propre fin, à moins qu'il ne fût un acheminement à un nouveau dogmatisme ; pour ses successeurs, il est le vestibule de la médecine. Si Énésidème soustrait quelque proposition au doute universel, c'est, on l'a vu, une thèse métaphysique et transcendante : l'identité des contraires dans l'absolu. Si les sceptiques ultérieurs croient à quelque chose, c'est uniquement aux successions empiriques des phénomènes telles que l'observation en dehors de toute théorie peut les découvrir. Peut-être pourrait-on ajouter que, si Énésidème tirait de son scepticisme une conséquence pratique, c'était uniquement un précepte de morale ; les sceptiques ultérieurs paraissent avoir préféré les biens du corps à ceux de l'âme ; ils ne songent à ruiner la science spéculative que pour faire place à la science positive ou, comme ils disent, à l'art. Énésidème est encore un métaphysicien ; ses successeurs, sur lesquels, tous les historiens le reconnaissent, il n'exerça que peu d'influence, ne sont plus que des positivistes. Ils invoquent son autorité à peu près comme Aug. Comte invoque celle de Kant. Mais c'est là un point important sur lequel il faudra revenir dans la suite de ce travail.

CHAPITRE VI.

LES SUCCESSEURS D'ÆNÉSIDÈME. — AGRIPPA.

Nous n'avons sur Ænésidème que des clartés insuffisantes : après lui, la nuit est complète. Nous connaissons les noms de ses successeurs immédiats, Zeuxippe, Zeuxis et Antiochus de Laodicée. On a vu ci-dessus [1] le peu que nous savons sur ces philosophes. Il est probable qu'ils continuèrent l'œuvre d'Ænésidème dans le même esprit, et en suivant la même direction. Outre les trois grandes questions qu'il a traitées d'une manière si originale, nous savons par le résumé de Photius qu'Ænésidème avait appliqué sa subtile dialectique à d'autres sujets, au mouvement, à la génération et à la destruction. On peut conjecturer que ses arguments furent repris, développés, affinés de toute façon par ses continuateurs. C'est ainsi par le travail curieux et patient de plusieurs générations de penseurs que la critique sceptique, gardant de toutes ces recherches ce qu'elle trouvait de meilleur, rejetant le reste, prit cette ampleur et acquit cette richesse, cette profusion accablante d'arguments variés sur tous les sujets, que nous lui voyons au temps de Sextus Empiricus. Mais nous ne savons rien des ouvriers anonymes de ce long travail : il y a chez Sextus comme un parti pris de silence à l'égard de ces obscurs philosophes qui concourent sans gloire à l'œuvre commune ; il faut renoncer à essayer de leur rendre justice. C'est seulement quand nous arriverons à Sextus qu'il sera possible de jeter un coup d'œil d'ensemble sur cette œuvre de longue patience : elle émerge alors des ténèbres de l'histoire, à peu près comme on voit les bancs de coraux, après de longs siècles, affleurer à la surface de l'océan.

[1] P. 236 et suiv.

Un seul nom, parmi ces philosophes, a échappé à l'oubli, et, chose singulière, ce n'est pas celui d'un des chefs de l'école, d'un de ceux qui parlaient officiellement en son nom, et avaient reçu directement l'héritage des maîtres. Agrippa n'est pas cité dans la liste de Diogène: Sextus n'écrit pas son nom une fois. Nous savons pourtant, à n'en pas douter, qu'il introduisit dans la doctrine sceptique des vues nouvelles, qu'il fut l'auteur d'une série de tropes, et on verra que cette liste marque un véritable progrès. C'est à ce philosophe hors cadre qu'il était réservé de donner la formule la plus nette et la plus décisive des arguments sceptiques. Aussi mérite-t-il de nous arrêter.

I. Nous ne connaissons rien de la vie d'Agrippa, nous ne pouvons même fixer avec certitude l'époque où il a vécu. Haas[1] croit pouvoir affirmer qu'il enseigna à la fin du Ier siècle après J.-C. et au commencement du second. Mais son calcul repose tout entier sur ce fait que Diogène, le seul auteur qui mentionne le nom d'Agrippa, avait emprunté à Favorinus tout ce qu'il dit des sceptiques. Il semble bien cependant que le compilateur ne s'est pas borné à suivre Favorinus, non plus que Sextus, puisque sa liste des dix tropes diffère de celles de ces deux philosophes.

Ce qui est certain, c'est qu'Agrippa fut assez célèbre, et eut assez d'influence, pour qu'un sceptique, nommé Apelles, donnât son nom à un de ses ouvrages[2].

Haas, s'étonnant qu'un tel philosophe n'ait pas été reconnu comme chef de l'école, imagine que la liste de Diogène, où il n'est pas mentionné, ne comprend que les sceptiques qui furent en même temps médecins. Mais c'est une hypothèse que rien ne justifie. Parmi les sceptiques qui furent médecins, Haas compte Zeuxis; or, on a vu plus haut les raisons qui contredisent cette assertion. En outre, où commencerait, dans cette liste, la série des sceptiques médecins? Énésidème, qui y figure, ne paraît pas avoir jamais cultivé la médecine. Il faut donc laisser Agrippa.

[1] Op. cit., p. 85.
[2] Diog., IX, 106.

malgré son mérite, en dehors de la liste des chefs de l'école. La chose n'est d'ailleurs pas sans exemple dans la philosophie grecque [1].

II. Les cinq tropes, la seule chose que nous connaissions de la doctrine d'Agrippa, ont été exposés par Diogène [2] et par Sextus [3], qui les attribue en général aux nouveaux sceptiques, sans nommer Agrippa. Mais comme Diogène emploie l'expression οἱ περὶ Ἀγρίππαν, et présente les cinq raisons de douter dans le même ordre et presque dans les mêmes termes que Sextus, on peut considérer comme certain qu'Agrippa en est réellement l'auteur.

Les cinq tropes sont le désaccord, le progrès à l'infini, la relation, l'hypothèse, le diallèle. Ritter [4] trouve que cette énumération manque d'ordre et de méthode. On peut se convaincre cependant en lisant Sextus que les cinq tropes arrivent l'un après l'autre, se renforcent et se complètent l'un l'autre, de manière à ne laisser aux dogmatistes qu'on pourchasse aucune issue ; il y a entre eux une sorte d'enchaînement logique, et ils correspondent à peu près aux diverses positions que les dogmatistes pouvaient occuper, et dont ils étaient successivement délogés.

1° Toute chose qui est en question est sensible ou intelligible ; mais quelle qu'elle soit, il y a désaccord, soit entre les philosophes, soit dans la vie ordinaire. Les uns estiment que

---

[1] Voir Zeller, op. cit., t. V, p. 7, 1. L'explication proposée par Hirzel (p. 131), suivant laquelle Agrippa aurait été omis sur la liste de Diogène parce qu'il représentait une autre direction du scepticisme, est peu claire, et au total moins satisfaisante que celle que nous indiquons ici.

[2] IX, 88.

[3] P., I, 164 et seq.

[4] Histoire de la philosophie ancienne, t. IV, p. 230, note (trad. Tissot). Il faut ajouter toutefois que l'ordre dans lequel Sextus les énumère d'abord (et qui est le même chez Diogène) n'est pas conforme à celui qu'il suit lorsqu'il s'agit de les expliquer. Ce dernier paraît le plus logique. Diogène explique les cinq tropes dans l'ordre suivant lequel il les a énumérés : nouvelle preuve qu'il ne puise pas tout à fait aux mêmes sources.

seul le sensible est vrai ; les autres que ce privilège n'appartient qu'à l'intelligible ; d'autres enfin, que certaines choses sensibles et certaines choses intelligibles sont vraies. Comment décider entre toutes ces dissidences ?

2° Si on ne décide rien, il est clair qu'il faudra suspendre son jugement. Si on décide, comment s'y prendra-t-on ? Pour prouver une chose sensible, on aura recours à une autre chose sensible, ou on se servira d'une chose intelligible pour prouver une chose intelligible. Mais ces dernières ont elles-mêmes besoin de confirmation, et il en sera ainsi à l'infini.

3° Dira-t-on, pour échapper au progrès à l'infini, que le sensible se prouve par l'intelligible ? Mais l'intelligible, comment se prouve-t-il ? Si c'est par l'intelligible, voilà encore le progrès à l'infini ; si c'est par le sensible, qui est lui-même prouvé par l'intelligible, on est enfermé dans un cercle : c'est le diallèle.

4° Pour sortir du cercle, l'adversaire dira-t-il qu'il prend pour accordés, et sans démonstration, certains principes qui serviront à la démonstration future ? Mais procéder ainsi, c'est faire une hypothèse. D'abord, si celui qui suppose ces principes et les prend pour accordés, est digne de foi, nous, disent les sceptiques, qui supposerons et prendrons pour accordés des principes contraires, nous serons également dignes de foi. D'ailleurs, si ce qu'on suppose est vrai, on le rend suspect par cela même qu'on le suppose. Si c'est faux, on construit sur un fondement ruineux. Enfin, si une supposition suffit à prouver quelque chose, il n'est pas besoin de supposer un principe pour prouver la conséquence : autant vaut admettre tout de suite la conséquence comme vraie. Et s'il est ridicule de supposer vrai ce qui est en question, il ne l'est pas moins de supposer vraie une autre proposition, plus générale, qui le contient.

5° Enfin tout est relatif[1]. Le sensible est relatif à l'être qui

---

[1] Diogène (89) interprète ce trope autrement. Il s'agit pour lui non de la relativité des choses par rapport à l'esprit, mais de leur relativité les unes à l'égard des autres. La conclusion d'ailleurs est la même.

sent, et l'intelligible à l'intelligence : car s'ils étaient connus tels qu'ils sont en eux-mêmes, abstraction faite de l'être en qui ils sont représentés, ils ne donneraient lieu à aucune controverse.

Non contents de cette réduction des raisons de douter à cinq, les sceptiques, au témoignage de Sextus[1], avaient essayé de simplifier encore, et de condenser leur argumentation en une formule plus concise. Deux tropes auraient suffi. Toute chose, disaient-ils, est comprise par elle-même ou par autre chose. Que rien ne soit compris par soi-même, c'est ce que prouvent les discussions que soutiennent les dogmatistes, aussi bien sur les choses sensibles que sur les choses intelligibles; et on ne peut mettre un terme à la querelle, car ni le sensible, ni l'intelligible, puisqu'ils sont l'un et l'autre révoqués en doute, ne peuvent servir à fixer le jugement. Rien non plus ne peut être compris par autre chose; car cette autre chose elle-même en exigerait une autre, et c'est le progrès à l'infini.

Cette simplification n'est qu'apparente; on ne peut expliquer les deux tropes, et les justifier, qu'à la condition d'introduire les précédents, sauf celui de la relativité. Mais c'est là un argument capital, auquel les vrais sceptiques ne devaient pas renoncer volontiers, et une liste qui l'omet est incomplète.

Les cinq tropes d'Agrippa, nous dit Sextus[2], ne sont pas destinés à exclure les dix tropes d'Énésidème; ils servent seulement à introduire de la variété dans les arguments qui mettent à nu la vanité du dogmatisme. Toutefois, en y regardant de

---

[1] P., I, 178. Saisset (op. cit., p. 125) suppose que l'auteur de cette nouvelle réduction est Agrippa; mais il n'apporte aucune preuve positive à l'appui de cette assertion. Logiquement, il n'y a pas non plus de raisons pour admettre que l'auteur des cinq tropes les a réduits à deux. Il est plus naturel de penser que cette réduction est l'œuvre d'un sceptique ultérieur, peut-être, comme le supposent Ritter et Zeller, de Ménodote. (V. Zeller, op. cit., t. V, p. 38, 4).

[2] P., I, 177. Après Agrippa, les cinq tropes furent communément employés par les sceptiques, et on les verra reparaître sous bien des formes diverses dans la longue argumentation de Sextus. On les retrouve aussi dans le résumé de Diogène (IX, 90 et seq.). Il faut admettre avec Hirzel, p. 137, que dans ce passage, ἀπὸ pour δ' αὐτοῦ, ce dernier mot désigne, non les sceptiques en général, mais les σκέπτικοι dont il a été question un peu plus haut.

près, il est aisé de voir qu'ils ne sont pas, comme Sextus semble le dire, une simple variante de ceux d'Ænésidème.

De l'ancienne liste, deux seulement sont conservés, celui du désaccord et celui de la relativité. A vrai dire, on peut considérer les huit autres comme compris et résumés sous le nom de relativité : ils n'expriment en effet que les différentes relations des choses particulières avec l'esprit. Tout ce qu'il y a d'essentiel dans l'ancienne liste se retrouve donc dans la nouvelle. Mais les trois autres présentent un caractère tout différent : ils portent uniquement sur la forme de la connaissance, tandis que les précédents sont plutôt relatifs à la matière. Nous dirions en langage moderne que les deux anciens sont suggérés par la théorie de la connaissance, les autres, par la logique ou la dialectique : ils correspondent aux conditions de toute démonstration.

En outre, les dix tropes, sauf le dernier, portaient tous, on l'a vu, sur la connaissance sensible. Ceux-ci, au contraire, attaquent à la fois les sens et l'intelligence ; Sextus a soin de le faire remarquer, et consacre à chacun de ces deux points une démonstration particulière.

III. Les dix tropes d'Ænésidème tendaient à prouver que la certitude n'existe pas en fait : les cinq tropes d'Agrippa veulent établir qu'il ne saurait logiquement y avoir de certitude[1]. Par là, on peut mesurer la supériorité des derniers sur les premiers.

---

[1] Hirzel (*op. cit.*, p. 131) remarque très judicieusement que, à partir d'Agrippa, le scepticisme diffère en un point important de ce qu'avaient enseigné les premiers pyrrhoniens. Suivant leur point de vue en effet, la recherche (ζήτησις) n'a pas encore réussi, mais elle peut réussir : la question reste ouverte. Les tropes d'Agrippa la condamnent absolument et sans réserves. Nous sommes ici bien plus voisins du point de vue des académiciens que de celui du pyrrhonisme, et l'influence de la nouvelle Académie sur le nouveau scepticisme se manifeste fort clairement. Il faut ajouter pourtant que Sextus prétend rester fidèle à l'idée primitive : il garde le nom de ζητητικός (*P.*, I, 3). Comment il conciliait cette prétention avec l'approbation qu'il donne aux tropes d'Agrippa, c'est ce qu'il n'est pas facile de comprendre. On peut remarquer toutefois que ce nom de ζητητική ἀγωγή n'apparaît qu'une fois dans toute son œuvre (*P.*, I, 7).

En outre, ce n'est plus la connaissance sensible, l'opinion commune qu'ils mettent en suspicion; c'est la science même ou le raisonnement.

On peut dire aussi qu'en un sens, les tropes d'Agrippa l'emportent même sur les arguments d'Ænésidème, relatifs aux causes et aux signes. Si générales que soient les conceptions critiquées par Ænésidème, elles ont encore un contenu déterminé; les arguments d'Agrippa atteignent, non seulement telle ou telle proposition, mais toute proposition quelle qu'elle soit: non seulement certaines vérités, mais toute vérité, envisagée dans les conditions les plus immédiates et les plus essentielles de la connaissance. Si on veut mesurer le chemin parcouru d'Ænésidème à Agrippa, il suffit de comparer les arguments des deux philosophes sur la vérité. Ænésidème discute la question en dialecticien et en métaphysicien, Agrippa en logicien. C'est le concept de la vérité, pris en lui-même, qu'il trouve en défaut; ce n'est pas comme son prédécesseur, en le rapprochant d'autres concepts, et en cherchant si le vrai est sensible ou intelligible, qu'il parvient à en récuser la valeur. Même les huit tropes contre l'étiologie présentent un autre caractère que ceux d'Agrippa. Ils sont dirigés contre une manière déterminée de raisonner, contre l'application de l'idée de causalité [1]: les tropes d'Agrippa s'attaquent à tout raisonnement quel qu'il soit.

C'est bien à Agrippa qu'il faut faire honneur de la découverte de ces tropes. Sans doute, les diverses manières de raisonner qu'il a réunies avaient déjà été employées avant lui : cela est incontestable pour le trope du désaccord, pour celui de la relation : peut-être Timon avait-il déjà invoqué l'argument de l'hypothèse. Et il serait invraisemblable qu'il en fût autrement. Mais

[1] Nous ne pouvons souscrire à l'opinion de Hirzel (p. 130) qui considère les cinq tropes comme destinés à remplacer les huit tropes d'Ænésidème contre les causes. Le passage de Sextus (P., I, 185) signifie que les cinq tropes peuvent remplacer les huit, ce qui va de soi : ils peuvent même, en raison de leur caractère général et formel, remplacer tous les autres. Mais les huit tropes ne sauraient rem-

Agrippa [1] paraît être le premier qui ait vu l'enchaînement de ces tropes, et qui en ait aperçu la portée abstraite; il est le premier qui en ait fait un système. C'est à ce titre qu'il en est l'inventeur.

Les cinq tropes peuvent être considérés comme la formule la plus radicale et la plus précise qu'on ait jamais donnée du scepticisme. En un sens, encore aujourd'hui, ils sont irrésistibles. Quiconque accepte la discussion sur les principes, quiconque ne les déclare pas supérieurs au raisonnement et connus par une immédiate intuition de l'esprit, admis par un acte de foi primitif, dont on n'a pas à rendre compte, et qu'on n'a pas besoin de justifier, ne saurait échapper à cette subtile dialectique. Encore, l'effort par lequel le dogmatisme de tous les temps se soustrait à l'étreinte du scepticisme a-t-il été prévu par Agrippa : c'est ce qu'il appelle l'hypothèse, l'acte de foi par lequel on pose les principes comme vrais. Il a seulement tort de le déclarer arbitraire. Ce n'est pas arbitraire qu'il faut dire, mais libre. On est libre sans doute de refuser son adhésion aux vérités primordiales : voilà ce qu'Agrippa a bien vu. Mais on est libre aussi de la leur accorder. Or, entre ceux qui refusent cette adhésion et ceux qui la donnent, la balance n'est pas égale, comme le croit le sceptique : la nature nous incline d'un côté, celui de la vérité, et le fait qu'on peut ne pas user de la liberté, ou en abuser, ne prouve rien contre l'usage légitime qu'on en peut faire. Pourtant, si on fait ainsi usage de sa liberté (et c'est ce que le dogmatisme a toujours fait, ce qu'il doit faire), il faut avouer qu'on donne en un sens raison au sceptique. On convient que la raison ne peut pas tout justifier, qu'elle est impuissante, réduite à ses seules forces, à produire tous ses titres, qu'il faut chercher ailleurs le principe de la vérité et de la science.

En résumé, le scepticisme a parcouru trois étapes. Avec Pyr-

---

plir le même office; et les deux listes demeurent très nettement distinctes. Celle d'Énésidème est plutôt une liste d'erreurs ou de sophismes qu'une série d'arguments enchaînés entre eux, et applicables à tous les cas possibles.

[1] Natorp (p. 301) ne nous paraît pas rendre justice à Agrippa.

rhon, il conteste la légitimité de la connaissance sensible, et de l'opinion commune. Avec Ænésidème, il récuse la science. Avec Agrippa, s'élevant à un plus haut degré d'abstraction, il déclare impossible la vérité quelle qu'elle soit. C'est le dernier mot du scepticisme dialectique. Les successeurs d'Agrippa ne pourront que répéter, souvent en les affaiblissant, ses arguments. Les sceptiques modernes les reproduiront aussi, sans y rien ajouter d'essentiel.

Dans l'avenir, le scepticisme conservera soigneusement les thèses soutenues par ses fondateurs. Il n'y a peut-être pas dans l'histoire d'autre exemple d'une doctrine qui se soit développée avec une pareille continuité, et soit demeurée aussi fidèle à elle-même. A chaque étape, on y ajoute quelque chose, mais sans rien perdre de ce que les anciens ont acquis. S'il n'est pas de philosophie qui prodigue les arguments avec plus de profusion, il n'en est pas non plus qui se soit montrée plus avare des richesses acquises. Sous la forme nouvelle que nous allons lui voir prendre, nous retrouverons tous les arguments d'Ænésidème et d'Agrippa; mais un autre élément s'y ajoutera : l'alliance du scepticisme avec la médecine leur donnera une signification et une physionomie nouvelles.

LIVRE IV.

LE SCEPTICISME EMPIRIQUE.

CHAPITRE PREMIER.

LES MÉDECINS SCEPTIQUES. — MÉNODOTE ET SEXTUS EMPIRICUS.

Le scepticisme empirique ne diffère pas essentiellement du scepticisme dialectique ; il se sert des mêmes arguments et adopte les mêmes formules ; ses représentants sont les fidèles disciples d'Énésidème et d'Agrippa. Ils trouvent sans doute de nouveaux arguments, mais ces arguments ne modifient pas le fond de la doctrine : ils sont comme des variations infiniment diversifiées sur un thème déjà connu. Le principal mérite des sceptiques de la dernière période est d'avoir systématisé et coordonné les arguments de leurs devanciers. Rassembler ces éléments épars, en former un tout qui, par sa consistance, par l'union étroite des parties, par la puissance de synthèse qu'il suppose, soit l'égal des systèmes dogmatiques les plus célèbres, et pourtant conclue contre tout dogmatisme : telle paraît avoir été leur ambition.

Toutefois, si, par le fond de leurs idées, les sceptiques empiriques ne se distinguent pas nettement de leurs prédécesseurs, l'esprit dont ils sont animés, le but qu'ils poursuivent, quelques-unes des conclusions auxquelles ils sont conduits, leur assignent, selon nous, une place à part. C'est pourquoi, contrairement à la plupart des historiens, nous avons distingué le scepticisme empirique et le scepticisme dialectique.

Énésidème et ses successeurs immédiats n'étaient, croyons-nous, que des dialecticiens : ils poursuivaient une fin purement négative et ne songeaient qu'à renverser le dogmatisme. La science supprimée, ils ne mettaient rien à sa place, et se contentaient, dans la vie pratique, d'une routine réglée sur l'opinion commune. Les sceptiques de la dernière période sont des médecins : s'ils veulent aussi, et de la même manière, détruire le dogmatisme ou la philosophie, c'est pour la remplacer par l'art, fondé sur l'observation, par la médecine, c'est-à-dire par une sorte de science. Ils sont purement et ouvertement phénoménistes, mais ils ont une méthode et en font même la théorie. Ils combattent le dogmatisme, comme de nos jours les positivistes combattent la métaphysique : à la philosophie ils opposent l'expérience ou l'observation (τήρησις), comme aujourd'hui on oppose la science positive à la métaphysique.

Par suite, il y a lieu de distinguer dans leur doctrine deux parties : l'une négative ou destructive, l'autre positive ou constructive, et cette dernière n'est pas la moins curieuse ni la moins originale. On ne trouve rien de pareil chez les sceptiques de la période précédente. La dialectique n'est plus cultivée ou aimée pour elle-même, elle est mise au service de l'empirisme ; elle est un instrument qu'on emploie, mais qu'on rejette après s'en être servi, et qu'au fond on méprise.

Nulle part ailleurs, si ce n'est peut-être pendant certaines périodes peu connues de l'épicurisme, on n'a vu éclater dans l'antiquité le débat qui divise aujourd'hui les esprits entre la science positive et la métaphysique. A ce titre, l'histoire du scepticisme empirique est pour nous d'un haut intérêt. Les mêmes questions qui nous passionnent aujourd'hui s'y retrouvent, présentées en des termes différents et vues sous un autre angle.

Avant d'exposer la doctrine sceptique sous la forme définitive que lui a donnée Sextus Empiricus, dont les ouvrages pourraient être appelés la *somme* de tout le scepticisme, nous devons indiquer ce qu'il nous est possible de savoir des philosophes de cette dernière période.

I. Ménodote, de Nicomédie, est le premier sceptique qui nous soit donné, en termes formels [1], comme un médecin empirique. Son contemporain, qui avait été avec lui disciple d'Antiochus, Théodas [2], de Laodicée, fut aussi certainement un médecin empirique [3]. C'est à partir de ces deux philosophes qu'est définitivement réalisée l'alliance du scepticisme et de la médecine empirique.

Il est bien difficile de fixer la date de ces deux contemporains. Sprengel [4] indique pour Ménodote 81 après J.-C., et pour Théodas, 117; Daremberg [5], pour tous les deux, 90-120. Mais il y a certainement une erreur dans le calcul de Sprengel : Ménodote doit, en effet, avoir survécu à Théodas, puisque, dans la liste de Diogène, que nous avons si souvent citée, nous voyons que c'est à Ménodote que succéda Hérodote. La date indiquée par Daremberg ne semble pas exacte non plus, si l'on songe que Sextus (180-210) n'est séparé de nos deux philosophes que par une génération. Haas [6], en se servant d'un livre de Galien, calcule qu'ils ont dû vivre vers 150 après J.-C. Cette solution semble bien la plus probable.

Nous savons peu de chose sur Théodas. Il avait composé deux ouvrages [7] : Εἰσαγωγή et Κεφάλαια, assez importants pour que Galien ait écrit contre eux un commentaire [8]. Théodas paraît s'être occupé surtout des divisions de la médecine: il distinguait [9]

---

[1] Diog., IX, 116. Pseudo-Galen., *Isag.*, 4, vol. XIV, p. 683 : Τῆς ἐμπειρικῆς προέστησαν... μεθ' οὓς Μηνόδοτος καὶ Σέξτος, οἳ καὶ ἀκριβῶς ἐκρίνναν αὐτήν. Cf. Sext., *P.*, I, 222 (avec la correction de Fabricius) : ... Μηνόδοτον καὶ Αἰνησίδημον, οὗτοι γὰρ μάλιστα ταύτης προέστησαν τῆς αἱρέσεως (sc. σκεπτικῆς).

[2] Appelé Θευδᾶς par Diogène, Θεοδᾶς par Galien (*De libr. propr.*, IX, vol. XIX, p. 38), Θευδᾶς par Suidas (art. Θεοδότος).

[3] Gal., *Ther. meth.*, II, vii, vol. X, p. 142.

[4] *Versuch einer pragmatischen Geschichte der Arzneikunde*, p. 658 (Halle, Gebrauer, 1800).

[5] *Hist. des sciences médicales*, p. 160. Paris, Hachette, 1870.

[6] *Op. cit.*, p. 8. Zeller (IV, p. 483, n. 2) place Ménodote dans la deuxième partie du IIᵉ siècle après J.-C.

[7] Gal., *De libr. propr.*, IX, vol. XIX, p. 38. Cf. Suidas, *loc. cit.*

[8] *Ibid.*

[9] Galen., *De subfiguratione empirica*, p. 41. Édit. Bonnet. Bonn, 1872.

trois parties : *signativa, curativa, sanativa*. Il ajoutait que la connaissance médicale s'obtient par l'observation, l'histoire, le passage du semblable au semblable : c'est la doctrine constante de l'empirisme; nous la retrouverons plus loin, avec les corrections que Théodas et surtout Ménodote y ont apportées. Théodas paraît être le premier[1] qui se soit servi du mot *observation* (τήρησις) pour désigner ce qu'on appelait jusqu'à lui αὐτοψία. Il semble aussi qu'il ait eu à cœur de montrer[2] que les empiriques font usage de la raison, et ne se bornent pas à amasser machinalement des observations.

Ménodote avait écrit plusieurs ouvrages; nous savons seulement que l'un d'eux, composé de onze livres, était dédié à Sévérus[3]. Il avait aussi réfuté Asclépiade[4] avec beaucoup de vigueur, à ce qu'il semble, et même de passion, car il se départit de la réserve sceptique, et déclara que les théories de son adversaire étaient certainement fausses[5]. Peut-être avait-il aussi écrit un ouvrage pour recommander l'étude des arts et des sciences[6], chose qui surprendrait chez un sceptique, si on ne savait que les sceptiques avaient une manière de définir l'art ou la science purement empirique, qu'ils conciliaient ou croyaient concilier avec leurs négations[7]. Enfin, il nous paraît extrêmement probable que Galien avait sous les yeux un livre de Ménodote[8], nous ne saurions dire lequel, et qu'il le suivait de très près, lorsqu'il composa le *De subfiguratione empirica*.

Ménodote a été un écrivain assez considérable pour que Galien ait écrit contre lui deux livres[9]. Il le prend à partie avec

[1] Galen., *De subfiguratione empirica*, 39.
[2] *Ibid.*, 40, 66.
[3] Galen., *De libr. propr.*, IX, vol. XIX, p. 38.
[4] Galen., *De nat. fac.*, I, xiv, vol. II, p. 52 : Καίτοι τὰ μὲν Ἀσκληπιάδου Μηνόδοτος ὁ ἐμπειρικὸς ἀφύκτως ἐξελέγχει...
[5] Galen., *Subfig.*, p. 64.
[6] A en juger par le titre de l'ouvrage de Galien (*De libr. propr.*, loc. cit.) : Γαληνοῦ παραφρασθοῦ τοῦ Μηνοδότου προτρεπτικὸς λόγος ἐπὶ τὰς τέχνας.
[7] Voy. ci-dessous, ch. III.
[8] Voy. ci-dessous, p. 371.
[9] *De libr. propr.*, loc. cit.

vivacité et paraît même avoir pour lui peu d'estime [1]. Peut-être ne faut-il pas s'en rapporter trop facilement au témoignage d'un adversaire. Mais, à en croire Galien, Ménodote aurait été un médecin peu recommandable, ne voyant dans la médecine qu'un moyen d'arriver à la richesse ou à la gloire [2]. Ce qui paraît certain, c'est qu'il malmenait fort ses adversaires : il avait toujours, dit Galien [3], l'insulte à la bouche, aboyant comme un chien ou injuriant comme un bouffon. Ces procédés rappellent assez bien la manière de Timon.

Quels qu'aient été les défauts personnels de Ménodote, il a été un puissant esprit ; personne, dans l'antiquité, n'a eu un sentiment plus vif de ce que devait être la méthode des sciences de la nature. Nous montrerons plus loin [4] que c'est lui qui a donné à la méthode empirique une précision et une rigueur inconnues jusqu'à lui. Ménodote, si nous ne nous trompons, a le premier étroitement uni l'empirisme et le scepticisme, et donné à cette dernière doctrine un sens et une portée toute nouvelle.

A Ménodote succéda Hérodote de Tarse. Fabricius [5] et Zeller [6] croient que cet Hérodote est le médecin du même nom dont Galien [7] parle à plusieurs reprises et qui vécut à Rome [8]. Mais Diogène ne nous dit pas qu'Hérodote le sceptique ait été médecin. S'il l'a été, il appartenait [9] non à la secte empirique, mais à l'école pneumatique, ce qui a un certain intérêt, parce qu'Hérodote a été le maître de Sextus Empiricus. Le sceptique

---

[1] Il l'appelle (*De ven. sect.*, IX, vol. XI, p. 277) κακὸς ὁ Μηνόδοτος.

[2] *De plac. Hippocr. et Platon.*, IX, vol. V, p. 751.

[3] *Subfig. emp.*, 63 : «Menodotus, qui nunquam defecit ab injuria et bomolochia adversus medicos, vel manifeste latrans sicut canis, vel simpliciter injurians sicut homo qui est in platea, aut vituperans bomolochice, dicens eos drimymoros, et drimyleones, et deauratos, et multis aliis talibus nominibus nuncupans dogmaticos qui ante ipsum medicos et philosophos.»

[4] Ch. III.

[5] *Biblioth. græc.*, 184.

[6] *Op. cit.*, p. 6.

[7] Galen., vol. XIII, 788, 801 ; XI, 429, 430, 442.

[8] Galen., vol. VIII, 751.

[9] Gal., vol. XI, p. 432. Voir, sur ce point, Pappenheim, *Lebensverhältnisse des Sext. Emp.*, p. 15, 30, Berlin, 1875.

empirique avait-il reçu les leçons d'un dogmatique? Peut-être y a-t-il ici une nouvelle confusion de noms. Peut-être aussi Hérodote a-t-il fait accidentellement l'éloge du pneumatisme, comme on verra plus tard que Sextus lui-même a des sympathies pour la secte des méthodiques.

Tout ce que nous savons de ce philosophe, c'est qu'il avait pris plaisir, suivant le procédé habituel des sceptiques, à montrer les contradictions des sens. Ainsi il soutenait que les substances les plus douces comme les plus amères ont le même pouvoir astringent [1]. Il vécut vraisemblablement vers 150-180 après J.-C.

Nous avons sur son successeur, Sextus Empiricus, ou du moins sur sa doctrine, un peu plus de renseignements. Il faut étudier de près ce personnage, l'un des plus grands noms de l'école sceptique.

II. La biographie de Sextus Empiricus, comme celle d'Ænésidème et d'Agrippa, est fort peu connue. C'est à peine si nous pouvons fixer avec quelque précision la date de sa vie. Il est cité par Diogène [2], mais la date de Diogène est aussi sujette à controverse, et parfois on se sert de cette mention de Sextus pour la déterminer. Pourtant on s'accorde assez généralement à le placer vers le milieu du III° siècle après J.-C., et comme Diogène cite, outre Sextus, son successeur Saturninus, il est clair que notre philosophe l'a précédé au moins d'une génération. On pourrait être tenté de croire, avec Brandis [3], que Sextus vivait au commencement du III° siècle; mais il nous dit lui-même que, de son temps, les stoïciens étaient les principaux adversaires des sceptiques [4]; or, au III° siècle, après les Antonins, l'école stoïcienne était en

---

[1] Gal., *De simpl. medic. temp. et fac.*, t. 34, vol. XI, p. 442, 443.

[2] IX, 87, 116.

[3] *Geschichte der Entwickelung der griechischen Philosophie*, B⁴ II, p. 209 (Berlin, Reimer, 1864).

[4] P., I, 65 : Κατὰ τοὺς μάλιστα ἡμῖν ἀντιδοξοῦντας τῶν δογματικῶν τοὺς ἀπὸ τῆς Στοᾶς.

MÉNODOTE ET SEXTUS EMPIRICUS.

pleine décadence[1]. Il paraît donc qu'il faut faire remonter la date de Sextus à une époque antérieure : il serait alors le contemporain de Galien, qui mourut vers l'an 200.

Une circonstance plaide en faveur de cette hypothèse : c'est qu'il était, au témoignage de Diogène[2], disciple d'Hérodote, dont Galien parle souvent ; il est vrai que c'est, comme l'a remarqué Haas[3], dans les ouvrages qu'il composa vers la fin de sa vie. Mais une autre difficulté se présente : comment se fait-il, si Sextus a été le contemporain de Galien, que ce dernier ne l'ait jamais nommé ? Il cite pourtant un grand nombre de médecins de son temps, et attaque surtout les empiriques ; or, il semble que Sextus ait appartenu, au moins pendant quelque temps, à cette école[4], et on nous dit même qu'il en fut un des principaux représentants[5].

On peut toutefois diminuer cette difficulté en admettant, avec Pappenheim[6], que Sextus n'a pas eu comme médecin tout l'éclat que lui attribue le pseudo-Galien ; aussi bien le livre qu'il avait écrit sur la médecine avait fait peu de bruit, puisqu'il fut perdu de bonne heure, et ne nous est connu que par la mention qu'il en fait lui-même[7]. Il est possible enfin qu'il ne soit devenu chef d'école qu'après la publication des principaux écrits de Galien. On peut donc, malgré la difficulté signalée, fixer la date de ce philosophe au dernier quart du second siècle, entre 180 et 200 ou peut-être 210 après J.-C.[8]

---

[1] Ritter, *Philos. anc.*, trad. Tissot, t. IV, p. 193. Cf. Zeller, t. V, p. 8.
[2] IX, 116.
[3] *Op. cit.*, p. 78.
[4] Voy. ci-dessous, p. 317.
[5] Pseudo-Galen., *Isag.*, vol. XIV, p. 683 : Μηνόδοτος καὶ Σέξτος οἱ καὶ ἀκριβῶς ἐκρατυναν αὐτήν (sc. τὴν ἐμπειρικὴν αἵρεσιν)....
[6] *Lebensverhältnisse des Sext. Emp.*, p. 3 (Berlin, 1875).
[7] Voy. ci-dessous, p. 320.
[8] Les historiens insistent, pour fixer la date de Sextus, sur ce fait qu'il nomme le stoïcien Basilides (M., VIII, 258), qu'on regarde généralement comme un des maîtres de Marc-Aurèle. Mais Zeller a montré qu'il s'agit peut-être ici d'un autre Basilides, compris dans la liste des vingt stoïciens dont un fragment de Diogène, récemment publié par Val. Rose (*Hermes*, I, p. 370, Berlin, 1866), nous fait

Il est certain que Sextus était un Grec[1], mais nous ne pouvons savoir ni où il était né, ni où il a enseigné. Divers passages de ses écrits nous indiquent qu'il n'était ni d'Athènes [2] ni d'Alexandrie ; il connaissait pourtant Athènes [3], peut-être Alexandrie [4], et on peut conjecturer qu'il a passé au moins quelque temps à Rome [5]. Tout ce que nous savons de certain, c'est qu'il fut chef de l'école sceptique [6] et qu'il enseigna au même endroit où son maître avait enseigné [7].

Le surnom d'*Empiricus*, sous lequel il est désigné déjà par Diogène, semble indiquer qu'il était médecin de la secte empirique. Lui-même nous dit qu'il était médecin [8], et un autre témoignage fort précis [9] le range aussi parmi les empiriques. Enfin nous savons par lui-même [10] qu'il avait écrit un ou peut-être deux ouvrages de médecine.

D'autre part, cependant, un passage des *Hypotyposes* [11] indique qu'il inclinait plutôt vers l'école méthodique. Il reproche à l'empirisme d'affirmer dogmatiquement que les choses invisibles sont

connaître les noms. Au surplus, quand il serait acquis par là que Sextus est postérieur à Marc-Aurèle, ce fait ne jetterait pas une grande lumière sur l'époque précise de sa vie.

[1] *M.*, I, 246; *P.*, I, 152; *P.*, III, 211, 214. Comme l'a montré Fabricius (*P. int.*, p. XIX, édit. de 1841), c'est par erreur que Suidas (art. Σέξτος) l'appelle Lybien. Le même Suidas le confond aussi avec Sextus de Chéronée, neveu de Plutarque (Fabric., *ibid.*).

[2] *M.*, I, 246.

[3] *M.*, VIII, 145.

[4] *M.*, I, 213; *M.*, X, 15. On ne peut rien conclure de ces textes, car Sextus prend le nom d'Alexandrie pour exemple, à cause de sa célébrité, comme ailleurs (*ibid.*, 89) il prend pour exemple un homme habitant Rhodes.

[5] Il connaît les lois romaines (*P.*, 149, 152, 156), ce qui, à vrai dire, ne prouve pas grand'chose. Comme son maître Hérodote avait été un célèbre médecin à Rome (Pseud.-Gal., *De puls.*, IV, xi, vol. VIII, p. 751), peut-être Sextus avait-il aussi résidé dans cette ville.

[6] Diog., *loc. cit.*

[7] *P.*, III, 120.

[8] *M.*, I, 260.

[9] Pseud.-Galen., *Isag.*, 4, vol. XIV, p. 683.

[10] *M.*, VII, 202; *M.*, I, 61.

[11] I, 236 : Ἢ ἐμπειρία ἔοικεν περὶ τῆς ἀκαταληψίας τῶν ἀδήλων διαβεβαιοῦντι. Cf. *M.*, VIII, 327.

incompréhensibles. Les méthodiques, en s'attachant uniquement aux phénomènes, sans se préoccuper des choses cachées, soit pour les affirmer, soit pour les nier, s'accordent mieux avec les sceptiques.

Il est vrai que, dans un autre passage [1], il semble se contredire en affirmant que sceptiques et empiriques sont d'accord pour déclarer que les choses cachées sont incompréhensibles.

Pour résoudre ces difficultés, il n'est pas nécessaire de supposer, avec Pappenheim [2], qu'il n'y a, dans le second texte de Sextus, qu'une expression maladroite qui trahit sa pensée. Sextus a fort bien pu, sur un point qui n'intéresse après tout que la théorie de la connaissance, modifier les assertions des empiriques, et y apporter plus de réserves, sans cesser pour cela d'être empirique [3]. Nous trouverons dans l'exposition de la doctrine trop de preuves de la fidélité de Sextus à l'empirisme pour pouvoir douter qu'il ait bien mérité son surnom. Il convient d'ailleurs de remarquer [4] que, dans le second texte, il dit simplement que, d'après les empiriques et les sceptiques, les choses cachées ne sont pas comprises (μὴ καταλαμϐάνεσθαι). C'est un simple fait qu'il constate, ce n'est pas une affirmation dogmatique qu'il soutient. Enfin, il est encore possible, comme l'a pensé Philippson [5], qu'il se soit exprimé comme il le fait dans Π. μαθ. simplement parce qu'il reproduisait un passage d'un écrivain antérieur.

Nous possédons trois ouvrages de Sextus : les Πυῤῥώνειοι ὑποτυπώσεις et, réunis à une époque récente sous le titre de Πρὸς μαθηματικούς, deux ouvrages, dirigés l'un contre les sciences en général, l'autre contre les philosophes dogmatiques. Ils forment onze livres, mais vraisemblablement il n'y en avait que dix à

---

[1] M., VIII, 191 : Οἱ μέν φασιν αὐτὰ (τὰ ἄδηλα) μὴ καταλαμϐάνεσθαι ὥσπερ οἱ ἀπὸ τῆς ἐμπειρίας ἰατροὶ καὶ οἱ ἀπὸ τῆς Σκέψεως φιλόσοφοι.
[2] Op. cit., n. 36.
[3] Cf. Zeller, t. V, p. 40.
[4] Natorp (p. 156) est du même avis.
[5] Op. cit., p. 62.

l'origine; les deux livres Πρὸς γεωμέτρας et Πρὸς ἀριθμητικούς, dont l'un est fort court, n'avaient pas encore été séparés[1].

Le premier de ces ouvrages, ainsi que l'indique le titre, est un résumé et comme un bréviaire du scepticisme. Il est divisé en trois livres : le premier définit et justifie directement le scepticisme; les deux autres le justifient indirectement et renferment une réfutation sommaire du dogmatisme.

Dans le Πρὸς μαθηματικούς, Sextus passe en revue toutes les sciences connues de son temps (τὰ ἐγκύκλια μαθήματα) et s'efforce de démontrer que toutes leurs affirmations ne reposent sur rien, qu'on peut leur opposer sur chaque point des affirmations contraires et d'égale valeur. Les grammairiens, les rhéteurs, les géomètres, les arithméticiens, les astronomes, les musiciens sont successivement pris à partie dans les six livres dont se compose l'ouvrage.

C'est aux philosophes qu'est consacrée la troisième œuvre de Sextus : des cinq livres dont elle est formée, la réfutation des logiciens occupe les deux premiers; celle des physiciens, les deux suivants; le dernier est dirigé contre les systèmes de morale [2].

On est en droit d'affirmer que les ouvrages de Sextus ont été composés dans l'ordre suivant [3] : 1° les *Hypotyposes*; 2° le livre contre les philosophes; 3° le livre contre les savants. En effet,

---

[1] C'est pour ce motif sans doute que Diogène (IX, 116) dit en parlant de Sextus : Οὗ καὶ τὰ δέκα τῶν σκεπτικῶν καὶ ἄλλα κάλλιστα. Zeller a bien montré, contre Pappenheim (*De Sexti Empirici librorum numero et ordine*, Berlin, Weber, 1874. Cf. *Die tropen der griech. Skept.*, p. 19, 2; Berlin, 1885) qu'il ne s'agit pas ici des dix tropes attribués à Ænésidème, et non à Sextus, mais bien de dix livres. Suidas parle aussi des δέκα σκεπτικά. Peut-être son témoignage a-t-il un peu plus de valeur que ne lui en attribue Zeller, si, au lieu de considérer Suidas comme un simple copiste de Diogène, on admet, avec Nietzsche (*Rhein. Mus.*, 1868, p. 228), qu'il a puisé à la même source.

[2] A l'exemple de Zeller, et pour plus de simplicité, nous citerons les deux ouvrages de Sextus sous le titre collectif Πρὸς μαθηματικούς, sans les distinguer autrement que par le numéro des livres.

[3] Pappenheim (*De S. Emp. libr. num. et ordine*) croit que le Πρ. μαθ. est le premier ouvrage de Sextus; il y découvre des traces de jeunesse et un scepticisme moins décidé que dans les autres. Zeller, avec raison, selon nous, combat cette opinion. S'il y a des différences, et si elles ont quelque importance, elles proviennent

MÉNODOTE ET SEXTUS EMPIRICUS. 319

le second de ces ouvrages est donné par Sextus lui-même[1] comme la continuation du premier. En outre, de nombreux passages disent expressément que les mêmes questions ont déjà été traitées ailleurs et font manifestement allusion aux *Hypotyposes*[2]. D'autre part, Sextus, dans le Πρὸς μαθηματικούς, rappelle plusieurs fois[3] les arguments qu'il a dirigés contre les physiciens. Un passage de cet ouvrage[4] semble aussi renvoyer aux *Hypotyposes*[5].

Outre ces trois ouvrages, nous trouvons encore dans le texte même de Sextus d'autres titres, tels que Ἀντιρρητικοί. — Τὰ περὶ σἴοιχείων. — Σκεπἴικὰ ὑπομνήματα, — Σκεπἴικά. — Περὶ τῆς σκεπἴικῆς ἀγωγῆς. — Πυρρώνεια. Faut-il y voir des ouvrages distincts des précédents et qui auraient été perdus, ou seule-

---

plutôt des modèles que Sextus avait sous les yeux. Philippson (*De Philodemi libro*, p. 61, Berlin, 1881, diss. inaug.) se prononce pour l'antériorité du Πρ. δογματικούς sur les *Hypotyposes*, par cette raison que, dans ce dernier ouvrage, Sextus penche vers les méthodiques, tandis que, dans le premier, il est plus favorable aux empiriques (voyez ci-dessus, p. 317). Mais l'argument invoqué par Philippson ne nous semble pas pouvoir être mis en balance avec les preuves décisives qui résultent du texte même de Sextus. Si on admet que Sextus a composé ses ouvrages dans un autre ordre que celui de leur publication et les a corrigés pour renvoyer de l'un à l'autre, on ne voit pas pourquoi il n'aurait pas en même temps effacé dans le Πρ. δογμ. les traces de l'empirisme qui avait cessé de lui paraître vrai.

[1] *M.*, VII, 1.
[2] *M.*, VII, 29, et *P.*, I, 21; *M.*, VII, 345, et *P.*, I, 36; *M.*, IX, 195, et *P.*, III, 13; *M.*, XI, 144, et *P.*, I, 25.
[3] *M.*, I, 35, et IX, 195; *M.*, III, 116, et IX, 279.
[4] *M.*, I, 33, à *P.*, III, 259. Mais c'est peut-être une allusion à *M.*, XI, 236.
[5] Non content de rattacher le livre contre les dogmatiques aux *Hypotyposes*, Zeller croit pouvoir ajouter que les *Hypotyposes* annoncent le Πρ. δογματ. Il y aurait quelque chose de singulier à renvoyer d'avance à un ouvrage futur. En tout cas, les deux textes cités par Zeller peuvent s'expliquer autrement : 1° Quand Sextus dit (*P.*, I, 21) à propos du critérium de la vérité : Περὶ οὗ ἐν τῷ ἀντιρρητικῷ λέξομεν, Zeller, avec Fabricius, croit qu'il fait allusion au passage *M.*, VII, 29, où la même question est en effet traitée. Mais n'est-il pas plus naturel de penser qu'il songe au II° livre des *Hypotyposes*, 14, où il traite aussi le même sujet? La critique du dogmatisme entreprise dès les *Hypotyposes* est appelée aussi ἀντίρρησις (*P.*, II, 17); 2° De même le passage *P.*, II, 215 : Περὶ δὲ ὅλου καὶ μέρους διαλεξόμεθα καὶ ἐν τοῖς φυσικοῖς δὴ λεγομένοις semble annoncer *M.*, IX, 331, chapitre intitulé Περὶ ὅλου καὶ μέρους. Mais il est possible aussi et plus probable qu'il se rapporte au chapitre des *Hypotyposes*, III, 98.

ment des désignations différentes de ces mêmes ouvrages ? C'est pour ce dernier parti qu'on se prononce après un examen attentif des textes. On retrouve, en effet, soit dans les *Hypotyposes*, soit dans les deux autres ouvrages, tous les passages auxquels Sextus fait allusion quand il mentionne ces différents titres [1].

Il y a pourtant des ouvrages de Sextus qui ne sont pas arrivés jusqu'à nous; ce sont : les Ἰατρικὰ ὑπομνήματα [2], identiques sans doute aux Ἐμπειρικὰ ὑπομνήματα [3], et le Περὶ ψυχῆς [4].

---

[1] Ainsi : 1° Ἀντιρρητικὸς λόγος (P., I, 21) désigne soit M., VII, 29, soit plutôt P., II, 14. — 2° Π. στοιχείων (M., X, 5), cité à propos de la question du vide, se rapporte à P., III, 124, passage compris dans un développement intitulé Π. ὑλικῶν ἀρχῶν; le mot στοιχείων est employé comme équivalent de ἀρχῶν (P., III, 37). — 3° Les σκεπτικὰ ὑπομνήματα sont nommés trois fois : A. M., I, 29, Ἀληθὲς ἄπορον; on retrouve P., II, 80, Ἀνύπαρκτός ἐστιν ἡ ἀλήθεια. — B. A propos de la démonstration, M., II, 106 : Οὐδέν ἐστιν ἀπόδειξις. Cf. P., II, 144 : Ἀνύπαρκτός ἐστιν ἡ ἀπόδειξις. — C. A propos de la voix, M., VI, 52 : Τὴν φωνὴν ἀνύπαρκτον. En corrigeant le texte, comme le fait Pappenheim pour faire droit à une objection de Fabricius, et en lisant : Ἀπὸ τῆς τῶν δογματικῶν ὁμιλίας au lieu de μαρτυρίας, on retrouve l'équivalent dans M., VIII, 131 : Οὐκ ἄρα ἐστὶν ἡ φωνή. — 4° Les σκεπτικὰ sont cités à propos de la notion de corps, M., I, 26; la même chose se retrouve dans P., III, 38 : ἀκατάληπτον τὸ σῶμα. Cf. M., IX, 359. — 5° Le Περὶ τῆς σκεπτικῆς ἀγωγῆς, où il est question du critérium (M., VII, 29), semble faire allusion à P., I, 21. — 6° Πυρρώνεια, où il est question du temps (M., VI, 61), n'est autre que P., III, 136 (Περὶ χρόνου). Cf. M., X, 169. — De même, M., VI, 58 renvoie à M., VIII, 131. Il y a pourtant ici une difficulté signalée par Fabricius (M., VI, 58, 4.). Le même ouvrage est encore cité M., I, 282, à propos de la lecture des poètes. Fabricius remarque qu'on ne trouve pas trace, dans les ouvrages de Sextus, du passage auquel il est fait allusion. Pappenheim (*op. cit.*) croit le trouver dans P., I, 147, 150. Mais il signale lui-même une difficulté qu'il ne surmonte pas. Il se pourrait que, seuls parmi les ouvrages que nous venons de citer, les Πυρρώνεια fussent un livre perdu de Sextus. — Remarquons encore qu'en deux endroits des *Hypotyposes* Sextus fait allusion à des développements qu'il a dû donner ailleurs et qu'on ne trouve pas dans les ouvrages qui nous sont parvenus : P., II, 219, à propos de la division : Πλατύτερον ἐν ἄλλοις διαλεξόμεθα, et P., II, 259, Καὶ εἰσαῦθις διαλεξόμεθα. — Le fait que les questions relatives au syllogisme, à la définition, aux genres et aux espèces ne sont pas traitées dans le Π. δογμ. donne à penser que Sextus les avait examinées ailleurs en détail.

[2] M., VII, 202.

[3] M., I, 61. Pappenheim, qui avait d'abord adopté cette opinion (*De Sext. Emp. libr. num. et ord.*), semble plus tard, et sans dire pourquoi, disposé à l'abandonner (*Lebensverh. Sext. Emp.*, 12).

[4] M., VI, 55; X, 284.

Les trois ou, si on réunit les deux derniers sous un même titre, les deux ouvrages de Sextus présentent entre eux les plus étroites analogies. Ils sont écrits dans le même esprit et renferment les mêmes arguments, exprimés quelquefois dans les mêmes termes. On peut dire que le second est la continuation du premier; plus exactement, dans le Πρὸς μαθηματικούς, l'auteur reprend et développe les arguments qu'il n'avait qu'indiqués dans les deux derniers livres des *Hypotyposes*. Ce dernier ouvrage est une sorte d'abrégé du scepticisme, écrit peut-être à l'usage des commençants.

Ces deux ouvrages sont un vaste répertoire de tous les arguments dont les sceptiques s'étaient servis contre leurs adversaires. Il semble que l'auteur se soit proposé pour but de n'en omettre aucun, de ne laisser perdre aucune parcelle de l'héritage de ses devanciers. Sur chaque point, au risque de se répéter cent fois, il reprend un à un tous les griefs qu'on peut formuler contre les dogmatistes. Il réfute le dogmatisme sur les questions générales; il le réfute encore sur les questions particulières, bien qu'il sache et dise que la première réfutation suffit. Il ne fait grâce d'aucun détail. Parfois, il semble s'apercevoir de ce que sa méthode a de fastidieux et de rebutant; il annonce l'intention d'abréger, d'éviter les redites, mais sa manie est plus forte que sa volonté, et bientôt il retombe dans son péché d'habitude. Une seule réfutation sur chaque point particulier ne le contente pas; il en écrira dix, il en écrira vingt, s'il le peut : il ramasse tout ce qu'il trouve, entasse les arguments sur les arguments: à vrai dire, il compile. Dans l'ardeur qui l'anime, dans sa fureur de destruction contre toutes les thèses dogmatiques, tout lui est bon : il prend de toutes mains, il fait flèche de tout bois. A côté d'arguments très profonds, d'objections sérieuses et de grande portée, on trouve des sophismes ridicules; on passe brusquement de l'intérêt et de la curiosité mêlée d'admiration qu'éveillent toujours, même quand on ne les partage pas, les idées d'un esprit puissant et pénétrant, à l'impatience et à l'irritation que donnent les disputeurs sans bonne foi. Il n'est pas toujours dupe de ses arguties; parfois il se moque lui-même de ses arguments: ses *Hypotyposes* se terminent sur une sorte de ricanement. Mais il lui semble que contre les dogmatistes tous les moyens sont bons. Aussi bien, en sa qualité de sceptique, il n'a pas à faire de choix entre les bonnes raisons et les mauvaises: il ne doit pas savoir, et il ne sait pas, s'il y a entre elles une différence. Il pousse à ses dernières limites l'impartialité à leur égard, et il explique ironiquement qu'à l'exemple des médecins, qui proportionnent l'énergie des remèdes à la gravité des cas, le sceptique doit se servir également de raisons fortes et de raisons faibles: les fortes guériront ceux qui sont fortement attachés au dogmatisme; les faibles, ceux qui n'y tiennent que faiblement. Ainsi tous seront sauvés de l'orgueil et de la présomption du dogmatisme : c'est sa manière d'être philanthrope [1].

Cette multiplicité d'arguments et cette bigarrure donnent à penser que Sextus n'exprime pas des idées originales et se borne à répéter ce que d'autres ont dit avant lui : il est incontestable qu'il a fait à ses devanciers de larges emprunts. Au surplus, il n'en fait pas mystère. Ce n'est point en son propre nom, à titre de pensées originales et personnelles, qu'il présente ses arguments; c'est toujours « le sceptique » qui parle. Rien de moins personnel que ce livre : c'est l'œuvre collective d'une école, c'est la *somme* de tout le scepticisme. Les maîtres même, sauf Ænésidème, n'y sont pas nommés : Agrippa n'est pas cité une fois; c'est une question de savoir si Ménodote l'est même une fois. Pourtant tous les philosophes des autres écoles tiennent une grande place dans le Πρὸς μαθηματικούς; leurs opinions y sont longuement exposées et discutées: Sextus n'est muet que sur les siens.

Quelles sont les sources où il a puisé? Avait-il sous les yeux un ou plusieurs modèles? Y en a-t-il un qu'il ait suivi de préférence? Toutes questions auxquelles la pénurie de nos renseignements ne nous permet pas de faire une réponse certaine. Zeller [2] conjecture que c'est surtout d'Ænésidème que Sextus s'est inspiré;

---

[1] P., III, 280 : Ὁ Σκεπτικός, διὰ τὸ φιλάνθρωπος εἶναι…, κ. τ. λ.
[2] *Op. cit.*, t. V, p. 41, 3ᵉ Aufl.

il en donne pour raison que, parmi les auteurs cités par lui, il en est bien peu qui soient postérieurs au milieu du Ier siècle avant J.-C. C'est certainement là un fait important et qui mérite d'être pris en sérieuse considération, car nous savons par Sextus lui-même que le scepticisme eut de son temps de redoutables adversaires, tels que les stoïciens, et il est étrange qu'il n'ait pas eu l'occasion de nommer ces adversaires, ou même ses propres prédécesseurs. Pourtant il fait quelquefois allusion à des théories certainement postérieures à Ænésidème, par exemple aux cinq tropes d'Agrippa et aux deux tropes qui y furent plus tard substitués [1]. En outre, toutes les fois qu'Ænésidème adopte les opinions d'Héraclite, nous voyons que Sextus se sépare de lui, et il lui arrive de le combattre directement [2]. Si on compare avec les livres de Sextus la rapide analyse que Photius nous a conservée de celui d'Ænésidème, on constate aisément, comme il fallait s'y attendre, que les mêmes questions principales sont traitées par les deux auteurs; il y a pourtant des différences assez notables. L'ordre des questions n'est pas le même; que ce soit à Sextus ou à un autre qu'il faille en attribuer l'honneur, il est certain que le plan de Sextus est mieux conçu et mieux ordonné. De plus, Ænésidème avait consacré trois livres sur huit aux questions morales; Sextus, soit dans les *Hypotyposes*, soit dans le Πρὸς μαθηματικούς, leur fait une part bien moins large; il est visible qu'il n'insiste pas volontiers sur ce sujet : il n'en parle qu'à son corps défendant, et, si on peut dire, par acquit de conscience. Enfin, il ne paraît pas qu'Ænésidème ait eu, comme Sextus, le goût des recherches et des comparaisons historiques. Photius nous dit bien qu'il avait pris soin, au début de son livre, de distinguer nettement le scepticisme de la nouvelle Académie; mais sans doute c'était dans un intérêt de pure polémique

---

[1] Sextus fait encore allusion à des événements postérieurs à Ænésidème en divers endroits : P., I, 84, où il nomme l'empereur Tibère; P., I, 222, où il cite soit Ménodote, soit Héraclite; M., II, 60, où paraît le nom d'Hermagoras, contemporain d'Auguste; M., I, 60, où on trouve le nom du péripatéticien Ptolémée, qui est du Ier ou du IIe siècle de l'ère chrétienne.

[2] M., VII, 364.

et afin d'expliquer et de justifier sa désertion[1]. Sextus, au contraire, s'attache, dans les *Hypotyposes*, à distinguer le scepticisme non seulement de la nouvelle Académie, mais encore de toutes les doctrines qui présentaient avec lui une analogie même lointaine. De même, dans le Πρὸς μαθηματικούς, il est visible qu'il traite avec goût les questions historiques: il s'y attarde volontiers, et il y apporte une impartialité, un souci d'exactitude et une précision auxquels il n'est que juste de rendre hommage. Ses expositions de doctrine sur le critérium de la vérité, par exemple, et sur la théorie de la connaissance des stoïciens, ont l'étendue et la valeur d'une véritable exposition historique: on oublie presque, en les lisant, que ces théories ne sont si bien exposées que pour être réfutées, et qu'elles ne sont là que pour faire mieux ressortir le mérite des conclusions sceptiques.

Nous sommes fort loin de vouloir dire que ce n'est pas d'Ænésidème que viennent la plupart des arguments exposés par Sextus; c'est, au contraire, notre opinion qu'il faut attribuer à ce philosophe tout ce qu'il y a d'essentiel dans la partie critique du nouveau scepticisme. Ses successeurs n'ont guère fait autre chose que d'étendre à de nouvelles questions les procédés de discussion dont il s'était servi: ils se sont inspirés de son esprit, et ont continué son œuvre à peu près dans la direction que lui-même avait marquée. Mais ce qui nous semble difficile, c'est d'admettre que Sextus se soit attaché au texte même d'Ænésidème. Il faut songer que, dans l'intervalle qui sépare les deux philosophes, bien des écrits sceptiques avaient été publiés, dont le dernier venu a dû faire son profit. Peut-être, il est vrai, le livre d'Ænésidème avait-il servi de modèle à tous ces écrits sceptiques, et formait-il comme le thème auquel ils ajoutaient des variations. En tout cas, il ne semble pas que nous ayons le droit de refuser à Sextus le triple mérite d'avoir donné à l'œuvre une forme plus régulière, d'avoir réuni autour des arguments d'Ænésidème tous ceux que la subtilité sceptique avait inventés après

---

[1] Voy. ci-dessus, p. 248.

lui, et de les avoir fortifiés de toutes les considérations historiques dont nous venons de parler [1].

Outre les livres d'Énésidème, il est certain que Sextus a eu sous les yeux ceux d'un grand nombre d'autres philosophes. Nous ne saurions ici nous donner la tâche de rechercher toutes les sources auxquelles il a puisé : bornons-nous à indiquer quelques-unes de celles qu'il désigne lui-même, et qui intéressent particulièrement l'histoire du scepticisme.

Sextus cite trop souvent Timon, avec l'indication précise des ouvrages auxquels il fait des emprunts, pour qu'on puisse douter qu'il connût très exactement les ouvrages du sillographe. Il s'est de même inspiré des livres des académiciens, notamment de ceux de Clitomaque et d'Antiochus. Des pages entières, celles entre autres où il expose les arguments de Carnéade contre les Dieux, sont empruntées à Clitomaque, et la comparaison de ces textes avec ceux où Cicéron expose les mêmes idées ne laisse pas de doute sur l'exactitude du résumé qu'il nous donne. Il est même assez plaisant de l'entendre se plaindre [2] de la prolixité avec laquelle les académiciens ont développé l'Ἀντίρρησις. Le soin qu'il prend [3] d'indiquer partout le chapitre auquel il fait des emprunts nous rassure sur leur exactitude.

Parmi les écrivains qu'il ne cite guère, mais dont il s'est le plus inspiré, il faut certainement placer Ménodote : c'est le vrai maître de Sextus, s'il est vrai que son prédécesseur immédiat, Hérodote, ait été un médecin pneumatique, c'est-à-dire dogmatique. On verra plus loin, par l'exposition des doctrines, que le scepticisme de Sextus ne révoque en doute que les vérités métaphysiques, celles qui se démontrent dialectiquement. A la science abstraite et *a priori* des dogmatistes il veut substituer timi-

---

[1] Souvent Sextus semble indiquer qu'il emprunte ses arguments à quelque devancier, lorsque, par exemple, il dit : Τινὲς λέγουσι... (M., VIII, 34, 171; P., III, 183, etc.) Parfois, il semble qu'il ajoute lui-même un argument nouveau : M., VIII, 166 : Συνθείη τις λόγον τοιοῦτον... Cf. VIII, 194, 259, etc., et P., II, 204.

[2] M., IX, 1.

[3] M., VII, 201.

dement encore et non sans quelque embarras, une sorte de science ou d'art, fondée uniquement sur l'observation, sur l'étude des phénomènes et de leurs lois de succession. Ce scepticisme est ce que nous appelons aujourd'hui le positivisme. C'est là sa marque distinctive, c'est le caractère nouveau du scepticisme de la dernière période. Or, cette méthode nouvelle, sinon dans ses traits essentiels, au moins par la rigueur avec laquelle elle est appliquée, est celle de Ménodote. Nul doute que Sextus ne procède directement de Ménodote. Certains chapitres, par exemple celui qui est consacré à la réfutation des sophismes[1], sont probablement inspirés par le premier sceptique médecin.

Toutefois, si Sextus a fait de nombreux emprunts, on ne saurait voir en lui un vulgaire compilateur; on ne doit pas lui adresser les reproches que Diogène mérite si bien. Le soin qu'il prend de recourir aux textes originaux, de citer même longuement les propres paroles des auteurs qu'il combat, n'est pas le fait d'un esprit inattentif qui veut s'épargner la peine de penser et de comprendre : c'est plutôt le souci d'un historien consciencieux et méthodique, qui ne veut rien avancer à la légère : c'est le scrupule honorable d'un écrivain qui ne veut ni affaiblir, ni travestir la pensée de ses adversaires, et met sa gloire à exposer impartialement leurs opinions. Peut-être faut-il voir là un heureux effet de cette méthode d'observation précise que Ménodote venait d'introduire dans la science.

En tout cas, même au milieu de ce fatras d'arguments qu'il reproduit d'après autrui, Sextus sait garder une sorte d'originalité. Il n'est pas besoin de le lire longtemps pour s'apercevoir qu'on a affaire à un esprit très net et très délié, très maître de sa propre pensée, et fort capable de s'assimiler celle des autres. Il prend un plaisir évident, et souvent beaucoup plus qu'il ne faudrait, à se jouer au milieu des subtilités de la dialectique. Ce n'est pas qu'il se fasse illusion sur l'utilité de cette science; il sait lui dire son fait à l'occasion, et il lui arrive d'opposer fort sensément l'inanité des arguments invoqués par les dialecticiens à la précision utile des faits sur lesquels raisonnent les médecins. Néanmoins on dirait qu'il veut montrer aux dogmatistes qu'il est capable de retourner contre eux leurs armes favorites, et qu'il sait les manier avec dextérité; il y met une sorte de coquetterie, et il n'est pas fâché de montrer aux dialecticiens de profession qu'il pourrait au besoin leur en remontrer. S'il commet parfois de pitoyables sophismes, ce n'est pas, on l'a vu, par ignorance ou par faiblesse d'esprit, mais de propos délibéré et par dilettantisme. Malgré toutes ses subtilités, son style, d'une sécheresse et d'une précision scolastiques, sans affectation ni recherche de fausse élégance, est presque toujours parfaitement clair : il ne vise pas à l'effet, et dit toujours exactement ce qu'il veut dire.

Historien érudit, dialecticien et médecin, Sextus Empiricus, en supposant même, ce qui n'est nullement prouvé, qu'il n'ait rien tiré de son propre fonds, garde encore une assez belle part. Ses livres, malgré leurs défauts, comptent parmi les plus précieux monuments que l'antiquité nous a laissés. Sextus a bien mérité de nous par les nombreux renseignements historiques qu'il nous a transmis. Il a surtout bien mérité de son école. C'est à lui qu'elle doit d'être la mieux connue de toute l'antiquité. Nous ne connaissons pas bien les sceptiques, mais, grâce à Sextus, nous pouvons connaître parfaitement le scepticisme.

A Sextus Empiricus succéda, dans la direction de l'école sceptique, Saturninus, contemporain de Diogène Laerce[1], dont nous ne savons qu'une chose, c'est qu'il fut, lui aussi, un médecin empirique.

En dehors des philosophes de profession, qui reçurent direc-

---

[1] On lit dans le texte de Diogène (IX, 116) : Σατορνῖνος ὁ Κυθηνᾶς. Personne n'a pu encore expliquer ce surnom de Cythenas. Il nous semble évident qu'il faut lire ὁ καθ' ἡμᾶς. Cette correction est indiquée par Nietzsche, *Beiträge zur Quellenkunde und Kritik des Diog. Laert.*, p. 10, Basel, Schultze, 1870. Peut-être aussi pourrait-on lire : ὁ ἐκ Κυθηρῶν.

tement l'héritage des maîtres, il ne paraît pas que le scepticisme ait recruté beaucoup d'adhérents : il en eut moins que la nouvelle Académie. Sénèque ne parle pas de cette école et semble en ignorer l'existence. Les seuls partisans du scepticisme dont les noms soient arrivés jusqu'à nous sont : Licinius Sura, à qui Pline le Jeune[1] adressa deux lettres, et Favorinus. Ce dernier, bien qu'à vrai dire il fût moins un philosophe qu'un littérateur ami de la philosophie, mérite de nous arrêter un instant.

Favorinus naquit à Arles vers 80-90 après J.-C.[2]. Il eut pour maîtres Dion Chrysostome[3], et peut-être Épictète[4], contre lequel il écrivit plus tard un livre[5]. A Athènes, il rencontra Démonax, et se lia d'une étroite amitié avec Hérode Atticus[6]; puis il séjourna longtemps à Rome et eut pour disciple Aulu-Gelle, qui resta toujours un de ses plus fervents admirateurs[7]. Il fut aussi l'ami de Plutarque, qui lui dédia un de ses ouvrages[8]. Il mourut vers l'an 150 après J.-C.

Favorinus était eunuque ou hermaphrodite[9], circonstance qui lui valut plus d'une raillerie cruelle, comme on peut le voir dans le *Démonax* de Lucien. Voici le portrait qu'on nous fait de lui[10] : « Tonsam frontem, genas molles, os laxum, cervicem tenuem, crassa crura, pedes plenos quasi congestis pulpis, vocem femineam, verba muliebria, membra et articulos omnes sine vigore laxos et dissolutos. » C'était un beau parleur, également

---

[1] IV, 30; VII, 27.

[2] Suidas dit qu'il naquit sous Trajan et vécut jusqu'au temps d'Adrien. Toutefois, il doit être né plus tôt, car Plutarque (*Quæst. conc.*, VIII, x, 2) parle de lui comme d'un écrivain déjà célèbre. D'autre part, suivant Aulu-Gelle (*N. A.*, II, 23), il connut Fronton après son consulat, et Fronton fut consul en 143. Il doit avoir survécu à Adrien.

[3] Philostr., *Vit. sophist.*, I, VIII, 1.

[4] Gell., *N. A.*, XVII, 19. Gal., *De opt. doctr.*, I, vol. I, p. 41; *De libr. propr.*, 2, vol. XIX, p. 44.

[5] Gal., *ibid.*

[6] Lucien, *Démonax*, 12. Philostr., *loc. cit.*

[7] *N. A.*, II, 26; III, 19, etc.

[8] Fabricius, *Biblioth. græc.*, V, p. 164.

[9] Philostr., *loc. cit.* Suidas. Lucien, *Démonax*, 12.

[10] Val. Rose, *Inn. gr.*, II, 71.

habile dans la langue grecque et dans la langue latine, capable de discourir longtemps avec une érudition abondante et facile sur tous les sujets, même les plus mesquins. Il ne paraît pas que les vrais philosophes, comme Démonax, aient eu pour lui la moindre estime.

Favorinus, d'après Suidas, avait composé un grand nombre d'ouvrages; il était fort instruit, très au courant des doctrines philosophiques, mais plus particulièrement attaché à la rhétorique. Parmi ceux de ses livres qui ont trait à la philosophie, il faut signaler : 1° Παντοδαπὴ ἱστορία; 2° les Ἀπομνημονεύματα : Diogène Laerce s'est servi de ces deux ouvrages; 3° Ἐπιτομή[1], qui n'est peut-être qu'un chapitre de la Παντοδαπὴ ἱστορία; 4° Κυρηναϊκά[2]; 5° Περὶ Ὁμήρου σοφίας[3]; 6° Περὶ Πυρρωνείων τρόπων[4]; 7° trois livres Περὶ τῆς καταληπτικῆς φαντασίας[5]; 8° Πλούταρχος ἢ περὶ τῆς Ἀκαδημαϊκῆς διαθέσεως[6]. Un de ses livres était consacré à prouver que le soleil lui-même ne peut être perçu[7]. Il avait aussi composé un traité Ὑπὲρ Ἐπικτήτου[8].

C'est une question de savoir s'il faut compter Favorinus parmi les partisans du pyrrhonisme ou parmi ceux de la nouvelle Académie. Zeller tient pour la première opinion, Haas pour la seconde. Il est certain que Favorinus professa une grande admiration pour Pyrrhon[9], et il avait exposé les dix tropes d'Énésidème. Toutefois, par bien des traits, il se rapproche plutôt de la nouvelle Académie. Il était bien, comme Arcésilas et Carnéade, un discoureur habile, qui se servait de la philosophie plutôt qu'il ne la servait; on nous dit[10], d'ailleurs, qu'il avait l'habitude de

---

[1] Steph. Byzant., Ῥωξεῖς.
[2] Steph. Byzant., Ἀλεξάνδρεια.
[3] Suidas.
[4] Gell., XI, v, 5.
[5] Gal., De opt. doctr., vol. I, p. 40.
[6] Ibid.
[7] Ibid. : Μηδὲ τὸν ἥλιον εἶναι καταληπτόν.
[8] Gal., De libr. propr., 12, vol. XIX, p. 44.
[9] Philostr., loc. cit., I, viii, 6; Gell., XI, v, 5.
[10] Gell., XX, 1 : « Noli ex me quaerere quid existimem. Scis enim solitum esse me pro disciplina sectae, quam colo, inquirere magis quam decernere. Sed quaeso

disserter sur toutes choses, à la manière des académiciens, sans rien décider. De plus, comme Arcésilas et Carnéade, ainsi que le titre d'un de ses livres en fait foi, il s'attaqua surtout à la théorie stoïcienne de la représentation compréhensive. Enfin, dans l'argumentation contre les oracles que rapporte Aulu-Gelle [1], on le voit combattre la théorie stoïcienne par les mêmes arguments dont se servaient les nouveaux académiciens; il insistait [2] notamment sur l'incompatibilité du libre arbitre avec la divination, et c'est un argument dont il ne paraît pas que les pyrrhoniens se soient servis.

Il ne semble pas, d'ailleurs, que Favorinus ait rien ajouté d'important à la tradition de ses maîtres. Au surplus, les rapports entre les deux écoles étaient assez étroits pour que Favorinus se considérât comme appartenant à toutes deux. Entre les académiciens, qui croient savoir qu'ils ne savent rien, et les sceptiques, qui n'en sont pas sûrs, il n'y a pas un abîme [3].

tecum tamen degrediare paulisper e curriculis istis disputationum academicis.» Cf. Gal., De opt. doctr., vol. I, p. 40.

N. A., XIV, 1. Il faut signaler cette formule, toute académicienne : «Exercendi autem non ostentandi gratia ingenii, an quod ita serio judicatoque existimaret, non habeo dicere.»

Ibid. : «Jam vero id minime ferendum censebat, quod non modo casus et eventa, quae evenirent extrinsecus, sed consilia quoque hominum ipsa, et arbitrarias et varias voluntates, appetitionesque et declinationes, et fortuitos repentinosque in levissimis rebus animorum impetus, recessusque, moveri agitarique desuper e coelo putarent.»

Gell., XI, v, 8.

CHAPITRE II.

LE SCEPTICISME EMPIRIQUE. — PARTIE DESTRUCTIVE.

Dans le scepticisme empirique, tel que l'expose Sextus, il y a lieu, selon nous, de distinguer deux parties que Sextus confond, mais qui sont loin d'être identiques : la légitimité de la distinction que nous proposons se justifiera d'elle-même, croyons-nous, par l'exposition des différentes thèses du scepticisme empirique. Les sceptiques sont d'abord des philosophes : ils s'attachent à ruiner le dogmatisme sous toutes ses formes : c'est la partie destructive de leur œuvre, celle à laquelle ils paraissent avoir attaché le plus d'importance. Mais ils sont en même temps des médecins : il faut qu'ils justifient la science ou plutôt l'art qu'ils cultivent. De là un certain nombre de thèses positives, qu'ils laissaient volontiers au second plan, mais qui sont pour nous du plus haut intérêt, et qu'on peut considérer comme la partie constructive de leur système. En un mot, dans le scepticisme empirique, il convient de distinguer le scepticisme et l'empirisme.

L'exposition du scepticisme proprement dit comprend elle-même deux subdivisions. La première définit le scepticisme, formule ses principes et ses arguments, explique les termes dont il se sert. La seconde prend l'offensive contre le dogmatisme : passant en revue les trois parties de la philosophie, elle expose impartialement le pour et le contre sur chaque question, et conclut à l'impossibilité de rien savoir. Nous résumerons les deux parties de l'œuvre de Sextus en usant librement de ses trois ouvrages. Il serait impossible de parler de tous les arguments que l'infatigable sceptique accumule : nous choisirons les principaux, non les meilleurs, mais ceux qui nous paraîtront les plus propres à donner une idée exacte de l'argumentation, et à reproduire, dans un résumé aussi bref que possible, la vraie physionomie de l'ensemble.

I. Le scepticisme consiste à comparer et à opposer entre elles, de toutes les manières possibles, les choses que les sens perçoivent, et celles que l'intelligence conçoit [1]. Trouvant que les raisons ainsi opposées ont un poids égal (ἰσοσθένεια), le sceptique est conduit à la suspension du jugement (ἐποχή) et à l'ataraxie.

Cette suspension du jugement ne doit pas s'entendre en un sens trop large. Lorsqu'il y est contraint par une sensation qu'il subit, le sceptique ne s'interdit pas d'affirmer. S'il a chaud ou froid, il ne dira pas : je crois que je n'ai pas chaud ou froid [2]. Il ne doute jamais des phénomènes [3]. Mais s'il s'agit d'une de ces choses cachées (ἄδηλα) que les sciences prétendent connaître [4], il doute toujours.

Je ne sais rien [5]; *je ne définis rien* [6]; *pas plutôt ceci que cela* [7]; *peut-être oui, peut-être non* [8]; *tout est incompréhensible* [9] : voilà les formules dont il se sert pour exprimer son doute, à moins que, les trouvant encore trop affirmatives, il ne préfère recourir à des interrogations, et dire: *pourquoi ceci plutôt que cela* [10] ? Mais dans tous les cas, il faut bien entendre que jamais il n'affirme rien, au sens absolu du mot : il dit seulement ce qui lui paraît. Ainsi, quand il dit qu'il ne sait rien, ou que tout est incompréhensible, ou qu'à toute raison s'oppose une raison d'égale valeur, il ne faudrait pas lui reprocher de se contredire en affirmant une proposition qu'il tient pour certaine. Il ne la tient pas pour absolument certaine : la chose lui paraît ainsi, mais peut-être est-elle

[1] *P.*, I, 8.
[2] *P.*, I, 13.
[3] *P.*, I, 190, 198, 200.
[4] *P.*, I, 13.
[5] *P.*, I, 201.
[6] *P.*, I, 197.
[7] *P.*, I, 188.
[8] *P.*, I, 194.
[9] *P.*, I, 200.
[10] *P.*, I, 189.

LE SCEPTICISME. — PARTIE DESTRUCTIVE. 333

autrement [1]. Il ne parle jamais que pour lui-même ; chacune de ses formules sous-entend : *à ce qu'il me semble* [2]. Toutes ses formules s'appliquent à elles-mêmes : elles s'enveloppent elles-mêmes. Un purgatif, en même temps qu'il entraîne les humeurs du corps, disparaît avec elles [3]. De même, les formules sceptiques, en supprimant toute certitude, se suppriment elles-mêmes. En un mot, et c'est un point sur lequel Sextus insiste souvent, le sceptique ne fait jamais qu'exprimer l'état purement subjectif où il se trouve, sans rien affirmer de ce qui est hors de lui, sans rien dire qui ait une portée générale [4].

Par conséquent, le sceptique n'est d'aucune secte [5], d'aucune école, à moins qu'on n'entende par là une disposition à suivre, conformément à ce que les sens nous montrent, certaines raisons qui conduisent à bien vivre (non pas au sens moral, mais au sens large du mot *bien*), et à suspendre son jugement. Les raisons que suit le sceptique lui apprennent à vivre d'après les coutumes, les lois, les institutions de sa patrie, et les dispositions qui lui sont propres.

Le sceptique a un critérium, non pour distinguer le vrai du faux, mais pour se conduire dans la vie. Ce critérium, c'est le phénomène ou la sensation subie, et qui s'impose, sur laquelle la volonté n'a aucune prise [6]. Ne pouvant demeurer tout à fait

---

[1] P., I, 15, 191, 203, etc.

[2] P., I, 203.

[3] P., I, 206.

[4] P., I, 15 : Τὸ ἑαυτῷ φαινόμενον λέγει καὶ τὸ πάθος ἀπαγγέλλει τὸ ἑαυτοῦ ἀδοξάστως μηδὲν περὶ τῶν ἔξωθεν ὑποκειμένων διαβεβαιούμενος. Cf. I, 19.

[5] Il est impossible de traduire le mot ἀγωγή dont se sert Sextus, et qu'il oppose au mot αἴρεσις trop dogmatique à son gré (P., I, 16). Les mots *secte, doctrine, thèse, institution, profession, direction*, exprimeraient toujours une idée trop positive, et manqueraient de clarté. Notre langue, amie de la précision, n'a pas de mots pour ces nuances subtiles de pensée. Nous nous servirons, à l'occasion, des mots *école* ou *enseignement*, bien qu'ils soient aussi assez impropres ; il faudra seulement entendre qu'il ne s'agit pas d'un corps de doctrines fixe et déclaré immuable, mais seulement d'un groupe d'opinions communes à un certain nombre d'hommes, et adoptées par eux, au sens qui vient d'être dit, c'est-à-dire avec réserves, et sans leur attribuer une valeur absolue.

[6] P., I, 22 : Ἐν πείσει γὰρ καὶ ἀβουλήτῳ πάθει κειμένη ἀζήτητός ἐστιν.

inactif, le sceptique vit sans avoir d'opinion, uniquement attaché aux apparences, et aux pratiques de la vie commune. Il obéit aux suggestions de la nature, et fait usage de son intelligence, comme le premier venu : il suit l'impulsion de ses passions, mange s'il a faim, boit s'il a soif. Respectueux des lois et coutumes de son pays, il regarde la piété comme un bien, l'impiété comme un mal : il apprend et cultive les arts. Qu'on ne l'accuse donc pas de s'enfermer dans l'oisiveté, s'il veut être conséquent avec lui-même, et de tomber dans l'absurdité et les contradictions, d'être forcé par exemple, si un tyran lui ordonne de faire une mauvaise action, de choisir entre le crime et la mort, ce qui est contraire à ses maximes [1]. Raisonner ainsi, c'est oublier que le sceptique ne se conduit pas d'après des règles philosophiques : il s'en rapporte à l'observation et à l'expérience [2], qui n'ont rien à faire avec la philosophie. S'il est mis en demeure par un tyran de faire une action défendue, sans s'inspirer d'autre chose que des lois de sa patrie, il saura prendre une décision : car il peut, comme tout le monde, préférer certaines choses, et en éviter d'autres.

Par là, il atteint le but qu'il se propose, et qui est l'*ataraxie* à l'égard des opinions, la *métriopathie* à l'égard des choses que nul ne peut éviter [3]. Le dogmatiste qui a une opinion sur le bien et sur le mal, qui croit par exemple que la pauvreté est un mal, est deux fois malheureux : parce qu'il n'a pas ce qu'il désire, et parce qu'il se travaille pour l'obtenir. Obtient-il la richesse ? il est trois fois malheureux, parce qu'il se laisse aller à une joie immodérée, parce qu'il fait tous ses efforts pour garder ses trésors, parce qu'il est torturé à l'idée de les perdre [4]. Toutes ces peines sont épargnées au sceptique. Il est vrai qu'il n'échappe pas plus que les autres aux douleurs sensibles : il pourra souffrir de la faim, de la soif ou du froid. Mais si la douleur dont il

[1] M., XI, 164.
[2] M., XI, 165 : Ἀφιλόσοφος τήρησις.
[3] P., I, 25.
[4] M., XI, 146-160.

LE SCEPTICISME. — PARTIE DESTRUCTIVE. 335

s'agit est très vive, elle dure peu; si elle dure, d'ordinaire elle n'est pas très vive, et on peut y apporter quelque soulagement. Fût-elle très vive, la faute n'en serait pas au sceptique, mais à la nature, et le sceptique a du moins évité la seule faute que les hommes puissent commettre en pareil cas, celle de s'infliger à soi-même une foule de maux par les idées qu'on se fait du bien et du mal. Celui qui ne se figure pas que la douleur est un mal ne souffre que de l'impression présente; celui qui la regarde comme un mal double sa souffrance. On voit parfois l'homme à qui on coupe un membre, souffrir sans pâlir et sans gémir : les assistants au contraire, dès qu'ils voient couler le sang, se mettent à trembler et à pleurer; tant il est vrai que l'idée d'un mal peut être plus pénible que le mal lui-même.

Voilà comment le sceptique, bien plus facilement que le dogmatiste, arrive à être heureux. Il est comme ce peintre[1], qui ayant voulu peindre l'écume d'un cheval, et désespérant d'y parvenir, jeta de dépit contre son tableau l'éponge qui lui servait à nettoyer ses pinceaux : elle atteignit le cheval, et l'écume se trouva fort bien représentée. Le sceptique aussi désespérant d'atteindre rationnellement l'ataraxie, parce qu'il a vu le désaccord des sens et de l'intelligence, suspend son jugement: et par une heureuse rencontre, l'ataraxie survient, comme l'ombre suit le corps[2].

Divers chemins conduisent à cette perfection morale. On appelle *tropes*, les moyens d'arriver à la suspension du jugement. Il y a des tropes généraux, au nombre de trois : on peut opposer les sens aux sens : ainsi, une tour vue de loin est ronde : de près, elle est carrée: ou l'intelligence à l'intelligence : ainsi l'ordre du monde prouve qu'il y a une providence : les malheurs des honnêtes gens, qu'il n'y en a pas: enfin l'intelligence aux sens: ainsi la neige paraît blanche, mais Anaxagore prouve qu'étant de l'eau condensée, elle doit être noire.

Il y a encore beaucoup d'autres tropes plus particuliers : tels

[1] P., I, 28.
[2] P., I, 29.

sont les dix tropes d'Énésidème, les cinq d'Agrippa, les deux qui y furent plus tard substitués, les huit d'Énésidème contre les partisans des causes [1].

II. *Réfutation du dogmatisme* (ἀντίρρησις). — La tâche du sceptique est moins d'expliquer son doute que de combattre les croyances de ceux qui ne doutent pas. Il parle de lui-même le moins possible, afin de donner moins de prise : sa principale préoccupation, c'est de parler des autres, ou plutôt contre les autres. Il ne se défend guère, n'ayant rien à garder; mais il excelle dans l'attaque : son œuvre propre est de détruire. Aussi la réfutation du dogmatisme, l'ἀντίρρησις, comme il l'appelle, est-elle de beaucoup la partie la plus importante de l'ouvrage de Sextus.

Il ne faudrait pas se méprendre sur le sens de ce mot réfutation que nous employons faute d'un meilleur, et en tirer contre le scepticisme un argument facile que Sextus a prévu, et auquel il a répondu d'avance. Il ne réfute pas les dogmatistes en ce sens qu'il voudrait prouver qu'ils ont tort : ce serait une thèse affirmative. Il se contente de montrer qu'ils n'ont pas raison, ou du moins qu'à leurs raisons on peut opposer des raisons égales : il se borne à les contredire. Entre les raisons contraires, Sextus se garde de faire un choix, et comme on pourrait s'y méprendre, il le rappelle souvent, quand il achève une de ces discussions où il a examiné minutieusement toutes les hypothèses qu'on peut faire, et même quelques-unes que personne n'a jamais songé à faire.

Le sceptique règle ses mouvements sur ceux de l'adversaire qu'il veut harceler, et l'ἀντίρρησις comme la philosophie elle-même se divise en trois parties : l'attaque porte sur la logique, la physique et la morale.

1° *Contre les logiciens*. — D'après les logiciens, les choses apparentes (φαινόμενα, ἐναργῆ) sont connues directement au

[1] Voir ci-dessus, p. 254, 265, 301.

moyen du criterium, les choses cachées (ἄδηλα) indirectement, au moyen des signes et de la démonstration. Il faut examiner leurs thèses à ce double point de vue.

Le criterium dont il s'agit ici n'est pas celui dont il a été question plus haut, et qui permet de choisir entre plusieurs actes possibles dans la vie pratique : c'est le criterium qui permet de distinguer le vrai et le faux.

On peut distinguer trois sortes de criterium, suivant qu'on considère ou le sujet qui est censé connaître la vérité (κριτήριον ὑφ' οὗ), ou l'instrument à l'aide duquel il la connaît (δι' οὗ), ou l'emploi particulier qui est fait de cet instrument (καθ' ὅ, προσ-βολὴ καὶ σχέσις)[1].

Qu'il n'y ait de criterium en aucun sens, c'est ce que montre d'abord le désaccord des philosophes. Suivant Xénophane, Protagoras, Gorgias, il n'y a point de criterium du tout. Pour Anaxagore, les pythagoriciens, Démocrite, Parménide et Platon, c'est la raison seule, à l'exclusion des sens, qui peut juger la vérité; encore l'entendent-ils diversement. Suivant Empédocle, il y a six criteriums; pour les stoïciens, il n'y en a qu'un, la sensation compréhensive; les académiciens nient la certitude, et n'admettent que la probabilité; enfin c'est aux sens seulement que les cyrénaïques et les épicuriens accordent leur confiance.

Est-ce d'abord l'homme qui est le criterium, ou, comme nous dirions plutôt aujourd'hui, le juge de la vérité? Mais qu'est-ce que l'homme? Nous ne pouvons le savoir, pas même nous en faire une idée[2]. Les philosophes ont donné de l'homme bien des définitions : aucune ne résiste à l'examen. La plus célèbre est celle qui voit en lui un animal raisonnable, mortel, capable de science et d'intelligence. Mais c'est définir l'homme par ses qualités accidentelles, et les accidents sont autre chose que le sujet. En outre, nous n'avons rien à faire avec la mort, tant que nous vivons; et dira-t-on que les ignorants, les fous, les gens endormis ne sont pas des hommes? Enfin, les autres animaux sont

[1] M., VII, 35. P., II, 21.
[2] P., II, 22.

aussi mortels, doués d'intelligence, et jusqu'à un certain point de science. Les sceptiques aimaient à énumérer longuement les arguments qui prouvent que l'intelligence des animaux n'est guère inférieure à celle de l'homme.

D'ailleurs, si l'homme peut se connaître, il s'y emploiera tout entier, ou il n'y emploiera qu'une partie de lui-même. S'il s'y emploie tout entier, il ne restera plus rien à connaître ; et s'il n'emploie qu'une partie de lui-même, est-ce par le corps qu'il connaîtra les sens et la pensée ? Mais le corps est sourd et sans raison : il ne peut rien comprendre ; il faudrait d'ailleurs qu'il devînt analogue à ce qui est connu [1], c'est-à-dire aux idées et aux sensations ; il deviendrait donc l'objet de sa propre recherche, ce qui est absurde. Est-ce par les sens qu'il connaîtra le corps et la pensée ? Mais les sens sont privés de raison et ne savent rien ; la vue même ne peut percevoir que l'étendue superficielle, et non la profondeur : autrement elle saurait distinguer les statues d'or de celles qui ne sont que dorées. Enfin les sens ne sauraient connaître que des qualités, et non le corps lui-même. Bien plus : ils ne se connaissent pas eux-mêmes : comment la vue connaîtrait-elle la vue ? Est-ce par la pensée qu'il connaîtra le corps et les sens ? Mais la pensée devra devenir analogue à ce qu'elle connaît, c'est-à-dire corporelle et sensible, et il n'y aura plus rien qui puisse connaître. Et la pensée ne peut pas même se connaître elle-même : autrement elle connaîtrait le lieu où elle se trouve, et les philosophes ne seraient pas aussi embarrassés pour dire si elle réside dans le cerveau ou dans le cœur.

L'idée même d'un criterium ne peut s'entendre. Ceux qui se croient en possession d'un criterium l'affirment-ils sans démonstration ? On pourra avec un droit égal leur opposer une assertion contraire. Apportent-ils une démonstration ? Pour en juger la valeur, il faudra un criterium sur lequel tout le monde

---

[1] Sextus semble appliquer sans le dire la maxime aristotélicienne, que le semblable peut seul connaître le semblable, ou que le sujet et l'objet de la connaissance se confondent dans l'acte de connaissance.

soit d'accord : et il n'y en a pas. Comme tous ceux qui croient avoir un criterium sont en désaccord entre eux, il faudra un criterium pour nous ranger à l'avis des uns et repousser celui des autres. Si ce criterium est différent de tous ceux qu'on propose, il sera lui-même en question : or, ce qui a besoin de preuve ne saurait servir à prouver. S'il est d'accord avec l'un d'eux, il aura comme lui besoin d'être justifié, et par conséquent ne sera pas un criterium.

En désespoir de cause, choisira-t-on parmi les dogmatistes un philosophe que l'on déclarera juge suprême de la vérité? Sera-ce un stoïcien, ou un épicurien, ou un cynique? Et s'il est aujourd'hui le plus savant des hommes, ne peut-il en apparaître un demain qui soit plus savant? Et le plus habile homme du monde n'est-il pas exposé à se tromper? D'ailleurs, si on lui accorde ce titre, c'est en raison de son âge, ou de son travail, ou de son intelligence et de sa pénétration. Mais des hommes de même âge, Platon, Démocrite, Zénon, sont en désaccord entre eux. Tous ceux qui ont combattu pour la vérité étaient des hommes laborieux. Tous aussi ont montré une haute intelligence : et on sait qu'il y a des jeunes gens plus intelligents que des vieillards.

Dira-t-on qu'il faut tenir compte du nombre des partisans d'une doctrine? Mais stoïciens, péripatéticiens, épicuriens sont en nombre à peu près égal. Il arrive dans la vie pratique qu'un seul ait le coup d'œil plus sûr que la foule, et il peut en être de même en philosophie. Enfin ceux qui sont d'accord sur une doctrine sont toujours moins nombreux que toutes les autres sectes réunies ; c'est donc avec ces dernières qu'il faudra se mettre d'accord.

Examinons maintenant le criterium au deuxième sens du mot : c'est l'instrument qui sert à distinguer la vérité. Cet instrument ne peut être que les sens, ou la raison, ou tous les deux à la fois.

Les sens sont mauvais juges. Ils sont affectés par la couleur

[1] *P.*, II. 38-40.

ou le son, mais n'atteignent pas ce qui est coloré ou sonore. Ils ne peuvent unir les diverses parties d'un sujet, car l'addition n'est pas une sensation. Enfin on sait avec quelle facilité ils se trompent.

La raison ne vaut guère mieux. Quelles différences entre la raison d'Héraclite et celle de Gorgias, l'un soutenant que tout est vrai, l'autre que rien n'est vrai? Puis, avant de connaître la vérité, la raison devrait se connaître elle-même, comme l'architecte connaît le droit et l'oblique avant de se servir du compas; or on a vu qu'elle ne se connaît pas. Enfin entre la raison et les choses se trouvent les sens qui interceptent la vue de la réalité. Séparée des choses visibles par la vue, des choses sonores par l'ouïe, la raison est comme emprisonnée, et ne peut sortir d'elle-même.

Réunir les sens à la raison ne conduit pas à un meilleur résultat. Raisonnant sur le fait que le miel paraît doux aux uns, amer aux autres, Démocrite conclut qu'il n'est ni l'un ni l'autre, Héraclite, qu'il a les deux qualités. De plus, les sens ne font pas connaître à la raison les choses elles-mêmes, mais seulement la manière dont ils sont affectés : la sensation de chaleur est autre chose que le feu, car elle ne brûle pas. Et les sensations fussent-elles semblables aux choses, la raison serait dans l'impossibilité de vérifier cette ressemblance.

Accordons pourtant, par grâce, que l'homme peut connaître la réalité : il est certain qu'elle lui apparaît toujours sous la forme d'une idée ou d'une sensation particulière. C'est le troisième sens du mot critérium, je veux dire l'application ou la détermination particulière de la sensation.

La sensation compréhensive des stoïciens, définie non pas grossièrement comme une impression faite sur la cire, mais ainsi que le voulait Chrysippe, comme une modification survenue dans la partie principale de l'âme, ne peut se comprendre. Comment les nouveaux changements, en s'ajoutant aux anciens, ne les font-ils pas disparaître? De plus, si quelque chose subit un changement, ce ne peut être que ce qui subsiste ou ce qui ne subsiste pas. Ce n'est pas ce qui subsiste, car il n'y aurait pas de changement ; et ce n'est pas ce qui ne subsiste pas, car, ayant disparu, on ne peut dire qu'il ait changé. En outre, l'âme ne connaît jamais que la sensation, et non la cause qui la provoque ; et à moins de dire que la cause et l'effet sont identiques, on ne pourra soutenir que la sensation soit la même chose que sa cause, et qu'elle se perçoive en même temps qu'elle.

Entre les diverses sensations, à moins de dire avec Protagoras qu'elles sont toutes vraies, il faut faire un choix. D'après quel principe ? Les académiciens et surtout Carnéade ont assez montré que ce choix est impossible, et qu'il n'y a point de différence spécifique entre la sensation compréhensive et les autres. La thèse des stoïciens sur ce point repose sur une pétition de principe [1]. Quand on leur demande ce qu'est la sensation compréhensive, ils disent que c'est une sensation gravée et imprimée dans l'âme par une chose réelle, de telle façon qu'une chose non réelle ne saurait en produire une pareille. Et quand on leur demande ce qu'est une chose réelle, ils répondent que c'est celle qui provoque une sensation compréhensive. Il faut connaître ce qui est pour distinguer une sensation compréhensive, et on ne connaît ce qui est que si on a distingué la sensation compréhensive.

Supposons pourtant qu'il y ait un criterium : il ne servira à rien, car il n'y a pas de vérité.

S'il y a quelque chose de vrai, c'est ce qui est apparent ou ce qui est caché. Mais ce n'est pas ce qui est apparent : car on voit apparaître dans le sommeil et la folie bien des choses qui ne sont pas. Et ce n'est pas ce qui est caché ; car des propositions contradictoires comme celles-ci : le nombre des étoiles est impair ; le nombre des étoiles est pair, également cachées, devraient être également vraies. Il ne faut pas dire non plus qu'on doit faire un choix entre les choses cachées et les choses apparentes : car il n'y pas de criterium.

De plus, si *quelque chose est vrai* [2], tout est vrai ; car toute

---

[1] M., VII, 4-6.
[2] P., II, 86.

chose est quelque chose; et ce qu'on peut affirmer du genre, on est en droit de l'affirmer de l'espèce. Et si tout est vrai, rien ne sera faux, pas même cette proposition que rien n'est vrai. Pour les mêmes raisons, si quelque chose est faux, tout est faux, y compris cette proposition qu'il y a de la vérité. Et si quelque chose est à la fois vrai et faux, les conséquences sont encore plus absurdes; car de toutes choses il faudra dire qu'elles sont à la fois vraies et fausses, et qu'elles ne sont ni vraies, ni fausses.

De même, le vrai n'est ni absolu, car s'il ne dépendait pas de nos dispositions particulières, tous les hommes le connaîtraient tel qu'il est et il n'y aurait pas de désaccord entre eux; ni relatif, car un rapport n'existant que dans l'intelligence qui le perçoit, le vrai ne serait que dans notre esprit, non dans la réalité.

Et Énésidème a prouvé [1] que le vrai n'est ni sensible, ni intelligible, ni tous les deux à la fois, ni aucun des deux.

A défaut d'une vérité que l'esprit puisse apercevoir directement et sûrement, y a-t-il quelque chose qu'il puisse atteindre indirectement? C'est à cette question que répond l'argumentation contre les signes et contre la démonstration.

Parmi les choses obscures, c'est-à-dire que l'esprit n'aperçoit pas du premier regard, il en est qui nous sont pour toujours inaccessibles (καθάπαξ ἄδηλα) [2]; par exemple, j'ignore si le nombre des étoiles est pair ou impair, et combien il y a de grains de sable dans les déserts de la Lybie. Laissons de côté ces sortes de questions.

Il est d'autres choses, actuellement obscures, mais qui ne le sont pas absolument. Je ne vois pas Athènes en ce moment, mais je puis la connaître : il y a des choses momentanément cachées (πρὸς καιρὸν ἄδηλα). Je n'aperçois pas les pores de la peau, ni le vide, s'il existe : il y a des choses cachées par nature (φύσει ἄδηλα) ; je puis pourtant les connaître par le raisonnement. Ce qu'on sait de ces choses cachées, on l'apprend par les

---

[1] Voy. ci-dessus, p. 262.
[2] M., VIII, 145 et seq.; P. II, 97 et seq.

signes : et comme les choses cachées sont de deux sortes, il y a deux espèces de signes. Le signe commémoratif (σημεῖον ὑπομνηστικόν) révèle les πρὸς καιρὸν ἄδηλα; le signe indicatif (σ. ἐνδεικτικόν) les φύσει ἄδηλα. Par exemple, le mot Athènes, si déjà je connais cette ville, m'y fera penser: la fumée me fera penser au feu, la cicatrice à la blessure : voilà des signes commémoratifs. La sueur, en coulant sur la peau, me révélera qu'il y a des pores; les mouvements du corps me feront connaître l'âme, invisible par elle-même : ce sont des signes indicatifs.

Contre les signes commémoratifs, les sceptiques ne soulèvent aucune difficulté. Bien au contraire, ils se défendent d'y porter la moindre atteinte : ils veulent rester d'accord avec le sens commun, ils ne songent pas à bouleverser toutes les habitudes [1]. Les signes de cette nature sont fondés sur un grand nombre d'observations : le sceptique est avec ceux qui y croient simplement, sans dogmatiser; il ne s'élève que contre les prétentions des savants. On verra plus loin que cette théorie du signe commémoratif est pour Sextus le point de départ de toute une doctrine de l'art ou de la pratique, et d'une sorte de dogmatisme.

C'est uniquement au signe indicatif qu'il en veut : il doute fort de son existence, ce qui en son langage signifie qu'il n'y en a pas.

Quand on se sert des signes indicatifs, on formule deux propositions dont l'une (la chose signifiée) est la conséquence nécessaire de l'autre (le signe). Par exemple : si une femme a du lait, elle a conçu. De là cette définition du signe indicatif [2] : « C'est une énonciation qui dans un συνημμένον correct est l'antécédent, et qui découvre la vérité du conséquent [3]. »

Dans la logique stoïcienne, et chez tous les dogmatistes, toute

---

[1] P., II, 102.
[2] M., VIII, 245 : Ἀξίωμα ἐν ὑγιεῖ συνημμένῳ καθηγούμενον ἐκκαλυπτικὸν τοῦ λήγοντος. Cf. P., II, 101.
[3] Cette définition avait d'abord été, chez les stoïciens, celle du signe en général (voy. ci-dessus, p. 269, note 1). Quand on eut fait la distinction entre les deux sortes de signes, elle s'appliqua uniquement au signe indicatif; et comme ce signe (puisqu'il sert à la démonstration) est le signe par excellence, il arrive que Sextus

démonstration avait pour prémisse un συνημμένον de ce genre : c'est la majeure de presque tous les syllogismes et sorites, le nerf de toutes les preuves. A l'existence des signes indicatifs est donc liée toute la théorie de la démonstration. Les sceptiques, après avoir refusé à l'esprit humain la connaissance directe de la vérité, devaient essayer de lui arracher encore cette dernière arme : ils n'y ont pas manqué.

Tout d'abord, le signe ne saurait exister absolument et par lui-même : il est une relation. Une chose n'est un signe que si on la met en rapport avec ce dont elle est le signe. Par suite, le signe et la chose signifiée doivent être pensés en même temps ; de même qu'on ne peut penser à la droite qu'en l'opposant à la gauche. Mais si, en connaissant le signe, on connaît la chose signifiée, à quoi sert le signe ? Il ne nous apprend rien que nous

conformément à l'ancienne terminologie stoïcienne, l'appelle simplement le signe. C'est ce qui résout une difficulté qui a embarrassé Natorp (p. 143). Si on lit attentivement les deux passages de Sextus (P., II, 104, et M., VIII, 245), on voit clairement que dans l'un et dans l'autre, c'est bien du signe indicatif qu'il s'agit. Un peu avant le premier de ces passages, l'expression par laquelle Sextus annonce le développement qui va suivre : οὐκ ἀνύπαρκτον δεῖξαι τὸ ἐνδεικτικὸν σημεῖον πάντως ἐσπουδακότες, indique bien que c'est du signe indicatif qu'il veut parler. Et que le second passage traite aussi la même question, c'est ce qu'atteste tout le développement dont il fait partie, et le passage (174) où l'auteur oppose le signe, soit sensible, soit intelligible, mais toujours indicatif, au signe commémoratif : ὁποῖον ποτ' ἂν ᾖ τὸ σημεῖον, ἤτοι αὐτὸ φύσιν ἔχει πρὸς τὸ ἐνδείκνυσθαι... οὐχὶ δὲ ἐκεῖνο φύσιν ἔχει ἐνδεικτικὴν τῶν ἀδήλων... Il est vrai que parmi ses exemples, Sextus indique un signe manifestement commémoratif : εἰ γάλα ἔχει ἥδε... Mais cela prouve simplement que la question ne se posait pas pour les stoïciens comme pour Sextus, que la distinction entre les deux sortes de signes n'était pas encore faite. Le grand point pour les stoïciens, est qu'entre le signe et la chose signifiée il y ait un lien nécessaire (ἀκολουθία, συνάρτησις). En ce sens, leur définition peut s'appliquer à certains signes commémoratifs ; mais même alors ils l'entendent tout autrement que les sceptiques. L'exemple εἰ γάλα ἔχει ἥδε n'est pas un signe pour eux au sens où les sceptiques l'entendent (c'est-à-dire comme fondé sur une association d'idées empirique) ; et il n'est pas un signe valable pour les sceptiques, au sens où l'entendent les stoïciens (c'est-à-dire comme exprimant un lien nécessaire entre deux choses). Il n'y a pour les stoïciens, comme le prouve clairement le texte M., VIII, 275, qu'un seul signe digne de ce nom : c'est le signe indicatif, celui qui prouve ἐκ τῆς ἰδίας φύσεως καὶ κατασκευῆς (P., II, 101). On voit dès lors qu'il n'y a aucune raison pour supposer, comme le fait Natorp un peu hâtivement, que le passage P., II, 101 est interpolé.

LE SCEPTICISME. — PARTIE DESTRUCTIVE. 345

ne sachions : la chose signifiée est connue par elle-même, non par le signe.

Le même argument peut être présenté sous une forme plus saisissante. Il est impossible que le signe soit connu avant la chose signifiée, car en dehors de son rapport avec elle, il n'est pas un signe. Il ne peut pas non plus être connu en même temps qu'elle : car étant connue, la chose signifiée n'a plus besoin de signe. Et il serait trop absurde de dire qu'il est connu après.

Le signe est-il connu par les sens, ou par la raison? Les épicuriens tiennent pour la première opinion, les stoïciens pour la seconde. Mais comment justifier l'une ou l'autre? Il faudrait une démonstration : mais la démonstration suppose qu'on connaît des signes ou des preuves, et c'est ce qui est en question.

Dira-t-on néanmoins que le signe est chose sensible? Comment comprendre alors le désaccord des philosophes? Il n'y a pas de désaccord sur les couleurs, sur les saveurs. Au contraire philosophes et médecins interprètent les mêmes signes de cent façons différentes. De plus, pour connaître les choses sensibles, il n'est pas besoin d'éducation : au contraire, si l'on veut gouverner un navire, il faut apprendre quels signes annoncent la tempête ou le beau temps; et il en est de même dans la médecine. Enfin, si le signe est chose sensible, il doit être connu par un sens distinct, comme la couleur : quel est ce sens?

Suivant les stoïciens, c'est à la raison qu'il appartient de connaître les signes. Ils embarrassent ce sujet d'une foule de distinctions subtiles, et disent que le signe est une proposition simple, capable de servir d'antécédent à un συνημμένον [1] régulier, et d'en découvrir le conséquent. Mais y a-t-il des propositions simples [2] ? C'est une question : et comment la résoudre, sans recourir à une démonstration, c'est-à-dire à un signe? Y

---

[1] Le συνημμένον des stoïciens est la réunion de deux propositions, dont la première, ou antécédente, est la condition de la seconde, ou conséquente. Exemple : si le corps se meut, l'âme existe.

[2] Il s'agit ici du λεκτὸν αὐτοτελές, que les stoïciens déclarent incorporel, et dont les épicuriens nient l'existence. P., II, 104.

a-t-il des συνημμένα réguliers? On n'en sait rien. Et à ce compte, ceux qui ne savent pas ce qu'est une proposition simple, et n'ont pas appris la dialectique, ne devraient pas savoir ce qu'est un signe. Ne voit-on pas pourtant des pilotes sans culture, et des laboureurs, interpréter très exactement les signes célestes? Et le chien ne comprend-il pas des signes quand il suit une piste?

S'il est établi qu'il n'y a point de signes indicatifs, il est établi par là même qu'il n'y a pas de démonstration; car la démonstration est formée de signes ou de preuves. Cependant, il faut faire voir que la démonstration proprement dite, telle que la définissent les dogmatistes et surtout les stoïciens, est chose absolument inintelligible.

La démonstration en général (γενική) est chose obscure, car on en dispute. Pour mettre fin au débat il faudrait une preuve, c'est-à-dire une démonstration. Mais comment recourir à une démonstration particulière, lorsqu'on ne sait pas si la démonstration en général est possible? On a le choix entre le cercle vicieux et la régression à l'infini. Prendra-t-on pour point de départ une démonstration particulière qu'on déclarera vraie, par exemple celle qui établit l'existence des atomes et du vide, et inférera-t-on de là que la démonstration en général est possible? C'est faire une hypothèse : mais l'hypothèse contraire sera tout aussi légitime.

D'ailleurs, quand nous exprimons la première prémisse, la seconde et la conclusion n'existent pas encore : quand nous exprimons la seconde, la première n'existe plus. Or, un tout ne peut exister si les parties n'existent pas ensemble. Donc, il n'y a pas de démonstration [1].

Les dogmatistes répondent : Il ne faut pas demander que tout soit démontré. On doit poser d'abord (ἐξ ὑποθέσεως λαμβάνειν) certains principes évidents, si on veut que le raisonnement puisse avancer. Mais, répond le sceptique, il n'est pas nécessaire que le raisonnement avance. Et comment avancera-t-il? Si les prémisses sont données comme de simples apparences, tout ce qu'on en tirera ne sera qu'apparence et on n'aura pas atteint le véritable but de la démonstration. Vouloir atteindre par ce moyen la réalité ou l'être, c'est le fait de gens qui renoncent à se servir du seul raisonnement, et s'emparent violemment de ce qui n'est pas nécessaire, mais seulement possible.

À vrai dire, c'est d'hypothèses de cette sorte que les dogmatistes font dériver toutes leurs démonstrations et toute leur philosophie. Mais, outre qu'à une hypothèse on peut toujours opposer une hypothèse contraire, ce qu'on pose par hypothèse est vrai ou faux. Si c'est vrai, à quoi bon recourir à l'hypothèse? c'est faire tort à la vérité. Si c'est faux, c'est faire tort à la nature : et le reste sera faux aussi. Dira-t-on qu'il suffit de tirer rigoureusement d'une hypothèse ce qu'elle contient? Mais à ce compte, si on commence par supposer que trois est égal à quatre, on pourra démontrer que six est égal à huit. Puis, à quoi bon ce détour? À tant faire que de recourir à des hypothèses, mieux vaudrait supposer tout de suite que ce qu'on veut prouver est certain. On dira peut-être que l'hypothèse est justifiée par ce fait que les conséquences correctement tirées sont conformes à la réalité? Mais comment prouver la vérité de ces conséquences, puisqu'elles ne sont elles-mêmes justifiées que par les prémisses? Et combien de fois n'arrive-t-il pas que de prémisses fausses on tire des conclusions qui se trouvent être vraies?

Des difficultés particulières peuvent être soulevées au sujet du syllogisme dont les dogmatistes sont si fiers. Quand on dit que tout homme est animal, on ne le sait que parce que Socrate, Platon, Dion, étaient à la fois des hommes et des animaux. Si donc on ajoute : Socrate est homme, donc il est un animal, on commet une pétition de principe : car la majeure ne serait pas vraie si la conclusion n'était déjà tenue pour telle [1].

Il n'y a pas non plus d'induction. On veut trouver l'universel à l'aide des cas particuliers (ἀπὸ τῶν κατὰ μέρος πιστοῦσθαι τὸ καθόλου)[1] : mais si on ne considère que quelques cas, l'induction n'est pas solide; si on prétend les considérer tous, on tente l'impossible, car les cas particuliers sont en nombre infini.

Il faut en dire autant des définitions, auxquelles les dogmatistes attachent tant d'importance. On ne peut définir ce qu'on ne connaît pas : et si on le connaît, à quoi bon le définir? Et à vouloir tout définir on tombe dans le progrès à l'infini[2].

Il n'y a donc ni signe, ni démonstration. Mais, arrivé au terme de cette longue argumentation, le sceptique n'est-il pas pris en flagrant délit de contradiction, et les dogmatistes ne vont-ils pas retourner contre lui ses propres armes? Ou vos paroles, diront-ils, ne signifient rien : et alors à quoi bon tant de discours? Ou elles ont une valeur : elles sont des signes et des preuves, et alors que devient votre thèse? De même, ou il n'y a pas de démonstration, et alors vous n'avez pas prouvé qu'il n'y en a pas : ou vous l'avez prouvé, et alors il n'est pas vrai qu'il n'y ait pas de démonstration.

Mais le sceptique a réponse à tout. Je n'ai pas nié, dit-il, l'existence des signes commémoratifs, mais seulement celle des signes indicatifs. C'est dans le premier sens qu'il faut prendre nos paroles : elles n'apprennent rien ou ne signifient rien, mais servent seulement à rappeler à la mémoire les arguments invoqués contre les signes.

Quant à la démonstration, j'accorde que je n'ai rien prouvé. Il est seulement probable qu'il n'y a pas de démonstration : voilà ce qui me paraît en ce moment; je n'affirme pas qu'il en sera toujours de même : l'inconstance de l'homme est si grande!

Objecterait-on que le sceptique n'est pas persuadé de la valeur de ses arguments, qu'il n'est pas de bonne foi? Qu'en sait-on? La persuasion ne se commande pas : on ne peut pas plus prouver à un homme qu'il n'est pas persuadé qu'on ne peut prouver à un homme triste qu'il ne l'est pas.

N'oublions pas d'ailleurs que le sceptique n'affirme rien. Ce

[1] P., II, 204.
[2] P., II, 207.

qu'il oppose aux dogmatistes, ce sont des paroles vides (ψιλὴν θέσιν λόγων). Et fût-il vrai que son argumentation est triomphante, il ne s'ensuivrait pas qu'elle se détruise elle-même, et s'exclue en s'établissant. Il y a bien des choses qu'on dit en sous-entendant une exception : par exemple, si on dit que Jupiter est le père des Dieux et des hommes, on sous-entend qu'il n'est pas son propre père. De même en disant qu'il est impossible de rien démontrer, on peut sous-entendre : sauf cette proposition même. Accordons pourtant que cette argumentation s'exclut elle-même : elle ressemble au feu qui se consume lui-même en même temps que la matière qui l'alimente, ou à ces purgatifs qui sont chassés en même temps que les humeurs qu'ils entraînent. Et peut-être enfin le sceptique ressemble-t-il à l'homme qui, arrivé au faîte, repousse du pied l'échelle qui l'y a conduit. Content d'avoir démontré qu'il n'y a pas de démonstration, il n'a plus besoin de cette démonstration, et il l'abandonne.

2° *Contre les physiciens.* — C'est surtout dans les questions de physique que se manifeste la présomption des dogmatistes : mais là encore il est aisé de démontrer l'inanité de leurs prétentions. Il suffit pour cela d'examiner les principes et les idées les plus essentielles, telles que celles de Dieu, de la cause, active ou passive, du tout et de la partie, du corps, du lieu, du mouvement, du temps, du nombre, de la naissance et de la mort.

Dans la question de l'existence des Dieux, plus encore que partout ailleurs, Sextus s'attache à tenir la balance égale entre l'affirmation et la négation. Il expose longuement et impartialement les arguments des dogmatistes, et réfute même en passant quelques-unes des objections qu'on a dirigées contre eux : à lire cette partie de son œuvre, on le prendrait pour un croyant. Il semble qu'il ait à cœur de ne pas mériter le reproche d'impiété en insistant avec trop de complaisance sur les arguments négatifs, et on voit dans toute cette discussion percer le souci de ne pas se mettre en opposition avec les croyances communes. Le sceptique ne veut pas se laisser confondre avec les athées, et il s'enferme strictement dans son rôle d'avocat, qui plaide alternativement le pour et le contre, sans conclure. Au reste, la thèse négative n'y perd rien, et elle est exposée à son tour avec les mêmes égards.

Les trois preuves stoïciennes de l'existence de Dieu, tirées, l'une du consentement universel, l'autre de l'ordre du monde, la troisième des inconséquences où tombent les athées, sont présentées et discutées tour à tour. Dans cette critique, Sextus se borne à reproduire les arguments de Carnéade, que nous avons résumés ci-dessus : il est inutile d'y revenir ici.

Nous n'indiquerons pas tous les arguments invoqués par les sceptiques contre l'idée de cause, la clef de voûte de toute explication physique de l'univers. Vraisemblablement, chacun des sceptiques qui se sont succédé a tenu à honneur d'inventer une difficulté nouvelle, et de lancer sa flèche contre l'idole.

Trois cas peuvent être examinés : ou l'on parle de l'agent (cause active), ou de l'agent uni au patient (principe passif ou matière), ou du patient seulement.

Pour la cause active [1], sans parler des arguments d'Énésidème, exposés plus haut, il est clair qu'elle appartient, comme le signe et la démonstration, à la catégorie des choses relatives : une cause ne peut être appelée de ce nom que si on a égard à son effet, et de même l'effet est inintelligible sans la cause; il est donc impossible de comprendre ce qu'est une cause en elle-même. Et pour la même raison, on ne peut dire ni que la cause précède l'effet, puisque avant l'effet, elle n'est pas encore cause; ni qu'elle l'accompagne, puisque l'un et l'autre étant donnés ensemble, on ne peut distinguer lequel est la cause, lequel est l'effet; ni qu'elle le suit, car ce serait trop absurde.

En outre, s'il y a des causes, ce qui est en repos n'est pas la cause de ce qui est en repos, ni ce qui est en mouvement de ce

---

[1] M., IX, 207. Cf. P., III, 21. Rappelons que cette argumentation est attribuée, à tort croyons-nous, à Énésidème, par Saisset. Voyez ci-dessus, p. 249.

qui est en mouvement; car dans les deux cas, la prétendue cause et le prétendu effet sont indiscernables. Voici une roue en mouvement; celui qui la tourne est aussi en mouvement : et de quel droit dire que le mouvement de la roue est l'effet plutôt que la cause du mouvement de celui qui la tourne? Mais d'autre part, ce qui est en repos ne peut pas plus être la cause du mouvement, que le froid ne peut réchauffer, ou le chaud refroidir; et de même ce qui est en mouvement, n'ayant pas en soi le principe du repos, ne peut produire le repos. Comme il n'y a pas de cinquième hypothèse, il faut dire qu'il n'y a pas de cause.

Dira-t-on que la cause active n'agit pas seule, mais de concert avec le principe passif ou la matière? On verra bien d'autres absurdités. D'abord on aura deux noms, ceux d'agent et de patient, pour une même chose : le patient sera aussi actif que l'agent, et l'agent aussi passif que le patient. Le feu ne sera pas plus la cause de la combustion que le bois qu'il consume.

De plus, pour agir et pâtir, il faut toucher et être touché. Mais l'agent tout entier ne peut toucher le patient tout entier : car ce ne serait plus un contact, mais une union. Une partie de l'un touchera-t-elle une partie de l'autre? Non, car si elle touchait cette partie tout entière, elle se confondrait avec elle; et si elle n'en touchait qu'une partie, la même difficulté se reproduirait, et ainsi à l'infini. Il est de même impossible que le tout soit en contact avec la partie, ou la partie avec le tout; car le tout devenu coextensible à la partie lui serait égal, ou inversement. Il ne reste pas d'autre hypothèse.

Quant à la cause passive, si elle est, en tant qu'elle a une nature propre, elle ne peut être passive : car elle est déterminée en elle-même autrement que par le fait d'être passive. Elle le peut encore moins si elle n'a pas de nature propre. Par exemple, Socrate ne meurt pas tandis qu'il vit; et il ne meurt pas non plus quand il n'est plus. Une chose qui s'amollit n'est pas passive tant qu'elle reste dure; et quand elle a cessé de l'être, elle n'a plus rien à subir.

De plus, une chose ne peut être passive que par soustraction, addition ou altération. Mais la soustraction est chose inintelligible [1]. Les mathématiciens se moquent du monde; car ils parlent de couper en deux une ligne droite. La ligne, suivant eux, est composée de points : comment s'y prendre pour couper une ligne composée d'un nombre impair de points, de neuf par exemple? On ne peut diviser le cinquième point, puisque le point est sans étendue; et si on ne le divise pas, les deux parties, au lieu d'être égales, auront l'une quatre, l'autre cinq points. Pour la même raison on ne peut diviser un cercle en deux, et une ligne droite ne peut en couper une autre. Ainsi encore on ne peut retrancher un nombre d'un autre, par exemple cinq de six. Car pour retrancher une chose d'une autre, il faut qu'elle y soit contenue. Mais si cinq est contenu en six, quatre sera contenu en cinq, trois en quatre, deux en trois, un en deux : ajoutez tout cela, et vous trouvez que six contient quinze, et que cinq contient dix. On pourrait montrer ainsi, observe judicieusement Sextus, que le nombre six renferme une infinité de nombres. Et voilà pourquoi la soustraction est impossible.

On nous dispensera d'insister sur les raisons analogues qui prouvent que l'addition et l'altération sont impossibles.

Le tout et la partie sont aussi inintelligibles [2]. Si le tout existe, ou bien il est distinct des parties, il a une existence propre et indépendante, ou il n'est que l'ensemble des parties. Mais il n'est pas distinct des parties; car si on supprime les parties, il n'est plus : il suffit même pour le faire disparaître d'enlever une seule partie. Le tout ne peut d'ailleurs être défini que dans sa relation avec les parties. Et si ce sont les parties qui forment le tout, dira-t-on que ce sont toutes les parties, ou seulement quelques-unes? Dans ce dernier cas il y aurait des parties qui ne seraient pas des parties du tout, ce qui est absurde. De plus, il faudrait renoncer à définir le tout comme on le fait d'ordinaire, une chose à laquelle ne manque aucune de ses parties. Si

[1] M., IX, 283.
[2] M., IX, 338.

ce sont toutes les parties qui forment le tout, le tout par lui-même n'est plus rien, et par suite il n'y a plus même de parties ; tout et parties sont choses corrélatives comme le haut et le bas, la droite et la gauche.

Mêmes difficultés à propos du corps[1]. On définit le corps une chose qui a trois dimensions : longueur, largeur, profondeur. Mais la longueur n'est rien : car la longueur, c'est la ligne, et la ligne, disent les mathématiciens, c'est un point qui s'écoule. Mais le point n'existe pas : il n'est ni corporel, car il n'a pas de dimensions, ni incorporel, car comment pourrait-il engendrer des corps ? Ce qui engendre n'agit que par contact, et ce qui n'a pas de parties ne peut être en contact avec rien. Le point ne peut même pas former la ligne en s'écoulant ; car, s'il demeure au même endroit, il reste un point, et ne devient pas une ligne ; s'il passe d'un endroit dans un autre, abandonne-t-il entièrement le lieu qu'il quitte ? Dans le lieu nouveau qu'il occupe, il est un point, et non une ligne. Ne l'abandonne-t-il pas, et occupe-t-il à la fois le lieu ancien et le lieu nouveau ? Si ce lieu est indivisible, le point n'est toujours qu'un point ; s'il ne l'est pas, le point sera divisible comme lui, et ne sera plus même un point.

La ligne n'est pas davantage une série de points, car si les points ne se touchent pas, on ne peut dire qu'ils forment une seule ligne : et comment se toucheraient-ils, n'ayant pas de parties, et ne pouvant se toucher sans se confondre ?

On démontre de même que la surface et le solide sont choses inintelligibles.

Il nous semble inutile, après avoir résumé les arguments sceptiques sur les points les plus importants, de poursuivre cette exposition dans le détail des autres questions. C'est toujours la même méthode : ce sont toujours les mêmes procédés, on pourrait dire les mêmes artifices dialectiques. Ce que nous avons dit suffit amplement à en donner l'idée. Nous nous bor-

[1] M., IX, 368.

nerons donc à indiquer les autres questions sur lesquelles porte le débat.

On ne saurait se faire une idée du lieu ; car il n'est pas un corps, et ne peut être vide. De plus, puisque, par définition, il contient les corps, et doit par conséquent être hors d'eux, il faut qu'il soit ou la matière ou la forme des corps, ou l'intervalle qui sépare les limites des corps, ou, comme disait Aristote, ces limites mêmes : toutes hypothèses inadmissibles.

Le mouvement est impossible ; car on ne peut comprendre ni qu'un mobile soit mis en mouvement par un autre corps, ni qu'il se mette en marche de lui-même. Les sceptiques s'approprient en outre l'argument de Zénon d'Élée : un corps ne peut se mouvoir, ni dans le lieu où il est, ni dans le lieu où il n'est pas. Restent enfin les difficultés que soulève la question de savoir si le mobile, le temps, le lieu, sont ou non divisibles à l'infini : ni l'opinion des stoïciens, qui admettent la divisibilité à l'infini, ni celle des épicuriens, qui reconnaissent des indivisibles, ni celle de Straton le physicien, qui admet l'indivisibilité dans le temps, mais refuse de la reconnaître dans les mobiles et dans le lieu, ne résistent à l'examen. On retrouve dans cette curieuse discussion la plupart des arguments qui sont encore invoqués de nos jours par les partisans et les adversaires de l'infini actuellement réalisé.

Comme le mouvement et le lieu, le temps ne peut ni être conçu, ni exister ; car il ne saurait être ni fini, ni infini, ni divisible, ni indivisible ; il ne peut ni commencer, ni finir ; il est formé du passé, qui n'est plus, et de l'avenir, qui n'est pas encore ; enfin il n'est ni corporel, ni incorporel.

Le nombre est impossible ; car il n'est ni une essence distincte des choses nombrées, ni une propriété des choses nombrées. En outre, quoi qu'aient dit les pythagoriciens, on ne peut connaître l'unité ; et, comme l'avait montré Platon, on ne peut pas non plus concevoir qu'une unité, s'ajoutant à une autre unité, cesse d'être l'unité et devienne le nombre deux.

Enfin on ne peut comprendre la naissance et la mort. Ce qui

naît, c'est ou ce qui existe, ou ce qui n'existe pas : mais ce qui existe n'a pas à naître, et à ce qui n'existe pas, on ne peut attribuer aucune qualité. De même une chose ne peut naître ni de ce qui existe, ni de ce qui n'existe pas. Les mêmes raisons montrent l'impossibilité de la mort.

3° *Contre les moralistes.* — La question capitale en morale est celle-ci : Qu'est-ce que le bien ? Le sceptique répond qu'il n'y a pas de bien[1].

Tout le monde accorde que le feu produit de la chaleur, et la neige du froid. Si le bien existait naturellement, il ferait aussi sur tout le monde la même impression. Mais d'une part, pour les hommes incultes ou ignorants, le bien, c'est tantôt la santé, et tantôt les plaisirs de l'amour ; c'est de s'emplir de vin ou de nourriture, ou encore de jouer aux dés, ou d'avoir plus d'argent que les autres. D'autre part, parmi les philosophes ; les uns, comme les péripatéticiens, distinguent trois sortes de biens, ceux de l'âme, ceux du corps, et les biens extérieurs ; les autres, comme les stoïciens, en admettent trois sortes aussi, mais ils l'entendent autrement, et distinguent les biens intérieurs, comme les vertus, les biens extérieurs, comme les amis, et les biens qui ne sont ni intérieurs, ni extérieurs, comme l'honnête homme. Épicure est d'un avis tout différent, et on a entendu un philosophe dire : « J'aimerais mieux être fou que de me livrer au plaisir. » Entre toutes ces théories il n'y a aucun moyen de choisir, il n'y a pas de critérium.

En outre, le bien est-il le désir que nous avons d'une chose, ou cette chose elle-même ? Ce n'est pas le désir, car nous ne ferions aucun effort pour obtenir ce que nous désirons, puisque la réussite ferait cesser le désir. Et ce n'est pas la chose ; car, ou elle serait hors de nous : et alors, si elle produisait sur nous une impression agréable, ce n'est pas par elle-même qu'elle serait un bien ; et si elle n'en produisait pas, elle ne serait pas un

[1] P., III, 179.

bien, et ne provoquerait de notre part aucun effort. Ou elle serait en nous : mais elle ne peut être dans le corps, qui est étranger à la raison ; et quant à l'âme, outre que peut-être elle n'existe pas, si elle est composée d'atomes, comme le veut Épicure, comment comprendre que dans un groupe d'atomes, le plaisir ou le jugement puissent apparaître ? Et il n'y a pas moins de difficultés si on définit l'âme à la manière des stoïciens.

Enfin d'innombrables exemples prouvent que les hommes, selon les temps et les lieux, ont les idées les plus différentes sur le bien et sur le mal, sur le juste et l'injuste. Sextus reprend ici tous les faits qu'il a déjà énumérés à propos du dixième trope d'Énésidème, et il en ajoute beaucoup d'autres. En présence de tant de contradictions, il ne reste plus qu'à suspendre son jugement.

Allons plus loin. Fût-il vrai que le bien et le mal existent, il serait impossible de vivre heureux. Le malheur a toujours pour cause un trouble, et le trouble vient toujours de ce qu'on poursuit, ou qu'on fuit une chose avec ardeur. Or, on ne poursuit et on ne fuit une chose que parce qu'on la croit bonne ou mauvaise. Mais quiconque a une opinion sur le bien et sur le mal est malheureux, soit que jouissant de ce qu'il croit être un bien, il craigne d'en être privé, soit que, à l'abri de ce qu'il croit être un mal, il redoute de ne pas l'être toujours. D'ailleurs, le mal est, de l'aveu des dogmatistes, si voisin du bien, qu'on ne peut avoir l'un sans l'autre : ainsi, celui qui aime l'argent devient avare ; celui qui aime la gloire est bientôt un ambitieux. Enfin la possession du bien ne satisfait jamais celui qui l'a obtenu. Riche, il désire accroître sa fortune, et il est jaloux de ceux qui possèdent plus que lui.

Cependant, les dogmatistes prétendent qu'il y a un art de vivre heureux ; et ils l'appellent la sagesse. Mais lorsqu'il s'agit de définir cet art, ils sont en désaccord. Les stoïciens, qui affichent à ce sujet les plus hautes prétentions, avouent qu'il n'y a pas de sage parfait : il n'y a donc point de parfait bonheur. D'ailleurs, on a vu plus haut que la science en général est impossible : il ne saurait donc y avoir de science de bien vivre. La science et l'art se reconnaissent à leurs œuvres : l'art du médecin à la guérison qu'il produit, l'art du peintre à ses tableaux. Mais il n'y a point d'œuvre propre à la sagesse : entre les actions accomplies par le commun des hommes et celles du prétendu sage, il n'y a point de différence : honorer ses parents, rendre un dépôt, voilà des choses dont tout le monde est capable.

Enfin, le sage ne peut être appelé vertueux que s'il doit lutter contre des appétits contraires à la raison : l'eunuque n'est pas continent, et ceux qui ont l'estomac malade ne sont pas sobres. Si on dit que la vertu consiste à vaincre ses appétits, le sage n'est pas heureux, puisque ses appétits sont pour lui une cause de trouble : et sa sagesse ne lui sert à rien.

Y eût-il un art de vivre heureux, il serait impossible de l'enseigner. Trois choses sont requises pour tout enseignement : il faut qu'il y ait une chose à enseigner, puis quelqu'un qui enseigne, enfin quelqu'un qui reçoive l'enseignement. Mais il n'y a rien qu'on puisse enseigner. Car on enseignerait ce qui est, ou ce qui n'est pas. Enseigner ce qui n'est pas serait absurde. Si on enseigne ce qui est, on l'enseigne en tant qu'il est, ou en tant qu'il possède quelque qualité. Dans le premier cas, la chose enseignée est un être, et par conséquent doit être évidente. Le second cas est également impossible ; car l'être n'a point d'accident ou de propriété qui ne soit un être.

On peut montrer de même que la chose enseignée ne saurait être ni corporelle, ni incorporelle; ni vraie, ni fausse; ni artificielle, ni naturelle; ni claire, ni obscure.

Il n'y a non plus personne qui puisse instruire ou être instruit. Il serait absurde de prétendre que celui qui sait instruit celui qui sait, ou que celui qui ne sait pas instruit celui qui ne sait pas. Et celui qui sait ne peut instruire celui qui ne sait pas : car ce dernier est comme l'aveugle qui ne peut voir, ou le sourd qui ne peut entendre. Et par quel moyen l'instruire ? Ce n'est ni par l'évidence, car ce qui est évident n'a pas besoin d'être enseigné : ni par la parole, car la parole ne signifie rien par nature, puisque les Grecs ne comprennent pas les barbares, et réciproquement : si la parole a un sens, c'est en vertu d'une convention : on ne peut donc la comprendre qu'en se rappelant les choses qu'on est convenu de désigner par les mots : et cela suppose qu'on les connaît déjà.

Il n'y a donc pas plus de vérité certaine en morale qu'il n'y en a en physique et en logique. Suspendre son jugement : voilà la seule chose raisonnable et qui puisse donner le bonheur. Si elle ne met pas l'homme à l'abri de tous les coups du sort, si elle ne le préserve pas de la faim, de la soif, de la maladie, du moins elle supprime tous ces maux imaginaires dont l'homme se tourmente lui-même; et les maux inévitables, comme on l'a vu ci-dessus, elle les rend toujours plus supportables.

CHAPITRE III.

LE SCEPTICISME EMPIRIQUE. — PARTIE CONSTRUCTIVE.

La suspension absolue du jugement devrait logiquement conduire, dans la pratique, à l'inertie absolue. Être incertain dans ses jugements mène tout droit à être irrésolu dans ses actions; le parfait sceptique, s'il était conséquent avec lui-même, se désintéresserait de la vie. Le doute se traduit, dans la vie pratique, par l'indifférence. Mais Pyrrhon est le seul qui ait osé avouer cette conséquence; ses disciples sont plus timides. Vivre à l'aventure, demeurer inerte, s'isoler du monde, ne s'intéresser à rien, voilà une manière d'être qu'il était difficile de recommander sérieusement et qui avait peu de chances de plaire. En Grèce surtout, les apôtres d'une telle doctrine n'auraient guère échappé au ridicule; c'est à peine si les sceptiques y échappèrent en adoucissant singulièrement les conséquences de leur principe. Il faut vivre : voilà ce que répètent à l'envi les adversaires des sceptiques; et les sceptiques en conviennent. Dès lors, ils sont forcés d'admettre un minimum de dogmatisme. Nous avons vu comment les premiers pyrrhoniens et les nouveaux académiciens reconnurent cette nécessité, et s'y soumirent. Les sceptiques de la dernière époque n'échappent pas à cette loi. Ils reprennent les vues de leurs devanciers, mais y ajoutent quelque chose : l'empirisme leur fournit un nouveau moyen de répondre aux exigences de la vie pratique et du sens commun. Par suite, cette part de dogmatisme inavoué qu'on retrouve au fond de toute doctrine sceptique, prend chez eux une importance plus grande. Ce n'est pas qu'ils la mettent volontiers en lumière, et s'y arrêtent avec complaisance : ils la laissent plutôt au second plan, sentant bien que là est le point faible du système. Mais, par la force des choses, ils sont amenés de temps en temps à s'expliquer sur cette question délicate; on peut démêler chez eux quelques assertions positives. Il y a comme une construction de modeste aspect et de chétives dimensions à côté des ruines qu'ils ont amoncelées. Recueillons avec soin ces indications dispersées: le scepticisme nous apparaîtra sous un aspect assez différent de celui qu'il nous a montré jusqu'ici, et présentera avec plusieurs doctrines modernes des analogies assez inattendues.

I. « Nous ne voulons pas aller à l'encontre du sens commun ni bouleverser la vie, disent les sceptiques [1], nous ne voulons pas rester inactifs [2]. » Tout en laissant de côté la science dogmatique, reconnue impossible, il y a une manière empirique de vivre [3], il y a une observation pratique et sans philosophie [4], qui peut suffire.

Cette conformité à la vie commune comprend quatre choses [5] : 1° Suivre les suggestions de la nature : le sceptique a des sens, il s'en sert; il a une intelligence, il se laisse guider par elle et cherche ce qui lui est utile; 2° Se laisser aller à l'impulsion de ses dispositions passives : le sceptique mange s'il a faim, boit s'il a soif; 3° Obéir aux lois et coutumes de son pays : le sceptique croit que la piété est un bien, au point de vue pratique (βιωτικῶς), l'impiété un mal; 4° Ne pas rester inactif et exercer certains arts.

Les trois premières de ces règles prescrivent un simple retour au sens commun : il faut vivre à la manière des simples, voilà

---

[1] Sextus, M., VIII, 157 : Οὐδὲ μαχόμεθα ταῖς κοιναῖς τῶν ἀνθρώπων προλήψεσιν, οὐδὲ συγχέομεν τὸν βίον.

[2] Sext., P., I, 23 : Μὴ ἀνενέργητοι παντάπασιν εἶναι... 24 : Οὐκ ἀνενέργητοί ἐσμεν ἐν αἷς παραλαμβάνομεν τέχναις.

[3] P., II, 246 : Ἐμπείρως καὶ ἀδοξάστως κατὰ τὰς κοινὰς τηρήσεις τε καὶ προλήψεις βιοῦν περὶ τῶν ἐκ δογματικῆς περιεργίας καὶ μάλιστα ἔξω τῆς βιωτικῆς χρείας λεγομένων ἐπέχοντας.

[4] P., II, 254; I, 23. M., XI, 165. P., I, 23; III, 235. Ἀφιλόσοφος τήρησις. Βιωτικὴ τήρησις.

[5] P., I, 23.

ce que répond le sceptique à la question obstinée de ses adversaires. Séduit un moment par les promesses des dogmatistes qui faisaient briller à ses yeux l'espoir d'une explication de toutes choses, d'une science qui, en satisfaisant son esprit, lui permettrait d'agir en pleine connaissance de cause, il a pu les écouter et les suivre. Réflexion faite, il s'aperçoit que ces promesses sont trompeuses, ces espérances fallacieuses; il y renonce et revient à son point de départ. Après cette aventure spéculative, il reprend, désillusionné, sa place dans la foule, il redevient homme du commun comme devant; la seule différence entre lui et l'homme du peuple, c'est que celui-ci ne se demande pas s'il y a une explication des choses, tandis que le sceptique croit qu'il n'y en a pas ou qu'elle est inaccessible, au moins pour le moment. C'est un retour fort peu naïf à la naïveté primitive.

Être sceptique, dit-on souvent, c'est douter de tout. Cette formule n'est pas tout à fait exacte. Le vrai sceptique ne doute pas des phénomènes, des sensations qui s'imposent à lui avec nécessité; il distingue ses états subjectifs de la réalité située hors de lui. Quand il parle des suggestions de la nature, de ses dispositions passives, des lois et coutumes de son pays, ce sont de simples faits, sentis ou éprouvés par lui, qu'il a en vue; il ne les juge pas, il n'affirme rien au delà des phénomènes.

Il y a bien là une sorte de croyance ou de persuasion (πεῖσις)[1]. Mais cette persuasion involontaire et passive (ἐν ἀβουλήτῳ πάθει κειμένη), il la distingue de l'adhésion réfléchie et voulue que d'autres accordent aux prétendues vérités de l'ordre scientifique. C'est ne rien croire que de ne croire qu'aux phénomènes.

Le sceptique ne s'en tient pas là. Il recommande l'action, l'exercice de certains arts. C'est ici que nous voyons apparaître l'idée nouvelle des sceptiques de la dernière période.

Il y a quelque embarras dans les discours de Sextus à ce sujet. Tantôt ce n'est pas seulement la science, mais l'art même

[1] P., I, 22.

(τέχνη) qu'il proscrit; et s'il recommande d'apprendre les arts[1], il a démontré ailleurs fort savamment qu'il est impossible de rien apprendre. Mais il se tire d'affaire par une distinction. L'art qu'il admet est purement empirique, affranchi de tout principe général : c'est une routine. Platon, dans le *Gorgias*, oppose à peu près de la même manière la routine à la science.

Lorsqu'il passe en revue toutes les sciences connues de son temps pour en montrer le néant, Sextus a soin de nous prévenir que ses coups ne visent pas certaines pratiques qui n'ont de la science que l'apparence, et sont uniquement fondées sur l'expérience et l'observation. Autre chose est, par exemple, cette partie de la grammaire qu'on apprend aux enfants, qui leur fait connaître les éléments du discours, les lettres et leurs combinaisons, et qui est l'art de lire et d'écrire; autre chose cette science prétentieuse qui veut connaître la nature même des lettres et leur origine, qui distingue les voyelles et les consonnes et se perd dans une foule de distinctions subtiles[2]. Contre la première il n'a rien à dire: tout le monde convient qu'elle est utile à tous, au savant comme à l'ignorant. De même que la médecine, elle a un grand mérite : elle donne un remède contre l'oubli, et le sceptique lui sait un gré infini de lui permettre de sauver et de transmettre à la postérité ses arguments contre l'autre grammaire.

De même, s'il n'a que sévérité et ironie pour la rhétorique prétentieuse des savants, il n'attaque pas la connaissance des mots ni le bon usage de la langue. Seulement il estime que l'habitude et l'éducation libérale suffisent à les faire connaître[3], et il préfère le langage simple et familier des ignorants aux beaux discours des rhéteurs. Ainsi encore il ne blâme pas l'usage des nombres[4], mais seulement la science arithmétique, et il ne confond pas l'astronomie mathématique, et surtout l'astrologie

---

[1] *P.*, I, 24 : Τεχνῶν διδασκαλία.

[2] *M.*, I, 49-53.

[3] *M.*, II, 77.

[4] *P.*, III, 151.

des Chaldéens avec cette observation pratique qui permet de prédire la pluie, le beau temps et les tremblements de terre [1].

Mais c'est surtout en médecine que cette distinction a une grande importance. La médecine savante, celle des dogmatiques, qui se flatte d'atteindre les causes et de connaître l'essence des maladies, paraît à Sextus vaine et stérile; l'autre, celle des empiriques, ou plutôt encore celle des méthodiques, qui, négligeant toute considération transcendante, se bornent à constater des phénomènes, à en observer la liaison, à en prévoir le retour, lui semble excellente [2]. Il décrit fort bien les procédés de cette dernière [3] : « En médecine, si nous savons qu'une lésion du cœur entraîne la mort, ce n'est pas à la suite d'une seule observation, mais après avoir constaté la mort de Dion, nous constatons celle de Théon, de Socrate et de bien d'autres. » La science empirique [4] diffère de l'autre en ce que ses règles générales sont toujours obtenues à la suite d'un grand nombre d'observations [5] faites directement ou conservées par l'histoire.

Ces passages nous montrent que les médecins sceptiques avaient porté leur attention sur les moyens d'atteindre la vérité dans les sciences d'observation; ils avaient une sorte de logique, fort différente à coup sûr de celle d'Aristote et des stoïciens, ou plutôt une méthodologie, dont les règles et les préceptes formaient un corps de doctrine. Malheureusement, dans les ouvrages de Sextus que nous avons, ces préceptes ne sont indiqués qu'en passant et par allusion : son but étant principalement de combattre le dogmatisme, il n'a pas à insister sur ce sujet. Il est

---

[1] M., V, 1, 2.
[2] P., I, 236. Cf. P., II, 246 : Ἐμπείρως τε καὶ ἀδοξάστως κατὰ τὰς κοινὰς τηρήσεις τε καὶ προλήψεις βιοῦν. Cf. 254. P., II, 236 : Ἐν ἑκάστῃ τέχνῃ τὴν ἐπὶ τῶν πραγμάτων παρακολούθησιν. M., VIII, 288 : Συγχωρήσομεν... ἐν τοῖς φαινομένοις τηρητικήν τινα ἔχειν ἀκολουθίαν καθ' ἣν μνημονεύων τις μετὰ τίνων τεθεώρηται, καὶ τίνα πρὸ τίνων, καὶ τίνα μετὰ τίνα, ἐκ τῆς τῶν προτέρων ὑποτυπώσεως ἀνανεοῦται τὰ λοιπά.
[3] M., V, 104.
[4] M., VIII, 291 : Ἡ ἐν τοῖς φαινομένοις στρεφομένη τέχνη.
[5] Ibid. : Διὰ γὰρ τῶν πολλάκις τετηρημένων ἢ ἱστορημένων ποιεῖται τὰς τῶν θεωρημάτων συστάσεις.

bien probable que si ses ouvrages de médecine nous étaient parvenus, nous aurions sur ces questions de plus amples éclaircissements, et que nous pourrions nous faire une idée à la fois plus exacte et plus précise de ce que nous avons appelé la partie constructive de l'empirisme sceptique.

A défaut du témoignage direct de Sextus, nous trouvons chez Galien des textes précis qui montrent avec la plus grande clarté que les médecins empiriques avaient mûrement réfléchi sur les questions de méthode, et qu'ils avaient une théorie savamment élaborée. Voici les principaux points de cette théorie, tels que nous pouvons les reconstituer d'après le *De sectis* [1] de Galien, et surtout d'après le *De subfiguratione* [2] *empirica* du même auteur.

Les empiriques soutiennent que la science médicale est fondée, non pas, comme le disent les dogmatiques, sur l'expérience unie à la démonstration, mais sur l'expérience seule [3]. Il y a trois sortes d'expériences: l'expérience directe ou première vue (αὐτοψία), appelée aussi par Théodas [4] observation (τήρησις); l'histoire, et le passage du semblable au semblable (ἡ τοῦ ὁμοίου μετάβασις) [5].

L'*observation* ou *autopsie* peut être ou *naturelle*, c'est-à-dire due à une simple rencontre (περίπτωσις), par exemple si un homme souffre de la tête, fait une chute, s'ouvre la veine du front, saigne et éprouve un soulagement; ou *improvisée* (αὐτοσχέδιον), par exemple si, dans une maladie, on éprouve du soulagement ou une aggravation pour avoir bu instinctivement de l'eau ou du vin, en un mot, toutes les fois qu'on essaie un moyen suggéré en songe ou tout autrement; ou enfin *imitative*

---

[1] Édit. Kuhn, vol. I, p. 66 et seq.
[2] Le texte grec de cet ouvrage a été perdu: nous n'avons que des traductions latines qui datent du xiv⁵ siècle. La principale de ces traductions, celle de Nicolaus Rheginus, a été reproduite avec quelques corrections par Bonnet, *De C. Galeni subfig. empir.*, Bonn, 1872.
[3] *Subfig. emp.*, p. 36.
[4] *Ibid.*, p. 39.
[5] *Ibid.*, p. 36. Cf. *De sect.*, vol. I, p. 66.

(μιμητική), si on expérimente à diverses reprises, dans des affections identiques, des moyens quelconques qui ont nui ou soulagé, soit accidentellement, soit par hasard.

Cette dernière forme de l'expérience, surtout lorsqu'elle a été précédée, comme on le verra plus loin, du passage du semblable au semblable et qu'elle est devenue l'expérience savante (τριβική)[1], constitue l'art. Quand on a imité non seulement une ou deux fois, mais très souvent (on ne fixe pas le nombre de cas pour échapper à l'argument du sorite[2]) le traitement qui a soulagé une première fois, et constaté la régularité des effets, on arrive au théorème (θεώρημα), qui est l'ensemble de tous les cas semblables. L'art est la réunion de ces théorèmes ; celui qui les réunit est médecin[3].

Ménodote[4] paraît avoir ici complété la théorie des anciens empiriques. Dans l'observation imitative, on ne doit pas, selon lui, se contenter d'enregistrer les cas favorables ; il faut encore s'assurer si le même remède a produit le même résultat ou toujours, ou le plus souvent, ou si le nombre des succès égale le nombre des échecs, ou si le succès est rare. Faute de prendre cette précaution, on n'a qu'une expérience incomplète et désordonnée, κατὰ μόριον ἐμπειρίαν ἀσύνθετον ὑπάρχουσαν.

Il importe aussi de distinguer avec soin les caractères propres et les caractères communs des maladies et des remèdes. Pour les maladies, il faut considérer d'abord les symptômes. Un symptôme est un cas contraire à la nature[5]. La maladie est un concours (συνδρομή) de plusieurs symptômes qui surviennent,

---

[1] *De sect.*, p. 66 : Τὴν πεῖραν ταύτην τὴν ἑπομένην τῇ τοῦ ὁμοίου μεταβάσει τριβικὴν καλοῦσιν.

[2] *Subf.*, 38.

[3] *De sect., loc. cit.*.

[4] Galien, il est vrai, n'attribue pas expressément cette correction à Ménodote ; mais c'est Ménodote (*Subfig.*, 38) qui a donné son nom à l'expérience incomplète, et, par suite, il semble bien que c'est lui qui a fait le premier la distinction. Ménodote tient une telle place dans le *De subfiguratione empirica* qu'on peut croire qu'il a servi de modèle ou de guide à Galien pour l'exposition de la méthode empirique.

[5] *Subfig.*, 44.

persistent, diminuent et disparaissent en même temps [1]. Les uns sont constants (συνεδρεύοντα), les autres accidentels (συμϐαίνοντα). Il y a aussi des conditions internes ou externes qui doivent entrer en ligne de compte : l'âge, le tempérament, le climat, le sol, la saison [2]. Cette étude attentive de la maladie, fondée sur la simple observation, et en écartant toute considération des causes cachées, s'appelle non la *détermination* [3] (terme dogmatique), mais la *distinction* de la maladie. Elle conduit non à la *définition* (terme dogmatique), mais à la *description* (ὑπογραφή, ὑποτύπωσις).

Cependant la vie est courte. Il est impossible au médecin d'étudier lui-même tous les cas intéressants. Il profitera donc des observations de ses devanciers : c'est l'histoire (ἱστορία).

Tous les empiriques ont fait à l'histoire sa part. Ménodote a donné à leur doctrine, sur ce point, plus de précision et de rigueur. Selon lui [4], il faut soumettre les témoignages à l'examen, tenir compte de leur accord entre eux, de la situation et de la valeur morale des témoins, enfin et surtout, de la concordance des faits attestés avec ceux qu'on peut directement observer.

Enfin, il y a des maladies que nous n'avons jamais observées et que l'histoire ne nous fait pas connaître. Il y a des remèdes dont on n'a pu vérifier directement l'efficacité ou qu'on ne peut se procurer; là intervient le passage du semblable au semblable (ἡ τοῦ ὁμοίου μετάϐασις). Ce passage se fait de plusieurs manières [5] : d'après la ressemblance des parties du corps : le remède qui a réussi au bras pourra réussir à la jambe; d'après la ressemblance des maladies dans les mêmes parties du corps : on

---

[1] *Subfig.*, 45.

[2] *De sect.*, 74, 89.

[3] *Subfig.*, 48. C'est bien probablement encore Ménodote qui a prescrit la substitution de termes rigoureusement empiriques aux expressions dogmatiques antérieurement usitées. On en verra plus loin un autre exemple à propos de l'épilogisme.

[4] *Ibid.*, 51.

[5] *Ibid.*, 54. Cf. *De sect.*, 68.

traitera de la même manière la diarrhée et la dysenterie; enfin d'après la ressemblance des remèdes. Il faut avoir soin seulement, quand on veut substituer un remède à un autre, de tenir compte des différences en même temps que des ressemblances. L'expérience montre en effet que les ressemblances de forme, de couleur, de dureté, de mollesse, assurent rarement la ressemblance des effets. Il en est autrement des ressemblances d'odeur et de saveur, surtout si ces deux derniers caractères sont réunis.

Ici encore, Ménodote a perfectionné la théorie empirique. Le passage du semblable au semblable était aussi admis par les dogmatiques, mais dans un tout autre esprit. Les dogmatiques prétendaient tirer leurs conclusions de la nature intime du fait observé; ils se flattaient d'atteindre l'essence des choses et d'arriver à la vérité par la seule force du raisonnement. Ils se fondaient, comme nous dirions aujourd'hui, sur des principes *a priori*. Suivant les empiriques [1], l'induction (car c'est bien l'induction que les anciens appellent passage du semblable au semblable) ne repose sur aucun principe logique. Elle ne suppose ni [2] que le semblable doive produire le semblable, ni que le semblable réclame le semblable, ni que les semblables se comportent semblablement. Seule, l'expérience nous a appris que, dans des cas semblables, des remèdes semblables ont réussi. Et, pour bien marquer cette différence, que Ménodote n'a pas inventée, mais sur laquelle il insiste plus que personne, il veut que les empiriques se distinguent des dogmatiques, même dans les mots: le raisonnement qui permet de passer du semblable au semblable s'appellera non pas, comme le veulent les dogma-

---

[1] Galien, *Therap. meth.*, 7. Kuhn, vol. X, p. 126: Εὑρίσκεται μὲν καὶ τῆς πείρας τὸ ἀκόλουθον, ἀλλ᾽ οὐχ ὡς ἐμφαινόμενον τῷ ἡγουμένῳ· καὶ διὰ τοῦτο τῶν ἐμπειρικῶν οὐδεὶς ἐμφαίνεσθαί φησι τῷδέ τινι τόδε τι· καίτοι γε ἀκολουθεῖν λέγουσι τόδε τῷδε καὶ προηγεῖσθαι τόδε τοῦδε καὶ συνυπάρχειν τόδε τῷδε, καὶ ὅλως ἅπασαν τὴν τέχνην τήρησίν τε καὶ μνήμην φασὶν εἶναι τοῦ τί σὺν τίνι, καὶ τί πρὸ τίνος καὶ τί μετὰ τίνος πολλάκις ἑώραται. Τὸν τοίνυν ἐξ αὐτῆς τῆς τοῦ πράγματος φύσεως ὁρμώμενον ἐξευρίσκειν τὸ ἀκόλουθον ἄνευ τῆς πείρας ἐνδείξεως καὶ εὑρέσεὶν ἐστι πεποιῆσθαι. Cf. *De opt. sect.*, 14. K., I, 149.

[2] *Subfig.*, 54.

tiques, *analogisme*, mais *épilogisme* [1]. Par là, il sera bien entendu qu'il ne s'agit pas d'une *démonstration*, mais d'une simple constatation de *successions*.

De plus, et c'est un point capital, Ménodote [2] estime que le passage du semblable au semblable fait connaître non la réalité, mais la possibilité. Tant que l'expérience n'a pas prononcé, on ne dépasse pas la vraisemblance. L'induction n'est pas la découverte (εὕρεσις). En revanche, aussitôt que l'expérience a vérifié les conclusions tirées de la ressemblance, n'eût-on fait qu'une seule expérience, on possède une certitude complète [3]. Par là, l'expérience savante (τριβική) diffère de l'expérience imitative, qui exige que la même observation ait été fréquemment répétée.

En même temps qu'il insiste sur l'origine empirique de toute connaissance médicale, Ménodote se distingue avec soin de ceux qui se contentent d'une simple routine et ne font aucun usage du raisonnement [4]. Entre le dogmatisme, qui, à l'aide des seuls raisonnements logiques, prétend arriver à la vérité, et l'érudition sans critique, qui se borne à amasser des faits, il y a un moyen terme : on peut faire une place à la raison sans lui faire une place exclusive [5]. Le véritable empirique constitue un art; il instruit les autres [6]. Ménodote [7] appelle *tribacas* et *tribonicos* les observateurs irréfléchis qui s'en tiennent aux seules données de l'expérience. Pour parler le langage moderne, c'est vraiment la méthode expérimentale, et non le vulgaire empirisme, dont il trace les règles.

---

[1] *Subfig.*, 66 : « Vocans epilogismum hoc tertium. » Cf. 48. Cf. Sprengel, *op. cit.*, p. 621. Le mot *épilogisme* n'est pas nouveau; on le trouve chez Aristote et Épicure. Mais la signification particulière qu'il prend chez les empiriques paraît dater de Ménodote.

[2] *Ibid.*, 53, 55.

[3] *Ibid.*, 53, 55.

[4] *Ibid.*, 49 : « ... Differt maxime ab eo qui irrationalem eruditionem pertractat. »

[5] *Ibid.*, 66 : « Menodotus, multotiens quidem introducens aliud tertium præter memoriam et sensum, nihil aliud ponens quam epilogismum... »

[6] *Ibid.*, 49 : « Constituit artem, et docet alios. »

[7] *Ibid.*, 50. Il distingue les *tribacas* et *tribonicos* des *tribones*, qui sont les seuls vrais savants.

L'EMPIRISME. — PARTIE CONSTRUCTIVE.

Telle est, dans ses traits essentiels, la méthode des médecins empiriques. Il serait intéressant de savoir s'ils l'ont découverte ou empruntée, et à quelle époque ces idées se sont introduites dans la philosophie grecque. Sur ce point, nous ne pouvons nous flatter d'arriver à des conclusions certaines ; il est possible, du moins, de réunir quelques probabilités.

La secte empirique fut fondée, suivant Celse [1], par Sérapion d'Alexandrie, qui vécut au milieu du III° siècle avant J.-C., et, suivant Galien [2], par Philinus de Cos (contemporain de Ptolémée Lagi, 323-283). En tout cas, vers 280-250, l'école était formée.

Le médecin Glaucias [3], dans un livre intitulé *le Trépied*, exposa les trois procédés de l'expérience que nous avons décrits ci-dessus (αὐτοψία, ἱστορία, ἡ τοῦ ὁμοίου μετάβασις).

D'autre part, nous savons que les épicuriens avaient adopté une méthode tout à fait analogue : nous en avons la preuve dans ce qui nous a été conservé de Zénon l'Épicurien, contemporain et maître de Cicéron, dans le livre de Philodème Περὶ σημείων καὶ σημειώσεων, retrouvé à Herculanum. Selon Épicure, ni les sens tout seuls, quoique leurs données ne soient point fausses, ni la démonstration, ne nous permettent d'arriver à la vérité. Mais les sens fournissent les premiers matériaux indispensables de la science : la mémoire réunit les faits et prépare l'anticipation (πρόληψις) ; vient alors le raisonnement (λογισμός), nécessaire avec les données des sens pour atteindre la réalité (par exemple dans la preuve de l'existence du vide). Zénon, modifiant la doctrine d'Épicure [4], ajouta le passage du semblable au semblable (expression qu'il emprunta vraisemblablement aux empiriques)[5] ; cette opération permet, suivant lui, de connaître, d'après les propriétés communes des choses visibles, la nature

---

[1] *Medic. proœm.*
[2] *Subfig.*, 35. Cf. Pseud.-Galen., Kuhn, vol. XIV, p. 683.
[3] *Subfig.*, 63.
[4] Philippson, *De Philodemi libro qui est* Π. σημείων καὶ σημειώσεων, p. 29, 33. Berlin, Buchdruckerei-Actien-Gesellschaft, 1881.
[5] *Ibid.*, p. 42, 56.

des choses invisibles (φύσει ἄδηλα). Zénon ne paraît pas cependant avoir rien fait pour l'induction, qui ressemble aux travaux d'un Bacon ou d'un Stuart Mill ; il ne s'éleva guère[1] au-dessus de l'induction *per enumerationem simplicem*.

Entre les épicuriens et les empiriques, il y avait pourtant des différences. Pour les épicuriens, l'anticipation[2] se fait toute seule, naturellement. Pour les empiriques, il faut répéter fréquemment la même observation : l'attention et la réflexion sont nécessaires. Mais surtout l'épicurien se flatte par ce moyen d'atteindre au delà des phénomènes les réalités ou les causes ; l'empirique, au contraire, borne la connaissance aux phénomènes et, plus hardi dans la négation que les sceptiques, déclare les causes incompréhensibles.

Il n'est pas possible qu'Épicure ait emprunté sa méthode aux empiriques, puisque son livre fut écrit vers la fin du IVe siècle et que l'école empirique ne fut ouverte que vers 280-250. On pourrait supposer que les empiriques ont fait des emprunts aux épicuriens, s'il n'était bien plus naturel de croire que les uns et les autres ont puisé à une source commune.

Nous voyons, en effet, qu'avant Glaucias, Nausiphanes[3], qui fut le maître d'Épicure, avait écrit un livre intitulé *le Trépied*. C'est vraisemblablement de ce livre que s'inspirèrent et Épicure et Glaucias.

Est-il possible de remonter encore plus haut ? Suivant une conjecture ingénieuse et plausible de Philippson[4], Aristote serait le maître dont se serait inspiré Nausiphanes. On trouve, en effet, chez le Stagyrite[5], la description des procédés employés plus tard par les épicuriens et les empiriques, et ils sont présentés en des termes presque identiques. Pour Aristote, comme pour les empiriques, la science commence par la sensation (αἴσθησις), continue par la mémoire (μνήμη πολλάκις τοῦ αὐτοῦ

[1] Philippson, 41.
[2] Cic., *Nat. deor.*, I, XVII, 45.
[3] Diog., X, 14.
[4] *Op. cit.*, p. 51.
[5] *Analyt. poster.*, in fine.

γενομένου, Arist.; μνήμη τῶν πολλάκις ὡσαύτως ὀφθέντων, Empir.), s'achève par la comparaison des semblables (ἡ τοῦ ὁμοίου θεωρία, Arist.[1]; ἡ τοῦ ὁμοίου μετάβασις, Empir.). La science, ou l'art, est définie par Aristote : πολλὰ τῆς ἐμπειρίας ἐννοήματα[2]; par les empiriques : πολλαὶ ἐμπειρίαι.

Est-il possible de faire encore un pas de plus et de trouver avant Aristote les premiers linéaments de la méthode empirique? Les documents nous font défaut, et il faut borner là nos recherches[3].

Mais si la méthode empirique, envisagée en ce qu'elle a d'essentiel, est fort ancienne, il est un point que les historiens de la philosophie n'ont pas assez mis en lumière : c'est que Ménodote paraît être le premier qui ait donné à cette méthode une précision et une rigueur scientifique. Jusqu'à lui, il semble bien que les empiriques se soient contentés d'indications un peu vagues et sommaires; ils faisaient grand cas de l'observation, mais ne dépassaient guère ce que Bacon appelle *experientia vaga*. La grande place que Ménodote tient dans le *De subfiguratione empirica* de Galien donne à penser que c'est d'après lui que Galien décrit la méthode empirique[4]. En tout cas, plusieurs des corrections les plus importantes apportées à cette méthode lui sont formellement attribuées. C'est Ménodote qui prescrit de soumettre à une critique attentive les renseignements historiques, au lieu de les admettre tous indistinctement sur la foi du pre-

---

[1] *Top.*, I, xvi, 8.

[2] *Métaph.*, I, i, 5.

[3] On peut admettre, avec Philippson (p. 55), qu'Aristote ayant attribué par voie de conséquence à Démocrite cette doctrine que les apparences sensibles sont vraies (ce que lui-même n'aurait pas admis) (cf. Zeller, t. I, p. 822). Nausiphanes s'appropria cette manière de voir, qui fut aussi par la suite celle d'Épicure.
Natorp (*op. cit.*, p. 147 et seq.) retrouve chez Platon lui-même nombre de passages (notamment *Gorg.*, 501, A., et *Rep.*, VII, 516, C.) où il est fait allusion à une sorte d'empirisme. Avec beaucoup de subtilité et d'ingéniosité, Natorp fait remonter jusqu'à Protagoras l'origine de la méthode empirique. Tout ce que nous pouvons lui accorder, c'est que Protagoras a eu le pressentiment de ce que devait être cette méthode. Rien n'autorise à lui attribuer sur ce point des vues précises et des idées arrêtées comme celles qu'on trouve chez les empiriques.

[4] Natorp (p. 156) incline vers la même opinion.

mier venu. C'est probablement lui qui, dans l'expérience imitative (ce que nous appelons l'expérimentation), recommande de tenir compte exactement des échecs et des succès, en d'autres termes, d'introduire, avec la mesure et le calcul, la rigueur scientifique. C'est lui[1], enfin, qui considère le passage du semblable au semblable comme donnant seulement la probabilité, et non la certitude, aussi longtemps du moins que les conclusions ne sont pas confirmées par des expériences expressément instituées pour les vérifier. En même temps, il modifie la terminologie, substituant des termes purement empiriques aux expressions équivoques qui avaient servi jusque-là aux dogmatiques et aux empiriques. Avec toute raison, selon nous, Philippson, en décrivant la méthode des empiriques, évoque le nom de Stuart Mill. Mais ce n'est pas aux empiriques en général, c'est à Ménodote qu'il faut faire cet honneur: c'est lui qui a eu, aussi clairement qu'on le pouvait à cette époque, et en s'occupant d'une science telle que la médecine, qui aujourd'hui encore ne comporte guère une rigoureuse application des procédés de la méthode inductive, quelques-unes des vues les plus importantes du logicien anglais. Il est aussi un autre nom qui vient à l'esprit quand on considère l'œuvre du médecin grec : c'est celui de notre Claude Bernard. Qu'est-ce autre chose, en effet, que ces ressemblances qui font connaître le possible, non le réel, et ne donnent que la probabilité tant que l'expérimentation n'a pas prononcé, sinon l'hypothèse si bien décrite par le savant français et dont le rôle essentiel dans la science a été si victorieusement démontré par ses théories et ses découvertes? En tout cas, si un tel rapprochement paraît trop ambitieux, on ne peut contester que Ménodote a fait preuve d'un véritable esprit scientifique, qu'il a eu l'idée nette et précise de ce que devait être la méthode

[1] Un fait qui montre bien l'originalité de Ménodote et confirme la supposition que nous avons émise en disant que c'est par Ménodote que s'est faite la conciliation du scepticisme et de l'empirisme, c'est que le pyrrhonien Cassius combattait l'emploi de l'ἐπσίου μετάβασις (Gal., Subf. emp., 40). C'est Théodas et Ménodote qui ont soutenu les premiers parmi les sceptiques la légitimité de ce raisonnement.

expérimentale. Et il a eu le rare mérite de ne pas exagérer le rôle de l'expérience, d'éviter le pur empirisme. Sa méthode est celle qui éclaire et féconde l'expérience par le raisonnement, et se défie d'une vaine dialectique sans se borner à amasser des faits. C'est la vraie.

Ce que nous savons avec certitude de Ménodote et des empiriques, avons-nous le droit de l'étendre à tous les sceptiques? La méthode que nous venons de résumer, et qui est celle des empiriques, est-elle aussi celle des sceptiques, et notamment celle de Sextus Empiricus? Aucun doute ne peut s'élever sur ce point. Si Ménodote est médecin, il est en même temps un des chefs de l'école sceptique. Sextus Empiricus, en même temps qu'il est sceptique, est médecin. D'après son propre témoignage [1], il s'inspire de Ménodote. Son nom même indique à quelle secte il appartient. S'il lui arrive de critiquer les empiriques [2] et de se séparer d'eux pour se rapprocher des méthodiques, c'est sur un point seulement; et d'ailleurs les méthodiques ne procèdent guère autrement que les empiriques. S'il ne décrit pas la méthode empirique dans les ouvrages que nous avons de lui, c'est que ce n'était point son sujet. Très vraisemblablement ses livres de médecine, si nous les possédions, nous montreraient que, sur les questions de méthode, rien ne sépare Ménodote et Sextus. Même, à nous en tenir aux seuls ouvrages que nous ayons, toute la théorie des signes commémoratifs, chez Sextus, est évidemment la même que celle des empiriques. Enfin, dans le livre des *Hypotyposes*, on trouve un très curieux chapitre [3] qui est tout imprégné de l'esprit de Ménodote: c'est celui où l'auteur montre que le seul moyen de résoudre les sophismes qui ont tant embarrassé les dialecticiens est de recourir à l'observation et à l'expérience. On nous dit [4] de même que Ména-

[1] *P.*, I, 222.
[2] Voy. ci-dessus, p. 316.
[3] *P.*, II, 229.
[4] Galen., *Subfig.*, 66; *De sectis*, vol. I, p. 77.

dote regardait l'*épilogisme* comme un excellent moyen de réfuter les sophismes.

Nous sommes donc en droit d'affirmer que toute la théorie de la méthode est le bien commun [1] des empiriques et des sceptiques et que les livres de Sextus que nous avons ne nous montrent qu'une face de l'empirisme sceptique. A côté de la science qu'ils nient, il y a une sorte de science, ou d'art, en laquelle les sceptiques ont confiance. Une exposition complète de leur doctrine doit donc renfermer, outre la partie destructive que nous avons résumée, une partie constructive [2], sur laquelle nous n'avons malheureusement que des indications incomplètes.

Ces deux parties peuvent-elles se concilier l'une avec l'autre? N'y a-t-il pas contradiction à combattre le dogmatisme, comme le fait Sextus, pour admettre ensuite une science ou un art, même empirique? Nous le croyons, pour notre part. Cet art empirique, que Sextus oppose à la science théorique, au fond et sans s'en rendre un compte exact, il l'entend autrement qu'il ne le définit et qu'il ne le faudrait pour que sa distinction fût tout à fait légitime. A une seule condition, en effet, cette distinction pourra être maintenue : c'est que, dans l'art empirique, les assertions qu'on se permet, la persuasion où l'on est, s'appliquent uniquement à des phénomènes et ne les dépassent en aucune façon. En est-il ainsi chez Sextus? Il ne le semble pas.

---

[1] Natorp (p. 146, 2) nous paraît se tromper lorsqu'il fait une différence entre la τηρητική ἀκολουθία des sceptiques et l'expression analogue, à propos des empiriques, qu'on trouve chez Galien, X, 126. La signification des deux expressions est visiblement la même. Cf. Sextus, M., VIII, 288. Il ne paraît pas non plus qu'on puisse tirer aucune conclusion de l'absence, dans les rares documents empiriques que nous avons, des expressions ἀνεπίκρισις et ἀνεπικρίτως. Natorp reconnaît d'ailleurs la conformité de la doctrine de Sextus à celle des empiriques.

[2] Nous avons été heureux de trouver dans le livre de Natorp (p. 157, et *passim*) des vues analogues. Natorp admet comme nous et démontre avec beaucoup de force qu'il y a, dans le scepticisme, une partie positive, une tendance scientifique. Il soutient seulement que cette tendance se manifeste dès le début du pyrrhonisme : il la trouve chez Énésidème, chez Timon (p. 158), même chez Protagoras. Nous croyons qu'elle ne s'est montrée que plus tard. En tout cas, à partir de Ménodote, elle est incontestable.

L'art de la médecine, en effet, pour ne parler que de celui-là, tel qu'il l'entend et le pratique, ne s'arrête pas scrupuleusement à la constatation des phénomènes ; il s'élève, les textes cités en sont la preuve, jusqu'à des propositions générales (θεωρημάτων συστάσεις). Il arrive même que Sextus, oubliant tous les arguments qu'il a répétés à la suite d'Ænésidème, se laisse aller à parler de la découverte de la cause (αἴτιον) d'une maladie. Et ce n'est pas ici une chicane de mots que nous lui cherchons. Ce n'est pas seulement le mot qui est employé par lui : il a l'idée que ce mot exprime. Y a-t-il d'ailleurs une médecine possible, si on renonce à connaître des lois générales, des règles qui permettent de profiter de l'expérience passée et d'en appliquer les résultats au présent et à l'avenir ? Mais, dès qu'on s'élève à la connaissance des lois, qu'on le veuille ou non, on dépasse l'expérience proprement dite ; on prête un caractère d'universalité et de nécessité aux phénomènes observés ; on introduit un élément rationnel dans la connaissance ; on renonce au phénoménisme sceptique. C'est, bon gré, mal gré, une sorte de dogmatisme. On est, si l'on veut, dogmatiste autrement que ceux qui affirment des réalités intelligibles et absolues : on n'est plus tout à fait sceptique.

Soyons indulgents pourtant pour l'erreur où Sextus est tombé, car nous voyons encore aujourd'hui nombre de philosophes commettre la même faute de raisonnement. Il y a, en effet, entre les doctrines du médecin sceptique et le positivisme moderne, des analogies qu'il importe de signaler.

II. La description que fait Sextus de la méthode d'observation, son passage du semblable au semblable font penser naturellement à la théorie de J. Stuart Mill sur les inférences du particulier au particulier [1]. Ces ouvriers qui jettent les couleurs de manière à produire les plus magnifiques teintures, et sans pouvoir rendre raison de ce qu'ils font ; ce gouverneur de

---

[1] *Système de logique*, t. II, III, 3, p. 213, trad. Peisse, Paris, Ladrange.

colonie, d'un bon sens pratique, auquel lord Mansfield recommande de rendre la justice sans jamais motiver ses arrêts, ne possèdent-ils pas une sorte de connaissance empirique fort analogue à celle dont Sextus admet la possibilité? En considérant les lois comme des faits généralisés, en expliquant les principes les plus généraux de la science par l'association des idées qui n'est qu'un prolongement de l'expérience, les logiciens anglais ont bien, comme Sextus, la prétention de s'en tenir aux phénomènes et de n'y rien ajouter. Avec plus de précision et une analyse psychologique incomparablement supérieure à tout ce que Sextus pouvait tenter, Stuart Mill et M. Bain reprennent la même thèse : leur phénoménisme est, au fond, la même chose que l'empirisme de Sextus.

C'est surtout contre la philosophie considérée comme science des causes et des substances, c'est-à-dire ce que nous appelons aujourd'hui la métaphysique, que sont dirigés les arguments des sceptiques ; et s'ils visent aussi toutes les sciences, s'ils attaquent les physiciens autant que les métaphysiciens, c'est que la science, telle qu'on la concevait alors, ne se séparait pas de la métaphysique : elle procédait, comme elle, *a priori* et montrait le même dédain de l'expérience. Si les médecins sceptiques s'étaient trouvés en présence d'une science comme la physique moderne, fondée uniquement sur l'observation et l'étude directe des phénomènes, ils s'y seraient certainement ralliés. Leur langage est à peu près celui que tiennent aujourd'hui les positivistes : ne disent-ils pas que, s'il y a des substances et des causes, il est impossible d'en rien savoir et qu'il ne faut dire ni qu'elles sont, ni qu'elles ne sont pas?

Les positivistes protesteraient peut-être contre le nom de sceptiques, et ils en auraient le droit, car ils affirment beaucoup, et quelquefois trop de choses. Les sceptiques, de leur côté, repoussaient le nom de savants. Mais la différence est ici dans les mots plutôt que dans les choses. Tout positiviste est sceptique, au sens où l'entendaient les médecins comme Sextus ; tout sceptique était positiviste, au sens que donnent aujourd'hui à ce mot ceux qui l'ont inventé. Les uns sont sceptiques en métaphysique, les autres ne sont sceptiques qu'en métaphysique : c'est bien près d'être la même chose.

Il y a toutefois des différences qu'il ne faut pas omettre. Les sceptiques usent et abusent de la dialectique d'une manière que ne saurait approuver aucun positiviste. Par là, ils tiennent encore aux doctrines qu'ils combattent : c'est en métaphysiciens qu'ils luttent contre la métaphysique. C'est qu'ils n'avaient pas d'autres armes à leur disposition. Ils auraient raisonné autrement, si les progrès des sciences de la nature leur avaient fourni d'autres raisons. Mais, par des moyens différents, ils tendent au même but ; l'esprit qui les anime est le même. Pour les uns, comme pour les autres, la grande affaire est de détourner l'activité de l'esprit des études purement théoriques, pour l'amener aux questions pratiques : ils sont également utilitaires.

En outre, les thèses négatives tiennent, chez les sceptiques, bien plus de place que chez les positivistes. Les noms des doctrines sont, à cet égard, très significatifs. Les sceptiques insistent surtout sur leur doute, ils le soulignent. Les positivistes, au contraire, ont surtout la prétention d'être dogmatistes : ce sont leurs affirmations qu'ils mettent en avant ; leurs doutes restent au second plan. Toutefois, en allant au fond des choses, on a pu se demander si leur doctrine n'est pas surtout une doctrine de négation. Mais, sans insister ici sur cette question, ce qu'il y a, à notre sens, d'essentiel dans le positivisme, c'est la ligne de démarcation qu'il a tracée entre la métaphysique et la science : c'est l'affranchissement de la science qu'il a proclamé. Nous savons bien que cette vue ne lui appartient pas en propre : Descartes avait eu le sentiment de l'indépendance de la science à l'égard de la métaphysique ; Kant en avait eu l'idée claire, et, bien avant ces philosophes, les savants du XVIIe et du XVIIIe siècle avaient fait mieux : ils avaient constitué la science sans se préoccuper des problèmes métaphysiques. Néanmoins, si les positivistes n'ont pas eu cette idée, qui n'est plus, croyons-nous, contestée par personne, ils se la sont en quelque sorte appropriée par l'ardeur avec laquelle ils l'ont défendue, par l'importance, exagérée souvent, qu'ils lui ont attribuée, par les conséquences, souvent excessives, qu'ils en ont tirées. Or, cette idée, qui est le fond de leur doctrine, et peut-être toute leur doctrine, les sceptiques l'ont eue comme eux. Certes, ils ne s'en sont pas rendu un compte exact et n'ont pas su en tirer grand parti : par là, ils demeurent fort au-dessous de leurs modernes continuateurs. Ils sont pourtant les véritables ancêtres du positivisme. Quelque opinion, d'ailleurs, qu'on ait sur ce point, ce qui est incontestable, c'est qu'ils ont essayé de fonder un art pratique tout à fait analogue à ce que nous appelons aujourd'hui la science positive, ne relevant que de l'expérience et n'ayant besoin, pour se constituer, d'aucune solution métaphysique. Ce n'est pas un mince mérite : ils réalisaient en cela un véritable progrès et devançaient l'esprit moderne.

Peut-être n'est-ce pas par insuffisance de génie qu'ils n'ont pas tiré de leur idée un meilleur parti : s'ils avaient cherché leur art pratique plutôt dans la physique que dans la médecine, ou si cet art avait pu réunir un assez grand nombre de propositions évidentes ou vérifiées, peut-être se seraient-ils enhardis à lui donner le nom de science. Malheureusement, c'est à la médecine, la plus complexe de toutes les sciences de la nature et qui, aujourd'hui même, commence à peine à devenir une science expérimentale, qu'ils se sont d'abord attachés : leurs efforts n'ont pas été et ne pouvaient pas être assez tôt couronnés de succès pour justifier une telle hardiesse. Il ne leur a manqué peut-être que d'arriver par un autre chemin au point qu'ils ont atteint, pour doter l'esprit humain, quelques siècles plus tôt, de la méthode expérimentale.

En revanche, il est une question où les sceptiques nous paraissent reprendre l'avantage. Cette réserve, cette sorte de pudeur logique, qui leur interdit d'usurper le nom de science pour une doctrine fondée uniquement sur l'expérience, leur conserve une physionomie à part et les distingue nettement de tous les modernes. De nos jours, on est porté à dire que, seuls, les phénomêmes sont objets de science; pour les anciens, il ne pouvait y avoir de science là où il n'y a que des phénomènes. Ils se faisaient de la science une trop haute idée pour admettre un instant qu'elle pût avoir affaire à autre chose qu'à l'absolu, qu'à l'immuable. Pour eux, il n'y a de science que de ce qui ne passe pas : la science est essentiellement inébranlable, et ils n'auraient pas admis qu'on désignât de ce nom, comme le fait par exemple Stuart Mill, des vérités qui pourraient être autres, si nous étions autrement constitués, et cessent peut-être d'être vraies « dans un des nombreux firmaments dont l'astronomie sidérale compose l'univers ». Voilà pourquoi les sceptiques se sont contentés du nom d'art, d'observation pratique. Même en niant la science, ils s'en faisaient une idée plus haute que ceux qui s'en montrent aujourd'hui les plus zélés apologistes.

Voilà donc le caractère distinctif, l'idée principale des derniers sceptiques. Ils n'ont si vivement attaqué la philosophie et la science que pour faire place à cette autre science qu'ils pressentent, mais qu'ils n'ont point faite. Leur doctrine est un positivisme qui n'a pas trouvé sa formule.

Par là, outre les différences qui ont déjà été signalées entre l'ancien et le nouveau scepticisme, on voit que les deux doctrines ont des tendances sensiblement différentes. Le but de l'ancien scepticisme est de conduire à l'ataraxie : il se propose une fin purement morale. Son idéal est l'homme affranchi de tout souci et de toute pensée, détaché de tout ce qui l'entoure, presque étranger au monde où il vit. Le nouveau sceptique ne renonce pas à cette tradition : c'est bien encore la pratique qu'il oppose à la théorie. Mais il l'entend autrement. Il se mêle au monde et prend intérêt aux choses qui s'y passent. Il exerce une profession ; il est observateur, attentif, prudent et avisé ; il a de l'expérience et sait s'en servir. L'ancien sceptique est désintéressé ; le nouveau est utilitaire. Le premier n'enseigne que le moyen d'être heureux ; le second apprend à être habile, et s'il néglige les choses inutiles, c'est pour s'attacher d'autant mieux aux biens positifs.

L'un a des amis; l'autre, une clientèle. Le mot indifférence (ἀδιαφορία), que Pyrrhon avait toujours à la bouche, ne se trouve pas une fois dans les trois gros livres de Sextus. La doctrine a fait du chemin depuis le pauvre ascète Pyrrhon jusqu'au savant médecin Sextus Empiricus.

CHAPITRE IV.

LE PYRRHONISME ET LA NOUVELLE ACADÉMIE.

Qu'il y ait entre le scepticisme et la nouvelle Académie des analogies suffisantes pour que l'historien soit autorisé à réunir sous un même titre l'étude de ces deux écoles, c'est ce qui ne saurait être contesté. Mais jusqu'où vont ces analogies? Y a-t-il aussi des différences notables, ou bien, à aller au fond des choses, est-ce la même doctrine que, sous des noms différents, les deux écoles ont défendue? C'est une question que les Grecs, au témoignage d'Aulu-Gelle [1], avaient souvent agitée, et qui les divisait. Les historiens modernes sont aussi partagés. Comme les sceptiques de l'école d'Ænésidème ont fait de grands efforts pour se distinguer de ceux qu'ils regardaient comme des rivaux, nous devrons, avant d'essayer à notre tour de résoudre la question, indiquer les raisons qu'ils ont invoquées.

I. On a vu plus haut [2] que, d'après le résumé de Photius, Ænésidème, au début de son livre, énumérait avec complaisance les différences qui séparent les deux écoles. Les nouveaux académiciens sont dogmatistes; ils affirment certaines choses comme indubitables, ils en nient d'autres sans réserve. Le sceptique n'affirme et ne nie rien : il ne dit pas que rien ne soit compréhensible; il en doute. Pour lui, rien n'est vrai, ni faux, vraisemblable, ni invraisemblable.

En outre, les nouveaux académiciens se contredisent sans s'en apercevoir. Ils distinguent le vraisemblable et l'invraisemblable, le bien et le mal. Mais de deux choses l'une : ou on

---

[1] N. A., XI, 5.
[2] P. 248.

ignore ce qui est vrai et ce qui est faux, ce qui est bien et ce qui est mal, et alors il faut dire que tout est incompréhensible ; ou on peut faire clairement cette distinction, soit par les sens, soit par la raison, et alors il faut dire avec les autres philosophes que tout est compréhensible.

Sextus Empiricus[1] reprend les mêmes arguments, et en ajoute un autre. Tandis que les académiciens distinguent des degrés dans la probabilité, les sceptiques déclarent que toutes les représentations sont égales, et qu'aucune ne mérite l'assentiment. Il est vrai que dans la vie pratique il faut choisir entre le bien et le mal. Mais ce choix, les académiciens le font parce que le bien leur paraît plus vraisemblable ; les sceptiques le font sans se prononcer, sans opinion (ἀδοξάστως), simplement pour ne pas rester inactifs. Par suite, on peut bien dire que sceptiques et académiciens donnent également leur assentiment à certaines représentations ; mais Carnéade et Clitomaque le donnent de propos délibéré, par réflexion ; ils le donnent de tout cœur[2] (μετὰ προσκλίσεως σφοδρᾶς). Les sceptiques suivent leurs idées sans conviction et sans choix ; ils se bornent à ne pas résister : ils obéissent à la coutume et à leurs instincts, presque machinalement, comme l'enfant suit son pédagogue.

Nous ne sommes pas surpris que ces raisons n'aient pas paru décisives aux anciens, et qu'on ait persisté à mettre les académiciens et les sceptiques à peu près sur le même rang. Incontestablement la position prise par les sceptiques est au point de vue logique plus facile à défendre. N'affirmant rien au delà des phénomènes actuellement donnés, ils ne donnent aucune prise. Il est plus rigoureux de dire : Je ne sais pas s'il y a une vérité, que d'affirmer qu'il n'y en a pas. Mais si, négligeant la forme extérieure de l'argument, on va au fond des choses, il faut bien convenir que les deux théories reviennent au même[3]. Ni l'une

[1] P., I, 226.
[2] P., I, 230.
[3] Nous ne pouvons nous empêcher de penser que Saisset (p. 71) prend un peu trop au sérieux la distinction faite par Énésidème, et qu'il fait à ce philosophe la

ni l'autre n'accorde à l'esprit humain le pouvoir de connaître le vrai : et c'est là l'essentiel. Disons, si l'on veut, que les deux écoles ne diffèrent que comme les espèces d'un genre. Au surplus, nous avons vu qu'Ænésidème avait commencé par être académicien, et que son livre était dédié à un autre académicien, Tubéron.

Quant à l'assentiment que réclame la vie pratique, la distinction faite par Sextus a son importance. Toutefois, que ce soit pour une raison ou pour une autre, il est certain que sceptiques et académiciens donnent en certains cas leur assentiment, et en cela ils se ressemblent. C'est parce que nous y sommes forcés par les exigences de la vie pratique, disent les sceptiques. Mais ce n'est pas pour une autre raison que les académiciens, du moins ceux qui suivent Clitomaque, préfèrent aux autres les représentations qui s'accordent entre elles. Il y a une différence, si l'on veut, puisque le choix imposé par les conditions de l'action est guidé chez les académiciens par une règle, laissé au hasard ou au caprice de la coutume chez les sceptiques : mais il faut beaucoup de bonne volonté pour voir là une distinction capitale.

Bien mieux, le scepticisme, dans sa dernière période, n'a-t-il pas fait à peu près la même chose, lorsqu'il a cherché dans l'expérience, dans la reproduction constante des mêmes séries de phénomènes, un moyen d'en prévoir le retour? Ce n'est pas la science, si on veut, mais c'est une sorte de probabilité. L'association des idées, telle que la décrit Sextus, ressemble de bien près à l'accord des idées tel que le définit Carnéade.

On peut donc dire que Sextus, embarrassé par le formalisme sceptique, et cherchant des différences dans les termes mêmes dont se servaient les académiciens, a mal défendu sa cause. C'est moins dans les formules qu'il faut chercher la différence entre

part trop belle. Nous ne croyons pas non plus qu'il y ait lieu de distinguer les académiciens et les sceptiques, en ce sens que les premiers auraient nié même les phénomènes internes. Ce qu'ils niaient, d'accord avec les sceptiques, c'est la faculté de connaître la réalité absolue. Ils nient si peu les phénomènes internes, que c'est là qu'ils trouvent les degrés de la probabilité : c'est l'ordre ou l'accord des représentations, principe tout subjectif, qui leur sert de fil conducteur.

les deux écoles que dans l'esprit qui les anime, dans leurs tendances, dans leurs méthodes.

II. Parmi les modernes, plusieurs historiens ne les regardent pas comme fort éloignées l'une de l'autre. Bayle les confond à peu près : Zeller n'est pas loin d'en faire autant[1]. Cependant l'historien anglais Maccoll[2] se prononce dans un sens tout différent : et les raisons qu'il invoque valent la peine d'être examinées.

Suivant Maccoll, les deux sectes diffèrent par leur origine, par leur objet, par leur méthode. Le pyrrhonisme paraît à une époque où la Grèce, épuisée par le grand effort de la conquête de l'Asie, retombe épuisée. L'esprit grec décline en même temps que les libertés des cités grecques leur sont enlevées : c'est une époque de *misologie*, et la philosophie de Pyrrhon est une philosophie de désespoir. Tout autres sont les circonstances où apparaît la nouvelle Académie, cinquante ans plus tard, intervalle considérable chez un peuple tel que les Grecs. La puissance matérielle d'Athènes est détruite : sa force intellectuelle n'a jamais été plus grande. Elle est le rendez-vous de tous les philosophes du monde : Zénon est Phénicien ; Hérillus vient de Carthage. C'est alors qu'on voit naître et prospérer toute une floraison de systèmes dont la force et le succès attestent la vitalité du génie grec. Le stoïcisme et l'épicurisme s'élancent à la poursuite de la vérité, et ne doutent pas qu'on puisse l'atteindre. C'est cette ardeur même et cette confiance illimitée qui leur suscitent des rivaux : Arcésilas, sans grande conviction peut-être, prend plaisir à contredire Zénon. Le pyrrhonisme était né à une époque de dépression et d'affaiblissement : la nouvelle Académie naît d'un surcroît d'activité, d'une sorte d'exubérance de la pensée grecque. Telle est la puissance du mouvement, que Carnéade lui-même ne se contente pas de nier et de détruire. A cette époque de renouveau, il faut quand même des croyances :

---

[1] *Die Philosophie der Griechen*, t. V, p. 15, 3ᵉ Aufl.
[2] *The Greek Sceptics*, London and Cambridge, 1869, Macmillan, p. 90, 199.

si on combat la science telle qu'on l'avait conçue jusque-là, c'est pour lui substituer une autre sorte d'affirmation, plus tempérée et plus modeste. Même les académiciens ne sont pas ennemis de la science : ils la cherchent et l'espèrent. Cicéron croit à sa possibilité, autant que les stoïciens Caton et Balbus.

Le but des pyrrhoniens est d'atteindre le repos, l'ataraxie. A cette époque, tous les philosophes sont unanimes à ne voir dans la philosophie qu'un moyen d'arriver au bonheur. Carnéade ne fait pas exception; mais cent ans après la mort de Zénon, il a moins de confiance dans la vertu pratique des systèmes. Il a vu successivement toutes les fins que l'activité humaine peut se proposer, toutes les théories, conduire à des conséquences inadmissibles, et ne pas tenir leurs promesses. Aussi renonce-t-il à faire un choix entre toutes ces fins : il se tient à égale distance de l'ascétisme stoïcien et de la froide immobilité du pyrrhonisme. C'est une philosophie de juste milieu, c'est la philosophie du bon sens.

Les nouveaux académiciens diffèrent encore des pyrrhoniens par leur méthode. Le pyrrhonisme ne s'aperçoit pas qu'il se détruit lui-même. Rien de mieux que d'attaquer, comme Énésidème, la causalité, et d'énumérer les huit tropes de la cause, ou, comme Sextus, de mettre en pièces la logique stoïcienne. Mais attaquer en même temps la théorie de la démonstration, c'est anéantir soi-même son ouvrage, et briser dans sa main l'arme dont on se sert. Carnéade et Clitomaque ne commettent pas une pareille faute : ils se servent de la logique pour détruire, mais ils se gardent bien de détruire la logique. Il est vrai qu'ils attaquent la dialectique, insistent sur les absurdités auxquelles elle conduit, et la comparent à un polype qui se dévore lui-même. Mais de la part de dialecticiens aussi exercés, de telles attaques ne pouvaient être bien sérieuses : on ne renonce pas aussi facilement à un art où on excelle. Au fond, ils veulent substituer à la science de la réalité, reconnue impossible, une science toute formelle, où la dialectique et la logique occuperont la plus grande place : ce sera la systématisation, ou la coordination des concepts. Tel est le sens, telle est la portée du probabilisme. On le verrait plus clairement si les idées de Carnéade étaient mieux connues, si ses négations n'avaient fait grand tort à la partie positive de son système.

III. Il y a, selon nous, des vues très justes dans cette pénétrante et ingénieuse comparaison. Il est vrai, et nous croyons l'avoir montré par des raisons purement historiques, qu'il y a une différence d'origine entre le scepticisme et la nouvelle Académie. Le pyrrhonisme a des affinités avec la philosophie de Démocrite. La nouvelle Académie reconnaît Platon et Socrate pour ses ancêtres. C'est par des chemins différents que pyrrhoniens et académiciens sont arrivés au même point, à peu près comme les cyrénaïques de leur côté, et par une voie qui leur est propre, aboutissaient à des conclusions analogues. Les deux doctrines sont comme deux fleuves qui se rejoignent, mais dont les eaux, même après la rencontre, demeurent distinctes.

En effet, de cette différence d'origine en résultent deux autres dans l'esprit général des deux écoles, et dans l'attitude qu'elles prennent à l'égard de leur ennemi commun, le dogmatisme. D'abord, si nous avons bien interprété la philosophie de Pyrrhon, c'est par lassitude, par dégoût, par dédain de la dialectique et de ses infinies subtilités qu'il est arrivé au renoncement sceptique. Au contraire, c'est par le goût passionné, et l'habitude invétérée de la dispute, c'est par amour de la dialectique, que les académiciens ont été amenés à combattre le dogmatisme. Les traditions de leur école, autorisées par les grands noms de Socrate, de Platon et d'Aristote, leur faisaient un devoir d'examiner sur chaque question le pour et le contre. A propos des doctrines éteintes, des philosophies mortes, il leur fallait prendre le contre-pied de tout ce qui avait été affirmé, et découvrir le point faible de toute opinion. A combien plus forte raison ne devaient-ils pas appliquer cette méthode, lorsqu'ils avaient devant eux une doctrine vivante, qui se jetait dans la lutte avec toute l'ardeur et la présomption de la jeunesse? Les nouveaux académiciens étaient par état obligés de combattre le stoïcisme, alors même que des rivalités personnelles et des jalousies de condisciples n'auraient pas envenimé le débat.

Plus tard, avec Ænésidème, le scepticisme, suivant peut-être l'exemple de la nouvelle Académie, abusa à son tour de la dialectique. Maccoll a bien montré comment les sceptiques ruinent la dialectique après s'en être servis, tandis que les académiciens, bien qu'ils aient pu avoir des mots durs pour leur exercice favori, lui conservent au fond une certaine tendresse de cœur.

De l'origine platonicienne de la nouvelle Académie résulte encore une particularité qui ne nous semble pas avoir été assez mise en lumière. Ce que les académiciens, différents en cela des sceptiques, attaquent surtout chez les stoïciens, c'est leur sensualisme. Par là, ils se montrent les véritables héritiers de Platon. Nous n'allons pas jusqu'à admettre avec saint Augustin [1] que leurs négations n'étaient que pour la montre, qu'ils se proposaient avant tout de combattre avec ses propres armes le matérialisme régnant; qu'au fond, ils étaient des idéalistes convaincus, attendant des temps meilleurs pour laisser paraître au grand jour leur vraie doctrine. Si séduisante qu'une pareille supposition puisse paraître, elle s'appuie sur des preuves trop insuffisantes; saint Augustin est un témoin trop éloigné pour qu'on puisse s'y rallier, et lui-même doute trop de l'hypothèse qu'il insinue pour que nous puissions y croire. On comprendrait mal d'ailleurs une telle timidité de la part de ces infatigables disputeurs. Et puis, Carnéade serait un singulier représentant du pur idéalisme [2]. Mais, sans aller jusqu'à attribuer aux académiciens une doctrine de derrière la tête, il est certain qu'ils répugnaient au sensualisme stoïcien; ils l'ont combattu de tout leur cœur.

L'histoire a vraiment été injuste pour la nouvelle Académie. Le titre de dogmatistes dont se couvrent les stoïciens a créé un préjugé en leur faveur. On a fermé les yeux sur les insuffisances de leur dogmatisme par cette seule raison qu'ils avaient, aux

---

[1] Voir ci-dessus, p. 115.
[2] Ac., II, xviii, 60.

yeux de leurs juges, le mérite d'être dogmatistes. Et on n'a su aucun gré aux académiciens des bonnes raisons qu'ils invoquaient, parce qu'ils se donnaient le tort de s'attaquer à des dogmatistes. On les appelle des disciples dégénérés de Platon. Il faut bien le dire pourtant : Platon, s'il eût vécu, n'eût pas vu d'un œil favorable le stoïcisme. Ce sensualisme lui eût rappelé celui de Protagoras ; jamais il n'eût admis que les sens puissent embrasser, comprendre la véritable réalité ; il aurait appelé les stoïciens, comme les matérialistes de son temps, des «fils de Cadmus». Carnéade et Clitomaque étaient, quoi qu'on puisse dire, dans la vraie tradition platonicienne, lorsqu'ils s'élevaient avec tant de vigueur contre les thèses de Chrysippe. Ils étaient encore fidèles à l'esprit de leur école, quand, renonçant à saisir la réalité matérielle, ils cherchaient dans le sujet, dans l'accord des représentations, ce qu'on peut connaître de la vérité. Socrate aussi cherchait dans les concepts la vérité que les sens n'atteignent pas : les idées de Platon, l'acte d'Aristote n'étaient pas non plus des réalités matérielles. Sans doute, car il ne faut rien exagérer, Carnéade et Clitomaque s'éloignaient beaucoup du dogmatisme idéaliste de leurs maîtres : ils leur ressemblaient du moins puisqu'ils étaient idéalistes jusque dans le scepticisme. Leur doctrine est à vrai dire une protestation contre le sensualisme stoïcien. Par là encore ils diffèrent notablement des sceptiques. En leur qualité de médecins, les sceptiques de la dernière période ont un penchant marqué vers le matérialisme épicurien : il arrive à Sextus Empiricus de parler comme un véritable épicurien.

Maccoll nous paraît avoir bien justement caractérisé la nouvelle Académie lorsqu'il l'appelle une école de juste milieu. Cette assertion est exacte à la fois au point de vue moral et au point de vue logique.

En morale, Carnéade et Clitomaque ressemblent aux sceptiques lorsqu'ils rejettent toutes les théories sur le souverain bien, dont ils ont vu les exagérations, et qu'ils croient incapables de tenir leurs promesses. Mais les sceptiques à leur tour tombent dans un autre excès qui ne saurait davantage satisfaire des esprits sages et éclairés. Vivre selon la coutume, à la façon des simples, vivre d'une vie instinctive et, en quelque sorte, machinale, se laisser porter par les événements, et renoncer à se gouverner soi-même, voilà une extrémité à laquelle des hommes intelligents ne sauraient que difficilement se résoudre. Entre ces deux excès, les académiciens prennent un moyen terme. Sans doute, on suivra la nature, on cherchera les biens qu'elle recommande de poursuivre; mais dans cette recherche, on ne renoncera pas à faire usage de son bon sens, à faire un choix. On utilisera son intelligence, puisque aussi bien on en a une : à défaut de certitude on s'attachera à la probabilité. Si on ne se flatte pas d'arriver au bien absolu, à la perfection en soi, chimères que les dogmatistes sont seuls à poursuivre, du moins on fera pour le mieux. On s'arrangera de façon à passer commodément le temps de la vie, en tirant le meilleur parti possible des moyens dont on dispose. A coup sûr, ce n'est pas là une morale très élevée: telle qu'elle est, elle est supérieure à la morne indifférence des sceptiques : en tout cas, elle est autre chose.

Au point de vue logique aussi, la doctrine de la nouvelle Académie est un juste milieu. D'accord avec tous les philosophes de son temps, elle repousse le dogmatisme idéaliste de Platon et d'Aristote. D'accord avec les sceptiques, elle repousse le dogmatisme sensualiste des stoïciens. Mais tandis que les sceptiques, se jetant à l'extrémité opposée, s'en tiennent aux seules apparences, Carnéade et ses disciples adoptent un moyen terme, la probabilité. Ce n'est pas la science, et ils en conviennent : mais ce n'est pas non plus la simple suspension du jugement. C'est une sorte d'équivalent, une approximation de la science : à défaut de la science objective, c'est la science subjective.

Il est permis de penser avec Maccoll qu'un homme tel que Carnéade avait mûrement réfléchi sur ce point. Rien ne serait plus intéressant pour nous que de savoir comment il justifiait cette situation intermédiaire, et ce qu'il entendait exactement par probabilité. Malheureusement, la pénurie de nos renseignements nous réduit à des conjectures.

Faut-il croire, avec Maccoll, que cette sorte de science se réduisait à une combinaison, à un système de concepts, à une connaissance purement formelle, que l'œuvre de l'esprit humain devait être seulement, selon Carnéade, de classer ses idées selon le meilleur ordre possible, sans se préoccuper de savoir si elles correspondent à une réalité? Il est possible à la rigueur que cette interprétation soit exacte : elle ne serait alors qu'un retour aux vues de Socrate, dont la philosophie a été si justement appelée la philosophie des concepts. Toutefois, rien de ce que nous connaissons ne justifie cette hypothèse. Autant qu'on en peut juger par les résumés assez étendus que Sextus nous a conservés des doctrines de Carnéade, ce philosophe se préoccupait moins des concepts, et de l'ordre abstrait selon lequel on peut les disposer, que de l'accord entre elles des représentations ou sensations actuelles, d'après lesquelles nous devons nous guider dans la vie : il s'agit par exemple de distinguer une corde d'un serpent, un fantôme d'une réalité. Le philosophe se place à un point de vue utilitaire et pratique : ici, comme partout au temps de Carnéade, la théorie est subordonnée à la pratique. Ce qu'il y a de plus important dans les idées, c'est la manière de s'en servir. Ainsi interprétée, cette philosophie est moins platonicienne, mais plus voisine du stoïcisme et de l'épicurisme : elle est davantage de son temps.

Une conséquence trop peu remarquée de l'effort de Carnéade pour trouver un moyen terme entre le dogmatisme et le scepticisme, c'est qu'il devait attacher plus d'importance à l'étude du sujet. Les sceptiques avaient fini par être surtout des dialecticiens : les nouveaux académiciens sont aussi des psychologues. La théorie de l'association des idées à un point de vue purement psychologique, l'étude attentive des cas où une représentation s'accorde avec les autres, exigeaient une réflexion sur soi-même, des analyses et des observations, dont nous ne retrouvons les analogues dans aucun autre système de philosophie ancienne. C'est la première fois peut-être qu'on découvre un essai d'analyse de l'entendement.

C'est probablement par suite des mêmes études que Carnéade et les académiciens ont été amenés à examiner la question du libre arbitre, et à combattre le déterminisme stoïcien. Nous avons malheureusement trop peu de renseignements sur la manière dont les nouveaux académiciens résolvaient cette question, intéressante entre toutes. Il est à noter au moins que les sceptiques ne s'en préoccupent pas. Ils semblent admettre, il est vrai, avec presque tous leurs contemporains, que notre assentiment à une représentation quelconque dépend de nous; mais nulle part, dans les trois grands ouvrages de Sextus, la question n'est discutée pour elle-même, comme elle l'a été certainement par Carnéade.

En résumé, le pyrrhonisme et la nouvelle Académie ont une grande ressemblance, puisque l'un et l'autre combattent le dogmatisme, et, par la force des choses, sont souvent amenés à employer les mêmes arguments. Mais les deux écoles mènent la même campagne de deux manières différentes, et l'histoire ne doit pas les confondre. Le pyrrhonisme aspire à ruiner toute démonstration et toute dialectique : la nouvelle Académie vit de démonstration et de dialectique. Le pyrrhonisme est une doctrine radicale : c'est le pur phénoménisme en logique, c'est l'abstention et le renoncement en morale. La nouvelle Académie est une doctrine de juste milieu : elle remplace la science par une sorte d'équivalent; elle donne en morale des préceptes de conduite, et assigne un but à la vie humaine. Enfin les nouveaux académiciens sont des psychologues : ils ont sinon l'idée, du moins le pressentiment que c'est par une analyse de l'entendement que doit commencer la philosophie.

Il est toujours dangereux de comparer les doctrines anciennes aux modernes : trop de raisons s'opposent à ce que de telles assimilations puissent jamais être entièrement exactes; et elles ont pour l'ordinaire plus d'inconvénients que d'avantages. Pourtant, si on voulait à toute force faire un rapprochement, on pourrait dire que le scepticisme, par sa disposition à tout dériver de l'expérience, par sa secrète connivence avec le sensualisme épicurien, ressemble davantage au phénoménisme moderne : Ænésidème et surtout Sextus Empiricus font, à certains égards, penser à David Hume. Carnéade, par sa disposition à interroger l'esprit lui-même, à réfléchir sur les données et les conditions de la connaissance humaine, offre plus d'analogie avec Kant. Mais n'insistons pas sur ces rapprochements. Il est trop clair que Carnéade n'a ni le sérieux moral, ni la haute élévation d'esprit d'un Kant : il diffère du philosophe de Kœnigsberg bien plus encore qu'il lui ressemble. Ænésidème de son côté diffère en bien des manières de David Hume : sans parler même du système de métaphysique par lequel il semble avoir couronné son scepticisme, sa façon d'argumenter et sa dialectique abstraite ne rappellent en rien les fines analyses du philosophe écossais.

Mais s'il est téméraire de faire un parallèle entre les hommes, il n'en est pas tout à fait de même des doctrines. Parce qu'elles sont moins personnelles, et ne dépendent pas, en ce qu'elles ont d'essentiel, du caractère particulier de leurs auteurs, et des circonstances qui ont dirigé le cours de leurs pensées, elles peuvent avoir entre elles de plus notables ressemblances. Ainsi on pourrait dire que les théories d'Ænésidème et de Sextus font pressentir les doctrines modernes suivant lesquelles l'esprit ne connaît que des phénomènes et leurs lois empiriques. Les nouveaux académiciens, cherchant un moyen terme entre le dogmatisme, idéaliste ou sensualiste, et le pur pyrrhonisme, ont tenté une entreprise analogue à celle que Kant a réalisée. En dernière analyse, il y a entre le pyrrhonisme et la nouvelle Académie à peu près la même différence qu'entre le positivisme phénoméniste de notre temps et le criticisme Kantien.

CONCLUSION.

La célèbre formule, si souvent répétée depuis Royer-Collard : « On ne fait pas au scepticisme sa part : dès qu'il a pénétré dans l'entendement, il l'envahit tout entier », est peut-être le plus bel éloge qu'on ait jamais fait du scepticisme. Il semblerait, à la prendre au pied de la lettre, que la raison soit désarmée en présence des raisonnements des sceptiques, qu'elle soit vaincue d'avance si elle accepte la lutte. Le mieux serait de fermer les yeux et de se boucher les oreilles, comme on fait pour échapper à d'irrésistibles séductions. Encore un peu, on ferait défense aux philosophes de s'occuper de ces questions, comme on défend aux enfants de jouer avec le feu. Il est inutile de remarquer combien une pareille crainte, en la supposant fondée, serait contraire à l'esprit philosophique ; mais elle est au moins fort exagérée. Ni le scepticisme ne mérite cet honneur, ni la raison cet excès d'indignité.

La formule de Royer-Collard, si elle est philosophiquement sans valeur, exprime cependant assez bien l'état de beaucoup d'esprits, d'ailleurs excellents, à l'égard de ceux qui s'aventurent à discuter le scepticisme *sine ira et studio*. Si on fait au scepticisme sa part, ou même une part quelconque, tout aussitôt on est accusé de pactiser avec l'ennemi. On est suspect, dès qu'on parlemente avec lui : la moindre concession prend, aux yeux de personnes trop effrayées, les proportions d'une trahison.

La crainte de paraître complice ne nous arrêtera pas plus que la peur d'être emmené en captivité. Sans vouloir nous laisser envahir, sans consentir non plus à nous laisser enrôler parmi les pyrrhoniens, en fort bonne compagnie, nous oserons examiner les thèses sceptiques en toute liberté d'esprit, essayer d'en démêler le fort et le faible, leur donner raison quand il nous paraîtra que la raison est pour elles, les condamner quand il nous sera prouvé qu'elles ont tort. Nous essaierons d'accomplir cette tâche sans passion, car quoi de plus inutile? sans faiblesse non plus, et sans complaisance pour les doctrines que nous avons longtemps étudiées, car quoi de plus ridicule, au temps où nous sommes, qu'une apologie du scepticisme? Si, comme il est à craindre, nous ne réussissons pas, la difficulté de l'entreprise sera notre excuse. Si nous n'échouons pas complètement, c'est que, vu de près, le monstre est moins redoutable qu'il ne paraît : on s'apercevra qu'il n'était pas besoin d'un Œdipe pour résoudre les questions de ce sphinx. Nous entrons dans un labyrinthe, mais il n'y a pas de Minotaure.

I. Considérée dans son ensemble et dégagée de la multitude infinie des détails dans lesquels elle s'est trop souvent complue et égarée, l'argumentation sceptique peut se ramener à trois chefs principaux : 1° Elle récuse la connaissance directe ou intuitive de la réalité. L'intuition sensible (personne ne parlant plus de l'intuition intellectuelle à l'époque où le scepticisme s'est constitué) est jugée par elle radicalement impuissante.

2° Elle récuse la connaissance indirecte de la réalité, soit par le raisonnement proprement dit, soit par le principe de causalité. S'attachant, non plus à l'expérience vulgaire, mais à la science telle que la définissent les philosophes, elle s'efforce de démontrer que cette science est impossible.

3° Enfin, se plaçant à un point de vue encore plus général, envisageant non plus l'expérience ou la science, mais l'idée même de la vérité telle que tout le monde la conçoit, elle veut montrer que cette idée n'a pas d'objet. Par définition, la vérité serait ce qui s'impose à l'esprit : or rien, ni en fait, ni en droit, ne s'impose à l'esprit.

Malgré leurs habitudes d'ordre et de précision, les sceptiques n'ont pas toujours distingué les phases de leur argumentation aussi nettement que nous le faisons ici; Sextus les mêle constamment. Mais, historiquement, ces trois thèses se sont développées dans l'ordre même que nous indiquons. Les dix tropes, réunis par Ænésidème, connus avant lui, et les arguments plus subtils de Carnéade condamnent l'expérience : c'est une analyse psychologique. Puis Ænésidème démontre dialectiquement l'impossibilité de la science. Enfin, les cinq tropes d'Agrippa servent à établir logiquement qu'aucune vérité ne nous est accessible.

Ainsi enchaînés, ces trois arguments forment certainement le réquisitoire le plus redoutable qu'on ait jamais dirigé contre la raison humaine. Quelle est la valeur de chacun d'eux?

Sur le premier point, pour établir que nous n'atteignons pas directement la réalité, la principale raison des sceptiques, celle dont ils ont tant abusé, est le trope du désaccord, la célèbre preuve tirée de la contradiction des opinions humaines. Ce médiocre lieu commun n'aurait pas eu une si brillante fortune, si souvent ses adversaires ne l'avaient fortifié par leur manière de le combattre. Presque toujours ils perdent leur temps à discuter pied à pied la question de fait, à pallier les contradictions, à chercher un accord entre des opinions opposées : c'est courir à un échec certain. Il faut passer condamnation sur la question de fait. C'est dans le raisonnement que le scepticisme montre toute sa faiblesse. Il est clair, en effet, que du désaccord des opinions et des systèmes on ne pourra conclure légitimement à l'impossibilité, pour l'esprit humain, d'atteindre la vérité qu'à une condition, c'est que ce désaccord ne puisse s'expliquer que s'il n'y a pas de vérité ou si elle nous est inaccessible. Or, on peut l'expliquer autrement. Il peut venir et il vient, en effet, non de ce que tous les hommes ne peuvent connaître la vérité, mais de ce qu'ils la cherchent mal; il a pour origine un défaut de méthode. Objecte-t-on qu'il n'est pas vraisemblable que, pendant tant de siècles, l'esprit humain, avide de vérité, ait fait fausse route.

s'il était capable de trouver le bon chemin? C'est d'abord changer de thèse, car, puisqu'on raisonne, ce n'est pas de vraisemblance qu'il s'agit. Mais surtout, que ce soit vraisemblable ou non, il est possible qu'après de longues recherches, l'esprit humain n'ait pas rencontré la vraie méthode; il est possible qu'il la rencontre plus tard. S'il y avait encore, de nos jours, des sceptiques, l'avènement de la méthode expérimentale et les progrès des sciences leur fermeraient définitivement la bouche. Il est trop clair qu'un long égarement ne prouve rien contre la possibilité de trouver le chemin : le désaccord passé ou présent ne prouve rien contre l'accord possible dans l'avenir; et, en fait, nous voyons que cet accord se réalise peu à peu dans les sciences. Enfin, une analyse psychologique très simple nous montre que les croyances des hommes, même les plus savants et les plus grands, dépendent, pour une notable part, de leurs sentiments et de leurs passions. Dès lors, comment imputer à l'infirmité de leur intelligence ce qui peut être le fait de leurs passions, essentiellement passagères et changeantes?

Pris en lui-même, l'argument : *Vérité en deçà des Pyrénées, erreur au delà*, est donc sans valeur. Il séduit bien des gens par sa simplicité et par les développements interminables qu'il comporte : au fond, il n'est bon qu'à amuser les badauds. Convenons toutefois que la réfutation que nous venons d'esquisser implique l'abandon de la thèse de l'intuition directe. Il deviendrait fort difficile d'expliquer les contradictions humaines, si on se représentait l'esprit humain comme un miroir qui reflète les choses. Les sceptiques étaient donc après tout dans leur droit en invoquant cet argument contre les partisans de l'intuition.

C'est surtout par les neuf autres tropes qu'ils ont montré le caractère relatif de la connaissance sensible. Ici, il est impossible de contester qu'ils aient raison. Depuis Parménide et Démocrite jusqu'à Descartes et Kant, c'est un lieu commun, parmi les philosophes, que les sens ne nous font pas connaître la réalité telle qu'elle est. Il y a bien peu de personnes aujourd'hui qui ne considèrent les sensations comme des signes correspondant, il est vrai, à certaines réalités, mais ressemblant aussi peu à ces réalités que les mots aux choses qu'ils désignent. Reid lui-même l'admettait. On peut donc considérer ce point comme acquis.

Il est vrai, car il faut se garder d'exagérer le mérite des sceptiques, que la psychologie moderne se refuse à admettre que les sens nous trompent. Confirmant ce qu'Aristote et Épicure avaient déjà dit, elle a établi que, prises en elles-mêmes et dégagées de tout ce que l'esprit y ajoute pour les interpréter, les données des sens ne sont jamais fausses. Mais elles ne sont pas vraies non plus; car quelle signification ce mot pourrait-il avoir dès l'instant qu'on renonce à considérer les sensations comme des copies fidèles de la réalité? La vérité, comme l'erreur, réside uniquement dans les combinaisons, dans les synthèses formées de plusieurs sensations. C'est ce que les sceptiques n'ont pas compris. Leurs analyses, sauf celle de Carnéade, qui s'est approché bien près de la vérité, sont incomplètes et superficielles. Mais, pour les juger équitablement, il faut se souvenir de la thèse qu'ils voulaient combattre. Que croyait le sens commun, et avec lui la plupart des philosophes? Que les sens, soit toujours, soit en certains cas, nous représentent exactement les choses telles qu'elles sont. C'était notamment la thèse des stoïciens. Les sceptiques étaient certainement dans le vrai en leur prouvant qu'ils se trompaient.

Il y a bien des sophismes parmi les arguments que les sceptiques ont dirigés contre le raisonnement ou la théorie de la preuve; mais il faut ici négliger les détails pour ne voir que l'essentiel. Or, le raisonnement, pris en lui-même, nous permet-il d'atteindre la réalité? Le propre du raisonnement est d'établir *a priori* un lien de nécessité absolue entre les termes qu'il unit, et cette nécessité se ramène à l'identité : comme nous disons aujourd'hui, le raisonnement est essentiellement analytique. En d'autres termes, la conclusion ne faisant que répéter ce qui est déjà contenu dans les prémisses, le raisonnement ne nous apprend rien par lui-même. Il est inutile d'insister sur ce point, cent fois mis en lumière.

Strictement parlant, si l'on veut rester fidèle au principe d'identité, le raisonnement est impossible. D'une chose ou d'un terme on ne peut tirer que cette chose ou ce terme. Dès lors, il faut choisir : ou renoncer à l'application rigoureuse du principe d'identité, par conséquent au raisonnement, car on affirmera entre les choses des rapports constatés rationnellement ou empiriquement, mais non démontrés; la vérité sera dans les prémisses, non dans le raisonnement; ou s'en tenir strictement au principe d'identité, et alors l'esprit est enfermé dans chaque définition, il est prisonnier de ses idées; tous les éléments de la pensée sont isolés les uns des autres, réfractaires à toute combinaison, matériaux inutiles d'une science qui ne se fera jamais.

A vrai dire, cet argument n'appartient pas en propre aux sceptiques. Les éléates, les sophistes, les mégariques s'en étaient servis avant eux; mais l'ancienneté d'un argument n'ôte rien à sa valeur. Platon lui-même en avait été vivement frappé; c'est probablement pour résoudre cette difficulté qu'il écrivit le *Parménide* et le *Sophiste*. Il avait bien vu que proclamer la valeur absolue et sans réserves du principe d'identité, c'est rendre la science impossible; aussi admettait-il la *participation* des idées, c'est-à-dire l'union, constatée comme une loi primordiale et irréductible, mais non déduite ni justifiée analytiquement, d'idées ou de choses différentes les unes des autres, identifiées néanmoins sous certains rapports. Mais quoi! déclarer que des choses différentes, le sujet et l'attribut d'un jugement, par exemple, ne font qu'un; qu'une chose est la même qu'une autre; que cette chose n'est pas ce qu'elle est, puisqu'elle en est en même temps une autre, n'est-ce pas fouler aux pieds la loi suprême de la pensée? Platon eut pleine conscience du scandale logique auquel il était conduit; avec la décision des grands esprits, il en prit son parti et, par la formule dont il se servit, il eut soin de souligner, de mettre en lumière la hardiesse de sa doctrine. «Il faut, pour nous défendre, soumettre à l'épreuve la parole de notre père Parménide et prouver que le non-être est à quelques égards et que, de son côté, sous certains rapports, l'être n'est pas [1]. »

En même temps qu'il résolvait à sa manière la difficulté, Platon faisait droit à l'objection. Les sceptiques oublièrent ou ne comprirent pas la réponse; ils retinrent l'objection. Ils étaient dans leur droit, au point de vue de la dialectique, vis-à-vis d'adversaires qui n'admettaient pas, eux non plus, la solution platonicienne. Il faut convenir avec eux que le raisonnement pur, la déduction toute seule, ne suffisent pas à fonder la science. Il faut d'autres principes que le principe d'identité, des principes synthétiques, comme l'a montré Kant, c'est-à-dire des données premières, qu'on accepte sans les faire dériver d'un principe supérieur, sans les déduire. Les sceptiques n'eussent peut-être pas accordé qu'il existe de tels principes, mais ils ont bien vu l'insuffisance du principe d'identité et ils auraient pu invoquer en leur faveur le témoignage de Platon.

Au défaut de la démonstration, la science atteint-elle la vérité par la recherche et la découverte des causes? De nos jours, on confond souvent cette manière de procéder avec la précédente : nous voyons à chaque instant donner le nom de démonstration à des raisonnements où le principe de causalité joue le principal rôle. Les sceptiques les distinguaient, et ils avaient raison. Le raisonnement proprement dit ne pose que des identités; à chacun des degrés qu'il parcourt, nous savons, nous comprenons que les termes qui se substituent les uns aux autres sont identiques ou équivalents. Mais, quand on parle de cause et d'effet, le lien qui unit les termes est fort différent; la cause ne saurait être conçue comme identique à l'effet. Entre deux choses posées et maintenues comme distinctes, on affirme une relation *sui generis*; on conçoit dans la première une force, une énergie qui suscite et amène à l'existence la seconde. Par suite,

---

[1] *Sophist.*, 241, D. : Τὸν τοῦ πατρὸς Παρμενίδου λόγον ἀναγκαῖον ἡμῖν ἀμυνομένοις ἔσται βασανίζειν καὶ βιάζεσθαι τό τε μὴ ὂν ὡς ἔστι κατά τι καὶ τὸ ὂν αὖ πάλιν ὡς οὐκ ἔστι πῃ.

on peut constater qu'une cause produit un effet : on ne saurait prévoir l'effet dans la cause; on ne peut l'en déduire. Cependant, comme cette action transitive de la cause est représentée comme nécessaire, il arrive fréquemment qu'on la confonde avec la relation d'identité, nécessaire, elle aussi, quoique d'une manière fort différente. On raisonne sur la cause pour en déduire les effets, comme sur une définition pour en déduire les conséquences; on ne prend pas garde que, si ces effets n'étaient connus d'avance par d'autres moyens, on ne saurait les prévoir; par suite, que la déduction n'est qu'apparente. Hume[1], le premier, Kant surtout, par la célèbre distinction des jugements analytiques et des jugements synthétiques, nous ont mis en garde contre ce défaut. Les grands philosophes n'y sont d'ailleurs pas tombés. Dans la physique de Descartes, dans celle de Malebranche, dans toute la philosophie de Spinoza, la notion de cause transitive ne joue aucun rôle.

Les sceptiques, qui faisaient fort bien cette distinction, consacraient, on l'a vu, à la causalité toute une série d'arguments particuliers. D'abord l'existence des causes telles que les entend naïvement le vulgaire, la réalité hors de nous de choses qui, sans rapport ni avec d'autres choses ni avec l'esprit, seraient des causes, est manifestement impossible. Une chose ne saurait être par elle-même une cause : elle ne devient telle que si elle a un effet. En d'autres termes, la causalité est un rapport, et non une chose en soi, elle fait partie des choses relatives, τῶν πρός τι. Aucune contestation sérieuse n'est possible sur ce point.

Mais, s'il en est ainsi, la causalité ne peut rien nous apprendre sur la nature des choses. L'ambition de la science serait d'expliquer les effets par les causes; mais voilà que nous ne pouvons connaître les causes que quand les effets nous sont connus, car un rapport ne se conçoit pas sans les termes qu'il unit. C'est parce que l'effet est donné que nous saisissons la cause; il ne faut donc pas dire que nous allons des causes aux

---

[1] *Traité de la nat. hum.*, III, 3, p. 168, trad. Renouvier et Pillon. Paris. 1878.

effets. Comment, d'ailleurs, pourrait-il en être autrement, s'il est vrai que l'effet soit différent de la cause? D'une chose, l'analyse ne saurait tirer autre chose qu'elle-même. Il ne resterait qu'à concevoir expressément dans la cause ce qu'il s'agit d'expliquer : mais il est clair qu'alors on n'expliquerait rien. C'est après coup, quand l'expérience nous a appris à connaître l'effet, que, par une sorte de retour, nous nous avisons de le retrouver dans la cause; nous faisons comme ces prophètes qui prédisent l'avenir après qu'il est arrivé. Réduits à nous-mêmes et avec l'aide du seul principe de causalité, nous ne saurions *a priori* (et sans cela il n'y a pas de science) trouver aucune explication.

Au risque d'étonner nos lecteurs, nous avouons ne pas voir ce qu'on pourrait opposer à cette argumentation. La thèse d'Ænésidème a été reprise et développée avec une précision supérieure par D. Hume; on n'a jamais, que nous sachions, répondu rien de sérieux à cette page du philosophe écossais[1] : « Je hasarderai ici une proposition que je crois générale et sans exception : c'est qu'il n'y a pas un seul cas assignable où la connaissance du rapport qui est entre la cause et l'effet puisse être obtenue *a priori*; mais qu'au contraire cette connaissance est uniquement due à l'expérience, qui nous montre certains objets dans une connexion constante. Présentez au plus fort raisonneur qui soit sorti des mains de la nature, à l'homme qu'elle a doué de la plus haute capacité, un objet qui lui soit entièrement nouveau; laissez-le examiner scrupuleusement ses qualités sensibles; je le défie, après cet examen, de pouvoir indiquer une seule de ses causes ou un seul de ses effets. Les facultés rationnelles d'Adam nouvellement créé, en les supposant d'une entière perfection dès le premier commencement des choses, ne le mettaient pas en état de conclure de la fluidité et de la transparence de l'eau, que cet élément pourrait le suffoquer, ni de la lumière et de la chaleur du feu, qu'il serait capable de le réduire en cendres. Il n'y a point d'objet qui manifeste par ses qualités sensibles les causes

---

[1] *Essais philosophiques*, IV° essai, p. 411, trad. Renouvier et Pillon, Paris, 1878.

qui l'ont produit, ni les effets qu'il produira à son tour; et notre raison, dénuée du secours de l'expérience, ne tirera jamais la moindre induction qui concerne les faits et les réalités.

« Cette proposition : *Que ce n'est pas la raison, mais l'expérience, qui nous instruit des causes et des effets*, est admise sans difficulté toutes les fois que nous nous souvenons du temps où les objets dont il s'agit nous étaient entièrement inconnus, puisque alors nous nous rappelons l'incapacité totale où nous étions de prédire, à leur première vue, les effets qui en devaient résulter. Montrez deux pièces de marbre poli à un homme qui ait autant de bon sens et de raison qu'on en peut avoir, mais qui n'ait aucune teinture de philosophie naturelle ; il ne découvrira jamais qu'elles s'attacheront l'une à l'autre avec une force qui ne permettra pas de les séparer en ligne directe sans faire de très grands efforts, pendant qu'elles ne résisteront que légèrement aux pressions latérales. On attribue aussi sans peine à l'expérience la découverte de ces événements qui ont peu d'analogie avec le cours connu de la nature : personne ne s'imagine que l'explosion de la poudre à canon ou l'attraction de l'aimant eussent pu être prévues en raisonnant *a priori*. Il en est de même lorsque les effets dépendent d'un mécanisme fort compliqué ou d'une structure cachée : en ce cas encore on revient à l'expérience. Qui se vantera de pouvoir expliquer par des raisons tirées des premiers principes pourquoi le lait et le pain sont des nourritures propres pour l'homme et n'en sont pas pour le lion ou pour le tigre ? »

Qu'on veuille bien le remarquer : ce passage de Hume n'est pas nécessairement lié à la théorie du même philosophe suivant laquelle l'idée de causalité transitive serait sans objet, parce qu'elle ne correspond à aucune impression sensible. Admettons, si l'on veut, la théorie de Maine de Biran : déclarons que l'idée de cause nous est suggérée par la conscience de l'effort, que le moi se connaît lui-même comme cause active. Mais une fois en possession de cette notion, quel besoin avons-nous de la transporter hors de nous? Quelle nécessité nous contraint à concevoir sous tous les phénomènes extérieurs, des énergies, des forces analogues à celle que nous avons connue en nous-mêmes ? Si nous le faisons (et peut-être avons-nous le droit de le faire), au moins faut-il reconnaître que nous n'y sommes pas forcés : c'est une hypothèse qui nous est commode, c'est une explication que nous nous offrons à nous-mêmes, mais qui ne s'impose pas. La preuve qu'elle ne s'impose pas, c'est que la science moderne a dû l'éliminer : ses progrès datent du jour où la cause étant définie l'antécédent invariable d'un phénomène, on a exclu de la cause la notion de causalité transitive, c'est-à-dire vidé l'idée de son contenu et gardé le mot en changeant la chose. Enfin, fût-il avéré qu'il y a hors de nous des causes analogues au moi, toujours est-il que ce n'est certainement pas la connaissance directe de ces causes qui nous permet de prévoir leurs effets. Nous ne connaissons ces effets que par l'expérience ; c'est après que nous les rattachons à des causes.

Kant, convaincu plus que personne de la solidité de l'analyse de Hume, a bien essayé de ressaisir le principe de causalité. On sait comment ce philosophe, après avoir reconnu que ce principe est synthétique, soutient qu'il est en même temps *a priori*; il en fait une loi de la pensée, une condition nécessaire que l'esprit impose aux phénomènes, sans laquelle les phénomènes n'auraient, pour ainsi dire, aucun accès même dans l'expérience. Cette théorie est déjà bien éloignée de celle que combattent les sceptiques, puisque Kant renonce expressément à l'idée de causalité transitive, puisque la loi de causalité s'applique, suivant lui, exclusivement à des phénomènes, et non aux choses en soi. Telle qu'elle est, elle se heurte pourtant encore à une difficulté insurmontable. Si la loi de causalité est imposée *a priori* par l'esprit aux phénomènes, il reste à rendre compte du détail de l'application de cette loi aux phénomènes. Un phénomène étant donné, il faut qu'il ait une cause, c'est-à-dire un antécédent invariable : quelle cause ? quel antécédent ? Voilà ce qu'aucun principe ne nous permettra jamais de savoir *a priori*. Que ce soit tel phénomène ou tel autre, les exigences de la pensée seront également satisfaites. C'est par l'observation, l'hypothèse, l'expérimentation, qu'on peut déterminer la cause réelle. Comme instrument de connaissance, le principe de la causalité est sans utilité et il est souvent dangereux. Il nous arrive souvent de l'appliquer à tort et à travers, comme dans le sophisme si fréquent : *Post hoc, ergo propter hoc*. Le grand défaut de la théorie de Kant, c'est qu'elle se prête mal à l'explication des erreurs. Réduit à lui-même, le principe de causalité n'a jamais permis de distinguer une vérité d'une erreur. C'est un pavillon qui couvre trop souvent de la contrebande de science.

C'est nous-mêmes, comme l'a fort bien montré Hume, qui introduisons la nécessité dans les connexions empiriques, qui seules nous sont données. Tantôt à la suite d'une observation unique et sommaire, mais alors nous avons mille chances de nous tromper; tantôt, au contraire, à la suite d'observations minutieuses, d'épreuves et de contre-épreuves, nous déclarons qu'une succession de faits est permanente et universelle; nous érigeons le fait en loi, nous lui conférons la dignité d'un principe, nous le revêtons de la *species æternitatis*. Je ne dis pas que nous ayons tort de le faire, mais c'est à nos risques et périls que nous hasardons ce coup d'autorité. Aucune nécessité ne nous y contraint, du moins aucune nécessité logique; car, pour la nécessité pratique, c'est autre chose. Il importe peu, d'ailleurs, pour la question qui nous occupe, que l'idée de cette connexion nécessaire nous ait été suggérée, comme le veut Hume, par l'habitude et l'association des idées, ou qu'elle soit, suivant la théorie de Kant, une loi *a priori* de l'esprit. Toujours est-il que l'application de cette forme à une matière renferme quelque chose d'hypothétique et nous fait courir quelque risque. La loi de causalité, sinon dans sa formule abstraite, au moins dans ses applications, ne peut atteindre que la probabilité, comme le disait Hume : elle justifie la croyance, non la certitude. Les sceptiques l'avaient bien dit.

Il resterait à examiner si le principe de causalité, manifestement impuissant comme instrument de connaissance, n'est pas indispensable comme garantie de la science. Supposez un instant qu'il ne soit pas fondamentalement certain, et rien ne nous assure que les phénomènes seront demain ce qu'ils sont aujourd'hui : l'édifice de la science s'écroule comme les pierres d'un mur sans ciment. Imaginez qu'il ne soit pas la loi intime et essentielle des choses et de la pensée : comment comprendre que les mêmes successions de phénomènes se reproduisent invariablement et qu'il y ait de véritables lois? L'existence des lois est un fait qui doit être expliqué. Si c'est l'expérience qui découvre les lois et fait en quelque sorte le gros œuvre de la science, le principe de causalité, pourrait-on dire, l'achève et lui donne la consécration suprême. C'est peut-être un tort de faire honneur de l'œuvre entière à cet ouvrier de la dernière heure; mais, sans lui, elle ne serait pas complète.

A vrai dire, nous ne croyons pas que ce soit parler correctement que d'appeler le principe de causalité la garantie de la science. Est-ce le principe qui garantit la science, ou la science qui garantit le principe? Nous inclinons, pour notre part, vers cette dernière opinion. A parler strictement, on n'a le droit d'affirmer le principe que dans la mesure où l'expérience le confirme : il y a quelque témérité à l'étendre au delà et à lui donner une portée absolue. Mais, en tout cas, il reste vrai que croire à la science, c'est croire à une loi permanente des choses, à un ordre invariable, en d'autres termes, au principe de causalité. La certitude de la science et la loi de causalité ne sont pas deux choses dont l'une dérive de l'autre : c'est la même chose sous deux noms. C'est précisément ainsi que Kant pose le problème. La certitude de la science étant admise et élevée au-dessus de toute contestation, il se demande comment elle est possible, et l'analyse des opérations qu'elle suppose l'amène à la découverte des lois primordiales de la pensée, qui sont en réalité celles des choses, des seules choses que nous puissions connaître. Par là, la métaphysique redevient possible : mais, au lieu de se trouver à l'origine des sciences, elle se trouve à la fin. Du moins, si les premiers principes sont pour quelque chose dans la science, c'est à la manière dont les racines d'un arbre travaillent à en nourrir le feuillage et les branches : on ne voit bien leur rôle que quand leur tâche est accomplie. L'esprit humain fait d'abord la science, sans se préoccuper de savoir comment il la fait : c'est à son œuvre que se connaît ce merveilleux artisan.

Cette fois, nous avons bien décidément échappé au scepticisme : c'est par une manœuvre des plus hardies, par une interversion des rôles des plus singulières. Au lieu de s'attarder à chercher, ainsi qu'il semble naturel, sur quels principes doit reposer la science, l'esprit humain court au plus pressé : il montrera ses titres plus tard, quand il les aura conquis; il fait la science et, son œuvre achevée, ou tout au moins suffisamment avancée, il revient sur ses pas et réfléchit sur ses actes. Au lieu de se demander comment la science est possible avant de l'avoir faite, il se pose cette question après qu'elle est faite. Il prouve la vérité en la trouvant. Il passe outre aux objections des sceptiques et, la certitude obtenue, devenue universelle, irréfragable, il montre triomphalement son œuvre et s'en sert, comme d'un degré, pour monter plus haut.

Toutefois, à quelle condition cette victoire a-t-elle été obtenue? A condition de renoncer à spéculer sur les choses en soi et de s'en tenir à l'étude des phénomènes et de leur succession. C'est précisément ce que recommandaient les sceptiques. Ils ont eu le mérite de comprendre ce que devait être la véritable méthode : leur tort a été de ne pas savoir ou de ne pas pouvoir l'appliquer assez longtemps. On l'a vu plus haut : ils auraient cessé d'être sceptiques, s'ils avaient poussé plus avant dans la voie où ils étaient entrés. Ils succombent donc avec honneur, et il reste vrai que, contre le dogmatisme tel qu'on l'entendait de leur temps, tel que l'entend peut-être encore plus d'un philosophe, ils avaient raison.

Il nous reste à examiner la troisième argumentation des sceptiques, celle qui déclare impossible toute certitude, inaccessible toute vérité, de quelque manière qu'on entende la certitude et la vérité. Ici encore, il importe de bien marquer le point de vue auquel se placent les sceptiques et le terrain qui leur est commun avec leurs adversaires. Pour les uns comme pour les autres, la vérité est ce qui s'impose à l'adhésion, ce qu'il est impossible de contester, ce qui force la croyance. S'ils ne s'expriment pas précisément en ces termes, il est aisé de voir que cette conception domine toutes leurs discussions. Pourquoi auraient-ils insisté, puisque tout le monde comprenait la vérité de la même manière? De nos jours encore, combien n'y a-t-il pas de philosophes qui partagent, expressément ou non, cette manière de voir?

La thèse des sceptiques est celle-ci. En supposant que la démonstration apporte avec elle cette nécessité sans laquelle il n'y a pas de vérité (et c'est un point que, d'ailleurs, ils contestent), les principes sur lesquels repose toute démonstration n'ont pas ce caractère de nécessité, et, par conséquent, il fait défaut à la démonstration tout entière. En effet, démontre-t-on les axiomes? C'est un progrès à l'infini, à moins que ce ne soit un diallèle. Ne les démontre-t-on pas? Ce sont de simples hypothèses, qu'on est libre de rejeter ou d'admettre. D'ailleurs, la contradiction des opinions humaines montre qu'on n'est pas d'accord sur ces hypothèses. On ne contraint pas, on ne peut contraindre l'adhésion de personne : voilà ce que les cinq tropes d'Agrippa établissent clairement.

Cette fois encore, au risque d'être nous-même accusé de paradoxe, nous n'hésitons pas à dire que nous ne voyons rien à opposer à l'argumentation sceptique. Qu'ont répondu les dogmatistes de tous les temps? Qu'il y a des propositions si claires, si évidentes, qu'elles s'imposent d'elles-mêmes à l'esprit sans démonstration, qu'elles forcent l'adhésion. Les sceptiques ont prévu la réponse : ce sont ces propositions très claires, mais non démontrées, qu'ils appellent des hypothèses. — Des hypothèses! se récrient les dogmatistes. Appeler hypothèses des propositions telles que celles-ci : deux et deux font quatre; le tout est plus grand que la partie! — En tenant ce langage, riposte le sceptique, je veux simplement dire que ces propositions ne s'imposent pas à ma croyance avec une absolue nécessité, et je le prouve, non en disant qu'elles sont fausses, mais en ne leur donnant pas mon assentiment. C'est, après tout, une reproduction de l'argument trop vanté de Diogène prouvant le mouvement en marchant. — Vous n'êtes pas de bonne foi, dira le dogmatiste. Vos lèvres seules refusent un assentiment que, dans votre for intérieur, votre esprit ne peut s'empêcher d'accorder. — Voilà l'*ultima ratio* : on arrive vite, dans les discussions de ce genre, aux personnalités blessantes.

Mais, d'abord, qui ne voit le danger de cette méthode? Nul n'a le droit de s'ériger en juge de la bonne foi des autres. Historiquement, combien n'y a-t-il pas de philosophes au-dessus du soupçon qui ont tenu pour douteuses des propositions que la bonne foi d'autres philosophes leur interdisait de mettre en suspicion? Quand Descartes faisait l'hypothèse du malin génie, ne révoquait-il pas en doute des propositions analogues à celles que nous venons de prendre pour exemples? Ce que Descartes a fait, sans trop y croire, il est vrai, et hyperboliquement, comme il le dit, d'autres philosophes ne peuvent-ils le faire dans toute la sincérité de leur cœur?

Mais laissons ces considérations et examinons l'argument en lui-même. Les mots dont il est réduit à se servir en désespoir de cause, cette expression de *bonne foi*, ne devraient-ils pas avertir le dogmatiste qu'il déplace la question et donne, sans s'en douter, gain de cause à son adversaire? Qu'entend-on par bonne foi, sinon un acte moral où le sentiment entre pour quelque chose et la volonté pour beaucoup? Le mot *bon*, le mot *foi* ne sont pas du langage de l'intelligence; la raison pure n'a rien à voir avec la bonté, mais avec la vérité; elle n'a pas de foi, mais prétend à la certitude. C'est la raison pratique qu'on invoque pour vaincre les hésitations de la raison pure : c'est le cœur et la volonté qu'on appelle à son aide. On fait bien assurément; on ne peut ni ne doit faire autrement. Mais on ne réfute pas les sceptiques, qui prétendent que la raison pure ne suffit à rien. Il ne faut pas, quand on nous a *accordé* un axiome, faire comme si nous l'avions arraché : quand nous avons fait appel à la bonne volonté, il ne faut pas attribuer tout l'honneur de la victoire à la nécessité. On ne saurait trop admirer la naïveté de certains dogmatistes, qui croient avoir vaincu le scepticisme au moment même où ils lui accordent tout ce qu'il demande, et chantent victoire au moment même où ils sont ses prisonniers. Hâtons-nous d'ajouter que les grands dogmatistes n'ont pas commis une faute si grave. Jouffroy[1], pour ne citer qu'un exemple, déclarait avec son admirable sincérité que le scepticisme est théoriquement invincible.

La critique du scepticisme nous a conduit à un singulier résultat : il triomphe sur toute la ligne. Il a raison contre l'intuition ; il a raison contre le raisonnement ; il a raison contre l'intellectualisme. Bien plus, il serait aisé de montrer, si nous en avions le loisir, que, de tout temps, le dogmatisme ne s'est fait aucun scrupule d'employer le premier des arguments sceptiques contre l'empirisme : on a plus d'une fois réfuté l'idéalisme *a priori* à l'aide du second argument ; et, si on ne peut dire que le dogmatisme ait toujours eu recours au troisième, du moins certains philosophes, tels que les stoïciens et Descartes, n'ont pas craint d'admettre, d'accord en cela avec les sceptiques, que la nécessité ne décide pas toute seule de nos croyances, et même de la certitude ; elles dépendent, au moins pour une part, de la volonté.

Pourtant, il est impossible de s'en tenir là. Il faut maintenant tourner la médaille et voir le revers.

II. L'histoire nous montre que, de tout temps, les sceptiques ont été bien peu nombreux. Malgré la force de leurs arguments, à laquelle nous venons de rendre pleine justice, il ne semble pas que les pyrrhoniens soient jamais parvenus à se faire prendre au sérieux. C'est à peine si on peut dire qu'ils ont fait école.

---

[1] *Mélanges, Du scepticisme.*

Aucune école, en tout cas, n'offre autant de lacunes et d'interruptions. A plusieurs reprises, le pyrrhonisme disparaît, pour renaître plus tard, il est vrai, mais sans jamais, sauf peut-être dans la dernière période, jeter un grand éclat. Il y a une éclipse du pyrrhonisme après Pyrrhon ; au temps de Cicéron, le scepticisme est encore tout à fait inconnu. Après Ænésidème, nouvelle disparition ; Sénèque ne parle qu'avec dédain des idées de Pyrrhon. La nouvelle Académie, qu'on a trop confondue avec le scepticisme, dure plus longtemps et obtient plus de succès. Elle finit cependant, phénomène peut-être unique dans l'histoire de la philosophie, par abdiquer ouvertement, et cela au profit de ses anciens adversaires. La subtilité des arguments sceptiques, l'effort d'esprit considérable qu'ils exigent pour être compris, ne sauraient expliquer leur peu de succès chez un peuple tel que les Grecs. Il y avait quelque chose encore de plus fort que la dialectique d'Ænésidème et d'Agrippa, et qui a vaincu le scepticisme.

C'est que le scepticisme absolu est une gageure, qu'on peut bien tenir tant qu'on reste dans l'abstraction, mais qui devient singulièrement embarrassante quand on rentre dans la vie réelle. Ne rien croire aurait pour conséquence naturelle ne rien faire, et c'est une extrémité à laquelle on ne se résout pas aisément.

Ce n'est pas que nous ayons l'intention d'invoquer contre le scepticisme l'*argumentum baculinum* ou d'essayer de renouveler les plaisanteries de Molière dans *le Mariage forcé*. La comédie peut couvrir de ridicule les plus grands esprits, même Socrate, même Aristote, au chapitre des chapeaux. Si décisives que des raisons de ce genre puissent paraître à bon nombre de personnes, la réflexion la plus superficielle suffit à montrer qu'elles passent à côté de la question. Le sceptique crie ou fuit quand on le frappe : a-t-il donc jamais nié le phénomène de la douleur, ou un phénomène, une sensation quelconque ? Arrivât-on, d'ailleurs, à prouver qu'en fait il croit à des choses dont, suivant ses principes, il ne peut démontrer l'existence par des raisons valables, on aurait prouvé qu'il se contredit, mais non pas que ces raisons valables existent. Apparemment les coups ne sont pas des raisons. Nous aurions honte d'insister, et peut-être avons-nous déjà fait trop d'honneur aux arguments de la comédie. Nous n'en aurions même pas parlé, si trop souvent on ne les retrouvait chez certains philosophes, sous une forme moins gaie, mais, au fond, non moins plaisante.

C'est tout autre chose d'interroger les sceptiques sur leur *théorie de la vie pratique*. La question de savoir comment l'homme doit agir est trop grave pour qu'aucune philosophie puisse s'en désintéresser : il faut s'expliquer. Telle est la sommation que, dès l'antiquité, les adversaires des sceptiques leur ont adressée avec une persistance infatigable, et les sceptiques se sont exécutés sinon de bonne grâce, du moins en essayant de faire bonne contenance. Ils ont bien fait quelques plaisanteries sur cette tête de Gorgone dont on les menace toujours; mais, finalement, ils ont accepté la discussion et fourni les explications réclamées. Il est vrai qu'elles sont passablement embarrassées : c'est ici le talon d'Achille du système.

L'objection est très simple. Vivre, c'est agir; et agir, c'est choisir, préférer, entre plusieurs actions possibles, celle qu'on juge la meilleure. Point d'action sans jugement. Que devient alors la maxime sceptique : Il faut suspendre son jugement?

Il n'y a que deux partis à prendre. On peut renoncer à s'occuper de la vie pratique et de l'action, la jeter en quelque sorte par-dessus bord. S'enfermant dans le monde d'abstractions où il s'est placé, le sceptique dira que, cherchant les raisons théoriques de la croyance, il n'en trouve aucune. Qu'on ne vienne pas lui parler de la vie pratique : il l'ignore. C'est déplacer la question que de la porter sur ce terrain. Que, dans la vie réelle, l'homme agisse ou n'agisse pas, peu importe au sceptique. Tout ce qu'il veut établir, c'est que théoriquement, c'est-à-dire rationnellement, l'homme n'a le droit de rien affirmer. Sa tâche est remplie quand il a établi ce point. Si on veut réfuter ses arguments, il est prêt à la discussion; si on lui parle d'autre chose, il ferme ses oreilles. Que si, d'ailleurs, il lui arrive à lui-même d'agir et d'affirmer, eh bien! il se contredit. Cela prouve que la contradiction est partout. Il est difficile, comme dit Pyrrhon, de dépouiller le vieil homme. Une contradiction de plus ou de moins n'est pas pour effrayer un pyrrhonien. La contradiction est son élément : il y vit et s'y complaît.

Voilà l'attitude en quelque sorte héroïque que les sceptiques auraient pu prendre. Ils ne l'ont pas fait, et en vérité on ne saurait les en blâmer. Prescrire aux hommes de ne faire dans la vie pratique aucun usage de leur intelligence, de vivre comme l'animal, c'était tomber dans le ridicule. Refuser à l'homme le pouvoir de distinguer entre le bien et le mal, déclarer la vertu impossible, renoncer à toute morale, c'était tomber dans l'odieux. A une époque surtout où la morale était unanimement regardée comme la partie principale de la philosophie, où la fonction essentielle du philosophe, sa raison d'être, était de définir le souverain bien et la vie heureuse, raisonner ainsi, c'eût été abdiquer. Déjà, des historiens refusaient de compter les sceptiques parmi les philosophes, parce qu'ils n'avaient pas d'opinion. Ils se seraient mis eux-mêmes hors de la philosophie, s'ils avaient déclaré ne pas s'occuper de la vie pratique.

Il fallut donc bien faire une théorie de l'action. Quelques-uns essayèrent de se dérober à cette tâche en remarquant que l'instinct peut de lui-même, sans aucune affirmation réfléchie, porter les animaux et l'homme à l'action. Mais l'insuffisance d'une telle théorie éclatait d'elle-même : c'était réduire l'homme à l'état de l'animal. D'ailleurs, la question n'était pas de savoir si l'homme agit quelquefois par instinct, mais comment il doit agir lorsqu'il n'obéit pas à l'instinct. Force était donc d'en venir à une véritable théorie. Les sceptiques, on l'a vu, se défendaient énergiquement de vouloir bouleverser la vie, et, sous le nom de criteriums pratiques, ils formulèrent diverses règles de conduite. C'était introduire l'ennemi dans la place et tomber dans des contradictions que toute leur subtilité ne parvint pas à déguiser. Formuler des maximes générales, si simples qu'elles soient, c'est s'élever au-dessus des phénomènes, c'est sortir du point de vue empirique et concret : faire une théorie, c'est redevenir justiciable de la logique.

Avec Pyrrhon, le sceptique déclare que, suspendant son jugement en toute question théorique, ne sachant rien, ne comprenant rien, il se conformera aux opinions admises de son temps par ceux au milieu desquels il doit vivre. Faire comme tout le monde, suivre la mode, voilà sa devise. En parlant ainsi, il se flatte d'échapper à toute contradiction, de n'affirmer rien au delà des phénomènes observés. Mais, à moins de n'être plus qu'une simple machine, le pur pyrrhonien, pour se conformer aux opinions reçues, a présentes à l'esprit certaines règles générales, certaines façons de comprendre la vie. Quoi qu'il fasse, l'expérience acquise et la tradition se codifient en quelque manière sous la forme d'axiomes, de maximes ou de proverbes. Sans doute, pour ne pas fournir d'armes à ses adversaires, il évitera de formuler ces lois générales : en seront-elles moins les inspiratrices de ses actions ? Il ne les affirmera peut-être pas : il fera mieux, il les observera : il ne dira pas qu'il y croit : se dispensera-t-il d'y croire réellement, s'il les applique ? Une croyance est tout aussi réelle et positive lorsqu'elle se manifeste par des actes au lieu de se traduire par des paroles : elle l'est peut-être davantage. La foi la plus sincère est la foi qui agit.

Ainsi, quoi qu'il en dise, Pyrrhon dogmatise. Son dogmatisme est sans doute un pauvre dogmatisme : c'est la philosophie du sens commun. Nous avons déjà eu l'occasion de signaler cette singularité : le pyrrhonisme, qu'on regarde volontiers comme l'antipode du sens commun, n'est qu'un retour au sens commun. Est-ce la peine de faire tant de chemin, de mettre en mouvement tout l'appareil de la dialectique, pour en venir là ? Le pyrrhonien, qui, au fond, n'est pas exempt d'orgueil, a la prétention de n'être pas dupe des théories des philosophes, de ne pas se payer de mots. Et à quoi cela le mène-t-il ? À se faire volontairement l'esclave des préjugés de la foule et des erreurs de la tradition, à s'interdire tout progrès, à se mettre au niveau des plus humbles : c'est une philosophie de simples. Encore n'a-t-il pas l'excuse de croire vraies les idées qu'il suit : il sait à quoi s'en tenir. C'est bien moins que la foi du charbonnier. Mais, si réduit, si chétif qu'il soit, ce dogmatisme enfantin est un dogmatisme. C'est vainement que le pyrrhonien se flatte d'échapper à la contradiction.

Quant à la nouvelle Académie, elle dogmatise de son propre aveu. Elle dogmatise avec mesure, prudemment, à bon escient. Elle déclare que la vérité existe, quoique nous ne soyons jamais sûrs de la posséder : loin de nous décourager, elle veut que nous ne cessions pas de la poursuivre ; elle aime et cultive la science ; elle a toutes les curiosités. On lui a souvent reproché de se contredire. Nous reviendrons tout à l'heure sur ce point ; ce qui dès à présent n'est pas douteux, c'est qu'elle a des croyances, qu'elle dogmatise.

Enfin, nous avons montré, dans le chapitre précédent, qu'il y a, chez Sextus et les sceptiques de la dernière période, une partie positive, c'est-à-dire un véritable dogmatisme. Nous avons déjà eu l'occasion de le remarquer plusieurs fois, les sceptiques empiriques sont les véritables ancêtres du positivisme. Réduire la connaissance à l'observation des phénomènes et des séries qu'ils forment, s'interdire la recherche des causes, substituer l'induction à la démonstration et décrire l'association des idées comme ils l'ont fait, c'est bien, en ce qu'elle a d'essentiel, la thèse de nos modernes positivistes. Or, ce n'est pas faire injure aux positivistes que de les considérer comme des dogmatistes, et même comme les plus dogmatistes de tous les hommes. Non seulement ils prétendent posséder la science, mais ils ajoutent que hors d'eux il n'y a ni vérité, ni certitude. Étrange renversement des idées et des mots, et spectacle instructif entre tous ! Les savants d'aujourd'hui sont les sceptiques d'autrefois : les mêmes doctrines, auxquelles on refusait jadis expressément le caractère de la certitude, sont celles pour lesquelles aujourd'hui on revendique exclusivement la certitude. Ne nous faisons pas toutefois d'illusion sur la modestie des médecins empiriques. S'ils n'ont pas osé revendiquer pour leur étude le nom de science, s'ils se sont contentés de celui d'art ou de routine, c'est peut-être parce que leurs maladroits essais pour appliquer la méthode d'observation ne leur ont donné que de maigres résultats. Ils auraient sans doute été plus heureux si, au lieu d'appliquer leurs procédés à la médecine, la plus difficile et la plus complexe des sciences expérimentales, ils les eussent transportés dans la physique. Très probablement le succès les aurait enhardis, et, rejetant le titre de sceptiques, ils se seraient proclamés des savants, les seuls savants, et on les aurait vus dogmatiser d'importance. Disons donc, si on veut, que leur théorie est un dogmatisme dans l'enfance, un dogmatisme qui ne se connaît ni ne se possède encore pleinement : on ne peut refuser d'y voir un dogmatisme.

En fin de compte, le scepticisme échappe chaque fois qu'on croit le saisir. Considérez un sceptique quelconque, un sceptique concret et vivant, suivez-le jusqu'au bout, et toujours il arrive un moment où il se transforme en dogmatiste. Tout scepticisme recèle un dogmatisme implicite et ne subsiste que par là. Si on cherche à déterminer la valeur exacte du mot scepticisme, la réalité concrète à laquelle il correspond, on ne trouve rien. Le scepticisme n'est plus qu'une différence entre divers dogmatismes ; on n'est pas sceptique par soi-même, mais par rapport à autrui : le scepticisme n'est pas une chose, mais une relation, une différence, une limite, ou, pour parler comme les scolastiques, une privation. C'est un dogmatisme qui ne s'avoue pas ou se déguise ; c'est moins une doctrine que l'envers d'une doctrine. C'est une attitude que prend un dogmatisme pour en combattre un autre ; c'est un pur non-être : le scepticisme n'est qu'un nom de guerre.

Enfin, si nous cessons de nous placer au point de vue des anciens, pour embrasser dans son ensemble le problème du scepticisme, il n'est pas douteux que les progrès de la science aient porté au scepticisme un coup dont il ne se relèvera pas. Qui donc oserait aujourd'hui se proclamer sérieusement sceptique ? Il y a certes bien des choses dont on peut douter : s'il s'agit de scepticisme partiel, il y aura toujours des sceptiques. Mais de sceptiques complets, qui, en aucun cas, n'osent dire ni oui ni non, de sceptiques qui se tiennent toujours sur la réserve, de sceptiques suivant la formule, il n'y en a plus ; c'est une espèce disparue. Si les anciens sceptiques pouvaient revenir, ils seraient de fervents apôtres du progrès ; et si quelqu'un essayait de reprendre leur rôle, le ridicule en aurait bientôt fait justice.

Dira-t-on qu'affirmer les vérités de la science, c'est reprendre précisément la thèse des anciens sceptiques, puisque la science n'affirme que des phénomènes et des lois ? Nous avons reconnu les rapports qui unissent l'empirisme sceptique avec la science de nos jours : nous avons fait au scepticisme une part assez large. Mais rapprocher à ce point la science et l'empirisme sceptique, déclarer que le scepticisme est la science ou que la science est le scepticisme, ce serait faire aux mots et aux choses une étrange violence. En affirmant les lois de la nature, la science moderne a la prétention, fort légitime d'ailleurs, de dépasser les phénomènes. Elle ne craint pas d'étendre ses lois aux temps les plus reculés du passé ; elle les prolonge dans l'avenir le plus lointain. Elle ne se borne pas à attendre passivement et machinalement, comme pouvaient le faire les sceptiques, la reproduction des phénomènes qu'elle a observés. Elle les prévoit, elle les prédit, elle est sûre qu'ils arriveront. Si elle pèche par quelque endroit, ce n'est assurément pas par défaut d'assurance et de confiance en elle-même. Où trouvera-t-on la certitude, si elle n'est pas là, et qu'appellerons-nous vérités absolues, si nous refusons ce nom aux lois toujours vérifiées de l'astronomie ou de la physique ? La science va même plus loin : elle ose s'attaquer aux choses en soi ; elle a entrepris d'atteindre l'atome, de le mesurer, de le définir. Que nous voilà loin de l'empirisme des sceptiques ! C'est avec raison que ces derniers appelaient modestement leurs connaissances un art ou une routine ; c'est avec raison que les modernes ont revendiqué pour les leurs le nom de science. Les sciences de la nature, celles-là même dont les sceptiques contestaient le plus volontiers la légitimité, sont devenues la science par excellence. Quelques rapprochements qu'on puisse faire, il y a un abîme entre le scepticisme d'autrefois et la science d'aujourd'hui : le scepticisme doit être relégué parmi les choses qui ont disparu pour ne plus revenir.

Nous voici encore arrivé à un résultat singulier. Tout à l'heure, les arguments des sceptiques nous paraissaient invincibles; à présent le scepticisme n'est plus qu'une ombre. Voilà une antilogie comme celles où se complaisaient les pyrrhoniens. Mais celle-ci n'a rien de redoutable : elle provient d'un malentendu sur la nature de la certitude, d'une équivoque sur la définition de la vérité.

III. Le mot certitude désigne, dans le langage ordinaire, l'adhésion pleine et entière de l'âme à une idée : la certitude est caractérisée par l'absence actuelle de doute. A ce compte, il nous arrive souvent d'être certains du faux. Dans le langage plus précis des philosophes, la certitude n'est plus seulement une adhésion pleine et entière, elle est l'adhésion à la vérité; à l'élément subjectif s'ajoute un élément objectif : la certitude est caractérisée non seulement par l'absence de doute, mais par l'impossibilité de douter, cette impossibilité étant entendue dans un sens absolu, s'étendant à l'avenir autant qu'au présent. Il est clair qu'en ce sens, on ne peut être certain du faux : certitude et vérité sont termes synonymes. Toutefois, y a-t-il entre ces deux termes équivalence complète? Peut-on dire, si on quitte les définitions abstraites, qui sont ce qu'on veut qu'elles soient, si on s'attache à la réalité, qu'il n'y ait certitude que quand nous possédons la vérité, que la vérité, vue par l'esprit, entraîne toujours la certitude? Nous ne voudrions pas rentrer dans ce débat, qui a déjà été maintes fois soulevé : on nous accordera sans trop de peine, croyons-nous, que la certitude, si elle ne mérite son nom que quand elle s'applique à la vérité, est cependant autre chose que la vérité. La vérité est comprise par l'intelligence: la certitude relève de l'âme tout entière, comme disait Platon : elle est autre chose qu'une simple intellection, elle suppose l'intervention d'un facteur personnel, de quelque nom qu'on veuille l'appeler, sentiment ou volonté, et cela est vrai de toutes les formes de la certitude. En admettant que la certitude se produise nécessairement en présence de la vérité, à tout le moins nous accordera-t-on qu'il s'agit ici non d'une nécessité logique, mais, comme le disait Descartes, d'une nécessité morale, qui laisse un certain jeu à ce facteur personnel, sans lequel il n'y a pas de certitude complète. Bref, l'adhésion donnée à une idée est autre chose que cette idée : nous mettons toujours du nôtre dans nos croyances, même certaines. C'est un point que les sceptiques ont contribué à mettre en lumière, mais que leurs adversaires leur accordaient. Mais ce n'est pas là, pour la question qui nous occupe, l'essentiel : qu'on distingue ou non la certitude de la vérité, la grande affaire est de définir la vérité.

On la définit d'ordinaire l'accord de nos idées avec les choses, la conformité de nos idées aux choses. Le moindre des inconvénients de cette définition, c'est qu'elle ne peut être acceptée de tout le monde. Elle affirme tout de suite qu'il y a des choses distinctes de l'esprit et qu'on peut les connaître : c'est ce que les idéalistes n'accorderont pas. Cette définition est une pétition de principe. D'ailleurs, quelle notion précise peut-on se faire de cet accord, de cette conformité entre des choses aussi hétérogènes que nos idées, et une réalité qu'on s'efforce de concevoir en dehors de toute relation avec nos idées ? Enfin, la définition de la vérité est équivoque. A quoi dirons-nous que les idées mathématiques sont conformes ? Non pas assurément aux choses réelles, car tout le monde accorde qu'il n'y a pas, dans la réalité, de points sans dimension, de lignes sans épaisseur. Les objets des mathématiques sont des concepts, c'est-à-dire des idées. Si on les appelle des choses, il y aura des choses qui ont une existence idéale, et d'autres qui sont de vraies choses. Remplacera-t-on le mot chose par le terme plus vague d'objet ? Mais, ou bien ce mot désignera une réalité, une chose indépendante de la pensée, et on retombera dans les difficultés précédentes; ou bien on désignera par là un des termes corrélatifs de la représentation; on le définira en disant que toute idée implique un sujet et un objet; mais alors il n'y a plus ni vérité ni objet : en ce sens, une idée fausse a un objet et elle lui est conforme; seulement cet objet n'existe pas. Écartons donc cette définition insuffisante.

Il n'y a de vérité que dans les jugements, et c'est seulement dans le lien qui unit les termes d'un jugement que réside la vérité. Un jugement vrai est un jugement tel que nous ne puissions, malgré les plus grands efforts, séparer les termes qu'il unit. C'est la nécessité qui caractérise la vérité. La vérité ne saurait changer : c'est parce qu'ils sont nécessaires que les jugements vrais sont immuables. La vérité est la même pour tous les esprits : c'est parce qu'ils sont nécessaires que les jugements vrais sont universels. C'est en ce sens encore que la vérité est absolue : elle ne dépend pas de nous, elle domine nos individualités et nos personnes, elle s'impose. Remarquons qu'il s'agit ici d'une nécessité tout intellectuelle, et non pas de la nécessité de croire. Que l'adhésion soit libre ou nécessaire, c'est une question dont nous avons dit quelques mots ci-dessus : même si l'adhésion est libre, on peut comprendre qu'il y ait des synthèses nécessaires en ce sens qu'on n'en puisse disjoindre les termes sans que la pensée soit hors d'état de s'exercer. C'est uniquement cette dernière nécessité qui caractérise la vérité.

Il y a deux sortes de vérités : les vérités de raisonnement ou *a priori*; les vérités de fait ou *a posteriori*. Dans le premier cas, la nécessité qui unit les termes est directement connue par la pensée; l'esprit découvre une identité sous la diversité apparente des termes, et, dès lors, il ne peut plus les séparer sans se contredire. Dans le second cas, la nécessité résulte uniquement de ce que les sensations, que les termes expriment, sont toujours données dans le même ordre par l'expérience. Si nous essayons de modifier cet ordre, l'observation nous donne infailliblement un démenti. Que cette nécessité soit le fond même de la réalité, ou qu'il n'y ait dans l'absolu que de la contingence, toujours est-il que les phénomènes nous apparaissent, nous sont donnés comme soumis à la nécessité, et la science de la nature n'est possible qu'à cette condition.

Cette distinction entre les vérités de raisonnement et les vérités de fait est universellement admise de nos jours. Elle correspond à la différence de la déduction et de l'induction. Stuart Mill distingue une logique de la conséquence, qui détermine les lois de la pensée en tant qu'elle veut rester d'accord avec elle-même, et une logique de la vérité qui détermine les lois de la pensée en tant qu'elle veut être d'accord avec l'expérience. La distinction faite par ce philosophe entre la logique déductive et la logique inductive (nous aurions, pour notre part, d'expresses réserves à faire sur ce point) est devenue classique. A deux sortes de vérités correspondent deux sortes de certitudes : on distingue, dans les cours de philosophie, une certitude mathématique et une certitude physique, qu'on place sur le même rang. Il est vrai qu'il n'est jamais question de cette dernière qu'au chapitre de la certitude : partout ailleurs on raisonne comme s'il n'y avait qu'un type de certitude, celle que Kant a appelée apodictique. Quoi qu'il en soit, savants et philosophes sont d'accord pour appeler vérités au même titre les vérités de fait et les vérités mathématiques : il serait ridicule de considérer les unes comme moins certaines que les autres ; le même mot *science* désigne également la connaissance des unes et des autres.

Nous avons ici un remarquable exemple des modifications qui s'introduisent, sans qu'on y prenne garde, dans le sens des mots et qui préparent les plus regrettables malentendus. Un mot prend une signification nouvelle, pour des raisons d'ailleurs fort légitimes ; il garde en même temps sa signification ancienne, et notre esprit, obéissant à des habitudes d'origines diverses, oscille de l'une de ces significations à l'autre et les confond. C'est ce qui est arrivé pour les mots science et certitude.

Jamais les anciens philosophes n'auraient consenti à employer ces mots dans le sens que nous leur donnons aujourd'hui. Pour eux, savoir, c'est comprendre : or, il faut bien en convenir, dans les sciences de la nature, nous savons sans comprendre. Nous savons bien, nous constatons que certains phénomènes s'accompagnent toujours ; nous ne savons pas, nous ne comprenons pas pourquoi il en est ainsi. Il nous arrive bien de ramener une loi particulière à une loi générale, c'est-à-dire de reconnaître une relation d'identité, et notre esprit obtient alors le genre de satisfaction que lui donne la découverte des vérités mathématiques ; mais la loi générale elle-même n'est pas expliquée : elle est toujours une proposition synthétique dont les termes ne sauraient logiquement se ramener l'un à l'autre. Pour les savants d'autrefois, la science véritable était uniquement la découverte de vérités nécessaires *a priori*. La connaissance mathématique a une telle sûreté et une telle clarté, elle est relativement si facile, elle donne à l'esprit une telle conscience de sa force et le satisfait si pleinement, que tout naturellement elle a été prise pour la science par excellence. Les autres sciences, la métaphysique, la physique, ont été conçues d'après ce principe unique. Descartes et Malebranche veulent encore déduire la physique *a priori*, et on sait quel dédain Spinoza professait pour l'expérience. L'observation et l'expérience avaient bien leur place dans la physique de Descartes, mais une place restreinte, un rôle subordonné. Encore aujourd'hui, n'avons-nous pas quelque peine à admettre qu'on puisse séparer ces deux termes : savoir et comprendre ?

Il n'y a pas, d'ailleurs, à revenir sur cette extension du mot science aux connaissances de fait : elle est consacrée par l'usage et pourrait se justifier par de fort bonnes raisons. Bien plus, les rôles sont renversés. La science par excellence était autrefois la science *a priori* : s'il fallait choisir aujourd'hui entre elle et la science expérimentale, laquelle aurait la préférence ?

Nous ne songeons pas à contester que les sciences de la nature aient une certitude égale à celle des sciences de raisonnement ; mais, si elles sont également certaines, nous avons bien le droit de dire qu'elles le sont autrement, et de cette différence résultent certaines conséquences importantes. L'esprit moderne, pourrait-on dire, n'a pas encore admis toutes les conséquences du triomphe de la méthode expérimentale, ou il ne s'y est pas encore résigné.

Le propre des vérités de raisonnement, c'est qu'aussitôt aperçues, elles sont définitives et immuables; on peut en découvrir de nouvelles, mais le progrès de la science ne changera rien à celles qui sont connues : le progrès se fait par additions successives, non par transformation. En peut-on dire autant des sciences de la nature? Précisément parce que nous constatons les lois de la nature sans les comprendre, c'est-à-dire sans reconnaître une identité logique entre les termes qu'unit chaque synthèse, nous ne pouvons être sûrs, du premier coup, d'avoir découvert une véritable loi : c'est par des expériences successives, des vérifications multipliées, en un mot, par beaucoup de tâtonnements, que nous arrivons à nous mettre à l'abri de l'erreur[1]. Encore faut-il ajouter qu'au terme de toutes ces opérations, nous pouvons conserver quelque inquiétude. Les défenseurs les plus résolus de la certitude scientifique ne font aucune difficulté d'avouer, ils proclament même volontiers, que si un fait nouveau, bien constaté, vient contredire une loi connue, la formule de la loi devra être modifiée. Or, pouvons-nous jamais connaître tous les faits? On cite dans l'histoire des sciences un assez grand nombre de lois tenues longtemps pour définitives et qu'on a dû modifier par la suite. En d'autres termes, les sciences de la nature sont toujours dans le devenir. On définit assez bien les lois qu'elles déterminent, en disant qu'elles sont des hypothèses vérifiées. Il n'est peut-être pas une de ces lois qu'on puisse considérer comme définitivement acquise. Sans doute, cela ne nous empêche pas d'avoir en quelques-unes d'entre elles une confiance absolue : logiquement on peut faire des réserves. Encore une fois, nous ne voulons pas ébranler cette certitude : tout au con-

---

[1] M. E. Naville, dans ses belles études sur la *Place de l'hypothèse dans la science* (*Rev. philos.*, 1876, t. II, p. 49 et 113), a montré nettement et d'une manière définitive que toute découverte scientifique a commencé par être une hypothèse. Nous ne savons s'il existe une *Logique de l'hypothèse* : les deux mots sont un peu surpris de se trouver rapprochés, mais au moins il n'y a pas de vérité sans hypothèse.

traire, nous estimons qu'elle est fort légitime, et même qu'il n'y en a pas d'autre. Mais parler de certitude provisoire, de vérité qui peut changer, c'est assurément faire de ces mots un emploi assez nouveau et, au premier abord, inquiétant.

Il y a plus : cette part de conjecture et d'hypothèse que nous trouvons dans les sciences de la nature les plus solidement établies, nous l'apercevons aussi, sous une forme différente, il est vrai, même dans les sciences mathématiques. Les conséquences qu'on y déduit sont absolument et rigoureusement certaines, pourvu qu'on accorde les axiomes et les définitions qui ont servi de point de départ. Tant qu'on reste dans l'abstrait, aucune difficulté n'est possible. Mais ces sciences, après tout, n'ont d'intérêt et d'utilité que si nous pouvons en appliquer les formules à la réalité. Les mathématiques garderaient-elles toute leur valeur si nous ne pouvions assurer que les choses se conformeront à leurs lois ? Nous pouvons l'assurer, mais seulement si la réalité remplit, soit absolument, soit avec une approximation suffisante, les conditions présupposées par le raisonnement : or il n'appartient pas aux mathématiques de s'assurer que ces conditions sont remplies. C'est donc toujours sous condition, hypothétiquement, que les mathématiques sont vraies, au sens absolu du mot.

Dans un autre ordre de sciences qui sont l'honneur et la gloire de notre siècle, les sciences historiques, il est plus aisé encore de retrouver une part de conjecture et d'hypothèse. Toutes les sciences humaines ont été soumises à la subtile et pénétrante critique des pyrrhoniens et se sont entendu dire par eux de cruelles vérités. Seules, les sciences historiques ont échappé. Ce n'est pas la faute des sceptiques : elles n'étaient pas nées ; mais nous y avons perdu un beau morceau de dialectique. Sans vouloir reprendre ici un jeu que nous ne saurions jouer sérieusement, on peut se faire une idée, fort incomplète, sans doute, mais suffisante, du parti qu'un Énésidème ou un Sextus aurait su tirer de ce thème. En laissant de côté les faits analogues à ceux qui font l'intérêt de *l'Antiquaire*, de Walter Scott, nous avons vu, de nos jours, des histoires entières, tenues pendant de longs siècles pour absolument certaines, s'effondrer tout à coup sous les coups de la critique et être convaincues d'imposture. Combien de récits, jadis authentiques, ne voyons-nous pas passer à l'état de légendes! Combien de faits controuvés qu'on rectifie en attendant que la rectification soit corrigée! Quelle inquiétude ne sommes-nous pas en droit de concevoir pour les vérités historiques, certaines aujourd'hui, et qui demain peut-être auront cessé de l'être! Si l'on songe à la peine que nous devons prendre pour nous assurer d'un fait contemporain, dont les témoins sont vivants, pour lequel les documents abondent, que penser de ces hardies reconstructions d'époques disparues? Notre siècle aurait bien des raisons d'être sceptique. Nous prions instamment qu'on ne nous prenne pas pour un apôtre de ce scepticisme : nous sommes prêt à faire un acte de foi dans la vérité de l'histoire prise dans son ensemble. Mais outrepassons-nous notre droit de logicien si nous concluons que les sciences historiques, comme les sciences de la nature, sont provisoires? Leurs progrès témoignent de leur instabilité.

En toute science humaine, il y a donc une part de conjecture et d'hypothèse : voilà ce qui ne saurait être sérieusement contesté. Mais s'exprimer ainsi, c'est, qu'on le sache ou non, revenir à l'antique probabilisme.

La certitude, suivant le dogmatisme traditionnel, ne comporte ni restrictions ni réserves : elle est absolue et définitive, ou elle n'est pas. Dans l'ancienne terminologie, une probabilité qui peut s'accroître indéfiniment demeure toujours infiniment éloignée de la certitude. Nous ne faisons plus tant de façons : nous sautons à pieds joints au-dessus de cette barrière en réalité toute factice, nous passons d'emblée à la limite, et nous avons bien raison. Mais il n'en est pas moins vrai que ce que nous appelons aujourd'hui certitude est ce qu'on appelait autrefois probabilité. Nous sommes probabilistes sans le savoir. La science est probabiliste. Disons plutôt que le probabilisme est scientifique.

Il n'y a pas, dans toute l'histoire de la philosophie, de secte qui ait été plus injustement traitée que l'école probabiliste. On lui prodigue les marques d'un dédain qu'elle ne mérite pas, et il est piquant de remarquer que beaucoup de ceux qui, trompés par une différence de mots, s'en moquent au nom de la science moderne, reviennent précisément au même point qu'elle. Que disait, en effet, la nouvelle Académie ? Que nous pouvons approcher sans cesse de la vérité ; qu'il faut croire les faits scrupuleusement observés, après s'être assuré que rien ne vient les contredire ; que la science est possible, qu'elle peut faire de continuels progrès ; qu'il faut travailler sans relâche à réaliser ces progrès. Peut-être avait-elle tort d'ajouter que nous ne sommes jamais absolument sûrs, si près que nous en approchions, d'atteindre la vérité ; mais, en cela, elle ne faisait qu'accepter la définition donnée par le dogmatisme : elle avait de la science une trop haute idée. Peut-être aussi ces philosophes ont-ils trop cédé à leur penchant à la chicane ; encore faut-il ajouter qu'ils avaient affaire aux plus retors de tous les disputeurs ; et s'ils ont tant insisté sur les côtés négatifs de leur doctrine, c'était pour faire échec au dogmatisme étroit et insupportable des stoïciens, en quoi ils avaient bien raison. N'oublions pas, d'ailleurs, que la restriction qu'ils apportaient à la certitude était toute théorique, et n'empêchait nullement la confiance pratique et l'action. Qui blâmerait aujourd'hui un savant s'il disait que la loi de l'attraction universelle est vraie jusqu'à ce qu'un fait nouveau vienne la contredire ? Les probabilistes ne disaient pas autre chose quand ils soutenaient que nous ne sommes jamais absolument sûrs de posséder la vérité. Qu'il y aurait de choses à dire si nous voulions entreprendre une réhabilitation que ces excellents philosophes ont trop longtemps attendue ! Ils avaient bien raison de remarquer que la probabilité tient dans la vie humaine plus de place que la certitude : dans les circonstances les plus graves, c'est sur des probabilités que nous nous décidons. C'étaient des esprits fermes, sérieux, modérés, connaissant bien les limites de l'intelligence humaine, mais très disposés à la laisser agir librement en deçà de ses limites. Encore aujourd'hui, nous pouvons trouver chez eux de très bonnes leçons de modestie, de réserve, de tolérance : Cicéron est un fort bon maître. Beaucoup de philosophes, beaucoup de savants même auraient tout à gagner à séjourner quelque temps à l'école de la nouvelle Académie. Mais ce n'est pas ici le lieu d'insister sur cette apologie. Bornons-nous à répéter que leur théorie de la connaissance est précisément celle qui prévaut de nos jours. Ce sont eux, et non pas les sceptiques, qui sont les précurseurs de la science moderne : Carnéade est l'ancêtre de Claude Bernard.

Il faut faire justice d'une objection banale cent fois invoquée contre le probabilisme. Si nous ne pouvons atteindre la vérité, dit-on, comment nous assurer que nous en approchons? La probabilité est une mesure ; et qu'est-ce qu'une mesure sans une unité? Mais, en supposant que la vérité nous échappe tout à fait, ne pouvons-nous la concevoir comme un idéal? Les éléments ne nous font pas défaut pour concevoir cet idéal. Ni les probabilistes ni les sceptiques n'ont jamais contesté que les phénomènes s'imposent à nous avec certitude : la science parfaite serait celle dont les vérités générales s'imposeraient à nous de la même manière; et la science est d'autant plus parfaite que les propositions dont elle est formée s'imposent à notre esprit avec plus de force, qu'elles sont confirmées par plus d'expériences, qu'elles ne sont jamais en opposition avec un fait avéré. C'est précisément ce que disait Carnéade.

Pour revenir au scepticisme, on voit à présent où est le malentendu que nous signalions tout à l'heure comme l'origine de toutes les difficultés. Définit-on la certitude suivant l'ancienne formule? La prend-on pour l'adhésion à une vérité non seulement immuable et universelle, mais définitivement et pleinement possédée dès à présent par l'esprit, si bien qu'il y a équation complète entre la pensée et son objet, que nous soyons au cœur de l'être? Alors le scepticisme a raison : le dogmatisme n'a rien de sérieux à lui opposer. Entend-on, au contraire, comme nous le faisons tous les jours, par certitude, l'adhésion à une vérité, immuable sans doute et absolue en elle-même, mais dont nous ne pouvons que nous rapprocher par des étapes successives, dont nous n'avons peut-être pas encore la formule définitive, telle enfin que notre connaissance puisse faire des progrès, que nous devions chercher toujours et nous obstiner à la poursuite du vrai? Alors le scepticisme est vaincu. Tous ses arguments viennent échouer contre le dogmatisme ainsi entendu. C'est une puérilité de refuser de rien affirmer sous prétexte que nous ne possédons pas actuellement toute la vérité.

Le dogmatisme traditionnel et le scepticisme sont deux extrêmes. Le dogmatisme a placé le but trop haut. Pour pénétrer au cœur des choses, pour les connaître dans leur nature intime, pour les voir, pour ainsi dire, du dedans, il faudrait un esprit plus puissant que le nôtre : il faudrait être Dieu. Même en Dieu, c'est une question de savoir si la raison pure explique le monde par elle-même : elle ne crée que des possibilités; il faut une volonté pour les faire passer à l'acte. Comment une intelligence bornée pourrait-elle déduire les décrets d'une volonté libre? On a fait de la certitude quelque chose de surhumain : quoi d'étonnant si l'humanité ne l'a pas atteinte? Telle qu'on la définit d'ordinaire, elle est un idéal : c'est dire que nous ne l'atteignons pas.

Le scepticisme a bien vu cette impuissance, mais il a désespéré trop vite. Entre Charybde et Scylla, il y a un passage : celui que la science moderne a franchi toutes voiles déployées. Il y a un dogmatisme tempéré et modeste, qui croit à la vérité et s'efforce de s'en rapprocher. Moins orgueilleux, mais non moins confiant que l'ancien, il ne croit jamais son œuvre achevée, il ne se repose jamais : il ne décourage aucune tentative pour trouver de nouvelles vérités ou corriger d'anciennes erreurs; s'il profite beaucoup du passé, il attend davantage encore de l'avenir; et, chose que l'ancien dogmatisme ne faisait pas volontiers, il a assez de confiance dans la vérité pour ne pas craindre la discussion, pour laisser remettre en question les solutions en apparence les plus définitives, pour livrer le monde aux disputes de ceux qui l'étudient, et compter sur le triomphe final du vrai.

Qu'on veuille bien le remarquer, en définissant ainsi le dogmatisme, ce n'est pas un plan idéal que nous traçons, un vœu que nous exprimons, c'est une réalité que nous décrivons. Le doute universel a disparu : la science est constituée de manière à défier toute attaque. C'est le dogmatisme inébranlable, fondé sur l'accord unanime de tous, qui a définitivement vaincu le scepticisme.

Est-ce trop peu? De vastes espérances s'ouvrent devant nous, qui peuvent séduire les esprits épris de certitude absolue. Les rapports de plus en plus étroits de la physique et des mathématiques, la réduction, chaque jour plus sûrement accomplie, des phénomènes physiques à des mouvements, permettent d'ores et déjà de prévoir le jour où le rêve de Descartes sera réalisé, où l'esprit pourra reconstruire le monde *a priori*. En supposant cette tâche accomplie, l'ancien dogmatisme sera-t-il reconstitué? Nous en doutons, pour notre part, car, à l'origine de cette série de déductions, on trouvera toujours certaines données qu'on constatera soit comme des faits, soit comme des actes accomplis par une volonté suprême : la pensée ne saurait tout expliquer. Mais, après tout, cela n'est pas sûr, et il ne faut, comme disaient les sceptiques, décourager personne. Mais, si la science parfaite peut un jour être atteinte, c'est une espérance qu'il faut ajourner : on l'a compromise à vouloir la réaliser trop tôt. Pour le présent et pour longtemps encore, la vérité, en ce qui concerne le monde, renfermera encore quelque chose d'imparfait et de provisoire : elle ne sera qu'une hypothèse vérifiée.

Si la science positive se contente de cette sorte de certitude qu'on appelait jadis probabilité, il serait téméraire de penser que la métaphysique puisse s'élever plus haut. Elle aussi procède par conjecture, par hypothèse, par divination. Son infériorité à l'égard de la science, c'est qu'elle n'a pas les moyens de vérifier directement, de contrôler par l'expérience ses hypothèses: c'est pourquoi il convient de réserver le nom de certitude aux hypothèses vérifiées et de donner le nom de croyances aux vérités métaphysiques. Toutefois, il ne faut rien exagérer. Si par métaphysique on entend, ainsi qu'il arrive quelquefois, l'analyse de l'entendement, la critique de la raison, la vérité peut être atteinte aussi sûrement que dans les sciences de la nature, car les opérations de l'esprit sont des faits au même titre que les autres phénomènes naturels, et une théorie de l'entendement, tenue d'être d'accord avec eux, se trouve par là même soumise à un facile et perpétuel contrôle. Si la métaphysique est l'explication de l'univers, comme il est impossible d'embrasser d'un coup d'œil la totalité des faits, le contrôle direct est impossible. C'est pourquoi les systèmes de métaphysique offriront toujours de beaux risques à courir : ils seront toujours des pensées dont il faudra s'enchanter soi-même. Cependant une théorie de l'univers, sans être complète, peut rendre compte d'un plus ou moins grand nombre de faits : comme il y a des degrés dans la probabilité, il y en a dans la valeur des systèmes. L'esprit humain peut donc continuer son œuvre, appliquant au delà de l'expérience les mêmes procédés qui lui ont réussi dans la science : c'est pourquoi la métaphysique et la religion sont éternelles. Il faut seulement qu'elles ne se fassent pas illusion sur elles-mêmes, qu'elles se proposent sans s'imposer : leur seule arme est la persuasion. Les plus fermes défenseurs[1] de la foi religieuse ou métaphysique reconnaissent que l'esprit y met beaucoup de lui-même, et qu'il atteint la vérité par la foi et par le cœur, autant que par l'intelligence.

Quant à la morale, elle présente, au point de vue de la certitude, un caractère tout particulier. Lorsqu'il s'agit de l'idée du devoir, suivant une profonde remarque de Kant, la question n'est plus de savoir si elle a un objet au sens ordinaire du mot : on ne demande pas si le devoir est toujours accompli sur la terre. L'idée du devoir est un idéal, une règle que l'esprit trouve en lui-même et qu'il s'agit de faire passer dans ses actes. Le fait, ici, ne précède plus l'idée : il doit se modeler sur elle. Si l'idée du devoir s'offre nécessairement à la raison, elle ne contraint

---

[1] Voir, sur cette question, le beau livre de M. Ollé-Laprune : *La certitude morale*, Paris, Belin, 1880.

pas la volonté : ici encore, il faut à l'origine de la connaissance un acte de libre initiative. Mais, une fois que l'autorité du devoir a été reconnue (et il importe peu que ce soit par obéissance ou par persuasion), le doute a disparu. L'agent moral n'a plus besoin de jeter les yeux sur le monde pour raffermir ses croyances: c'est en lui-même qu'il découvre la vérité; sa volonté se suffit pleinement à elle-même. Nul ne peut faire que l'idée du devoir ne soit absolument certaine pour quiconque s'est décidé à lui obéir. Ni les démentis de l'expérience, ni les cruautés de la vie ne sauraient affaiblir la fermeté du stoïcien : le monde peut s'écrouler sans ébranler sa foi. C'est assurément le type le plus parfait de certitude que nous puissions connaître.

Tel est le dogmatisme qu'on peut opposer sans crainte aux critiques du pyrrhonisme. Mais, si nous condamnons le scepticisme, nous ne devons méconnaître ni ses mérites ni les concessions que nous avons dû lui faire. Si la science a pu se constituer définitivement, c'est à condition de faire droit à ses principales objections : elle a triomphé avec lui plutôt que contre lui. Quoi qu'on ait pu dire, l'école sceptique est une grande école : elle a contribué pour sa bonne part au progrès de l'esprit humain, elle a apporté sa pierre à cet édifice qu'elle déclarait impossible. En dépit des apparences, Pyrrhon, Carnéade, Ænésidème, Agrippa ont bien mérité de l'esprit humain. Cette science dont ils n'ont pas voulu, s'élevant plus haut qu'eux, grâce à eux, peut les compter parmi ses précurseurs. Leur pensée négative revit dans l'œuvre qu'ils ont méconnue, et, quelques restrictions qu'on doive faire, le jugement de l'impartiale postérité sera que ces puissants esprits n'ont pas perdu leur peine.

TABLE DES MATIÈRES.

INTRODUCTION.
LES ANTÉCÉDENTS DU SCEPTICISME.

		Pages.
Chapitre I.	La philosophie antésocratique..................	1
Chapitre II.	Socrate et les socratiques.....................	20

LIVRE I.
L'ANCIEN SCEPTICISME.

Chapitre I.	Division de l'histoire du scepticisme............	35
Chapitre II.	Les origines de l'ancien scepticisme............	40
Chapitre III.	Pyrrhon...................................	51
Chapitre IV.	Timon de Phlionte...........................	77

LIVRE II.
LA NOUVELLE ACADÉMIE.

Chapitre I.	Les origines de la nouvelle Académie...........	93
Chapitre II.	Arcésilas..................................	99
Chapitre III.	Carnéade. — Sa vie et sa doctrine..............	123
Chapitre IV.	Carnéade. — Examen critique..................	163
Chapitre V.	Les successeurs de Carnéade. — Philon de Larisse...	186
Chapitre VI.	Antiochus d'Ascalon.........................	209

LIVRE III.
LE SCEPTICISME DIALECTIQUE.

Chapitre I.	L'école sceptique............................	227
Chapitre II.	Ænésidème.................................	241
Chapitre III.	Ænésidème. — Son scepticisme................	253

TABLE DES MATIÈRES.

Pages.

Chapitre IV. Énésidème. — Ses rapports avec l'héraclitéisme.... 272
Chapitre V.   Énésidème. — Examen critique................. 290
Chapitre VI. Les successeurs d'Énésidème. — Agrippa......... 299

LIVRE IV.

LE SCEPTICISME EMPIRIQUE.

Chapitre I.   Les médecins sceptiques. — Ménodote et Sextus Empiricus.. 309
Chapitre II. Le scepticisme empirique. — Partie destructive.... 331
Chapitre III. Le scepticisme empirique. — Partie constructive... 359
Chapitre IV. Le pyrrhonisme et la nouvelle Académie........ 381

Conclusion... 393

www.ingramcontent.com/pod-product-compliance
Lightning Source LLC
Chambersburg PA
CBHW050901230426
43666CB00010B/1980